S|C|H|I|B|R|I
V|E|R|L|A|G

Prof. Dr. Lutz von Werder

Erfolg im Beruf

durch kreatives Schreiben

mit 15 Illustrationen
von Frank Steinicke

Schibri-Verlag   Berlin • Milow

Die Deutsche Bibliothek - CIP-Einheitsaufnahme

Werder, Lutz von:
Erfolg im Beruf durch kreatives Schreiben / Lutz von Werder.
- Berlin ; Milow: Schibri-Verl., 1995
ISBN 3-928878-24-7

Bestellungen über
        den Buchhandel
        oder direkt beim Verlag

© 1995 by Schibri-Verlag
Dorfstraße 60
17337 Milow

Umschlaggestaltung: Frank Steinicke, Berlin
Abbildungsnachweis: Frank Steinicke, Berlin
Druck: WB-Druck, Rieden

ISBN 3-928878-24-7

Inhaltsüberblick

Inhaltsverzeichnis

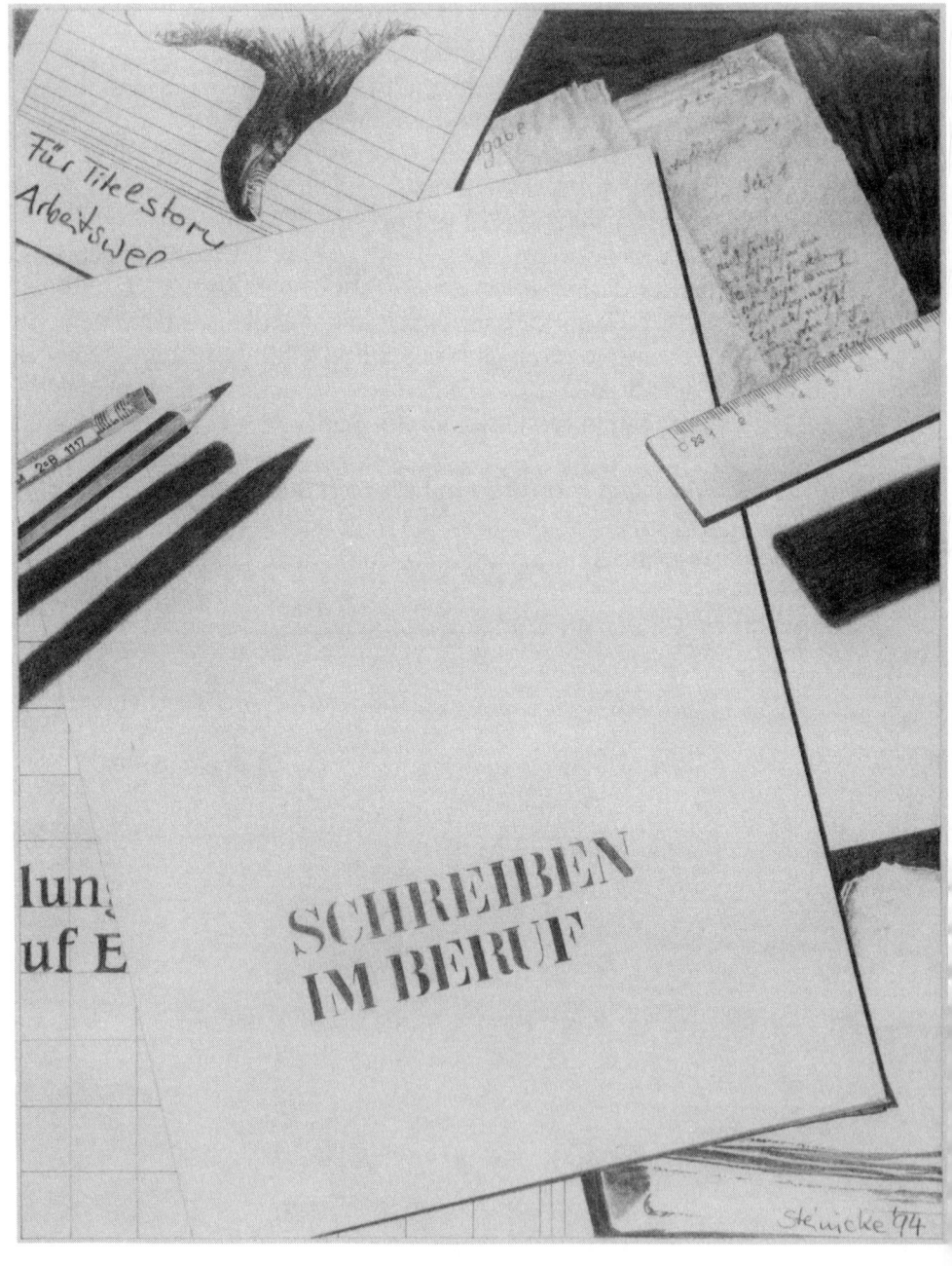

*„Um als Nation zu überleben,
muß das Individuum
kreativ werden."
(J. B. Taylor, Philosoph)*

Einleitung

Über das kreative Schreiben, den Autor, die Leser und Leserinnen und den Aufbau des Buches

Das Schreiben im Beruf wird in Deutschland kaum ernst genommen. Die Vernachlässigung des Schreibens in Schule und Hochschule setzt sich im Beruf fort. Diese Abwertung des Schreibens steht ganz im Gegensatz zur beruflichen Bedeutung dieser Tätigkeit. Wer gut schreiben kann, macht leichter Karriere, findet bessere berufliche Kontakte, erwirkt Zustimmung durch die Kollegen und von seiten der Vorgesetzten.

Das vorliegende Buch will in eine neue Art des beruflichen Schreibens einführen: in das kreative Schreiben. Diese neue Schreibphilosophie wurde in Amerika entwickelt und hat bisher auch in Deutschland in Schule und Hochschule viele Anhänger gefunden.

Das kreative Schreiben für Einzelne und für Gruppen erweitert das berufliche Schreibpotential. Das kreative Schreiben mobilisiert die brachliegende Kreativität, die Lust am Schreibprozeß, die unbewußten Bilder und Ideen des Geistes, um bessere berufliche Texte zu produzieren. Kreatives Schreiben setzt Kräfte gegen Schreibstörungen und Schreibängste frei. Es leitet zum kooperativen Schreiben an. Es bietet sowohl Schreibtechniken, Methoden zur Entfaltung von Schreibideen, Schreibspiele zur Entdeckung latenter Ausdrucksmöglichkeiten, als auch Schreibprojekte und Kurse zur Schärfung von Schreibstil und Textsicherheit an.

Der Autor des Buches leitet seit 1979 kreative Schreibwerkstätten in der Kulturarbeit, in Schule und Hochschule, bei Firmen und Betrieben und in der Verwaltung. Er hat im Rahmen des *„Instituts für kreatives Schreiben"* in Berlin die internationale Forschung zum kreativen Schreiben in mehreren

Publikationen in Deutschland bekannt gemacht, weil ihn die Schreibstörungen produzierende pedantische und autoritäre Didaktik deutscher Schreibpädagogik abgestoßen und geärgert hat. Der Autor hat oft erlebt, daß durch das kreative Schreiben beim Menschen nach demütigenden Schulerfahrungen, nach denen sie keinen Bezug mehr zum Schreiben hatten, neue Schreibkräfte und Schreibkünste sich entwickelten. Menschen lernten sich über ihre kreativen Texte besser kennen und konnten auch den Weg zu anderen Menschen besser finden. Berufsgruppen und betriebliche Gruppen konnten über das kreative Schreiben ein neues Verständnis ihrer beruflichen Identität, einen neuen Stil beruflicher Kommunikation und einen besseren Zugang zu beruflichen Texten entdecken.

Das Buch ist für Leser und Schreiber gedacht, die aus verschiedenen gehobenen Berufsgruppen stammen und sich oft mit dem Schreiben von Texten beschäftigen müssen. Es zielt auf Leser, die aus ihrem Schreiben für sich, für ihren Beruf, ihre Karriere und für die Kooperation im Betrieb mehr machen wollen, weil sie unzufrieden sind und weil sie sich besser ausdrükken, d. h. verwirklichen wollen. Diese Leser sind meist bereit, aus anderen Berufen und ihren Schreibpraktiken zu lernen. Mit Hilfe dieses Buches werden sie die Grenzen ihres beruflichen Schriftdiskurses erweitern und auch Methoden des rhetorischen und des poetischen Schreibens kennenlernen. Diese Leser bringen meistens Kenntnisse der Rechtschreibung und Grammatik mit und haben oft Lust, aus der Berufsroutine auszubrechen. Diese Leser erwarten aber Hilfestellungen für die Entwicklung neuer Schreibqualifikationen, die das vorliegende Buch in folgender Weise bietet:

Das 1. Kapitel stellt die Besonderheiten des beruflichen Schreibens vor. Es folgen dann im zweiten Kapitel Berichte über berufliche Schreibkarrieren und Schreibkrisen, um den Alltag des beruflichen Schreibens besser sichtbar zu machen.

Im 3. Kapitel werden systematisch alle kreativen Schreibtechniken des beruflichen Schreibprozesses präsentiert, die für die Produktion von Berichten, Anträgen, Briefen, Protokollen usw. notwendig sind.

Um zu zeigen, welche Möglichkeiten des kreativen Schreibens in beruflichen Schreibwerkstätten entfaltet werden können, finden die Leser im 4. Kapitel die wichtigsten Moderationstechniken für kreative berufliche Schreibgruppen. Dieses Kapitel ist besonders für Trainer, Weiterbilder, Animateure und Sozialmanager interessant, aber auch für Leser, die mit dem kreativen Schreiben in beruflichen Schreibwerkstätten aktiv werden wollen.

Die Kapitel 5-12 stellen kreative Schreibkurse für 6 wichtige Berufsgruppen vor: für Manager, Journalisten, Juristen, Ärzte, soziale Praktiker und Fachhochschullehrer. Diese berufsfeldspezifischen Schreibkapitel bieten eine Fülle von praktischen Übungen, die alle Sinne, das Unbewußte und das

Geistige der Teilnehmer automatisch, meditativ, assoziativ, imaginativ, kontrovers und komplex für bessere berufliche Texte und Kommunikation mobilisieren. Diese und alle anderen rund 500 Schreibübungen dieses Buches sollten Sie allein oder in einer Schreibwerkstatt praktisch ausprobieren. Nur wenn Sie diese Übungen praktisch anwenden, erfahren Sie, was kreatives Schreiben ist: eine umfassende Kreativitätstechnik und Kreativitätsphilosophie, die Ihnen zu mehr Erfolg im Beruf und zu verbesserter beruflicher Kooperation verhelfen kann.

Bei der Entstehung dieses Buches haben viele mitgeholfen. Ich danke KEN MACRORIE, PETER ELBOW, D. M. MURRAY, G. A. BARNES, M. KOGAN, C. B. MATALENE, L. ODELL, D. GOSWAMI, M. H. COHEN, R. ANDERSEN, J. FORMAN und vielen anderen amerikanischen Schreibforschern, die mir die neuesten Ergebnisse der Lehre des beruflichen Schreibens zugänglich gemacht haben.

Dank gebührt auch dem Institut für kreatives Schreiben, Berlin, das sich dem Problem des kreativen Schreibens im Beruf produktiv gestellt hat und viele Impulse für die Durchführung für Kurse des kreativen Schreibens im Beruf entwickelt hat.

Als Institutsmitarbeiter haben sich für den Bereich des beruflichen Schreibens besonders BARBARA SCHULTE-STEINICKE, CLAUS MISCHON und THOMAS REHORK eingesetzt.

Ich danke auch den deutschen Betrieben und Firmen, bei denen ich Kurse des beruflichen Schreibens kreativ durchführen durfte.

Schließlich gilt mein Dank der Alice-Salomon-Fachhochschule, die die Erforschung des kreativen Schreibens in den Berufen nachhaltig gefördert hat.

Nicht vergessen werden darf in der Liste derer, die das Buch gefördert haben zwei Personen: IRIS VAN BEEK, die das Manuskript bearbeitet und das Register angefertigt hat und FRANK STEINICKE, der wieder seine bestechenden Graphiken für das kreative Schreiben für dieses Buch verfaßt hat.

Der entscheidende Dank gilt jedoch MATTHIAS SCHILLING vom Schibri-Verlag, der es mit seinem riskanten Buchprogramm zum kreativen Schreiben überhaupt erst möglich machte, daß das kreative Schreiben in Deutschland bekannter wurde. Auch bei der Entstehung des Buches hat Matthias Schilling seine ganze Kraft und Phantasie aufgeboten, um ein Buch zu produzieren, das es auf dem deutschen Markt bisher nicht gegeben hat.

Zum Schluß sei meiner Familie gedankt, die die Last der Arbeit an diesem Buch mitgetragen hat, also SIBYLLE VON HEYNITZ und MAX VON WERDER.

Berlin, Mai 1995   Lutz von Werder

1. Schreiben im Beruf

Die Berufstätigen in der Wirtschaft, beim Staat, in den öffentlichen Medien,
in der Verwaltung und Politik verstehen sich nicht als Schreiber, dennoch
sind sie in ihrem Beruf oft mit Schreiben beschäftigt. Sie definieren sich als
Ökonomen, Techniker, Manager, aber nicht als Textproduzenten. Trotzdem
verbringen sie eine gewichtige Zeit ihrer Arbeit mit dem Verfassen von
Texten. In amerikanischen Untersuchungen fand man heraus, daß zwischen
20-25 % der Arbeitszeit von gehobenen Berufen mit Schreiben ausgefüllt ist
(P. V. ANDERSON: What Survey Research Tells Us About Writing at Work. In:
L. ODELL, D. GOSWAMI (Hrsg.): Writing in Nonacademic Settings. New York
1985, S. 30-40). Es wurde auch entdeckt, daß das Schreiben als Berufs-
qualifikation um so wichtiger wird, je höher der Beschäftigte auf der Karriere-
leiter steigt (J. REDISH: Writing in Organisations. In: M. KOGEN (Hrsg.):
Writing in the Business Professions. Urbana 1989, S. 100). Im Beruf schreibt
der Beschäftigte eine Vielzahl von Texttypen: nicht nur Briefe, Kurzberichte
und Mitteilungen. Viele Beschäftigte in Deutschland verfügen über keine
besondere Qualifikation für ihr berufliches Schreiben. Diese Defizite im
beruflichen Schreiben werden in Deutschland durch Schule und Universität

produziert. In der Schule wird die Qualifikation für das Schreiben auf den Deutschunterricht beschränkt und auf Stellungnahmen zu Literatur und Politik. Die Textproduktion in der deutschen Schule ist von der Welt beruflicher Texte abgekoppelt. In der Schule schreibt der Schüler „situationsfrei, ohne Anlaß, ohne Adressat und ohne Folgen. Diese Art geistiger Produktivität begeistert wenige Schüler. Aufsatzstunden und Aufsatzaufgaben sind vielerorts eher Pflicht- als Kürübungen. Kein Wunder auch, daß sich solcher Unterricht kaum oder zum Teil sogar negativ auf das Schreibverhalten nach der Schule auswirkt." (H. AEBLI: Zwölf Grundformen des Lehrens. Stuttgart 1983, S. 164). In den deutschen Universitäten und Hochschulen ist das wissenschaftliche Schreiben kein Unterrichtsfach (Vgl. L. v. WERDER: Lehrbuch des wissenschaftlichen Schreibens. Berlin 1993, ders.: Zur Situation des wissenschaftlichen Schreibens an deutschen Universitäten. In: HDZ-Info Nr. 1, 1994, S. 2-12). Die deutschen Studenten bleiben an der Universität in ihren Schreibqualifikationen unterfordert und unterfördert. Kein Wunder also, daß das berufliche Schreiben in Deutschland weithin autodidaktischen Charakter besitzt. Damit diese Situation sich ändert, sollen in diesem Buch die internationale Forschung zur Theorie und Praxis des beruflichen Schreibens vorgestellt werden. Die deutsche Wirtschaft und der deutsche Staat braucht eine berufliche Schreiblernoffensive, die in den USA und in Japan schon vor 20 Jahren begonnen hat.

Denn: Die Defizite in der beruflichen Schreibqualifikation haben gewichtige negative Folgen für Wirtschaft und Staat. Während in der Hochschule zu 85 % geschrieben wird um zu lernen und nur zu 15 % geschrieben wird um zu handeln und zu begründen, ist es im Beruf genau umgekehrt. Im Beruf werden 85 % der Texte produziert, um berufliches Handeln zu begründen und nur 15 % der Texte sollen helfen, etwas zu lernen. Wenn die Texte für das Handeln mangelhaft ausfallen, kann das in der Berufswelt zu beträchtlichem Schaden führen und hohe Kosten verursachen. Man denke nur an Benutzerhandbücher für Computer, elektronische Waffen, chemische Kampfstoffe und Anleitungen für den Gebrauch von Medikamenten, die unverständlich oder falsch informieren. (Vgl. J. REDISH, a.a.O., S. 104, 109). Amerikanische Umfragen haben ergeben, daß nur wenige Beschäftigte Schreibqualifikationen durch die autodidaktische Schreibpraxis im Beruf erwerben. Schreiben im Beruf zu lernen, führt meist nur dazu, die mangelhaften Texte, die schon vorliegen, zu kopieren und zu imitieren. Deshalb sollte es auch in Deutschland eine breite Förderung einer Zusatzausbildung im beruflichen Schreiben sowohl im Betrieb berufsbegleitend wie auch im Studium an der Universität und Hochschule als Vorbereitung für den Beruf geben.

1.1. Zum Verhältnis von universitärem und beruflichem Schreiben

Zwischen dem universitären Schreiben und dem Schreiben im Beruf gibt es erhebliche Unterschiede: „In der Universität lernen die Studenten, in ihren Texten alle Informationen auszubreiten, um Eindruck auf den Professor zu machen, der meist alle diese Informationen auch kennt. Im Beruf muß jeder Schreiber knapp Informationen an Leute geben, die die Information nicht kennen, aber auf ihrer Grundlage schnelle Entscheidungen und konsequentes Handeln entwickeln wollen." (J. REDISH, a.a.O., S. 109f) Sehen wir uns also die Unterschiede zwischen Schreiben an Universitäten einerseits und Schreiben im Beruf andererseits in einer Grafik an:

Unterschiede des Schreibens an der Universität und im Beruf

	Universitäres Schreiben	Schreiben im Beruf
Textsorte	Wirtschaftliche Aufsätze, Diplomarbeiten, Doktorarbeiten	Kurzberichte, Briefe, Mitteilungen, Vorschläge
Adressaten	Professor, Assistenten, Studenten	Manager, Personalchefs, Abteilungsleiter, Kunden
Sprache	Fachdiskurse	Berufssprache
Schreibzeit	Variable Zeiten mit häufigen Übungsvorläufen	Schreiben unter Zeitdruck

(Vgl. M. KOGEN (Hrsg.) Writing in the Business Professions a.a.O., S. 273-277)

Angesichts dieser Unterschiede ist es nicht überraschend, daß sich in den USA schon 1935 für das berufliche Schreiben die „Association of Business Communication" gegründet hat, die sich von den Verbänden, die das Schreiben in Schule und Universität entwickeln, abgrenzt. Heute erscheinen für den Bereich des beruflichen Schreibens in den USA vier Zeitschriften:

- *The Journal of Business Communication*
- *The Bulletin of the Association of Business Communication*
- *The Journal of Technical Writing and Communication*
- *The Technical Writing Teacher.*

Das berufliche Schreiben hat sich in viele Unterabteilungen aufgegliedert.

● Schreiben in Wirtschaftsorganisationen
● Technisches Schreiben
● Schreiben für Manager
● Juristisches Schreiben
● Medizinisches Schreiben
● Schreiben für Wissenschaftler

Die Tendenzen dieses Differenzierungsprozesses führen heute in den USA dazu, eigene historische Traditionen für jeden Bereich beruflichen Schreibens auszubilden, eigene Ausbildungskurse zu entwerfen, besondere Berufsvereinigungen von Lehrern und Forschern des beruflichen Schreibens und eigene Zeitschriften für jeden Berufszweig und sein berufliches Schreiben zu gründen. (M. KOGEN (Hrsg.) a.a.O., S. XIV)

Andererseits hat das berufliche Schreiben auch an amerikanischen Universitäten eine lange Tradition, da amerikanische Universitäten oft darauf aus waren, ihre Studenten möglichst berufspraxisnah auszubilden. In den USA hielt man die Schreibqualifikation von Erwachsenen nicht wie in Europa für angeboren, sondern für lehr- und lernbar.

„Die Lehre des beruflichen Schreibens an den Universitäten war eine spezielle amerikanische und keine europäische Entwicklung. Englische Intellektuelle beharrten auf der Meinung, daß qualifiziertes Schreiben von Erwachsenen nicht gelehrt werden könne, weil jede Art kreativer Begabung ein Geschenk und damit nicht lehrbar sei." (K. H. ADAMS: A History of Professional Writing Instructions in American Colleges. Dallas 1993, S. 62) So kam es, daß schon 1877 die Harvard-Universität durch A. S. Hill Schreibkurse im beruflichen Schreiben für Studenten durchführen ließ. Der Workshop wurde als geeignetes Setting für das Lernen des beruflichen Schreibens entwickelt. Hill führte auch erste curriculare Elemente des beruflichen Schreibenlernens ein: Jede Sitzung des Schreibworkshops begann mit einer Schreibsequenz von 10 Minuten, in der die Studenten ein eigenes Thema frei bearbeiten konnten. Hill entwickelte 12 Themen für längere Texte im beruflichen Schreiben, die dann den Hauptteil jeder Schreibsitzung ausmachten. Hills Nachfolger B. Wendell führte 1884-85 die Textkritik durch Antworttexte ein: „Ein studentischer Kritiker las jeden Text aus der Schreibgruppe und schrieb einen Antworttext von mehr als einer Seite über das, was er gelesen hatte." (K. H. ADAMS, a.a.O., S. 41) Aus dieser Idee entwickelte sich die Technik, daß alle Studenten ihre Eindrücke über die vorgelesenen Texte und die nachfolgende Textkritik in den Schreibsitzungen schriftlich niederlegten und auch vorlasen. Damit war die Methode der Kritik der Textkritik entwickelt, die vielen Studenten gute

Impulse für die Entwicklung ihrer Schreibqualifikation vermitteln konnte. (K. H. ADAMS, a.a.O., S. 45)

Noch vor 1900 umfaßte das berufliche Schreiben an der Havard-Universität folgende Inhalte:

Journal-Schreiben
Gedichte und Kurzgeschichten
Report-Schreiben
Literatur-Kritiken
Beschreibung von technischen Vorgängen
Reportagen über soziale Probleme in der Universität

(K.H. ADAMS, a.a.O., S. 51)

Zwischen 1920-1940 verbreitete sich das berufliche Schreiben an vielen amerikanischen Universitäten. Es gab nun Kurse im literarischen, journalistischen, wirtschaftlichen und technischen Schreiben und im Schreiben für den Film (K. H. ADAMS, a.a.O., S. 63). Berufliche Profis kamen nun an die Universitäten, um Kurse im professionellen Schreiben abzuhalten. Nach dem 2. Weltkrieg wurde es üblich, daß das berufliche Schreiben auch in echten beruflichen Praxisfeldern von den Studenten praktiziert und damit gelernt wurde. Schreibenlernen durch Berufspraxisprojekte wurde allerdings schon nach dem ersten Weltkrieg durch Lehrer des journalistischen Schreibens entwickelt, die mit ihren Studenten eigene Zeitungen produzierten und ihre Studenten in Zeitungsredaktionen das Schreiben unter Zeitdruck erleben ließen. (K.H. ADAMS, a.a.O., S. 115-118)

Damit wurden die Grenzen des von der Berufspraxis isolierten Schreibworkshops als Setting des Lernens des beruflichen Schreibens überschritten und das Berufspraxisprojekt als angemessenes Lernscenario für berufliches Schreiben eingeführt.

Im engen Kontakt mit der beruflichen Praxis entstanden an amerikanischen Universitäten Schreibkurse im wirtschaftlichen und technischen Schreiben, die angesichts der Schreibdefizite von Hochschulabsolventen von der Industrie selbst angeregt wurden. (K. H. ADAMS, a.a.O., S. 14-15)

Es entwickelten sich Schreibcurricula, die in die Technik des Schreibens von Geschäftsbriefen, die in den Umgang mit der technischen Fachsprache, in den klaren Stil technischen und wirtschaftlichen beruflichen Schreibens einführten. Damit war in den USA das berufliche Schreiben an der Hochschule und im Beruf etabliert.

1.2. Die deutsche Schreibforschung im Vergleich zu USA und Japan

Heute gibt es an amerikanischen Universitäten Studiengänge im beruflichen Schreiben, die in der Grundstufe das Erfassen und schriftliche Gestalten verschiedener Themen anbieten, um dann in der Aufbaustufe „journalistisches Schreiben, wirtschaftliches, juristisches, technisches Schreiben und Schreiben durch alle wissenschaftlichen Fächer (Writing across the Curriculum) zu vermitteln". (K. H. ADAMS, a.a.O., S. 152f)

Sehen wir uns die Entwicklung der Curricula des beruflichen Schreibens an amerikanischen Universitäten noch einmal in einer Grafik an:

Entwicklung der Curricula des beruflichen Schreibens an amerikanischen Universitäten 1900-1980

	Technisches Schreiben	Wirtschaftliches Schreiben	Journalistisches Schreiben	Schriftstellerisches Schreiben
1900	5	6	13	30
1980	70	40	90	328

(Vgl. K. H. ADAMS, a.a.O., S. 74, 98, 121, 133. D. W. FENZA, B. JAROCK: The AWP Official Guide for Writing Programs. Norfolk 1990)

Die amerikanische Entwicklung zeigt, daß sich berufliches Schreiben sowohl in der Berufspraxis als auch in der Vorbereitungspraxis auf den Beruf vermitteln läßt. Betriebe, staatliche Verwaltungen einerseits und Universitäten andererseits arbeiten heute bei der Weiterentwicklung der Ausbildung ihrer Mitarbeiter und der Studenten im beruflichen Schreiben Hand in Hand.

In einer Situation, wo die Verbesserung des Berufspraxisbezuges der Studenten an allen deutschen Universitäten gefordert wird, könnte die Entwicklung des beruflichen Schreibens in den USA auch die Situation des beruflichen Schreibens in Deutschland anregen. Eine derartige deutsche Initiative des Aufholens des Rückstandes in der Schreibforschung und Schreibausbildung ist nötig, denn nach neueren Umfragen an deutschen Universitäten gab es für das kreative Schreiben 1988 z.B. nur 38 einsemestrige Seminar-Angebote (H. A. RAU (Hrsg.): Kreatives Schreiben an Hochschulen. Tübingen 1988). Eine neue Umfrage 1994 ergab eine personelle Veränderung der Anbieter von Seminaren im kreativen Schreiben, und einen qualitativen Rückgang auf ca. 23 einsemestrige Seminar-Angebote pro Semester.

(Vgl. C. MISCHON, L. v. WERDER u. a.: Schreibforschung und Schreibdidaktik in Europa. Berlin 1994) Eine weitere Umfrage zum wissenschaftlichen Schreiben an deutschen Universitäten fand heraus, daß es 1993 nur 5 Hochschullehrer in Deutschland gibt, die wissenschaftliches Schreiben in Forschung und Lehre vertreten. (L. v. WERDER: Zur Situation des wissenschaftlichen Schreibens an deutschen Universitäten. In: HDZ-Info Nr. 1 1994, S. 2-12) Im beruflichen Schreiben gibt es in Deutschland nur 5 journalistische Studiengänge, von denen auch noch 3 von außeruniversitären Trägern durchgeführt werden. Ein Vergleich USA-Deutschland im Bereich beruflicher Schreibforschung und beruflicher Schreibausbildung auf Hochschulniveau fällt folgendermaßen aus:

Vergleich der beruflichen Schreibforschung
USA-Deutschland 1980-1990

	Technisches Schreiben	Wirtschaftliches Schreiben	Journalistisches Schreiben	Schriftstellerisches Schreiben
USA	70 Curricula 8 semestrig	40 Curricula 8 semestrig	90 Curricula 8 semestrig	328 Curricula 8 semestrig
BRD	3-5 Seminare einsemestrig	2-3 Seminare einsemestrig	2 Curricula 8 semestrig	23 Seminare einsemestrig

Bezieht man in den Vergleich auch die Publikation zum beruflichen Schreiben ein, so wird der Rückstand Deutschlands gegenüber den USA noch deutlicher.

Veröffentlichungen zum beruflichen Schreiben

USA	Deutschland
1988 121 1989 112 1991 139	von 1988-1991 Rund 30 Artikel und Monographien

(Vgl. E. LINDEMANNS (Hrsg.): Bibliography of Composition and Rhetoric. Carbondale 1991, 1992, 1993)

Der Vorsprung der USA gegenüber dem deutschen universitären Aus-
bildungsangebot im beruflichen Schreiben ist enorm. Selbst dort, wo in
Deutschland ganze Studiengänge des beruflichen Schreibens existieren, wie
z.b. im journalistischen Schreiben, stehen zwei deutschen Studiengängen
mit echten Schreibangeboten 90 US-amerikanischen gegenüber. Besonders
extrem ist die Situation im schriftstellerischen Schreiben. In den USA gibt es
328 achtsemestrige Curricula, in Deutschland werden 23 einsemestrige
Seminare in diesem Feld angeboten. Technisches und wirtschaftliches Schreiben wird in den USA mit 70 bzw. 40 Studiengängen vertreten, während es in
Deutschland nur 3-5 einsemestrige Seminare gibt.

Die Einbeziehung von Japan in diesen Vergleich kann zeigen, daß der
Abstand von Deutschland gegenüber den USA sich auch im Vergleich
Deutschland-Japan reproduziert. Ähnlich wie in USA ist seit den 20er Jahren
auch in Japan eine intensive Schreibforschung und Ausbildungspraxis im
beruflichen Schreiben an den Universitäten angelaufen. Wie in USA ist auch
in Japan die Ausbildung zum Schreiben im Beruf an Universitäten und in
Betrieben, Organisationen und Institutionen traditionelles Angebot und breit-
entwickelt. Wie sagt doch Hans Aebli: „Beruflicher Erfolg und berufliches
Fortkommen erfordern die Fähigkeit, mit Texten umzugehen. Wer es kann,
kommt mit, wer darin versagt, bleibt sitzen oder geht unter, nicht nur
individuell, sondern auch kollektiv zusammen mit ganzen Wirtschaftszwei-
gen, die im internationalen Wettbewerb abfallen." (H. AEBLI: 12 Grundformen des Lehrens. Stuttgart 1983, S. 115)

Deutschland ist also im Bereich der beruflichen und universitären Schreibforschung und Schreibausbildung auf dem besten Weg, im internationalen
Wettbewerb entscheidend abzufallen.

1.3. Rhetorik und kreatives Schreiben als Grundlagen des Schreibens im Beruf

In der Welt der Berufe wird Schreiben als Akt der Kommunikation von vier
Faktoren bestimmt:

a) Dem Schreiber
b) Dem Leser/der Leserin
c) Dem Text
d) Dem Inhalt des Textes

Über alle vier Aspekte des Schreibens als Kunst der richtigen Kommunikation hat schon die antike Rhetorik wichtige Aussagen gemacht. Es ist deshalb
keine Überraschung, daß die Erkenntnisse der antiken und modernen Rheto-

rik heute eine Grundlage des Schreibens im Beruf geworden sind. Von seiten der Rhetorik sind deshalb über alle vier Faktoren schriftlicher Kommunikation wichtige Erkenntnisse gewonnen worden.

Der Schreiber muß bei seinen beruflichen Texten Charakter zeigen, um für die Beziehung zwischen Verkäufer und Käufer oder Profi und Klient Vertrauen aufbauen zu können: „Was sie sagen und wie sie es sagen, muß ihre Leserschaft davon überzeugen, daß sie ein ehrenwerter, intelligenter und vertrauenswürdiger Partner sind." (E. P. J. CORBETT: What Classical Rhetoric Has to Offer to The Teacher and the Student of Business and Professional Writing. In: M. KOGEN (Hrsg.), a.a.O., S. 70)

Der Schreiber muß seine Leser und die Adressaten seiner Texte genau kennen. Die Sprache seiner Texte muß verschieden sein, je nachdem ob er Adressaten aus dem eigenen Beruf anspricht, Mitarbeiter in der eigenen Firma oder ein breites öffentliches Publikum, das z.B. seinen Fachjargon überhaupt nicht verstehen würde.

Der Text muß eine angemessene Erscheinung haben, nicht nur im bezug auf korrekte Wortwahl und Grammatik, sondern auch im bezug auf den Schreibstil. Wenn die antike Rhetorik drei Stile unterschied: a) den einfachen Ausdruck, b) den unterhaltenden Stil, c) den großartigen Stil, so ist für das berufliche Schreiben oft der einfache Ausdruck der richtige.

Beim Inhalt des Textes spielte schon in der antiken Rhetorik die Lehre von den „Allgemeinplätzen" eine große Rolle. Es ist deshalb naheliegend, die rhetorischen Suchkategorien zur Person und zur Sache ebenso für die Gestalt beruflicher Texte zu benutzen, wie die Lehre der antiken Rhetorik von der drei- bis fünfteiligen Gliederung öffentlicher schriftlicher Darstellungen. (Vgl. G. UEDING: Rhetorik des Schreibens. Königstein 1985, S. 29-59)

Alle diese Erkenntnisse über die vier Faktoren öffentlicher schriftlicher Kommunikation hält die antike Rhetorik für den beruflichen Schreiber bereit. Deshalb „haben viele amerikanische Lehrer des beruflichen Schreibens erkannt, daß das antike System der Rhetorik sehr nützlich für die Ausbildung von professionellen Schreibern in den Berufen ist." (E. P. J. CORBETT, a.a.O., S. 65)

Es gibt deshalb eine Reihe von Lehrern des beruflichen Schreibens, die sich auf das fünfteilige Modell der Textproduktion der antiken Rhetorik stützen. Nach der antiken Rhetorik gliedert sich die Ermittlung der Gedanken und ihrer textlichen Ordnung in folgende fünf Schritte:

Inventio (Findung von Ideen)
Dispositio (Anordnung, Gliederung)
Elocutio (Niederschrift)
Verificatio (Gestaltung der Leserfreundlichkeit des Textes)
Revisio (Korrektur der Textfehler)

Dieses Modell der Textproduktion wird neben dem vier Phasen-Modell des Kreativen Schreibens (Schreibstart, Text strukturieren, Text bearbeiten, Text veröffentlichen) von Lehrern des professionellen Schreibens oft verwandt, wenn sie Studenten und Vertreter höherer Berufe in den Prozeß der beruflichen Textproduktion einführen. Der Rückgriff auf die antike Rhetorik ist aber nicht die einzige Grundlage des beruflichen Schreibens. Weil gerade das kreative Schreiben den Schreibprozeß auf der Basis der modernen Kreativitäts- und Gehirnforschung untersucht und viele Techniken entdeckt hat, um Ideen zu finden, zu ordnen, niederzuschreiben, im Gedächtnis zu verankern und öffentlich zu präsentieren, gibt es bei der Lehre des beruflichen Schreibens in den USA eine Synthese von Rhetorik und kreativem Schreiben. In vielen Anleitungen zum beruflichen Schreiben lassen sich also für die Schreibphase der Ideenfindung Methoden des Brainstorming, Clustering, Mind-Mapping, des automatischen und des Free-Writing finden (R. ANDERSON: Writing that Works. A Practical Guide for Business and Creative People. New York 1989, S. 14-26) Die Verwendung des Free-Writing wird z.B. für die Phase der Erfindung, der Gliederung und der Niederschrift von wichtigen Inhalten des beruflichen Schreibens nahegelegt. (R. ANDERSON, a.a.O., S. 27-39, G. A. BARNES: Write for Success. A Guide for Business and the Professions. Philadelphia 1986, S. 18-27) Es liegt deshalb nahe, diese kreativen Methoden mit den Such- und Gliederungskategorien der Rhetorik zu verbinden, wenn es um die abschließende Gestaltung und Überarbeitung von beruflichen Texten geht (Vgl. G. A. BARNES, a.a.O. S. 47-57)

Rhetorik und kreatives Schreiben bilden also die Grundlagen des Schreibens in der Berufswelt. Sie werden deshalb auch in diesem Buch und in unserer Entwicklung von Schreibkursen für verschiedene Berufe einen zentralen Stellenwert spielen.

1.4. Kreatives Schreiben im Beruf in Deutschland

In Deutschland ist „kreatives Schreiben im Beruf" noch nicht verbreitet. Die vorhandenen Anleitungen zum beruflichen Schriftverkehr sind meist formale, trockene Texte, die das kreative Schreiben nicht berücksichtigen und von der amerikanischen Bewegung „Creative Writing on the Job" noch nichts gehört haben.

Die Durchsetzung des „kreativen Schreibens im Beruf" am Markt muß sich deshalb an Entwicklungsmodellen orientieren, die in den USA schon praktiziert worden sind.

Wie in den USA wird deshalb das „kreative Schreiben im Beruf" einmal an deutschen Universitäten und Fachhochschulen zur Qualifizierung von Studenten für ihr spezifisches Berufsfeld sich entwickeln. Entsprechende

Ausbildungscurricula werden aber auch in Betrieben, Verwaltungen, Organisationen auf Interesse stoßen und übernommen oder selbständig entwickelt werden. Es hat sich schon in den USA gezeigt, daß das „kreative Schreiben im Beruf" eine ausgezeichnete Transfermethode ist, wenn es darum geht, neue Kenntnisse aus dem Beruf an die Hochschulen und von den Hochschulen in den Beruf zu übertragen.

Aus diesen Aktivitäten werden sich Schreiblehrer und -lehrerinnen herausbilden, die am Weiterbildungs- und Fortbildungsmarkt Kurse im „kreativen Schreiben im Beruf" anbieten. Diese Schreiblehrer und -lehrerinnen werden sich bald fachspezifisch differenzieren. Sie werden kreatives Schreiben in der Wirtschaft, für Manager, mittlere Angestellte und Büropersonal anbieten. Für Mitarbeiter an Krankenhäusern und für niedergelassene Ärzte wird sich das kreative medizinische Schreiben entwickeln. Rechtsanwälte und Richter, Bürokräfte in Anwaltskanzleien werden das kreative Schreiben für Juristen lernen wollen. In der Feldforschung wird für Entwicklungshelfer, Pädagogen, Sozialarbeiter, Gemeinwesenarbeiter das „kreative Schreiben im sozialen Feld" sich herausbilden. Die universitären Ansätze, die ersten Schreiblehrer und die Initiativen zum beruflichen Schreiben in den Berufsfeldern selber müssen sich vernetzen, um die offenen Fragen der Forschung, Lehre, Praxis des „kreativen Schreibens im Beruf" in Deutschland voranzutreiben. Dabei wird bald ein Info entstehen müssen, Tagungen und Treffen, die auch dem Problem der Supervision von Praxis- und Markterfahrungen dienen werden, sind nötig. Für die heute geforderte Form des Kreativen Unterrichts und den notwendigen Ausbau des Berufspraxisbezuges an Universitäten und Hochschulen wird das „kreative Schreiben im Beruf" wichtige hochschuldidaktische Innovationen zu bieten haben.

Steinicke '94

„Wenn ich, wie so oft, ganz
auf mich gestellt und heiter
gestimmt bin – auf der Reise
in einer Droschke, nach einer
guten Mahlzeit oder des
Nachts, wenn ich nicht schla-
fen kann – dann fließen die
Einfälle am besten und in
Überfülle. Woher und wie sie
kommen, das weiß ich nicht."
(W. A. Mozart, Komponist)

2. Schreibkarrieren und Schreibstörungen im Beruf

Doch nun genug der Theorie. Die folgenden Fallgeschichten führen uns in die Praxis beruflichen Schreibens ein. Sie entstammen einer Untersuchung von G. A. BARNES: Write for Success. Philadelphia 1986, S. 37-40)

Wir stellen uns zu diesen Fallgeschichten folgende Aufgaben:

1. Untersuchen Sie die berufsspezifischen Eigenarten des Schreibens in folgenden dargestellten Berufen.
2. Stellen Sie die Schreibprobleme der Schreiber verschiedener Berufe zusammen.
3. Klären Sie, welche Unterschiede bei Ihrem eigenen Schreiben gegenüber den vorgestellten Beispielen zum beruflichen Schreiben bestehen.

2.1. Schreibkarrieren

2.1.1. Eine Managerin kämpft mit der Gliederung

Barbara B. war früher angestellte Managerin. Sie hat sich vor kurzem selbständig gemacht. Früher mußte sie immer unter Druck schreiben, den sie heute zu umgehen sucht. Ihre Berichte werden von vielen gern gelesen. Sie fragt sich deshalb häufig: „Wie werden die Leser reagieren" und „Wie kann ich mit meinen Texten meine Karriere untermauern". Sie muß immer bei geschlossenen Türen schreiben und wird durch zufällige Störungen völlig aus dem Schreibkonzept gebracht.

Barbara mag das Schreiben lieber als das Recherchieren, weil der Wust von Daten ihr Unbehagen bereitet. Deshalb versucht sie, die Daten vor dem Schreibprozeß gut zu ordnen und stellt oft fest, daß es meist zu viele Datenlücken gibt. Sie macht sich sehr genaue Gliederungen, obwohl sie sich im Schreiben oft von diesen Hilfen löst und einfach weiterschreibt. Ein großer Nutzen bei der Erstellung von Gliederungen ist der Umstand, daß man dabei auf gute Überschriften und Zwischentitel kommt. Gerade auf die treffenden Überschriften kommt es an, wenn man im Wirtschaftsbereich schreibt. So denkt Barbara oft in Überschriften. Das Erstellen von Gliederungen ist der härteste Teil des Schreibens für Barbara. Meist braucht sie drei Gliederungsentwürfe. Diese helfen ihr dann auch, die Textrevision kurz zu halten, weil sie vieles an Fehlern schon im Schreibprozeß entdeckt und verbessert.

Barbara liebt es, am Morgen zu schreiben. Die besten beruflichen Texte gelingen ihr zwischen sieben und neun Uhr, sodaß sie ab zehn meist andere Aufgaben erledigt. Sie schreibt zu dieser frühen Zeit am liebsten im Bett. Sie begründet diese Vorliebe mit folgenden Argumenten: Dort habe ich es warm, meine Bettdecke schützt mich und meine Füße liegen schön hoch. Wenn sie im Betrieb schreiben mußte, zog sie oft ihre Schuhe aus, setzte sich im Schneidersitz auf den Schreibtischstuhl und schrieb. Zuhause muß sie beim Schreiben außerhalb des Bettes auch ihre Beine hochlegen und auf einem sehr weichen Stuhl sitzen. Sie glaubt, sie kann an allen Orten schreiben, die ihr die nötige Wärme, Ruhe und ein Hochlegen ihrer Beine ermöglichen. Beim Schreiben trinkt sie dann ständig ein Glas Mineral-Wasser nach dem anderen. Im Winter wird das Wasser durch Früchte-Tee ersetzt.

Barbara schrieb früher mit einem Bleistift und benutzt heute einen Kugelschreiber und weißes Papier mit breiten Linien. Sie hat überhaupt keine Lust, ihre Texte mit anderen zu diskutieren. Sie glaubt, daß Kritik an ihren Texten sie völlig blockiert. Schreibblockaden sind eigentlich kein Problem für sie. Sie treten aber gelegentlich beim Schreibstart auf, oder dann, wenn sie sich mit dem Thema nicht auskennt oder nicht entscheiden kann, was die Leser von ihren Texten erwarten. Sie glaubt, daß Schreibblöcke entstehen, wenn der Schreiber sein Schreibziel, die dem Ziel entsprechende Textsorte und die der Textsorte entsprechende Gliederung nicht richtig beherrscht.

Barbara tippt ihre Texte selber, um dabei gleich die Korrekturen vorzunehmen. Am liebsten schreibt sie den Schluß eines Textes zuerst, weil sie dann das Gefühl hat: ich habe schon alles gesagt.

2.1.2. Ein Techniker hat Ärger mit der Einleitung

Erich W. ist ein selbständiger Technikjournalist, der Technikanalysen für Zeitungen und für die Regierung schreibt. Erich liebt das Schreiben, aber im Grunde mag er das Recherchieren von Daten lieber, weil das nicht „so hart ist". Er beginnt immer mit der Untersuchung und Erforschung seines Themas, bevor er es gliedert und fertig formuliert. Er hat selten Schreibkrisen. Wenn sie auftreten, dann am Anfang eines Textes, wo Erich meist die größten Skrupel hat. Oft hat er den Wunsch, diese Angst dadurch zu bewältigen, daß er ganz schnell schreibt, um bald seine Forschungsdaten präsentieren zu können. Bei der Präsentation seiner harten Daten geht es ihm dann schon sehr viel besser.

Erich macht keine komplizierten Gliederungen, obwohl er sich viele Notizen zu seinen geplanten Texten macht. Als er vor Jahren einmal schwer unter Druck geriet, beim Verfassen eines Buches, beschloß er, keine Gliederungen zu machen, sondern jedes Kapitel von Fall zu Fall auszutüfteln.

Erich diskutiert seine Schreibprojekte niemals mit anderen. Seine einzige Ausnahme ist seine Frau, die, wenn sie von der Arbeit kommt, oft sehr genau zuhören kann, was er gerade plant.

Erich schreibt selten zu Hause. Er verfügt über ein ruhiges und großes Büro, wo er die richtige Muße zum Schreiben findet. Allerdings glaubt Erich, daß er eigentlich überall schreiben kann.

Erich beginnt jede Schreibsitzung, indem er sich das durchliest, was er am Tage vorher geschrieben hat. Er versucht immer gegen Nachmittag mit seinem Schreiben zu beginnen, denn er hat über die Jahre festgestellt, daß er am Morgen nicht so gut schreiben kann. Interessant ist, daß er für das Schreiben seit 35 Jahren den gleichen Füllfederhalter benutzt, das gleiche Tintenfaß das immer mit Tinte seiner blauschwarzen Lieblingsfarbe gefüllt sein muß. Er schreibt halbseitig auf liniertem Papier und meist so überlegt und vorbereitet, daß kaum größere Korrekturen nötig sind. Er arbeitet meist nur an einem Text gleichzeitig, der, wenn er fertig ist, von seiner Sekretärin getippt wird. Üblicherweise wird er dann später die Einleitung noch einmal umarbeiten, weil er immer mit ihr die meisten Schwierigkeiten hat.

Als Pfeifenraucher ist Erich gerade beim Schreiben intensiv mit der Präparierung seiner Pfeife beschäftigt. Während des Schreibens sind ihm die Geräusche seiner Umwelt völlig gleichgültig. Wenn er schreibt, ist er ganz bei seiner Sache.

2.1.3. Eine Werbeassistentin pflegt Schreibrituale

Caroline F. ist Werbeassistentin. Obwohl sie das Schreiben liebt, ist es für sie eine schreckliche Sache. Aber schließlich ist für sie das Schreiben immer noch besser, als etwas zu recherchieren, so daß sie oft neu recherchieren muß, weil sie merkt, daß sie beim Schreiben auf Lücken stößt. Sie hat oft ernste Schreibstörungen, wenn es darum geht, einen Text zu entwerfen. Der Anfang eines Textes macht oft erheblichen Ärger. Sie verläßt deshalb oft ihren Schreibtisch und versucht sich, mit einem Glas Wasser, Tee oder Kaffee abzulenken, ein paar nette Worte mit Kollegen zu wechseln, um dann zu erkennen, daß das Schreiben immer noch vor ihr liegt und sie quält.

Caroline macht keine Gliederungen. Sie hat einfach Schreibblöcke, wenn sie sich ans Gliedern macht. Sie versucht, ihre Textideen ständig mit Kollegen und ihrem Mann zu diskutieren. Sie führt mit sich selbst Gespräche über ihren Text und geht dann im Büro auf und ab. Sie macht oft fünf bis sechs Kurzfassungen ihres Textes an ihrem Computer, ohne den Text auszudrukken. Sie schreibt auf einem PC und korrigiert die Computertexte mit einem Füllfederhalter. Um Zitate herauszuschreiben, hat sie einen besonderen „magischen Kugelschreiber", den ihr ein Kunde einmal geschenkt hat, und ohne den sie nicht zitieren kann. Einmal, als sie glaubte, sie hätte ihn verloren, war sie völlig verwirrt, hat lange nach diesem Kugelschreiber gesucht und ihn endlich wiedergefunden. Als kompletter Perfektionist „dreht" Caroline jedes Wort mehrfach „um". Sie hat Angst, daß der Leser sie nicht verstehen wird. Sie wird sauer, wenn sie beim Schreiben unterbrochen wird. Wenn sie sehr konzentriert ist, kann sie auch Lärm ab, aber auf keinen Fall laute Rockmusik. Sie braucht einen sehr hohen Sekretärinnenstuhl, um zu schreiben. Diesen Stuhl darf niemand berühren oder wegnehmen. Ein niedriger, weicher Stuhl kommt für sie beim Schreiben nicht in Frage. Ihre Schreibecke ist mit großen Plakaten dekoriert. Bevor sie einen Text beginnen kann, steht sie wahre Serien von Qualen aus: Sie schreibt, liest, korrigiert, streicht weg und fängt ständig neu von vorne an. Erst einmal gelang es ihr, in einen richtigen Schreibrausch zu kommen. In dieser Situation konnte sie gar nicht aufhören zu schreiben, bis alles aus ihr herausgeschrieben und sie ganz „sauber" war. Wenn sie einen Text nicht fertig bekommt, muß sie ständig zu sich selbst sagen: „Es ist alles halb so wild, es wird schon klappen."

Caroline kann noch am besten über Mittag schreiben. Eine wirkliche Freude über ihre Texte kann sie erst erleben, wenn sie sie endlich fertig hat.

2.1.4. Einen Juristen quält die Text-Korrektur

Peter N. ist Vizepräsident einer Versicherung und studierter Rechtsanwalt. Er nennt Schreiben einen „harten Job" und liebt eigentlich die Sammlung von Daten. Auch beim Schreiben kommt es ihm darauf an, neue Erkenntnisse zu gewinnen. Er besteht darauf, für jeden Text Gliederungen zu entwerfen, ausgenommen beim Verfassen von kurzen Notizen. Seine Gliederungen umfassen Kapitel- und Unterkapitel-Überschriften. Der beste Teil am Schreiben ist für ihn das Entwerfen von Gliederungen, wenn er das Gefühl hat, er kann nun mit seinen Ideen spielen. Wenn er einmal seine Gliederungen zusammengestellt hat, braucht er nur noch loszuschreiben, um sich dann aber um so gründlicher mit der Korrektur seiner Texte beschäftigen zu können.

Peter diktiert seine Texte niemals. Er sucht auch kein Feedback für seine Texte bei Kollegen. Bei Einwänden von Kollegen hält er sich immer an sein eigenes Urteil. Aus seiner Sicht braucht man zum Schreiben einen klaren Zeitplan und viel Selbstdisziplin. Peter kennt selten Schreibblöcke. Wenn die Schreibstörungen auftreten, meist nur für kurze Augenblicke, schreibt er sich durch sie hindurch, oder steht auf, geht im Raum umher, setzt sich wieder und schreibt weiter. Er korrigiert so exakt, wie er geht. Er glaubt, daß er beim Schreiben überhaupt nicht nachdenkt. Das härteste Stück Arbeit beim Schreiben ist die Korrektur der Texte, wobei er besonders auf korrekte Grammatik und Rhetorik Wert legt.

Peter ist süchtig nach totaler Kontrolle. Er könnte im Büro oder sonstwo schreiben, aber es muß immer vollkommen still sein. Er duldet keine Störung. Er kann beim Gliedern durchaus Musik hören, aber wenn er mit dem Schreiben beginnt, braucht er zwei Stunden absolute Ruhe. Deshalb schreibt er am liebsten nach Büroschluß in seinem Arbeitszimmer oder zu Hause am Eßtisch. Er liebt es, in guter Kleidung zu schreiben und bei superhellem Licht.

Beim Schreiben muß er immer die Schuhe ausziehen. Seine beste Schreibzeit ist der ganz frühe Morgen von vier Uhr bis acht Uhr. Er glaubt, daß er nach elf Uhr keinen vernünftigen Text mehr zustande bekommt. Es versteht sich, daß er abends keinen Federhalter mehr anfaßt. Er benutzt nur Markenartikel beim Schreiben, also Füllfederhalter der Oberklasse, blauschwarze Tinte und gelbes liniertes Schreibpapier.

2.2. Schreibstörungen

2.2.1. Hilfe gegen Schreibstörungen

Schreibstörungen sind im beruflichen Schreiben sehr verbreitet, das haben schon die eben vorgestellten Fallgeschichten gezeigt. Schreibstörungen zeigen sich an folgenden Symptomen:

- Es fällt einem nichts ein.
- Das Geschriebene wird ständig durchgestrichen.
- Der Schreiber springt auf und beginnt zu telefonieren, den Spiegel zu lesen oder vor sich hin zu starren.
- Das Schreiben wird immer wirrer.
- Ängste stellen sich ein: „Ich werde es nicht schaffen."
- Es geht überhaupt nichts mehr. Mitten im Satz ist Schluß.
- Man kann nicht aufhören mit Schreiben. Man schreibt immer mehr, aber es gelingt nicht, eine richtige Textstruktur zu erarbeiten.
- Es entstehen nur Textteile, die nicht zusammenpassen wollen.
- Der Text ist formal ganz ordentlich, aber er besteht nur aus Klischees. Ein richtiger origineller Inhalt fehlt.
- Das Schreiben wird bis zum letzten Termin aufgeschoben. In der Nacht vor der Abgabe des Textes muß es klappen. Aber oft klappt es dann eben auch nicht.
- Es fällt einem so viel ein, daß man es überhaupt nicht aufschreiben kann.
- Es ist alles ganz klar, aber es fehlen dann doch die richtigen Worte.
- Der Text ist fertig, aber man weiß ganz genau, er taugt nichts.
- Die ganze Berufszeit wird das Schreiben als Qual empfunden. Man überlebt nur mit der Hoffnung, daß das Schreiben Routine werden könnte, aber es bleibt ein ständiger Ärger.

Solche leichten bis schweren Schreibstörungen können viele Ursachen haben:

1. Eine große Rolle spielt der Leistungsdruck der Schule, der das Schreibenlernen dem ständigen Zwang zur Benotung unterwirft. Die Schule geht in ihren höheren Klassen meist nur auf literarische Texte ein, die immer kritisiert und kommentiert werden. Als Schüler entwickelt man so ein autoritäres Schreib-Über-Ich, einen rabiaten Zensor, der nur literarische Hochtexte gelten läßt und die eigenen Schreibbemühungen gnadenlos an ganz überzogenen Maßstäben mißt. Die Schule blendet das wissenschaftliche und berufliche Schreiben völlig aus, sodaß man sich beim Schreiben außerschulischer Texte völlig hilflos fühlt.

2. Die Universität bringt einem weder das wissenschaftliche noch das berufliche Schreiben bei. Das berufliches Schreiben wird an deutschen Universitäten nicht gelehrt. So ist es kein Wunder, daß der Berufsanfänger dem beruflichen Schreibdiskurs oft völlig fremd gegenübersteht.

3. Innerhalb der beruflichen Institutionen in Deutschland gibt es keine Schreibberatungs- oder Schreibtrainingszentren für berufliche Texte, wie sie in den USA in der Industrie und beim Staat sehr verbreitet sind. Die Unsicherheit im beruflichen Schreiben ist also bei den meisten Berufstätigen durch die Defizite in der Schreibqualifikation in Schule und Universität vorprogrammiert. Wenn dann noch Streß, Mobbing, Bossing und persönliche Krisen hinzukommen, ist das Auftreten von Schreibkrisen nur eine Frage der Zeit.

Als Selbsthilfemaßnahmen für Schreibstörungen werden meist folgende Hilfen empfohlen:

- Schreiben Sie den Text, der nicht vorankommt, erstmal als Gedicht.
- Versuchen Sie, Ihr Thema mit Freewriting zu erforschen.
- Versuchen Sie, Ihr Thema mit Cluster oder Mind-Map zu strukturieren.
- Schreiben Sie mal ein Gedicht über Ihre Schreibstörungen.
- Beschreiben Sie Ihre Schreibstörungen.
- Machen Sie in Ihrem Berufsjournal eine Eintragung zu Ihrer augenblicklichen Schreibstörung und versuchen Sie, mehrere Eintragungen zu diesem Thema zu analysieren.
- Schreiben Sie einen Brief an einen Schriftsteller, dessen Schreibkünste Sie bewundern.
- Schreiben Sie an sich einen Brief über Ihre Schreibprobleme, den Sie erst in einem Jahr öffnen und beantworten.
- Schreiben Sie einen Text gemeinsam mit einem Freund: Jeder jeweils eine Zeile.
- Lesen Sie berufliche Texte, die Ihnen Hilfe zur Gestaltung Ihrer Schreibaufgaben geben können.
- Lassen Sie das Schreiben erstmal sein, und lenken Sie sich mit anderen beruflichen Aufgaben ab.
- Versuchen Sie, sich körperlich wieder in Form zu bringen durch Schwimmen, Laufen, Gymnastik, damit auch ihr Geist wieder auf gute Gedanken kommen kann (Vgl. B. B. LIES: The Poets Pen. Englewood 1993, S. 109f)

2.2.2. Gespräche professioneller Schreiber mit ihrem Schreibzensor

Die beste Therapie gegen Schreibstörungen ist das Gespräch mit dem inneren Zensor, der das Schreiben mit seiner Kritik begleitet. Jeder Schreiber spaltet sich im Schreibprozeß in drei Personen: das inspirierende Unbewußte, den Schreiber und den lesenden Kritiker im Über-Ich. Der innere Kritiker ist die Ursache für blockierende Kritik wie für die Erlangung von Effektivität und Brillianz im Schreiben. Der innere Kritiker wirkt als Gegengewicht gegen das Chaos der Bilder und Einfälle aus dem Unbewußten. Um mit dem Kritiker innere Gespräche führen zu können, muß der Schreiber die Augen schließen, Fühlung mit seinen Schreibwiderständen aufnehmen und diese Fühlungnahme visualisieren und personalisieren. In dieser Situation erhält der bildlich gewordene Zensor einen Namen. „Wenn Sie jemanden mit einem Namen kennen, dann erlangen Sie etwas Macht über ihn. Der Zensor hat nicht mehr alle Macht über Sie, wenn Sie ihn mit seinem Namen rufen." (Vgl. H: E. KLAUSER: Writing on Both Sides of the Brain. San Francisco 1987, S. 71) Der Zensor kann weiblich oder männlich sein. Er kann ein Einzelner oder eine Gruppe sein. Er kann zu einer Gruppe von Leuten gehören, die in ihrem Leben Einfluß auf Sie hatten. Der Zensor kann verschiedene Gestalten annehmen:

- Ein Quälgeist
- Ein Mephisto-Typ, der stets verneint
- Ein Deutschlehrer mit Stil-Allüren
- Die Gestalt eines Literaturkritikers
- Die Gestalt des linken Gehirns

Wir werden also im Folgenden Gespräche zwischen professionellen Schreibern und ihrem Schreibzensor vorstellen, um eine gute Möglichkeit zur Entwicklung einer sehr wirksamen Hilfe gegen eigene Schreibstörungen vorzustellen. (Diese Gespräche stützen sich auf eine Untersuchung von H. E. KLAUSER, a.a.O., S. 79-87)

Gespräch des Rechtsanwalts Peter M. mit seinem Zensor

Peter: Wer bist Du?

Zensor: Kennst Du mich nicht?

P.: Beantworte eine Frage nicht mit einer Frage. Wer bist Du?

Z.: Ich bin die Person, die Du immer sein möchtest. Ich bin allerdings besser als Du, und ehe Du nicht so gut schreiben kannst wie ich, wird Dich keiner richtig mögen.

P.: Na, das ist ja eine schöne Nachricht. Ollie. Ich werde Dich Ollie nennen. Du erinnerst mich an Oliver Hardy.

Z.:   *Das mach' nicht. Ollie ist nicht netter und fitter als Du. Du solltest mich James Bond nennen. Das gefällt mir besser.*

P.:   *Mist. Du bist Ollie für mich. Denn Deine Art, mich auf Leistung in den Augen anderer zu trimmen, das ist was für Dick und Doof. James Bond würde die Sinnlosigkeit dieser Außenlenkung voll durchschauen.*

Der innere Zensor erscheint dem Rechtsanwalt Peter M. kritisch und sarkastisch. Er versucht, ihm jeden Mut zu nehmen und will sich als unbesiegbarer Medienheld darstellen. Er erscheint als streng und lehnt jede Teilbemühung ab. Er will gleich die absolute Verbesserung im Schreiben. Diese Begegnung war für den Rechtsanwalt ein Hinweis, daß sein Schreibzensor sein berufliches Schreiben stark belastet. Eine erste wichtige Erkenntnis.

Gespräch der Therapeutin Gisela B. mit ihrem Zensor

Gisela: *Wie siehst Du aus?*

Zensor: *Ich sehe aus wie eine große Familie: Großmütter, Onkel, Brüder, Schwiegermütter*

G.:   *Was hast Du mir zu sagen?*

Z.:   *Dein Schreiben ist von schlechtem Geschmack, Du hast kein Talent. Du benutzt vulgäre Worte, und die vielen sexuellen Ausdrücke zeigen, daß Du Charaktermängel hast. Es ist nicht, daß wir etwa prüde sind. Aber Dein ganzer Lebensstil geht in die falsche Richtung.*

G.:   *Das ist blöd. Ich mache etwas, und deshalb mache ich auch Fehler. Du bist so kritisch. Ich glaube, niemand kann Dich richtig ernst nehmen. Ich mache mir Sorgen um Deine Meinung. Ihr seid ja nette Leute, aber Euer Leben könnte ich nicht führen. Nicht, daß mein Leben besser ist – aber es ist anders. Ich habe meinen Weg gewählt. Ich bin eine sensible Frau und muß die Dinge sagen, wie sie sind. Du machst mir Schuldgefühle. Gebt mir doch einfach eine Chance.*

Die Therapeutin erfährt, daß ihre Zensur noch stark familiär geprägt ist. Ihre therapeutische Tätigkeit und ihr berufliches Schreiben wird von ihrem inneren Familienzensor abgelehnt. Sie erkennt, daß sie noch ein Stück Familiengeschichte aufarbeiten muß, wenn ihr Schreiben flüssiger werden soll.

Gespräch von Gerda P., einer ehemaligen Sekretärin, mit ihrem Zensor

Gerda: *Du hast mich belogen. Du sagst, ich werde niemals etwas veröffentlichen. Aber ich habe schon Texte publiziert. Es mögen nicht viele sein, aber ich habe eine Buchrezension geschrieben und einige Gedichte, die in Zeitschriften gedruckt wurden.*

Zensor: *So, ich lüge. Damit scheine ich meine Zeit zu verbringen. Absolute Urteile sind schnell gefällt.*

G.:   *Ich denke, Du kannst mir beim Schreiben helfen, wenn Du nur willst.*

Z.:   *So, Du willst, daß ich Dich ernst nehme?*

G.:   *Ja, ich brauche Deine Hilfe.*

Z.:   *Dann schreibe jeden Tag mehr als 15 Minuten.*

G.:   *Wenn Du mir hilfst, wird es gehen.*

Durch dieses Gespräch kam die angehende Schriftstellerin Gerda P. ein ganzes Stück voran, denn der Zensor ließ mit sich reden, und der Widerspruch zwischen schreibendem Ich und literarischem Über-Ich schwächte sich ab.

Gespräch von Siegfried M., einem Makler, mit seinem Zensor

Der Zensor hatte Siegfried M. seine Unterstützung angeboten, wenn er bereit wäre, endlich großartige Texte zu schreiben. Siegfried geriet damit in Gefahr, sich ständig zu überfordern.

Zensor: *Also, nun schreib mal solche Texte wie Karl Kraus, das wäre gut.*

Siegfried: *Ich bewundere Karl Kraus, aber das ist nichts für mich. Das ist nicht meine Meßlatte.*

Z.:   *Du bist so gut, Du mußt es nur versuchen.*

S.:   *Du setzt mich unter Druck. Du quälst mich mit hohen Anforderungen. Das bringt aber nichts, denn jetzt schreibe ich nur noch schlechter.*

Z.:   *Ist ja schon gut. Ich gebe Dir eine Chance.*

S.:   *Danke, wenn Du mich nur arbeiten läßt.*

Durch dieses Gespräch verschaffte sich der Makler Siegfried M. ein bißchen Spielraum für sein schreibendes Ich, das daraufhin etwas besser in Gang kam.

Gespräch von Emma P., einer Journalistin, mit ihrem Zensor

Der Zensor von Emma P. nahm die Gestalt der besten Freundin an und Emma hatte Schwierigkeiten, sich von ihr abzugrenzen, weil sie ständig das Gefühl hatte, sie hat ja Recht, sie will ja nur dein Bestes.

Zensorin: *Du weißt, Du brauchst mich. Ohne meine Kritik erreichst Du gar nichts.*

Emma: *Du denkst, ich bin noch ein Kind und erreiche nichts ohne Deine Führung?*

Z.:   *Ja, Du bist vielleicht alt genug, aber Du brauchst mich.*

E.:   *Langsam durchschaue ich Dein Spiel. Du willst mich beherrschen. Aber ich werde meinen Maßstäben folgen, und auch Du wirst an Ihnen gemessen. Ich strebe nach Erfolg, aber nur, wenn ich dabei Spaß habe.*

Emma P. gelingt es, in diesem Gespräch das repressive Leistungsprinzip gegen das Lustprinzip auszuspielen und damit ihre innere Zensorin auf Distanz zu bringen.

Gespräch von Franz S., einem Arzt, mit seinem Zensor

Franz S.' Zensor versuchte, ihn zu verwunden und dann anzustacheln.

Zensor: Du bist zu ängstlich, um im Schreiben Erfolg zu haben.

Franz: Du hast mich getroffen. Ich muß mit Dir reden, bleibe da, entziehe Dich nicht.

Z.: Du hast keine großen Schreibideen, deshalb wirst Du nichts erreichen. Es fehlt Dir ja schon an Selbstdisziplin.

F.: Du bist heute ganz hart. Aber wenn ich nichts wert bin, dann nur, weil viele so sind wie ich. Ich werde also neu anfangen, wenn es dann nicht klappt, sollen die Texte doch erst noch mal warten.

Z.: Du bist ein Narr. Du läßt Dir Deine Träume kaputtmachen. Ich werde ja schon sehen, ob Du den Artikel für das „Ärzteblatt" schreiben wirst. Ich bin noch sehr skeptisch.

F.: Warte es ab. Danke. Ich bin motiviert.

Aus diesen Gesprächen lassen sich einige Tips für die Gesprächsführung mit dem - das Schreiben störenden - Zensor ziehen:

● Fragen Sie den Zensor/die Zensorin immer nach genauen Ausführungen.
● Bleiben Sie mit dem Zensor/der Zensorin in Kontakt.
● Akzeptieren Sie keine Bestrafung.
● Bleiben Sie standhaft, wie im richtigen Leben, in dem Sie sich ja auch mit Ihren Kritikern auseinandersetzen.
● Sehen Sie nach, ob der Zensor/die Zensorin Sie auch in anderen Lebensbereichen, jenseits des Schreibens bekämpft, und sprechen Sie diese anderen Lebensbereiche in dem Gespräch mit Ihrer inneren Instanz auch an.
● Versuchen Sie, das gespannte Verhältnis mit Ihrem Zensor/Ihrer Zensorin in ein kooperatives Verhältnis zu ändern, und Sie werden erleben, daß der Zensor auch seine Beziehung zu Ihnen ändert. Der Zensor wird im besten Fall von einem Feind zum kritischen Begleiter.
● Erkennen Sie, daß der Zensor/die Zensorin Sie immer beim Schreiben begleiten wird, und daß Sie aus seiner/ihrer Kritik Nutzen für gute berufliche Texte ziehen können.

2.3. Innerbetriebliche Schreibberatungszentren

Im Gegensatz zum einsamen beruflichen Schreiber in Deutschland expandiert in den USA das berufliche Schreiben in Gruppen. Etwa 20 % aller beruflichen Texte werden in den USA in Gruppen geschrieben (Vgl. A. LUNSFURD, L. EDE: Singular Texts / Plural Authors. Carbondale 1990, S. 47) Die Methode des Schreibens in Gruppen senkt die Schreibangst und mindert die Schreibstörungen. Die Belastung der Schreibarbeit trägt in solchen Gruppen nämlich nicht mehr der Einzelne, sondern die ganze Gruppe. Sieben verschiedene Modelle des beruflichen Gruppenschreibens haben sich in den USA schon herausgebildet:

● Die Gruppe plant und gliedert den Text. Jedes Gruppenmitglied schreibt einen Teil. Die Gruppe fügt den Text gemeinsam zusammen und überarbeitet ihn.
● Die Gruppe plant und gliedert den Text. Ein Gruppenmitglied schreibt den Text. Die ganze Gruppe überarbeitet den Text.
● Ein Gruppenmitglied plant und schreibt den Text. Die Gruppe überarbeitet ihn.
● Ein Gruppenmitglied plant und schreibt den Text. Mehrere Einzelschreiber der Gruppe überarbeiten den Text hintereinander.
● Die Gruppe plant, gliedert und schreibt den Text. Mehrere Einzelschreiber der Gruppe überarbeiten ihn anschließend.
● Ein Gruppenmitglied setzt die Schreibziele, die durch die Gruppenmitglieder individuell ausgeführt werden. Ein Gruppenmitglied überarbeitet und korrigiert den ganzen Text.
● Eine Person diktiert den Text. Eine andere Person schreibt, und die ganze Gruppe korrigiert ihn.
(Vgl. A. LUNSFURD, L. EDE, a.a.O., S. 63f)

Angesichts dieser verbreiteten Form kooperativen Schreibens wundert es nicht, daß viele Firmen in den USA in ihren Betrieben für die Mitarbeiter Schreibberatungszentren eingerichtet haben, da das Schreiben mehr und mehr als kollektive Aufgabe gesehen wird, neigen die Betriebe nun auch dazu, kollektive Hilfen gegen Schreibstörungen zu institutionalisieren. Diese Schreibberatungszentren können folgende Aufgaben übernehmen:

● Texte korrigieren
● Ein Handbuch für das Schreiben der wichtigsten beruflichen Texte der Firma produzieren
● Ein Info über Schreibprobleme produzieren
● Neue Mitarbeiter ins Schreiben einführen

● Spezielle Schreibprobleme des Betriebes durch eingeladene Schreib-
   forscher untersuchen und lösen zu lassen.
● Schreibwerkstätten durchführen, um die Firmenmitglieder im berufli-
   chen Schreiben zu fördern
● Ruhige Räume für kreatives berufliches Schreiben zur Verfügung zu
   stellen
● Anlage eines Archives besonders gelungener Firmentexte
● Kooperative Schreibgruppen anzuleiten und zu begleiten
● Kurse für kreatives Schreiben am Computer durchzuführen

*(T. GOLDSTEIN, J. K. LIEBERMANN: The Lawyers Guide to Writing Well. Berkeley
1989, S. 69-73, J. FORMAN, K. A. KELLY: The Random House Guide to
Business Writing. New York 1990, S. 774f)*

Die Entwicklung kooperativen Schreibens wird erleichtert, wenn die Einführung in das berufliche Schreiben in Schreibwerkstätten und Schreibgruppen
geschieht. Berufliche Schreibtrainingsgruppen können auch Schreibstörungen
bearbeiten und mögliche fehlende Kenntnisse im beruflichen Schreiben
ermitteln. Ein typisches Curriculum für berufliche Schreibgruppen in Firmen
hat folgende Schwerpunkte:

● Kreative Methoden für den Schreibstart, den Schreibprozeß und die
   Revision der Texte
● Kreative Form der Textüberarbeitung
● Analyse von Leserinteressen
● Formen kooperativer Textproduktion
● Die Benutzung visueller Mittel zur Erhöhung der Leserfreundlichkeit der
   Texte
● Umgang mit Schreibproblemen und Schreibkrisen
● Verbesserung der Überzeugungskraft der Texte
● Möglichkeiten der Umformung der Texte für unterschiedliche
   Kommunikationssituationen und Zielgruppen

*(Vgl. L. ODELL, D. GOSWAMI (Hrsg.): Writing in Nonacedemic Settings. New
York 1987, S. 419)*

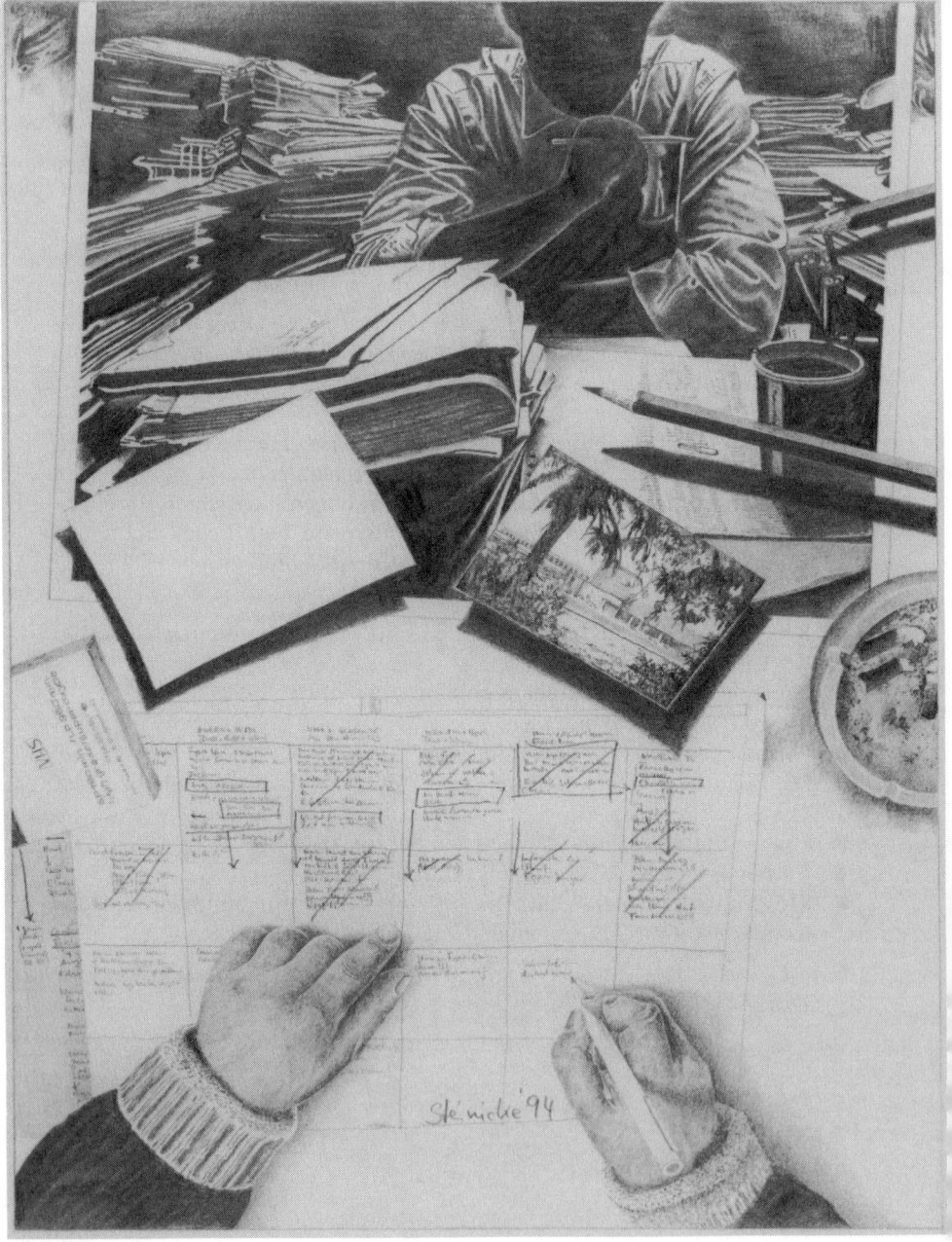

„Manche schreiben am Tag, andere in der Nacht. Die einen brauchen Ruhe, die anderen lassen das Radio laufen. Mit der Hand schreibt der eine, der andere mit der Schreibmaschine oder mit dem Computer, manche diktieren auf Bandgeräte. Manche schreiben zunächst alles im Stück herunter und korrigieren es dann, andere können den zweiten Paragraphen nicht beginnen, wenn der erste nicht in endgültiger Form abgeschlossen ist"
(W. Zinsser, Schreibforscher)

3. Allgemeine Aspekte des Schreibens im Beruf

Berufliches Schreiben ist nicht angeboren. Es wird gelernt. Eine gute Schreibqualifikation im Beruf zeichnet sich durch folgende Merkmale aus:

a) Ein gutes Selbstbewußtsein, daß ein guter Teil der eigenen beruflichen Arbeit im Schreiben besteht.

b) Ein Interesse für Worte, Sätze, Ausdrücke und überzeugendes Schreiben.

c) Ein intensives Interesse am Lesen und an der Verwendung des Gelesenen im beruflichen Schreiben.

d) Eine Lust am Schreiben, nicht an beruflichen Textsorten, sondern auch ein Drang, poetische und literarische Textsorten, wie Gedichte, Tagebücher und Kurzgeschichten zu schreiben.

Um diese Qualitäten zu erreichen, ist es nötig, Schreibanlässe im Beruf bewußt zu nutzen, die Macht der geschriebenen Worte zu beachten, eine lange Lesekarriere zu praktizieren und mit vielen Textsorten und Schreibtechniken zu experimentieren.

Berufliches Schreiben lernt sich leichter, wenn der Schreiber es eher vom Schreibprozeß, als vom vollendeten Schreibprodukt her betrachtet. Das Kreative Schreiben teilt das Schreiben in Phasen ein, die in verschiedenen Schritten zum Ziel führen. Das Lernen am fertigen Produkt fordert einen Sprung von der alltäglichen Schreibqualifikation zum beruflichen Schreiben, der oft nicht gelingt. Das berufliche Schreiben läßt sich unter dem Prozeßaspekt in den vier Phasen des Schreibprozesses lernen:

1. Phase: Der Schreibstart
2. Phase: Das Schreiben strukturieren
3. Phase: Einen Text bearbeiten
4. Phase: Einen Text veröffentlichen

3.1. Der Schreibstart

Die traditionelle Vorstellung vom Schreibprozeß im Beruf heißt: Nachdenken, Planen, Schreiben. Bei diesem Modell steht das Planen des Textes, der Entwurf einer Gliederung oder die Orientierung an einer vorgegebenen Textgliederung im Zentrum der Arbeit. Die Orientierung an einer Gliederung hat aber entscheidende Nachteile, die die Forschung in den letzten 15 Jahren herausgefunden hat. Die Orientierung des beruflichen Schreibens an starren Gliederungen macht das Schreiben zu einer unkreativen, formalen und langweiligen Angelegenheit. „Gliederungen sind starr, aber Schreiben muß fließen." (G. A. Barnes: Write for Success. Philadelphia 1986, S. 15) Gerade im Schreibprozeß können gute Ideen sich entwickeln, die beim bloßen Blick auf die Gliederung schnell unterdrückt werden. Viele Schreiber werden gerade durch den Blick auf die Gliederung in Schreibängste und Schreibstörungen gestürzt.

Allerdings behält die Gliederung des Textes eine Funktion im Prozeß des beruflichen Schreibens:

● Eine Gliederung kann helfen, komplexes Material zu ordnen.
● Die Gliederung hilft dem Leser, sich schnell in einem Text zu orientieren.
● Die Gliederung unterstützt das Abfassen von kurzen prägnanten Texten.
● Die Gliederung hilft, einen Text zu revidieren und zu überarbeiten.
● Gerade lange Texte, wie Berichte, Vorschläge, Memoranden lassen sich leicht verfassen, wenn eine Gliederung hilft, die Lesererwartungen problemlos zu erfüllen.
● Auch wenn der Schreibprozeß im Kreis läuft und die Ordnung der Ideen Probleme macht, kann eine Gliederung zur großen Hilfe werden.

Berufliches Schreiben muß also im Licht neuer Schreibforschung sowohl
Spielräume für eine breite Entwicklung von Schreibideen entwickeln als
auch Hilfen für die Bearbeitung klarer und gut strukturierter Texte geben.(Vgl.
R.T.KELLOY: The Psychology of Writing. New York 1994, S.120-139)

Methoden für den Schreibstart

Da aber auch berufliches Schreiben sowohl eine Wissenschaft wie eine Kunst
ist, ist berufliches Schreiben zugleich Logik wie Intuition, Aktivität der
linken wie der rechten Gehirnhälfte. Als Methoden des beruflichen Schreibens, die beim Schreibstart Inspiration und Logik verbinden, gelten das
Brainstorming, das Freewriting, das Clustering, das Gespräch mit Mitarbeitern und das Schreiben eines Journals, das Meditieren sowie das Mindmapping.
Alle Methoden wollen wir nun kurz vorstellen:

Gespräch mit Mitarbeitern

Berufliches Schreiben muß nicht das einsame Schreiben des verkannten
Poeten sein. Berufliches Schreiben gewinnt, wenn man die angestrebten
Texte mit Mitarbeitern diskutiert. Da berufliches Schreiben immer dialogi-
sches Schreiben ist und konkrete Adressaten anvisiert, wird jeder Dialog mit
Mitarbeitern den kommunikativen Charakter des beruflichen Textes verbes-
sern helfen.

Journal-Schreiben

Wie ein Wissenschaftler oder ein Schriftsteller ist der berufliche Schreiber
immer in einer guten Ausgangslage für seine Texte, wenn er ein Journal führt.
Ein Journal sammelt wie ein Tage- oder Notizbuch alle beruflichen Einfälle.
(J. FORMAN, K. A. KELLY: The Random House Guide to Business Writing.
New York 1990, S. 24f) Das Journal wird alle vier Wochen vom beruflichen
Schreiber durchgelesen und ausgewertet. Es stellt so eine wichtige Methode
der beruflichen Selbstanalyse und des beruflichen Selbstmanagements dar.
Der Schreiber sammelt in seinem Journal folgende „Daten“:

- *Fragen*
- *Beispiele*
- *Titel für Texte*
- *Notizen über berufliche Themen*
- *Gliederungen*
- *Ideen für Berichte, Briefe, Vorschläge*
- *Diagramme*

- *Beobachtungen*
- *Skizzen*
- *Zitate*
- *Aufgaben*
- *Zeitpläne*

(Vgl. auch D. M. MURRAY: Write to Learn. Fort Worth 1990, S. 11f)

Kommen wir nun zu den kreativen mentalen Methoden, die gravierende Probleme beim Start des beruflichen Schreibens lösen wollen

Brainstorming

Das Brainstorming basiert auf den Gesetzen der freien Assoziation. Es findet allein oder in Gruppen statt. Es wird nach folgenden Regeln entwickelt:

- Kritik ist verboten, jeder Einfall hat sein Recht.
- Das freie Spiel der Einfälle ist erwünscht.
- Quantität der Einfälle geht vor Qualität.
- Die gefundenen Ideen sind kein Privateigentum. Jeder sollte die Einfälle anderer aufnehmen und weiterführen.

(Vgl. C. H. CLARK: Brainstorming. München 1973)

Sie lassen sich beim Brainstorming im beruflichen Schreiben zu den Kernworten Ihres Themas soviele Worte einfallen wie möglich. Sie suchen sich dann die interessanten Worte heraus. Sie identifizieren Beziehungen zwischen den interessanten Worten. Auf der Basis des Wortmaterials und der entdeckten Beziehungen versuchen Sie, die Ideenaspekte zu identifizieren, die für die Einleitung, den Hauptteil und den Schluß Ihres Textes geeignet sind. Nun schreiben Sie einen kleinen Text, der eine dreiteilige Gliederung besitzt.

Es gibt viele Brainstorming-Varianten, die Wortmaterial zu Problemen produzieren, aus denen das berufliche Schreiben in der Startphase Material für Texte gewinnen kann. Die wichtigsten Brainstorming-Varianten heißen:

Stop and Go-Technik

Zehn Minuten Brainstorming wechseln bei dieser Methode mit zehn Minuten der Ideen-Kritik ab. Nach drei Durchgängen wird aus dem Wortmaterial, das der Kritik standgehalten hat, ein kleiner beruflicher Text mit einer dreiteiligen Gliederung geschrieben.

Brainwriting oder 635-Methode

Sechs Personen formulieren das Problem. Jede Person trägt drei Lösungsvorschläge in fünf Minuten in ein Formblatt ein. Jedes Formblatt kreist in der Gruppe, bis jeder drei Lösungsvorschläge in dieses Formblatt eingetragen hat. Aus dem Wortmaterial jedes ausgefüllten Formblattes formuliert jeder Teilnehmer einen dreigliedrigen Text, der, wie immer, Einleitung, Hauptteil und Schluß umfaßt.

Listen anlegen

Zum linearen Brainstorming gehört auch die Anlage von Listen. Wenn sich ein berufliches Problem stellt, listen Sie alle Einfälle auf, die Ihnen zu diesem Problem einfallen. Versuchen Sie dann, Beziehungen zwischen den Einfällen herzustellen, indem Sie ähnliche oder beziehungsreiche Einfälle einkreisen und mit Pfeilen verbinden.

Individuelles Brainstorming

Das berufliche Thema wird formuliert. Alle Einfälle werden notiert. Die Einfälle werden dann bewertet: Unpraktikable Ideen und gefühlsmäßig falsche Ideen werden ausgesondert. Die besten Ideen werden in einem dreiteiligen Text verschriftlicht. (Vgl. A. WOLTERS, J. J. BAMBECK: Brainpower. Berlin 1992, S. 168-175)

Freewriting

Das Freewriting aktiviert die innere Sprache und bringt den inneren Bewußtseinsstrom auf das Papier. Es entwickelt sich nach folgenden Regeln:

- Schreiben Sie alles ganz schnell in Worten, Halbsätzen, Sätzen auf, was Ihnen zum Thema einfällt.
- Setzen Sie sich dabei eine Zeitgrenze.
- Schreiben Sie ohne jeden Halt.
- Schreiben Sie so schnell wie möglich.
- Vergessen Sie die Grammatik und die Zielsetzung. Geben Sie sich Ihren spontanen Einfällen hin.

(R. ANDERSON: Writing That Works. New York 1989, S. 29-32)

Freewriting hat folgenden Nutzen:

Es bringt unsere Gedanken auf das Papier.
Es verhilft uns zu einem schnellen Schreibstart.
Es erleichtert das Schreiben.
Es erforscht für uns ein Thema.

Es macht uns kreativ.
Es gibt unserem Schreiben Inhalt und Kraft.
Es gibt uns viel Material für die weitere Schreibarbeit.
(R. ANDERSON,a.a.O., S. 36-39, J. FORMAN, K. A. KELLY, a.a.O., S. 26f)

Gerade bei beruflichen Textaufgaben, zu denen dem Schreiber zunächst nichts einfällt, kann die Freewriting-Technik helfen, das Thema ganz locker zu erforschen. Freewriting hilft, die inneren Kontrollen zu unterlaufen, die den Schreibstart oft blockieren. (L.v. WERDER: Lehrbuch des wissenschaftlichen Schreibens. Berlin 1993, S. 111-114)

Das Freewriting hat Gefahren und Vorteile. Es kann durchaus narzistische Arroganz hervorlocken, aber es kann auch echte Schreibideen freisetzen.

- Bearbeiten Sie mal eine Idee, die sich schwer konkretisieren läßt, mit Freewriting.
- Schreiben Sie eine Aktennotiz, die schlechte Nachrichten enthält, mit Freewriting.

- Versuchen Sie, mit Freewriting einen dreiteiligen Bericht, der Ordnung in eine chaotische Angelegenheit bringen soll, zu schreiben.

Clustering

Das Clustering gestaltet den Schreibstart durch gelenkte Assoziation (Vgl. G. L. RICO: Garantiert schreiben lernen. Reinbek 1984)

Aufgaben

Schreiben Sie das Kernwort Ihres beruflichen Textes auf die Mitte eines weißen Papiers. Kreisen Sie das Wort ein und schließen Sie die Augen. Lassen Sie sich Assoziationsketten zu Ihrem Kernwort einfallen. Entwickeln Sie diese Assoziationsketten so lange um das Kernwort, bis Ihnen eine Schreibidee kommt. Verwandeln Sie dann große Teile des Clusters in einen dreiteiligen Text.

Üben Sie das Clustern mit weiteren folgenden Übungen:

Lösen Sie ein Problem

Wählen Sie als Kernwort des Clusters ein persönliches Problem, und schreiben Sie nach dem Clustern einen kleinen Text.

Entwerfen Sie einen Brief

Wählen Sie einen Adressaten, einen Inhalt und clustern Sie den Brief.

Überprüfen Sie ein Produkt, eine Idee oder eine Dienstleistung

Wählen Sie ein Produkt, eine Idee oder eine Dienstleistung Ihrer Firma, und clustern Sie zu den gewählten Kernworten einen kleinen Text.

Schreiben Sie ein Protokoll

Clustern Sie über die letzte Sitzung Ihrer Arbeitsgruppe, und verfassen Sie dann ein Protokoll.

Klären Sie die wichtigsten Dinge

Clustern Sie über die wichtigsten Dinge, die Sie in der nächsten Zeit tun müssen.

Erforschen Sie ein neues Projekt

Clustern Sie über ein Projekt, das Sie gerade planen.

(Vgl. R. ANDERSON a.a.O. , S. 23-26)

Ein Cluster

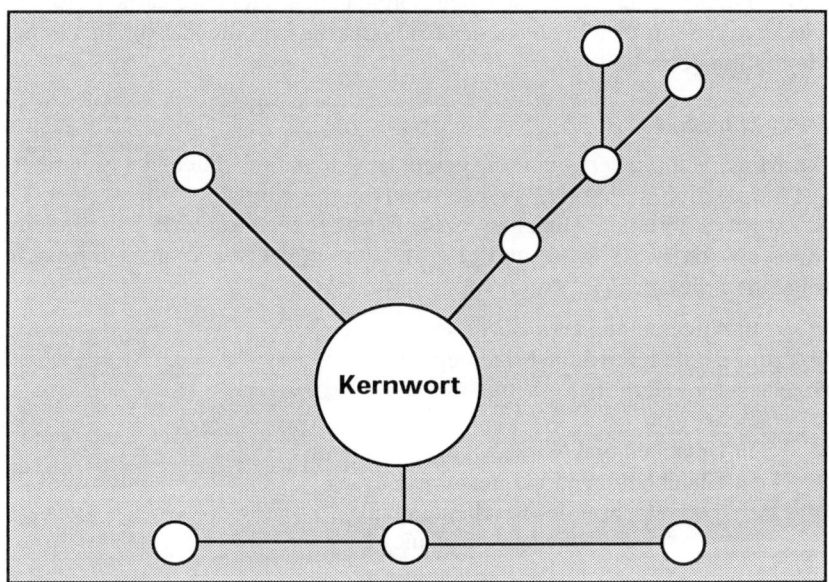

Sie können auch Clustern und Freewriting verbinden.

Aufgabe Clustern und Freewriting verbinden

Entwerfen Sie ein Cluster zu einem beruflichen Thema. Geben Sie dann den gefundenen Assoziationszweigen des Clusters Nummern in der Reihenfolge ihrer Wichtigkeit. Schreiben Sie dann zu jedem Assoziationszweig einen Freewriting-Text. Überarbeiten Sie dann die Freewriting-Texte, und ordnen Sie sie in der Reihenfolge der gewählten Nummern.

Meditation

Wichtige Einfälle stellen sich nur ein, wenn wir ganz still werden und in uns hineinhorchen. Wir achten dann auf plötzliche und spontane Einfälle. Wenn wir die Augen schließen, entziehen wir uns den äußeren Einflüssen, und im inneren Dunkel können dann Spuren des inneren Monologs auftauchen oder innere Bilder sich zeigen. Diese Einfälle und Bilder stellen oft gutes Material für das berufliche Schreiben bereit.

Aufgabe

Setzen Sie sich ruhig hin. Schließen Sie die Augen. Stellen Sie sich das Thema vor, von dem Sie im Beruf gerade gefordert werden. Stellen Sie es sich als Bild vor. Achten Sie darauf, ob und wie sich das Bild verändert. Schließen Sie die Übung ab, indem Sie sich den Befehl geben: Tief durchatmen, Augen wieder auf. Schreiben Sie dann das Bild oder die Einfälle auf, die Ihnen die Meditation vermittelt hat.

Mind-Mapping

Das Mind-Mapping erweitert die gelenkte Assoziation, indem der Schreiber die Assoziationsketten im Uhrzeigersinn um das Kernwort ordnet. (Vgl. T. BUZAN: Kopftraining. München 1984) Der Schreiber entwirft also erst ein freies assoziatives Cluster und gliedert dann die Assoziationsketten nach folgenden rhetorischen Argumentationsstrategien:

- Vom Allgemeinen zum Besonderen
- Vom Besonderen zum Allgemeinen
- Nach dem Gefühl
- Nach der Zeit
- Nach Ursachen und Wirkungen
- Nach Gleichheiten und Unterschieden
- Nach dem Wechsel der Erscheinungen

● Nach den Beziehungen von Teilen zum Ganzen
● Nach der Logik der Sache

(Vgl. L. v. WERDER: Lehrbuch des wissenschaftlichen Schreibens. Berlin 1993, S. 236-252)

Clustern und Mind-Mapping verbinden

Wählen Sie ein berufliches Thema, und schreiben Sie erst ein Cluster. Verwandeln Sie dann das Cluster in ein Mind-Map, das z.B. nach dem Gefühl gegliedert wird. Verwandeln Sie dann das Mind-Map in einen Text.Dazu ein Beispiel

Mind-Map gegliedert nach Gefühl:

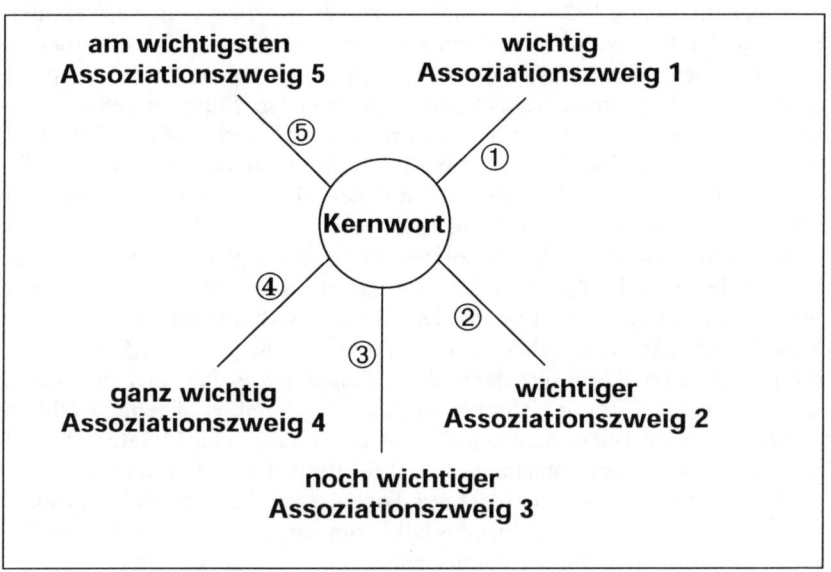

3.1.1. Der Einsatz von Schreibmaschinen

Das Schreiben im Beruf geschieht heute in den meisten Fällen mit Hilfe eines Diktaphones oder am Computer. Gerade das Diktieren auf Tonband ist sehr gut geeignet, kurze formale Berufstexte schnell zu produzieren. Viele Berufstätige „benutzen das Tonband, um ihre Ideen zu einem Text zu fixieren und später auszugestalten" (G.A. BARNES, a.a.O., S. 27). Die auf Tonband fixierten Worte und Sätze verhelfen zu einem guten Schreibstart, wenn sie genügend Material zur Gestaltung der gewünschten Textform bieten.

Freespeaking

In der Psychotherapie und in der Spiritualität ist die Methode des Freespeaking seit langem verbreitet. Der englische Ökologe E.P. Farrow benutzte das Freespeaking schon 1924, um sein Unbewußtes zu erforschen. Nach einigen Startschwierigkeiten „konnte er nun in einem stillen Zimmer frei assoziieren, zu sich selber reden und sich das Gesprochene auf einem Tonträger später anhören." (E.P. Farrow: Bericht einer Selbstanalyse. Stuttgart 1984, S. 71) Als automatisches Sprechen hat das Freespeaking auch in der spirituellen Szene eine lange Tradition. Das berühmte Medium Jane Roberts hat die meisten Teile des „Seth Materials" mit der Methode des automatischen Sprechens produziert. „Ich habe in etwas mehr als einem Jahr im Trancezustand für Seth über 2000 Seiten solchen Materials diktiert, klar und präzise, ohne Widersprüchlichkeiten und ohne zu Zögern, wie es normalerweise beim Sprechen vorkommt." (J. Roberts: Der Weg zu Seth. München 1988, S.37) Viele Berufe haben sicherlich größere Vorbehalte gegen schriftliche Äußerungen als gegen das gesprochene Wort. Schalten Sie also ein Tonband an, und diktieren Sie frei, im Zimmer auf und ab gehend, zu einem gewählten Berufsthema auf Band. Schalten Sie das Band nach zehn Minuten ab, und versuchen Sie, das gewonnene Material für Ihren Text zu verwenden.

Oft wird ein beruflicher Text auf Tonband gesprochen oder aber auch einer Schreibkraft diktiert. Über das Diktieren von Texten gibt es Vorurteile, die der berufliche Schreiber durchschauen sollte. Diese Vorurteile heißen:

1. Wenn jemand diktiert, muß er ohne Unterbrechung sprechen.
2. Jedes Wort, das er diktiert, kann nicht korrigiert werden.
3. Für bestimmte, schwierige brufliche Texte eignet sich das Diktieren überhaupt nicht.
4. Alle Texte, die diktiert worden sind, müssen überarbeitet werden. Es ist deshalb besser, den fertigen Text zu korrigieren, als Korrekturen während des Diktats vorzunehmen.

Um die Klippen des Diktierens zu bewältigen, sollte der berufliche Schreiber folgende Diktiervorschläge bedenken:

1. *Planen Sie den Text vor dem Diktat, und machen Sie sich für das Diktieren Notizen.*
2. *Bevor Sie mit dem Diktieren beginnen, geben Sie genaue Anweisungen, welche Form und welches Format der diktierte Text haben soll.*
3. *Sprechen Sie während des Diktats klar und deutlich, und legen Sie Pausen ein, wenn Sie Ihre Sätze überlegen müssen.*
4. *Buchstabieren Sie Eigennamen, Fachbegriffe, Fremdworte, Zeichensetzung und Absätze.*
5. *Hören Sie sich Ihr Diktat, wenn es möglich ist, noch einmal an, um die Qualität des Textes zu prüfen.*
6. *Wenn der diktierte Text in der Endfassung vorliegt, machen Sie ein erneutes Korrektur-Lesen, wenn Sie Zeit, Geld und Nerven sparen wollen.*

(J. FORMAN, K. A. KELLY: The Random House Guide to Business Writing. New York 1990, S. 122)

Computereinsatz

Der Einsatz des Computers in der Berufswelt hat das berufliche Schreiben revolutioniert. Der Computer gibt Schreibhilfen in allen Schreibphasen: Beim Schreibstart, bei der Gliederung, beim Schreiben und Überarbeiten, bei der Fertigstellung des Textes für die Veröffentlichung. Der Computer verlangt eine gewisse Einarbeitungszeit und kann auch zum Verfassen von hastig geschriebenen Briefen, überlangen Berichten und oberflächlichen Aktennotizen verleiten. Allerdings übernimmt er auch viele manuell aufwendige Schreibarbeiten, wie: Literaturlisten ordnen, sexistische Worte ausmerzen, grammatische und orthographische Fehler aufspüren, Fußnoten absetzen, Grafiken und Tabellen gestalten.

Das Schreiben am Computer kann weitere Probleme aufwerfen:

● Der Schreiber wird von der Bedienung der Computertechnologie in Anspruch genommen und vernachlässigt das Engagement für den Schreibprozeß.
● Der Schreiber versucht, über Datenbanken Probleme zu lösen, statt mit den Kollegen zu diskutieren.
● Der Schreiber korrigiert nur den Text, der auf den Monitor paßt und erreicht bei langen Texten nur mäßige Korrekturleistungen.
● Der Computer produziert selber Fehler im Text, indem er zu schnellen Korrekturen anleitet.
● Die meisten Korrekturprogramme am Personal Computer sind bei der Korrektur von Grammatik- und Syntaxproblemen noch überfordert.

(Vgl. J. FORMAN, K. A. KELLY, a.a.O., S. 773f)

Brainstorming, Freewriting, Clustering, Mind-Mapping

Für den Schreibstart lassen sich auch Brainstorming, Freewriting, Clustering und Mind-Mapping am Computer anwenden. Das Schreiben am Computer „kombiniert die Vorteile des Freewriting und Brainstorming, indem wir alle Ideen eintippen, mit ihnen spielen und diejenigen Einfälle gleich löschen, die uns nicht passen". (G. A. BARNES, a.a.O., S. 30) Auf dem amerikanischen Markt gibt es auch schon Softwareprogramme, die der Anregung von Freewriting und Brainstorming am Computer dienen (Vgl. R.T.KELLOY: The Psychology of Writing. New York 1994, S. 161-184)

Aufgabe

Schreiben Sie eine Seite zu einem beruflichen Thema mit den Methoden des Brainstorming oder Freewriting am Computer.

Bei beruflichen Themen, zu denen Ihnen gar nichts einfällt, können Sie das automatische Schreiben am Computer probieren. „Es gibt wahrscheinlich keine idealere Methode, das Unterbewußtsein zu Rate zu ziehen, als das automatische Schreiben... Beim automatischen Schreiben können dem Unterbewußtsein Fragen gestellt werden, die dann schriftlich beantwortet werden können." (L. M. LECRON: Selbsthypnose. Genf 1985, S. 28)

Aufgabe

Setzen Sie sich entspannt an Ihren Computer. Schließen Sie die Augen. Sagen Sie Ihrem Unbewußten, es soll Ihre Finger automatisch auf der Tastatur bewegen, um über eine Frage zum schwierigen beruflichen Thema irgendetwas zu schreiben. Warten Sie nun ab, daß sich Ihre Hände wie von selbst auf den Tasten bewegen und Worte und Sätze entstehen. Seien Sie nicht entmutigt, wenn es Ihnen nicht gleich gelingt, automatisch zu schreiben. „Es ist zu vermuten, daß es wahrscheinlich nur einem unter fünfen gelingt, es ohne viel Mühe und Übung zu erlernen." (L.M. LECRON, a.a.O., S. 39)

Wenn Sie einen Text schreiben müssen, dessen Gliederung, wie z.B. bei einem Report, feststeht, dann gibt Ihnen der Computer die Möglichkeit, die Gliederung mit Freewriting oder automatischem Schreiben zu kombinieren.

Aufgabe: Kombination von Gliederung und Freewriting

Sie wählen also das Thema und tippen die Gliederung mit den dazugehörigen Zwischenräumen in den Computer ein. Dann warten Sie ab, zu welchen

Abschnitten der Gliederung Ihnen etwas einfällt. Wenn Sie z.B. die viergliedrige folgende Berichtsgliederung eingetippt haben:

1. Probleme
2. Untersuchungen
3. Ergebnisse
4. zukünftige Perspektiven,

können Sie vielleicht etwas zu den Ergebnissen eingeben, dann auf die Untersuchungen kommen und auf die Probleme, um schließlich die Zukunftsperspektiven zu formulieren. Der Computer gibt Ihnen die Möglichkeit, sich von ersten Einfällen bis zu letzten Sätzen vorzuarbeiten. Er ermöglicht Umgruppierungen, Einschaltungen, Streichungen aller Art. Versuchen Sie diese Kombination von Gliederung und Freewriting jetzt.

3.1.2. Schreibrituale

Eine komplexe Tätigkeit, wie das berufliche Schreiben braucht Rituale, um die Komplexität zu reduzieren und die Kraft der Routine zu nutzen. In der modernen Schreibforschung sind viele berufliche Schreibrituale identifiziert worden. (Vgl. R.T.Kelloy, a.a.O., S. 195-202) Sie lassen sich in fünf Aspekte ordnen:

● Schreibzeit
● Schreibort
● Bewältigung von Schreibunterbrechungen durch Fremde
● Einbau von Schreibunterbrechungen zur eigenen Erholung
● Förderliche Schreibbedingungen: wie Schreibzeitpläne, Schreibumfänge, Schreiberholungen und Schreibentspannungen.

Aufgabe Schreibrituale:

Blicken Sie auf Ihre Schreibkarriere zurück und identifizieren Sie Ihre besten Schreibzeiten, Schreiborte, Schreibstrategien zur Bewältigung von Schreibunterbrechungen und Schreiberholungen. Listen Sie die Bedingungen auf, die Ihr Schreiben fördern: Zeitpläne, Seitenzahlen, Belohnungen, der beste Umgang mit den Phasen des Schreibprozesses, Schreibentspannungen und Schreibhilfen. Entwerfen Sie nun Ihr ideales Schreibsetting, und versuchen Sie, es in der nächsten Zeit zu ritualisieren.

3.2. Das Schreiben strukturieren

3.2.1. Gliederungsformen

Während literarisches und wissenschaftliches Schreiben viele Gestaltungs-
möglichkeiten in Stil, Aufbau und Fundierung entwickelt, ist das berufliche
Schreiben eher einfach strukturiert. „Solche Einfachheit wird durchsichtig,
wenn man die vier grundlegenden Prinzipien der Gliederung eines beruflichen Textes: Ziel, Einleitung, Hauptteil und Schluß verstanden hat." (G. A.
BARNES, a.a.O., S. 47) Auch die Schreibstile sind im beruflichen Schreiben
leichter zu überschauen. Berufliche Texte erzählen, beschreiben, argumen-
tieren und erläutern. Berufliche Texte sollen eine Geschichte erzählen, ein
Bild durch Worte verdeutlichen, die Leser überzeugen und informieren. Die
Effektivität beruflichen Schreibens liegt in der relativen Einfachheit seiner
Struktur.

Sehen wir uns nun die Grundelemente des beruflichen Schreibens genauer
an:

Die **Einleitung** soll für die zentrale Aussage des Textes Interesse wecken,
indem sie gleich die wichtigsten Schlüsselbegriffe vorstellt. Die Wichtigkeit
des Textes wird schon in der Einleitung von den verschiedenen Berufs-
diskursen unterschiedlich herausgestellt: Juristen referieren die rechtswissenschaftlichen Kontroversen, Ingenieure weisen auf lange ungelöste
technische Probleme hin, und Manager teilen mit, daß sie interessante
Produkte oder Vermarktungsstrategien vorzustellen haben. Schließlich sagt
jede Einleitung etwas über den Aufbau des folgenden Textes aus. Auch dabei
dürfen bestimmte Schlüsselworte nicht fehlen. Ein erzählender Text wird in
der Einleitung auf die folgende „Chronologie der Ereignisse" hinweisen.
Eine Beschreibung spricht an dieser Stelle der Einleitung von einem „Überblick über interessante Aspekte". Der Text, der überzeugen will, signalisiert
Argumente und Begründungen. Eine Erklärung nennt hier Ursachen und
Kategorien, die das Verständnis der im Folgenden vorgetragenen Problema-
tik vertiefen werden.

Der **Hauptteil** kann bei beruflichen Texten unter Benutzung von 11 rhetorischen Argumentationsmustern aufgebaut werden:

1. Der erzählende Text gliedert sich in seinem Hauptteil in Zeitabschnitte.
2. Der Text, der einen Prozeß schildert, gliedert sich nach Prozeßstufen
    und Prozeßabschnitten.
3. Der beschreibende Text benutzt für die Gliederung Teilabschnitte oder
    Begriffe der Zeit, der Gattung, der Probleme des zu beschreibenden
    Objekts.

4. Der definierende Text berücksichtigt umschreibende Beispiele, Anwendungsmöglichkeiten oder Anwendungsschritte.

5. Der beispielsetzende Text sammelt in seinem Hauptteil möglichst viele Fälle, Anwendungserfahrungen und Untersuchungsergebnisse.

6. Der vergleichende Text stellt meist zwei Vergleichsobjekte gegenüber und gliedert sich nach Gleichheiten und Unterschieden beider Objekte.

7. Der problemlösende Text stellt das Problem, seine Entwicklung und Bedeutung dar und zeigt den Weg der Problemlösung auf.

8. Der analysierende Text ordnet sich im Hauptteil nach den Gründen und Folgen der dargestellten Probleme.

9. Der Hypothesen vortragende Text stellt sich im Hauptteil in Thesen gegliedert dar.

10. Der überzeugende Text liefert eine Ordnung seiner Argumente.

11. Der Pro+Contra-Text stellt erst die Argumente „dafür" und dann die Argumente „dagegen" oder umgekehrt dar.

Sehen wir uns die Beziehung zwischen Textsorten und Gliederungen noch einmal in einer Grafik an.

Textsorten	Gliederungsstrukturen
Erzählender Text	Zeitabschnitte
Text über einen Prozeß	Prozeßstufen und Abschnitte
Beschreibender Text	Teilabschnitte des Objekts
Definierender Text	Umschreibungen, Beispiele, Anwendungsmöglichkeiten
Beispielgebender Text	Fallbeispiele
Vergleichender Text	Gegenüberstellungen von A und B
Problemlösender Text	Probleme und Lösungsmöglichkeiten
Analysierender Text	Gründe und Folgen des Problems
Hypothesen vorstellender Text	Reihenfolge der Hypothesen
Überzeugender Text	Ordnung der Argumente nach Gefühl oder Logik
Pro+Contra Text	Argumente dafür und dagegen

Diese Gliederungselemente lassen sich natürlich auch kombinieren.

Der **Schluß** faßt die wichtigsten Ideen Ihres Textes noch einmal zusammen, stellt eine wichtige Frage, zeigt ein eindrucksvolles Bild oder richtet seinen Blick auf die Zukunft.

Aufgabe Textsorte und Gliederungsstrukuren:

Wählen Sie ein Thema, eine zum Thema passende Textsorte, und entwerfen Sie eine Gliederung, die zu der Textsorte Ihres gewählten Themas gut paßt.

Nach pragmatischen Gesichtspunkten gibt es noch einfachere Gliederungsmuster für berufliche Texte, die alle über die Elemente der Einleitung, des Hauptteils und des Schlusses verfügen. Verweisen wir hier nur auf die berufliche Textsorte des Memorandums und des Berichts.

Der Hauptteil eines **Memorandums** umfaßt folgende Elemente:

1. Anliegen
2. Probleme
3. Lösung
4. Folgen und Konsequenzen

Der Hauptteil eines **Berichts** umfaßt die Elemente:

1. Darstellung des Falls, der Probleme oder des Gegenstands
2. Untersuchung
3. Problemlösung

(R. ANDERSON: Writing that Works. New York 1989, S. 170, 234)

Aufgabe Memorandum oder Bericht:

Wählen Sie ein Thema und entscheiden Sie, ob Sie über dieses Thema ein Memorandum oder einen Bericht entwerfen wollen. Haben Sie sich entschieden, dann strukturieren Sie eine Gliederung Ihres Themas in der gewählten Textsorte.

3.2.2. Textabschnitte entwickeln

Nicht der einzelne Satz entscheidet über die Qualität eines Textes, sondern das System der Ansätze in einem Text. Jeder Absatz im Text sollte einen Gedanken ausdrücken. Als Microstruktur wird jeder Textabschnitt die Idee einleiten, ausführende Details hinzufügen und das Ergebnis der Argumentation zusammenfassen. Der Aufbau des ganzen Textes in Einleitung, Hauptteil und Schluß wird sich so in jedem Abschnitt als Grundstruktur wiederholen (G. A. BARNES, a.a.O., S. 59)

Die Länge der Textabschnitte variiert mit den Gewohnheiten der Leser. Geschichten in Zeitungen werden in möglichst kurze Abschnitte geteilt, die den Lesegewohnheiten eines breiten Publikums entsprechen. Wissenschaftliche Texte haben oft lange Abschnitte, weil der akademische Leser das erwartet. Der berufliche Schreiber wird also, in bezug auf die Lesegewohnheiten seiner Lesergruppe, die Länge der Abschnitte selbst bestimmen müssen.

Textabschnitte können auch die Funktion haben, zu einem neuen Gedanken überzuleiten, oder sie präsentieren eine Erzählsequenz, um dem Leser einen Sachverhalt zu illustrieren. Jeder Abschnitt hat aber die Aufgabe, den Leser bei der Stange zu halten. Jeder Abschnitt wird den Leser weiter fesseln, wenn er Schlüsselworte des Textes wiederholt, interessante Verdeutlichungen seiner Idee vorstellt und mit schlüssigen Umstandswörtern arbeitet.

Die wichtigsten Umstandswörter und ihre Funktion bei der Aufrechterhaltung des Leseinteresses sollen in der folgenden Grafik dargestellt werden:

Überleitungsfunktionen	Umstandswort
Reihung	Erstens, Zweitens, Nächstens, am Ende
Verstärkung	Tatsächlich, insgesamt
Vergleich	Ähnlich, im Vergleich
Zusammenfassung	Alles in allem, kurz gesagt, insgesamt
Wirkung	Deshalb, aus diesem Grund, in Konsequenz
Illustrierung	Zum Beispiel, im Bild gesprochen, konkret ausgedrückt
Wiederholung	Mit anderen Worten
Gegensatz	Jedoch, auf der anderen Seite, leider
Ersatz	Auf der anderen Seite, alternativ gedacht

Aufgabe

Schreiben Sie einen längeren Freewriting-Text zu einem beliebigen Thema und gliedern Sie ihn in Abschnitte. Benutzen Sie bei der Abschnittsgestaltung die entsprechenden und passenden Umstandswörter aus unserer Grafik. Überprüfen Sie dann die Qualität der gefundenen Textabschnitte durch die Benutzung folgender Checkliste:

Prüfung der Qualität der inneren Gliederung eines Textes

Länge der Abschnitte:	● Variiert die Länge der Abschnitte? ● Korrespondiert die Länge der Abschnitte mit der Struktur der Gedanken? ● Müßten mehr Abschnitte entstehen, um dem Fluß der Gedanken besser zu entsprechen?
Inhalt der Abschnitte:	● Haben die Abschnitte einen klaren Gedankeninhalt? ● Werden die Abschnitte gut miteinander verbunden?
Überleitung von Abschnitt zu Abschnitt:	● Ergibt sich von Abschnitt zu Abschnitt ein logischer Schritt? ● Löst von Abschnitt zu Abschnitt ein Gedanke den anderen ab? ● Leitet der letzte Satz eines Abschnittes zum nächsten Abschnitt über?

3.2.3. Der Stil beruflicher Texte

Der Stil beruflicher Texte wandelt sich von Beruf zu Beruf, von Epoche zu Epoche. Die vorwissenschaftliche Alchimie z.B. liebte es, in großartigen Rätseln zu sprechen. Eine Alchimistin begann ihren Text mit folgendem kühnen Widerspruch: „Nun werde ich euch klar sagen, wo die Elemente und Pflanzen vorkommen, und ich werde beginnen, indem ich in Rätseln spreche." (A. CONDERT: Der Stein der Weisen. Herrsching 1992, S. 73)

Im 19. Jahrhundert wurde in beruflichen Texten noch sehr umständlich und weitschweifig geschrieben. Das 20. Jahrhundert bevorzugt im Beruf Texte, die fünf Stilprinzipien entsprechen:

● Vollständigkeit
● Durchdachtheit
● Klarheit

● Höflichkeit
● Richtigkeit

(K.H. ADAMS, a.a.O., S. 143)

Die einfache Satzstruktur Subjekt-Prädikat-Objekt, unter Wegfall von Nebensätzen, Schachtelsätzen und Langsätzen kennzeichnet die beruflichen Texte einer heute von Technik und Wissenschaft beherrschten Welt.

Der logische Aufbau der Texte verlangt Vollständigkeit.
Die Abschnitte der Texte sollen durchdacht sein.
Die Textüberschriften sollen klar sein.
Die Textüberleitungen sollen richtig sein.
Der gesamte Text sollte den Leser höflich und freundlich begleiten.
Diagramme, Bilder, Statistiken können den Lesern Orientierungshilfen geben.

Sollte Ihnen dieser vorherrschende Stil Probleme machen, so können Sie ja versuchen, mit einigen der folgenden Vorschläge etwas mehr Spannung in Ihren Satzbau zu bekommen:

● Benutzen Sie mal lange Sätze, um die Monotonie der Kurzsätze zu durchbrechen.
● Benutzen Sie ganz kurze Sätze, wenn Sie Ihre Zentralidee auf den Punkt bringen wollen.
● Bauen Sie mal eine rhetorische Frage in Ihren Text ein.
● Beginnen Sie einen Satz mit geeigneten Umstandswörtern, z.B.: „Aber, jedoch, andererseits."
● Benutzen Sie auch mal eine ausgefallene Metapher, um Ihrem Text etwas Pfeffer zu geben.

Aufgabe

Schreiben Sie fünf Minuten Freewriting. Bauen Sie diesen Text nach den fünf Stilprinzipien moderner Berufsprosa um. Versuchen Sie dann, dem Text noch etwas Spannung zu verleihen, indem Sie einige der vorgeschlagenen Stilvarianten ausprobieren.

Moderne berufliche Texte sind extrem leserbezogen. Das hat erhebliche Auswirkungen. Spezialisten und Nichtspezialisten erwarten völlig andere Begriffe in öffentlichen Texten. Spezialisten lieben Fachworte und die Rhetorik des Fachdiskurses. Das breite Publikum verlangt Kurzsätze der Umgangssprache. Schreiben Sie berufliche Texte ohne Perspektiven- und Zeitwechsel, das ist zwar ein Kennzeichen moderner literarischer Prosa, aber diese erwartet keiner von Ihnen als Resultat Ihres beruflichen Schreibens (es sei denn, Sie sind Werbetexter oder experimenteller Lyriker).

3.3. Das Überarbeiten und Umschreiben von Texten

3.3.1. Korrekturlesen

Das berufliche Schreiben gliedert sich in zwei unterschiedliche Arbeitsweisen: Neben das Entwickeln von Ideen und Gedanken im kreativen Schreibprozeß tritt die analytische kritische Bewertung und Überarbeitung des Textes.

Die Benutzung der kreativen Schreibtechniken für den Schreibstart hat Ideen produziert und das Schreiben leicht gemacht. Die folgenden Strukturierungstechniken haben unserem Text Form und Gestalt gegeben, wenn wir von dem, was wir sagen wollten, etwas ausgedrückt haben, und wenn wir die Erwartungen der Leser richtig getroffen haben. Für die nun folgende kritische Überarbeitung unserer Texte gibt es zwei Wege: den schnellen und den gründlichen Weg.

Der **schnelle Weg** umfaßt folgende drei Schritte:

1. Schritt:
Viermal lesen: Zuerst wird der ganze Text gelesen, um einen Eindruck zu bekommen, ob der Text als Ganzer stimmt. Dann werden beim zweiten Lesen alle Abschnitte, beim dritten Lesen alle Sätze, beim vierten Lesen jedes Wort auf seine Stimmigkeit hin kontrolliert.

2. Schritt:
Einmal laut lesen: Mit dem Viermal-Lesen kontrollieren die Augen den Text, beim Laut-Lesen kontrolliert das Ohr. Wir hören nun, wie der Text klingt. „Laut lesen, das haben Untersuchungen des Schreibzentrums an der City University von New York ergeben, beseitigt automatisch 60 % aller grammatikalischen Fehler". (R. ANDERSON, a.a.O., S. 47) Beim Lautlesen wird auch der Stil des Textes kontrolliert. Stilfehler, wie Dogmatismus, übertriebene Verteidigung und Agressivität werden hörbar. Auch Fehler im Satzrhythmus, in der Folge der Pausen und in der Dichte der Argumentation könnten durch das Lautlesen bemerkbar und korrigierbar werden.

3. Schritt:
Umschreiben: Lassen Sie nun den Text eine Weile liegen, und entwickeln Sie die nötige Distanz zu Ihrem Produkt. Schreiben Sie dann, je nach der Fülle der gefundenen Fehler, den Text in Teilen oder ganz neu.

Aufgabe

Suchen Sie sich aus Ihrem Manuskript-Ordner einen Text heraus, von dem mehrere Fassungen existieren, und überprüfen Sie, was die einzelnen Fassungen unterscheidet, und welche Fortschritte das Umschreiben für den jeweiligen Text erbracht hat.

Der **gründliche** Weg gliedert sich in die folgenden Arbeitsschritte:

1. Schritt:
Viermal lesen und einmal laut lesen, wie beim „schnellen Weg".

2. Schritt:
Beim sechsten Lesen wird eine Checkliste zur gezielten Kontrolle des eigenen Textes benutzt. Diese Checkliste umfaßt folgende Fragen, die beim sechsten Lesen Ihres Manuskriptes beantwortet werden sollten:

- Ist mein Text klar?
- Ist er richtig gegliedert?
- Ist er wirkungsvoll formuliert?
- Ist er logisch und überzeugend?
- Ist er vollständig?
- Ist er positiv?
- Ist er korrekt?

(R. ANDERSON, a.a.O., S. 48-52)

Aufgabe

Überarbeiten Sie mal einen Ihrer eigenen älteren Texte mit der Methode „gründlicher Weg".

3.3.2. Die richtige Wortwahl

Der richtige Stil beruflicher Texte drückt sich letztlich in den gebrauchten Worten aus. Es gibt eine ganze Reihe Regeln, die den Gebrauch falscher Wörter im beruflichen Schreiben einschränken können:

- Vermeiden Sie Ausrufe: Sie gehören in die Alltagssprache, aber nicht in berufliche Texte.
- Wählen Sie das passendste Wort: Das passendste Wort wird oft genug kein Fremdwort sein.
- Gehen Sie Worten, die etwas verharmlosen, aus dem Wege: Benutzen Sie deshalb nicht Worte, wie „Entsorgungspark", wenn Sie eine „Mülldepo-

nie" meinen, oder „Vorwärtsverteidigung", wenn „Angriffskrieg" gesagt werden soll.

- Ziehen Sie in jedem Fall das kürzeste Wort vor: Schreiben Sie statt „Interaktion" „Beziehung", oder statt „Kommunikation" „Gespräch".
- Vermeiden Sie doppeldeutige Worte: Worte, die falsche Assoziationen wecken.
- Wählen Sie eher den konkreten als den abstrakten Ausdruck.
- Schreiben Sie keinen Jargon oder Slang, es sei denn, er wird von dem Adressatenkreis erwartet und wertgeschätzt.
- Versuchen Sie, Klischees zu vermeiden: Werfen Sie verbrauchte Metaphern wieder aus Ihrem Text, und ersetzen Sie sie im nötigen Falle durch unverbrauchte.
- Benutzen Sie nicht die männliche Form, wenn Sie beide Geschlechter ansprechen wollen.
- Werfen Sie alle überflüssigen Worte aus Ihrem Text.

Aufgabe

Schreiben Sie einen Text, der einmal versucht, alle diese Regeln zu verletzen.

3.3.3. Zusammenfassungen

„Um im Beruf Karriere zu machen", schreibt G. A. BARNES, „ist es wichtig, die eigenen Ideen gut zusammenfassen zu können, auf Treffen der Belegschaft, bei mündlichen Vorträgen, vor Mitarbeitern und am Ende oder Anfang eines Berichtes." (G. A. BARNES, a.a.O., S. 108) Viele berufliche Texte werden nicht nur unter Zeitdruck geschrieben, sondern auch unter Zeitdruck gelesen. Deshalb sucht der berufliche Leser oft nach einer Zusammenfassung, die ihm das Lesen des gesamten Textes erspart. Die Zusammenfassung ist die Kurzfassung des größeren Textes. Sie enthält meist die wichtigsten Aspekte, die in der Gliederung des Textes, der zusammengefaßt werden soll, schon aufgeführt wurden.

Aufgabe

Überprüfen Sie einen gewählten Text, wie weit die Zusammenfassung die Gliederung des Textes selbst referiert.

3.4. Einen Text veröffentlichen

3.4.1. Der Weg zum Verleger

Jeder berufliche Schreiber möchte den Text, der alle Stufen der Kritik vor Freunden, im Kollegenkreis, als Vortrag vor Fachauditorien durchlaufen hat, auch veröffentlichen. Das Veröffentlichen von Texten trägt erkennbar zur Erhöhung des sozialen Status des Schreibers in allen Berufen bei. (B. HOSFORD: Winning in Your Profession by Writing Books. Springfield 1990) Personen, die veröffentlicht haben, werden zu Vorträgen eingeladen, weil sie gezeigt haben, daß sie diskutable Meinungen vertreten. Sie werden von anderen Autoren zitiert. Verlage bieten ihnen vielleicht neue Publikationen an. Allerdings ergibt sich damit auch eine Grenze der Arbeitsfähigkeit. Denn neben dem Schreiben im Beruf steht der Beruf selber, und außerdem gibt es da auch noch die Familie, die Freunde und allgemeine Entspannungs-bedürfnisse, die auch ihr Recht fordern.

Der Weg zur Veröffentlichung eines beruflichen Textes ist weder leicht noch kurz. Am Anfang steht die Suche nach einem geeigneten Publikationsorgan. Dieses Organ muß das Thema des zu veröffentlichenden Textes abdecken. Der Herausgeber des Publikationsorgans muß deshalb für den Text gewonnen werden. Das ist eine große Hürde: „60-90 % aller Manuskripte werden abgelehnt, und nur 5 % aller Buchvorschläge werden von Verlagen akzeptiert. Es ist deshalb gut vorstellbar, daß das Anbieten von Manuskripten mit Angst und Minderwertigkeitsgefühlen einhergeht." (R. E. MATKIN, T. F. RIGGAR: Persist and Publish. Niwot 1991, S. 37)

Beim Anbieten von Manuskripten sind deshalb folgende Erkenntnisse zu berücksichtigen:

- Nur ganz wenige Manuskripte werden von den Lektoren ohne umfassende Revisionsauflagen akzeptiert.
- Zur Veröffentlichung angebotene Texte werden von Leuten geprüft, die keineswegs die Interessen von Autoren vertreten.
- Wer veröffentlichen will, muß sich gegen narzistische Ablehnungs-kränkung wappnen und die Revisionsvorschläge von Lektoren und Her-ausgebern kühl prüfen.
- Wenn ein Herausgeber ein Manuskript ablehnt, schicken Sie es einem anderen. Sie können nicht immer überblicken, wo ein Marktagent sich einen Profit durch die Veröffentlichung Ihres Textes ausrechnet. Es ist deshalb für jeden beruflichen Schreiber wichtig, Kontakte zu geeigneten Lektoren und Herausgebern aufzubauen.

„Indem Sie sich Zeit nehmen, diese Kontakte zu entwickeln, indem Sie sich für Ihre Arbeit interessieren, lernen Sie auch, wie die Produkte auszusehen haben, die für eine Veröffentlichung reif sind." (R. E. MATKIN, T. F. RIGGAR, a.a.O., S. 61)

Bei kürzeren Manuskripten ist zwischen einer Veröffentlichung in einer Zeitung und einer Zeitschrift zu unterscheiden.
Bei einer **Zeitungsveröffentlichung** sind folgende Tips zu beachten:

- Lesen Sie verschiedene Zeitungen, um ein Gefühl für den Stil und Inhalt der Zeitung zu erhalten, in der Sie Ihre Arbeit veröffentlichen wollen.
- Bauen Sie Kontakte zu den Herausgebern der Zeitung auf, indem Sie telefonisch über Ihre Publikationsinteressen unterrichten.
- Benutzen Sie niemals Gewalt, um das Erscheinen Ihrer Texte zu erzwingen.
- Schreiben Sie Texte für Zeitungen immer in den kurzen Sätzen, die der Sprache der Leser entsprechen.
- Nennen Sie die wichtigsten Ergebnisse Ihrer Ausführungen immer gleich am Anfang, damit der meist eilige Leser schnell für ein Weiterlesen gewonnen werden kann.

Bei einer Veröffentlichung in einer **Zeitschrift** gibt es folgende Hinweise zu beachten:

- Fragen Sie beim Lektor an, ob Interesse an Ihrem Artikel besteht.
- Untersuchen Sie den Stil und die Inhalte der Zeitschriften, bei denen Sie eine Veröffentlichung anstreben.
- Lassen Sie Ihren fertigen Text von möglichst vielen Kollegen korrekturlesen, die in der Zeitschrift, in der Sie veröffentlichen wollen, schon publiziert haben.
- Bereiten Sie sich darauf vor, daß die Entscheidung über die Annahme oder Ablehnung Ihres Textes sehr lange dauern kann.

Untersuchungen über die Ablehnung von Manuskripten durch Lektoren zeigen, daß neu vorgelegte Texte bis zu 98 % abgelehnt werden. Auch auf Vorschlag des Lektors überarbeitete Manuskripte werden dann noch zu 75 % zurückgewiesen. (R. E. MATKIN, T. F. RIGGAR, a.a.O., S. 83) Folgende Hauptgründe bringen Lektoren bei Ablehnungen vor:

- Ihr Text ist zu speziell oder zu generell für die Zeitschrift und ihr Publikum.
- Ihr Text hat wichtige neueste Erkenntnisse der Forschung übersehen.
- Die Belege und Beweise in ihrem Text sind ungenau und ohne Überzeugungskraft.

● Ihrem Text fehlen Details, oder es wimmelt von Details.
● Der Stil ihres Textes ist ihrem Thema oder dem Stil unserer Zeitschrift unangemessen.

(R. E. MATKIN, T. F. RIGGAR, a.a.O., S. 85)

SCOTT EDELSTEIN hat folgende wichtige Checklisten für den Umgang mit Ablehnungen und Annahmen von Texten vorgelegt, die dem Schreiber im Beruf nützen können:

„Wie man/frau mit der Ablehnung von Texten umgeht:

1. *Denken Sie daran, daß nur ein Text von Ihnen und nicht Ihre Person abgelehnt wurde.*
2. *Vergessen Sie nicht, daß die Ablehnung von Texten zum Geschäft des beruflichen Schreibers gehört. Jeder, auch das Schreibgenie, hat mit Ablehnung zu kämpfen.*
3. *Behalten Sie im Auge, daß Textablehnungen oft nichts mit Ihrem Text zu tun haben.*
4. *Machen Sie von einer Textablehnung nicht Ihr Schicksal als Schreiber abhängig.*
5. *Bleiben Sie ruhig, wenn Ihre ersten 15 Manuskripte abgelehnt werden, das ist in dieser Branche so üblich.*
6. *Bauen Sie sich häufiger auf, indem Sie Ihre Schreibautobiografie bearbeiten.*
7. *Hängen sie alle positiven Texte über Ihre Texte in Ihrem Arbeitszimmer auf. Das hilft.*
8. *Jedes abgewiesene Manuskript sollten Sie sofort an einen anderen Herausgeber schicken.*
9. *Wenn Sie die Chancen Ihrer Veröffentlichungen erhöhen wollen, schikken Sie Ihr Manuskript immer an mehrere Herausgeber.*
10. *Bei Ablehnung unternehmen Sie sofort etwas, was Ihnen Freude macht.*
11. *Lassen Sie sich nicht entmutigen, denken Sie daran, daß „Vom Winde verweht" 15mal abgelehnt und „Zen und die Kunst, ein Motorrad zu warten" über 100mal eine Ablehnung erfuhr, bevor sie gedruckt und Riesenbestseller wurden.*
12. *Wehren Sie sich niemals gegen die Text-Ablehnungen durch Telefonate oder Beschwerdebriefe bei Kritikern oder Herausgebern. Es würde nichts nützen.*
13. *Teilen Sie einem Herausgeber niemals in einem Begleitbrief mit, daß der vorgelegte Text schon abgelehnt wurde. Lassen Sie ihn ein eigenes unbelastetes Urteil fällen.*
14. *Sollte ein ablehnender Herausgeber gefeuert werden, versuchen Sie Ihr Glück beim neuen Herausgeber.*

15. *Werfen Sie niemals einen häufig abgelehnten Text weg. Es könnte eine Zeit kommen, wo Ihr Text Zuspruch findet.*

16. *Die beste Therapie gegen Selbstzweifel, nachdem ein Text abgelehnt wurde, ist es, weiter zu schreiben und besser zu schreiben. "*

„Wie man/frau mit Schreiberfolgen umgeht:

1. *Wenn der Erfolg sich einstellt, bleiben Sie sich bewußt, daß er oft nur von kurzer Dauer ist.*

2. *Denken Sie immer daran, daß es das Los des Schreibers ist, Auf- und Abschwünge zu erleben, solange er schreibt.*

3. *Glauben Sie niemals, daß das große Geld lange vorhält. Benutzen Sie es, um Ihre Steuern zu zahlen und um langfristig zu investieren.*

4. *Verändern Sie niemals abrupt Ihren Lebensstil, bevor Sie nicht abgeklärt haben, daß Sie diesen Wechsel auch wirklich langfristig finanzieren können.*

5. *Glauben Sie nicht, daß Ihr Erfolg beweist, daß Sie ein besserer Schreiber als andere sind, die weniger Erfolg haben. Auf jeden Schreiber mit großem Erfolg kommen drei oder vier Schreiber, die genauso gut schreiben können, aber keinen Erfolg haben.*

6. *Benutzen Sie niemals einen Erfolg, um sich anderen überlegen zu fühlen. Selbsterhöhung zerstört Ihr Selbstbewußtsein und Ihre Beziehungen.*

7. *Ruhen Sie sich nicht auf Lorbeeren aus, schreiben Sie weiter, wenn der Erfolg sich nicht als Zufall erweisen soll.*

8. *Nutzen Sie Ihren Erfolg, um bei folgenden Vertragsabschlüssen bessere Verkaufsbedingungen für Ihre Texte zu erzielen.*

9. *Bauen Sie Ihren Erfolg aus, indem Sie ständig etwas für Ihre Vermarktung tun.*

10. *Helfen Sie anderen Schreibern, ebenso erfolgreich zu sein wie Sie.*

11. *Sehen Sie Ihren Erfolg als Gnade des Schicksals an und freuen Sie sich. "*

(S. EDELSTEIN: The Writer's Book of Checklists. Cincinatti 1991, S. 10-13)

3.4.2. Der Beruf als Schreibstimulus

Schreiben im Beruf verfügt über eine ständige Anregung für Texte durch die berufliche Erfahrung. Der Beruf vermittelt durch das ständige Schreiben von fachspezifischen Texten nicht nur eine entwickelte Schreibpraxis, er vermittelt auch durch seine Erfahrung häufige Anregungen für neue Schreibprojekte. Da jeder gehobene Beruf in die Geheimnisse des Lebens eingreift, ergeben sich viele Möglichkeiten, Fallgeschichten des beruflichen Alltags zu verfassen. Da die berufliche Karriere interessante Entwicklungen erfordert, gibt es im Beruf viele Anregungen, eine Autobiografie zu verfassen. Die Auseinandersetzung mit den Größen des eigenen Faches gibt Anlaß für das Verfassen von Biografien von Fachkollegen. Die Kenntnisse des eigenen Faches machen populäre Bücher und Texte zur Lebenshilfe möglich. Vom eigenen Beruf her werden einem schnell neue Entwicklungstrends in der Gesellschaft oder im eigenen Fach bekannt, die - in aktuellen Fachbüchern dargestellt - auf ein breites Publikum stoßen könnten (B. HOSFORD, a.a.O., S. 23-35).

Angeregt durch den Beruf können Sie noch folgende weitere Textsorten in Angriff nehmen:

Nachrichten: Produzieren Sie Texte über Ereignisse in Ihrem Berufsfeld, die allgemeines Interesse finden können.

Radio/Fernsehberichte: Bauen Sie wichtige Berufsereignisse zu Berichten aus, die im Radio oder Fernsehen untergebracht werden können.

Forschungsberichte: Veröffentlichen Sie unterschlagene Forschungsergebnisse und vergessene Forschungserkenntnisse von Außenseitern Ihres Faches.

Spekulationen: Versuchen Sie, berufliche Trends aufzuspüren und Zukunftsvisionen Ihres Faches vorzulegen.

Interviews: Veröffentlichen Sie Gespräche mit den Größen Ihres Berufsfeldes.

Tagebuch/Journal: Veröffentlichen Sie wichtige Materialien aus Ihrem Tagebuch über Ihren Beruf.

Poesie: Machen Sie auch mal Gedichte über Ihre Berufsrealität.

Satiren: Stellen Sie auch das Komische, Merkwürdige und Widersprüchliche Ihres Berufs in Bildern oder Texten dar.

(S. EDELSTEIN, a.a.O., S. 55f)

Steinicke'94

„Ein Bild sagt mehr als
tausend Worte."
(Chinesisches Sprichwort)

„Gute Visualisierung ist wie
ein Minirock."
(K. Bredemeier, Journalist)

„Der Anfang der Kenntnis
muß immer von den Sinnen
ausgehen."
(J. A. Komenius, Pädagoge)

„Um dich begreiflich zu
machen, mußt du zu den
Augen sprechen."
(G. Herder, Philosoph)

4. Moderationstechniken beruflichen Schreibens in Schreibwerkstätten

4.1. Grundlagen der Moderation

Die moderne Moderationstechnik eignet sich gut, das Training des beruflichen Schreibens in Schreibwerkstätten mit Teilnehmern aus verschiedenen
Berufsgruppen durchzuführen. Moderation nennt sich ein System von
Planungs-, Fragen- und Visualisierungstechniken, das der Gruppendynamik
von Schreibgruppen angemessen ist. Die moderne Moderationstechnik wur-
de vom Quickborner Team als Metaplan-Technik entwickelt und vom
Comteam ausgebaut (K. KLEBERT, E. SCHRADER, W. G. STRAUB: Kurz-
moderation. Hamburg 1987, E. MEHRMANN: Moderierte Gruppenarbeit mit
Metaplantechnik. Düsseldorf 1994). Die Moderationstechnik fördert durch
konsequente Visualisierung der Qualifikationsprozesse im Schreiben alle
Formen des kollektiven und individuellen Schreibens, die heute in der
Berufswelt für höhere Kopfarbeiter immer wichtiger werden. Sie hilft,
Schreibängste abzubauen, die Schreibkreativität zu fördern, Ordnung und

Strukturen der Textsorten im beruflichen Schreiben klar und einprägsam allen Teilnehmern vor Augen zu führen. Die Visualisierung geht von der Einsicht aus, daß „von den im Gehirn eines Erwachsenen gespeicherten Informationen ungefähr 75 % über den Eingangskanal Gesichtssinn dorthin gelangen - demgegenüber wirken die 13 % des Gehörsinns relativ bescheiden." (K. BREDEMEIER: Die Kunst der Visualisierung. Düsseldorf 1994, S. 15) Visualisierung verbessert den Lernprozeß in vielfacher Hinsicht: „Entscheidungsfindungsprozesse innerhalb von Gruppen steigen durch visuelle Hilfen um 157 %.
Visuelle Hilfen erhöhen das Erreichen eines Gruppenkonsenses um 36 %.
Mittels Visualisierung wird das Erinnerungsvermögen um ca. 50 % am gleichen Tag, fünf Tage später um etwa 300 % gesteigert." (K. BREDEMEIER, a.a.O., S. 133)

Die Moderationstechnik für das Lehren des beruflichen Schreibens ist folgenden Prinzipien verpflichtet:

● Planmäßiges Vorgehen
● Systematisches Hinterfragen aller Schritte des Schreibprozesses und des Schreibproduktes
● Schaffung multipler Interaktion zwischen allen Gruppenteilnehmern und ihren Texten
● Stimulierung des passiven Sprach- und Schreibvermögens
● Visualisierung des beruflichen Schreibprozesses unter Einsatz von Schlüsselbegriffen, Metaphern und Symbolen
● Ausschöpfung aller Bilder und Grafiken des kreativen Schreibens und der Grunderkenntnisse der Rhetorik, um die emotionellen und kognitiven Seiten des beruflichen Schreibprozesses sichtbar und lernbar zu machen

Die Moderationstechnik gliedert jede Schreibgruppensitzung in sechs Abschnitte:

1. Nennung der Phase des Schreibprozesses, in der die aktuelle Schreibgruppensitzung angesiedelt ist.
2. Warming-Up-Schreibübung
3. Entwicklung einer Schreibaufgabe
4. Anleitung des Schreibprozesses
5. Arbeit an den verfaßten Texten
6. Kurzevaluation der Sitzung bzw. einer Sitzungssequenz

Die Moderationstechnik erfordert für das Lehren des beruflichen Schreibens den Einsatz folgender technischer Materialien:

- Stellwände
- Stecknadeln
- Packpapier und DIN A3 Blätter
- Kärtchen
- Arsenal aller W-Fragen
- Bunte Filzstifte
- Fotokopierer mit Vergrößerungsmöglichkeiten
- Elektrische Schreibmaschine oder Computer
- Faxgerät
- Video und CD-Player

Um auch trockene Texte kulinarischer zu gestalten, ist der Einsatz von freier Grafik und Symbolen auf der Moderationswand sinnvoll. Für die Markierung der Kapitel eines Vorschlag-Textes wurden z.B. in einem Seminar folgende Symbole entwickelt:

Probleme   ☹

Ursache   ☹

Folgen   ☺

Lösungen   ☺

Vorschläge   ☺

Durchsetzung   😐

Alternative Lösung 😬

Aber auch der Einsatz standardisierter Symbole ist in der Moderation beruflichen Schreibens möglich, z.B.

? = Frage
! = Betonung
+ = Zusammenhang
♀ = weiblich
♂ = männlich

Auch Diagramme können zum Einsatz kommen, wie z.B. Listen, Tabellen, Kurven, Säulen, Torten und Kreise, Organisations- und Flußdiagramme.

Die Visualisierungsmodelle, die bei der Moderation beruflichen Schreibens eingesetzt werden, lassen sich folgendermaßen aufgliedern:
- Visuelle Bilder für Warming-Up-Schreibübungen
- Einführungsbilder zum Schreibprozeß

- Bilder der Grundschreibtechniken
- Bilder der Gliederungsmuster des beruflichen Schreibens
- Bilder der Textmuster
- Bilder des Lesens im beruflichen Schreiben
- Größere Szenarien des Schreibens beruflicher Texte
- Bilder für die Hilfe bei Schreibstörungen
- Liste für die Steuerung der Zeitplanung beim Schreiben
- Bilder für Evaluationsmodelle in Schreibgruppen

Diese Visualisierungsmodelle wollen wir uns nun genauer anschauen, wobei wir immer den Moderator sprechen, wenn Moderatoren beiderlei Geschlechts gemeint sind.

4.2. Visualisierungsmodelle des beruflichen Schreibens

4.2.1. Warming-Up-Schreibübungen

Zu Beginn jeder Schreibgruppensitzung ist eine Warming-Up-Schreibübung nötig. Der Moderator zeichnet eine der folgenden poetischen Kurztextformen auf eine Packpapierbahn und heftet sie auf die Stellwand. Er erklärt dabei die Arbeitsweise und informiert über die Herkunft und Bedeutung der poetischen Textform. Nach der angegebenen Textform wird dann ein kleiner Text verfaßt. Die Texte der Gruppe werden dann vorgelesen und die besten entstandenen Texte auf einer leeren Stellwand ausgestellt. Folgende kurze poetische Textformen sind für die Warming-Up-Arbeit einsetzbar:

Anagramm

Ein kurzer Satz, ein längeres Wort wird aus der Gruppe abgefordert, auf eine Karte geschrieben und in ihre Buchstaben zerschnitten. Diese Buchstaben werden von Teilnehmern auf der Stellwand zu vier neuen Worten geordnet. Aus diesen vier neuen Worten wird dann jeder Teilnehmer einen kleinen Text von vier Zeilen schreiben.

ABC-Darium

Auf die Stellwand schreibt der Moderator ein ABC von A-Z. Er legt die Art des ABC-Dariums fest: Schimpf-ABC, Kindheits-ABC, Krisen-ABC usw. Zu jedem Buchstaben nennen die Teilnehmer ein Wort, dessen Anfangsbuchstabe dem ABC entstammt. Sie wählen dann fünf Worte aus und verfassen mit ihnen einen kleinen Text zum gewählten ABC-Thema.

Akrostichon

Beim Akrostichon bilden die Anfangsbuchstaben mehrerer Zeilen ein Wort. Der Moderator schreibt ein Schlüsselwort der Schreibgruppe von oben nach unten auf das Papier der Stellwand. Die Teilnehmer sollen dann aus den Anfangsbuchstaben des angeschriebenen Wortes Worte oder Zeilen bilden, die hintereinander gelesen einen Sinn ergeben.

Das Elfchen

Das Elfchen ist ein Gedicht aus elf Wörtern. Der Moderator zeichnet das Bild des Elfchens auf die Stellwand.

-	1. Zeile = 1 Wort
- -	2. Zeile = 2 Worte
- - -	3. Zeile = 3 Worte
- - - -	4. Zeile = 4 Worte
-	5. Zeile = Ausruf

Der Moderator sollte das Elfchen thematisch mit dem Gruppenthema verbinden, z.B. Berufselfchen, Chefelfchen, Streßelfchen oder Mitarbeiterelfchen vorschlagen.

Haiku

Das Haiku ist das japanische Kurzgedicht in drei Zeilen, in dem die erste Zeile fünf Silben, die zweite Zeile sieben und die dritte Zeile wieder fünf Silben umfaßt. Der Moderator zeichnet das Haiku-Diagramm auf die Stellwand :

- - - - -	5
- - - - - - -	7
- - - - -	5

Er fordert die Teilnehmer z.B. auf, ein Jahreszeiten-Haiku, ein Glück-Haiku, ein Haiku auf einen Festtag zu schreiben.

Rubai

Das Rubai ist ein vierzeiliges Reimgedicht aus dem persischen Sufismus der tanzenden Derwische. Der Moderator zeichnet das Rubai-Diagramm, das in der ersten, zweiten und vierten Zeile gleich und in der dritten Zeile nicht reimt, auf die Stellwand.

...a
....a
....b
....a

Er weist darauf hin, daß Reimverse von hinten geschrieben werden, also
zuerst die Reime und Nichtreime festgelegt und dann die Zeilen ausgefüllt
werden.

Thematischer Schneeball

Der Schneeball besteht aus der ersten Zeile mit einem Wort, der zweiten Zeile
mit zwei Worten, der dritten Zeile mit drei Worten usw. Er kann eine
beliebige Länge haben, zehn Zeilen genügen meistens. Der Moderator
zeichnet das Schneeball-Diagramm auf die Stellwand

```
      -           1
    - -           2
   - - -          3
  - - - -         4
 - - - - -        5
```

Er nennt dann das erste Wort, das aus dem Berufsfeld der Gruppe stammt,
z.B. Männer, Patienten, Kunden, Adressaten, Kunstfehler usw. Die Gruppe
schreibt dann ihren Schneeball. Der Schneeball kann dann auch wieder
abschmelzen. Dann sieht das Diagramm auf der Stellwand folgendermaßen
aus:

```
        -             1
      - -             2
     - - -            3
    - - - -           4
   - - - - -          5
  - - - - -           6
   - - -              7
    - -               8
     -                9
```

Weitere Warming-Up-Texte bietet: LUTZ von WERDER: Lehrbuch des kreativen Schreibens. Berlin 1993[2].

4.2.2. Einführungsbilder zum Schreibprozeß

Nach der Warming-Up-Übung sollten in der ersten Sitzung oder beim Beginn
der Arbeit der Schreibgruppe ein Einführungskurzvortrag (zehn Minuten)
zum Schreibprozeß gehalten und dazu ein Einführungsbild zum Schreibprozeß vom Moderator gemalt werden. Der Moderator kann sich dabei an
verschiedene Schreibprozeßbilder halten.

IIEV:

Nach den Erkenntnissen der Kreativitätsforschung gliedert sich der Schreibprozeß in vier Phasen: Inspiration (Einfall), Incubation (Ausbau des Einfalls), Explication (Ausführung des Einfalls), Verifikation (Überprüfung des
Einfalls). Als Akrostichon heißt die Formel für den Schreibprozeß nach den
Phasen des Kreativitätsprozesses IIEV. Der Moderator schreibt diese Phasen
auf die Stellwand und fragt die Teilnehmer nach den Erfahrungen, die sie mit
diesen Phasen im Schreibprozeß gemacht haben. Nun das Bild:

Kreativitätsphasen im Schreibprozeß

I	
I	
E	
V	

Die Teilnehmer sollen ihre Erfahrungen auf Kärtchen schreiben und an die
Stellwand in die entsprechende Phase heften. Das fertige Bild wird dann von
jedem Teilnehmer in einen Text verwandelt.

IDEVeR

Nach den Erkenntnissen der Rhetorik gliedert sich der Schreibprozeß nach
folgenden Phasen: Inventio (Erfindung von Ideen), Dispositio (Gliedern),
Elocutio (Ausführen/Schreiben); Verifikatio (Überprüfung), Revisio (Korrigieren).
Der Moderator schreibt das IDEVeR-Akrostichon auf die Stellwand und läßt
wieder Einfälle zu den Phasen auf Kärtchen zuordnen.

Rhetorische Phasen im Schreibprozeß

I	
D	
E	
Ve	
R	

Das fertige Schreibbild wird von jedem Teilnehmer in einen kleinen Text
verwandelt.

Schreibzielpentagramm

Das berufliche Schreiben ist zielgerichtet. Es umfaßt die folgenden Zielkoordinaten: Schreiber, Adressat, Ziel, Textsorte, Stil, Zeitpunkt.
Der Moderator zeichnet folgendes Pentagramm auf die Stellwand.

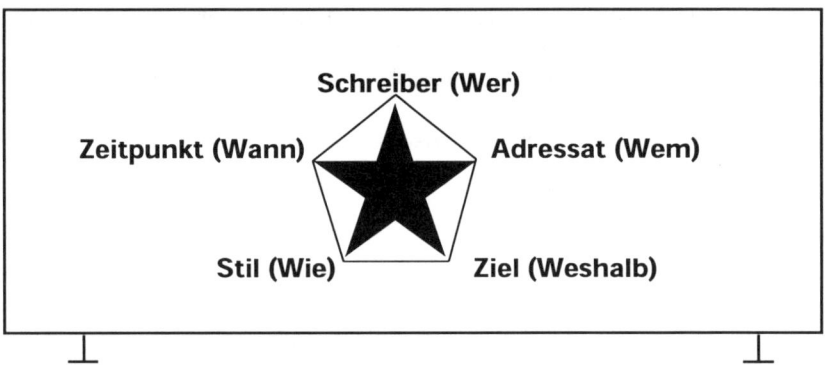

Er fordert die Teilnehmer auf, ihre Einfälle zu den sechs Schreibaspekten auf
Kärtchen zu schreiben. Diese werden auf die Stellwand geheftet. Durch
Vergabe von jeweils einem Punkt durch jeden Teilnehmer wird dann eine
Hierarchie der Zielkoordinaten hergestellt.

Schreibziel-Mind-Map

Eine weitere Vertiefung der Schreibziele bietet ein Schreibziel-Mind-Map.
Es umfaßt die Koordinaten
- Schreibziel
- Schreibsituation
- Schreibwert
- Schreibmethode
- Schreiberfahrung
- Kooperative Schreibaspekte
- Schreibgründe
- Schreibresultat

Der Moderator zeichnet das Schreibziel-Mind-Map auf die Stellwand.

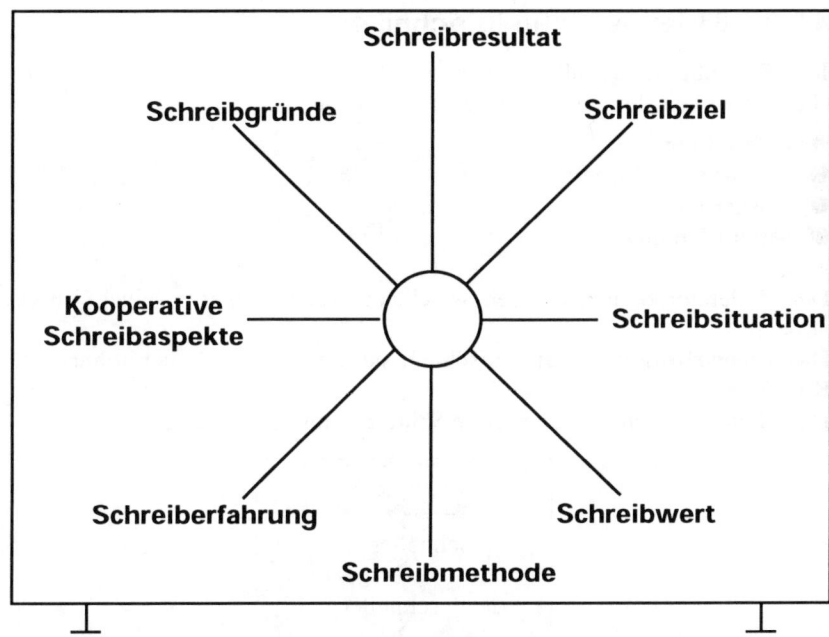

Der Moderator läßt die Teilnehmer Einfälle zu jedem Mind-Map-Ast sammeln und legt dann eine achtspaltige Tabelle an, in der alle Einfälle systematisch gesammelt werden.

Schreibziel-Tabelle

Schreibziel	
Schreibsituation	
Schreibwert	
Schreibmethode	
Schreiberfahrung	
Kooperative Schreibaspekte	
Schreibgründe	
Schreibresultat	

Die fertige Tabelle verwandelt jeder Teilnehmer in einen Text.

4.2.3. Bilder der Schreibtechniken

Jede Schreibgruppe muß die kreativen Grundschreibtechniken des beruflichen Schreibens lernen. Diese Techniken heißen:

- Freewriting
- Brainstorm-Writing
- Clustering
- Mind-Mapping

Der Moderator kann auswählen, welche der Techniken er in seiner Gruppe vorstellt.

Das **Freewriting** bedeutet: So schnell schreiben wie möglich, ohne jede Kontrolle.

Der Moderator kennzeichnet diese Schreibtechnik durch folgendes Bild:

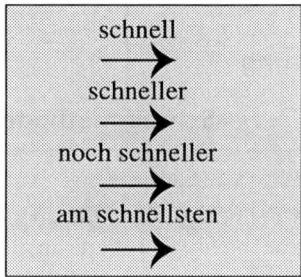

Nach der Aufgabe der Schreibgruppe kann der Moderator dem Freewriting ein focussiertes Thema geben.

Das **Brainstorm-Writing** erfordert ein Thema und die Sammlung und Anheftung von Einfällen zum Thema an die Moderationsstellwand. Aus den angehefteten Kärtchen werden an der Stellwand Haufen gebildet.. Die Haufen werden zum Kern eines Textes. Der Moderator heftet für diese Technik folgendes Bild an die Stellwand:

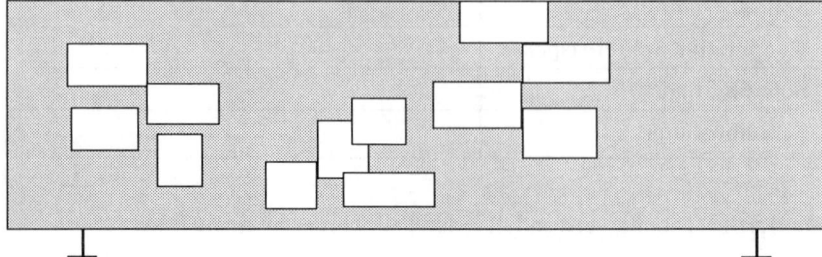

Clustering

Das Clustering beginnt mit einem Kernwort. Bei geschlossenen Augen werden Einfälle zum Kernwort gesammelt und in Assoziationsbahnen um das Kernwort zentriert. Plötzlich entsteht eine Textidee (ein Wort, ein Satz oder eine Idee zu einer Textvision), und die Teilnehmer können zu schreiben beginnen. Nachdem der Text fertig ist, werden einige Teilnehmer ihr Cluster auf die Stellwand zeichnen und ihren Text dazu präsentieren. Der Moderator stellt den Prozeß der Clusterbildung vor dem Schreiben nochmal in folgendem Bild dar:

1. Stufe		Kernwort
2. Stufe		Assoziationsäste
3. Stufe		Textidee
4. Stufe		Schreiben

(Vgl G.L. Rico: Garantiert schreiben lernen. Reinbek 1984)

Mind-Mapping

Das Mind-Mapping beginnt auch mit einem Kernwort und entwickelt sich dann in fünf Stufen.

1. Stufe: Kernwort

2. Stufe: Freie Einfälle um das Kernwort

3. Stufe: Einfälle werden im Uhrzeigersinn um das Kernwort geordnet.

4. Stufe: Hauptäste mit Einfällen werden erweitert und möglichst vom Abstrakten zum Konkreten geordnet.

5. Stufe: Die Hauptäste des Mind-Maps werden nun zu den Grundstrukturen des angestrebten Textes.

Der Moderator zeichnet folgendes Bild von der Entstehung eines Mind-Maps an die Stellwand:

Stufen der Mind-Map-Bildung

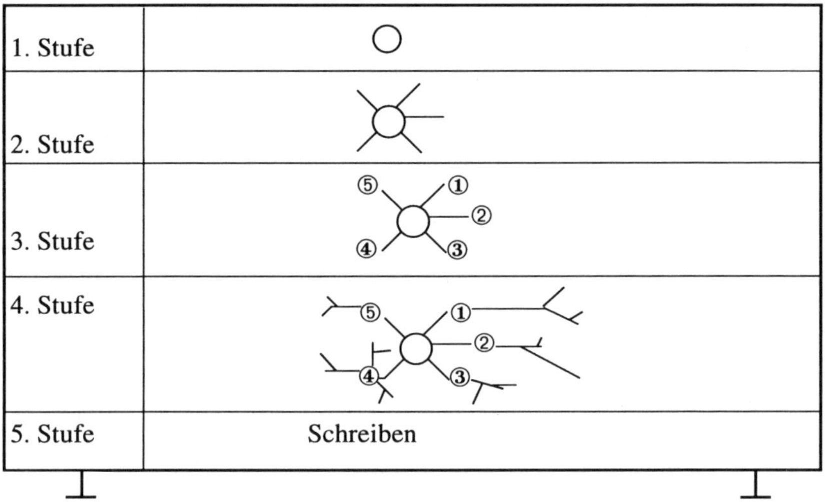

1. Stufe	
2. Stufe	
3. Stufe	
4. Stufe	
5. Stufe	Schreiben

(Vgl. T.BUZAN: Kopfarbeit. München 1992, M. KIRCKHOFF: Mind-Mapping. Berlin 1988)

Das Schreib-Mind-Map kann in kleinen Gruppen oder auf Zuruf auch in der großen Schreibgruppe produziert werden. Der Text nach dem Mind-Map kann in kleinen Gruppen (jeder schreibt reihum einen Satz zu einem Ast) verfaßt oder in großen Gruppen (ausgewählte Teilnehmer schreiben zu einem der Äste einen Satz) produziert, vorgestellt und vorgelesen werden. Es erfolgt dann eine Ausstellung der fertigen Texte.

Es gibt zwei Mind-Maps, die bei der Gestaltung von Personen und Sachtexten genutzt werden können: Dabei handelt es sich um das Personen- oder um das Sach-Mind-Map.

Das **Personen-Mind-Map** umfaßt folgende Äste:

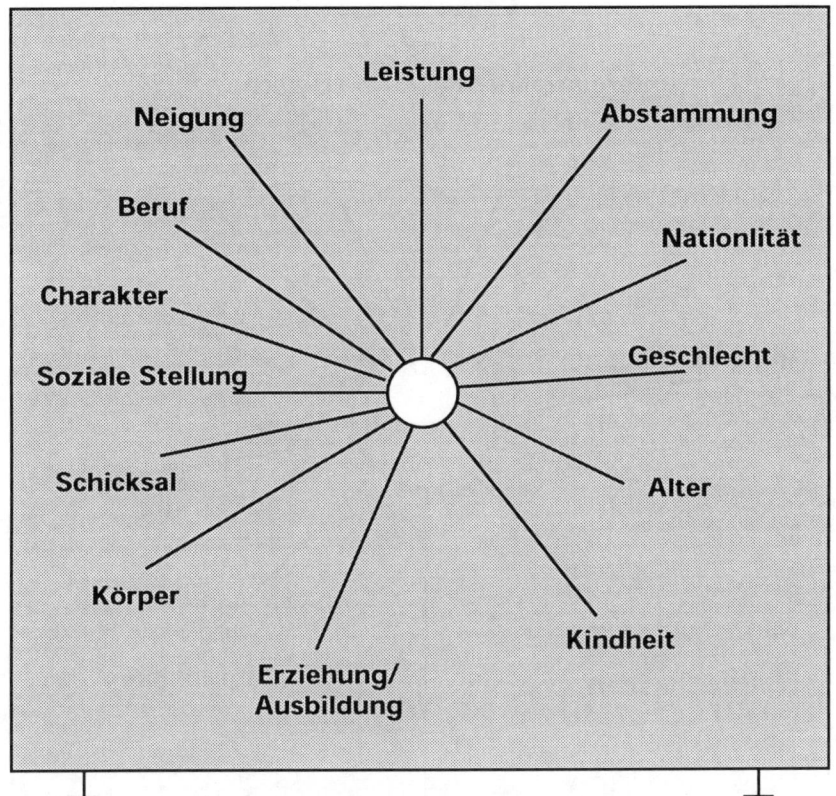

Das **Sach-Mind-Map** sieht folgendermaßen aus:

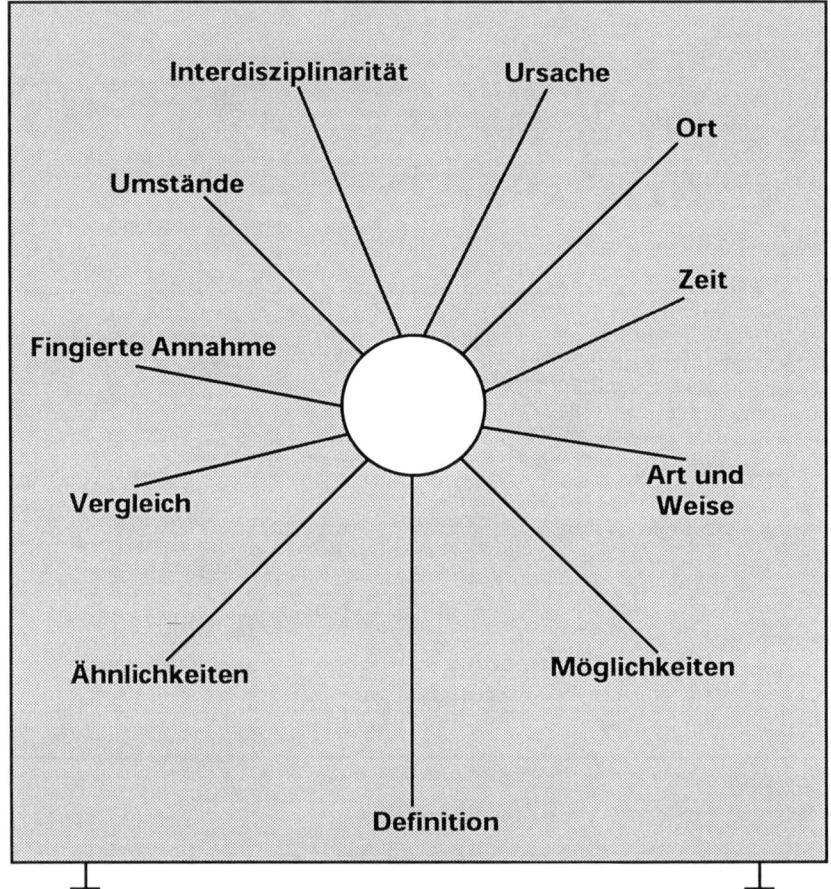

Mit beiden Mind-Maps kann der Moderator bei Personen- oder Sachtexten an der Stellwand mit Kärtchen arbeiten, die in ihrem Gewicht durch Punktvergabe ausgewählt werden und auf diese Weise zu Texten führen.

Für eine gründliche Themenerforschung ist auch das große ABC-Darium-Mind-Map von Nutzen.

Der Moderator heftet ein vorbereitetes Plakat als Zweispaltenliste mit folgenden Kategorien von A-Z an die Moderationswand.

Sach-ABC-Darium

Anfänge	
Aufgaben	
Bedeutung	
Begriff	
Definition	
Entstehung	
Formen	
Gegenstand	
Geschichte	
Grenzen	
Inhalte	
Institution	
Merkmale	
Kriterien	
Kritik	
Methoden	
Nachteile	
Prinzipien	
Probleme	
Tendenzen	
Terminologie	
Theorien	
Typen	
Verwirklichung	
Vorgeschichte	
Vorteile	
Wesen	
Wirkungen	
Ziele	
Zusammenfassung	

Die Teilnehmer werden aufgefordert, sich zu einem gewählten Thema zu den Suchkategorien des ABC-Dariums etwas einfallen zu lassen und die Einfälle stichwortartig auf Kärtchen festzuhalten. Dann hat jeder Teilnehmer sechs Punkte, um die produktivsten Einfälle, die auf die Pinnwand geheftet werden, positiv hervorzuheben. Die sechs Kategorien mit den meisten Punkten werden dann zu einem Mind-Map mit sechs Hauptästen. Das Mind-Map wird zur weiteren Arbeit an der Moderationswand aufgezeichnet.

Vom Mind-Map zum Text

Der Moderator leitet die Umsetzung eines Mind-Maps in einen Text mit drei Schritten an:

1. Das Mind-Map wird konstruiert:

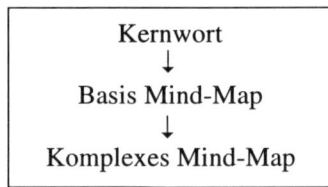

2. Das komplexe Mind-Map wird in jedem seiner Hauptäste mit weiteren Einfällen angereichert:

1. Hauptast	
2. Hauptast	
3. Hauptast	

3. Die Fülle der Assoziationen zu jedem Hauptast wird im dritten Schritt in Sätze umgeformt. Dabei soll die Struktur des Textes die Ordnung der Hauptäste des Mind-Maps abbilden.

Diesen Prozeß der Entwicklung vom Kernwort über das Mind-Map bis zum Text, kann der Moderator in folgender Grafik darstellen:

Vom Kernwort zum Text

Mind-Map-Entstehung	Weitere Einfälle zu den Hauptästen	Sätze
○ ⟡⟡⟡	1. Ast: 2. Ast: 3. Ast: 4. Ast: usw.	1. Satz 2. Satz 3. Satz 4. Satz usw.

4.2.4. Bilder der Argumentationsmuster

Berufliches Schreiben kann verschiedene Argumentationsmuster annehmen: Historische Gliederung, Vergleich, nach dem Gefühl, deduktive Gliederung, induktive Gliederung, Ursache-Wirkung-Gliederung, systematische Gliederung. Mit Hilfe der Mind-Map-Methode kann der Moderator je nach Aufgabe der Schreibgruppe folgende Argumentations-Mind-Maps einsetzen und darauf hinweisen, daß der Übergang vom fertigen Mind-Map zum Text auch durch Freewriting oder Clustering vollzogen werden kann.

Historisches Gliederungs-Mind-Map:

Der Moderator stellt ein historisches Thema und zeichnet folgendes historisches Mind-Map auf die Stellwand (Vgl. J. SVANTESSON: Mind-Mapping und Gedächtnistraining. Bremen 1993, S. 93):

Historisches Mind-Map

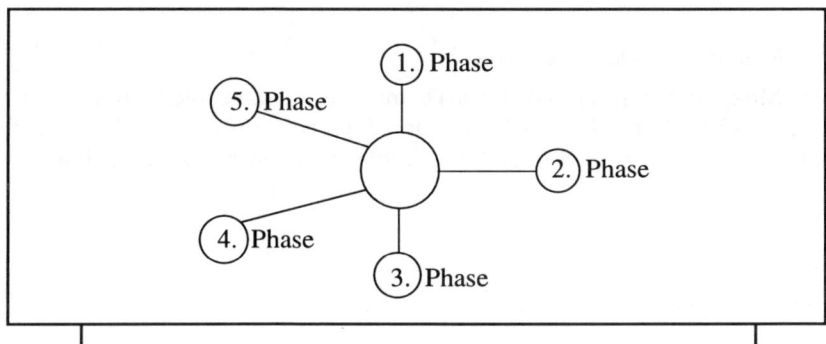

Die Teilnehmer stellen sich die historischen Phasen des Themas vor und schreiben sie als Vorschläge auf Kärtchen. Diese Kärtchen werden dann auf das Mind-Map der Stellwand fixiert. Alternativen werden abgewogen und Punkte werden vergeben. Schließlich wird ein fertiges Mind-Map hergestellt. Nach diesem historischen Mind-Map schreiben die Teilnehmer ihren historischen Text.

Vergleichs-Mind-Map
Der Moderator stellt ein Thema, das einen Vergleich enthält. Er heftet folgendes Mind-Map auf die Stellwand:

Vergleichs-Mind-Map

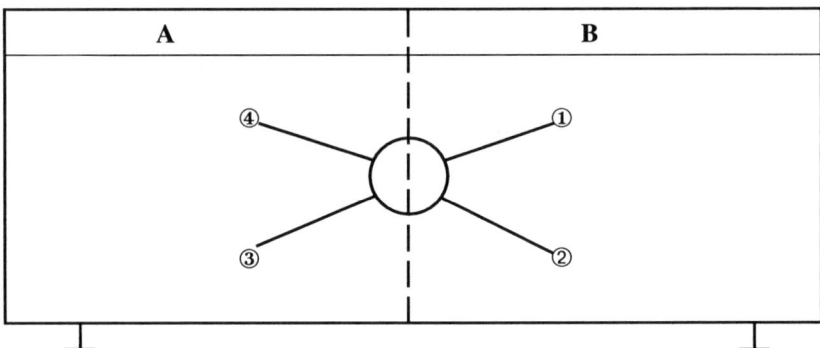

Die Teilnehmer schreiben auf Kärtchen die Vergleichsaspekte von A und B und heften sie an die Stellwand. Sie haben dann die freie Auswahl für einen Text.

Nach -dem- Gefühl-Mind-Map

Der Moderator stellt ein brisantes Thema, z.B. Geschlechterkampf, Nord-Süd-Konflikt, Deutsche-Ausländer oder ähnliche Konflikte aus dem Beruf zur Aufgabe. Er zeichnet folgendes Gefühls-Mind-Map auf die Stelltafel:

Gefühls-Mind-Map

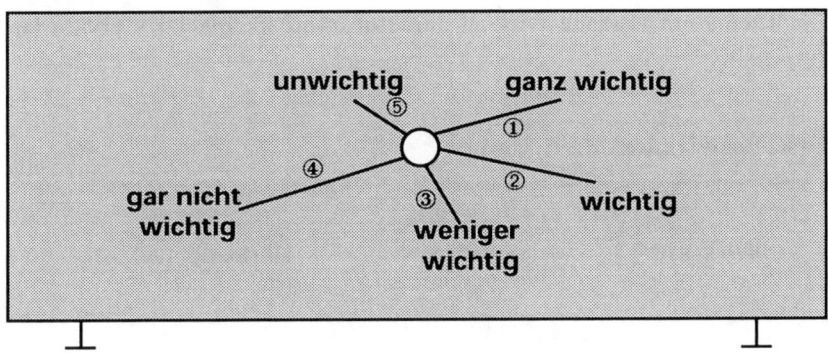

Die Teilnehmer schreiben die Kärtchen, heften sie an, punkten sie aus und schreiben ihren Text.

Induktives und deduktives Mind-Map
Der Moderator stellt ein Thema, das eine induktive oder deduktive Lösung verlangt. Er malt dann entweder das induktive oder deduktive Mind-Map an die Stelltafel.

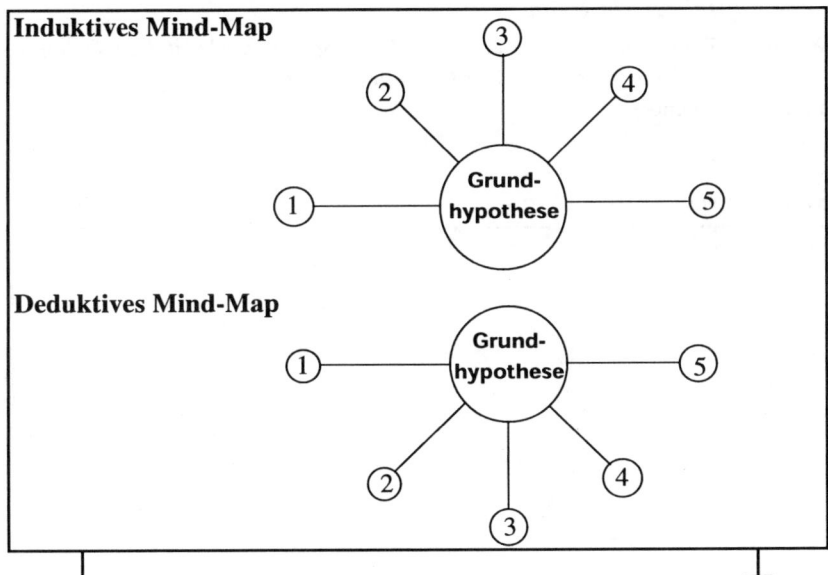

Auch hier sammeln die Teilnehmer mit Kärtchen ihre Einfälle, heften sie an, punkten sie aus und schreiben ihren Text.

Ursache-Wirkung-Mind-Map

Ein Thema mit Ursache-Wirkung-Struktur erfordert folgendes Mind-Map
zur Textgestaltung:

Ursache-Wirkung-Mind-Map

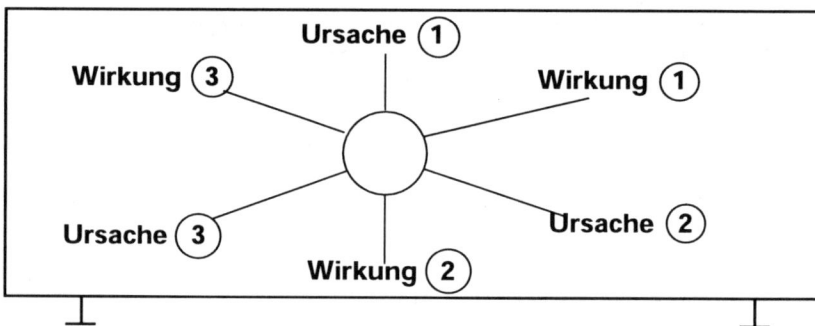

Dann wird ein Text produziert.

Systematisches Mind-Map

Wenn ein Thema einen systematischen Text fordert, wird mit dem systematischen Mind-Map gearbeitet. Der Moderator zeichnet folgendes Mind-Map
an die Stellwand:

Systematisches Mind-Map

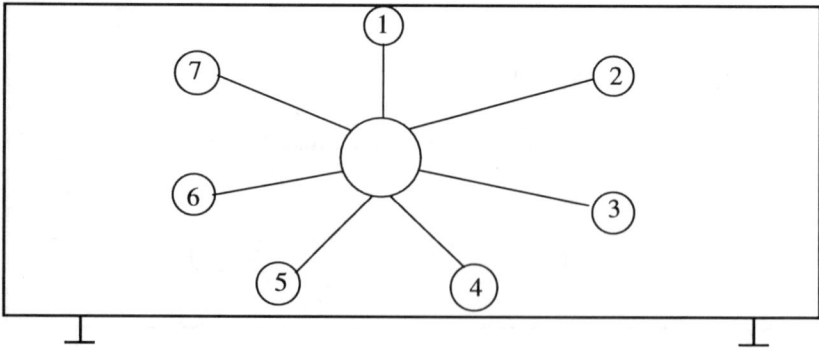

Er läßt die Äste mit ausgefüllten Karten anreichern und führt dann zum Text.

4.2.5. Bilder der Textsorten

Das berufliche Schreiben verlangt schließlich die Gestaltung bestimmter Textsorten:

- Stellungnahme
- Vorschlag
- Bericht
- Brief

Alle diese Textsorten werden in drei Großabschnitte gegliedert: Einleitung, Hauptteil, Schluß. Für Einleitung und Schluß gibt es folgende Mind-Maps:

Einleitungs-Mind-Map

Der Moderator trägt die Aufgabe der Einleitung vor. Die Einleitung soll:

- die Aufmerksamkeit des Lesers erwecken
- die Kompetenz des Schreibers begründen
- den Leser motivieren, den Text zu lesen
- die Gliederung des Textes vorstellen

Einleitungs-Mind-Map

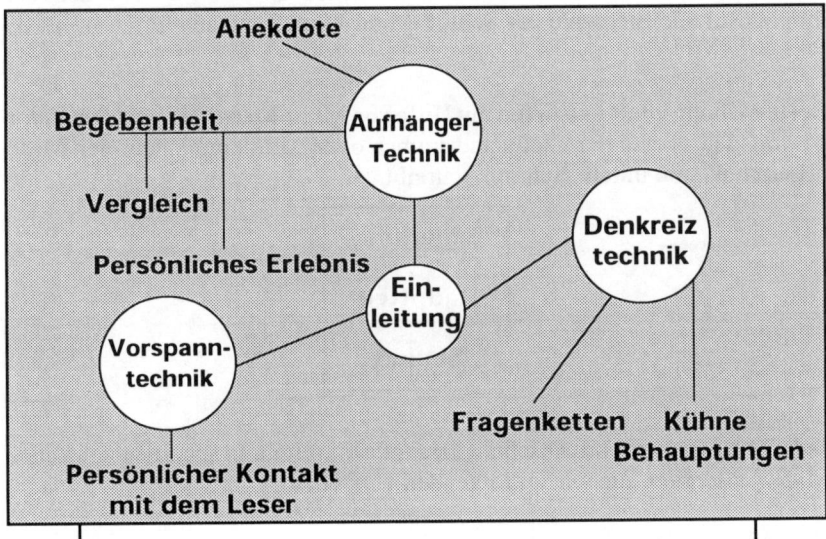

Die Teilnehmer schreiben eine Kurzeinleitung zu ihrem Text, indem sie möglichst viele Elemente der Einleitung benutzen.

Schluß-Mind-Map

Der Moderator stellt die Aufgaben des Schlusses vor.
Der Schluß soll:

- den Text abrunden
- die Hauptideen bekräftigen
- zum Handeln motivieren

Schluß-Mind-Map

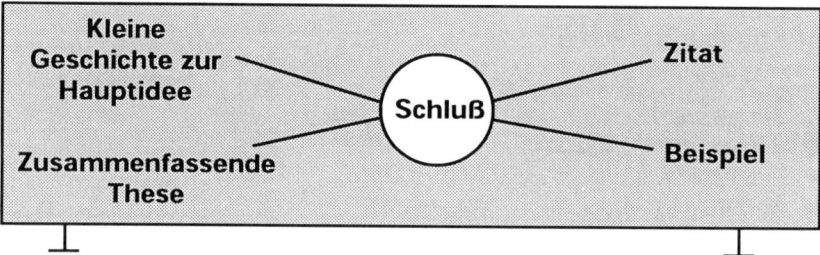

Die Teilnehmer schreiben einen kurzen Schluß zu ihrem Text, indem sie möglichst viele Elemente des Schluß-Mind-Maps benutzen.

Bei der Übung von **Textsorten** mit Hilfe von Mind-Maps geht der Moderator so vor, daß er auf der Stellwand immer oben „Einleitung", in der Mitte „Hauptteil" und unten „Schluß" schreibt.

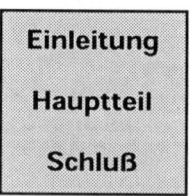

Jede Textsorte wird im Abschnitt „Hauptteil" mit ihren spezifischen Mind-Maps präsentiert, die wir im folgenden vorstellen:

Textsorte Stellungnahme:

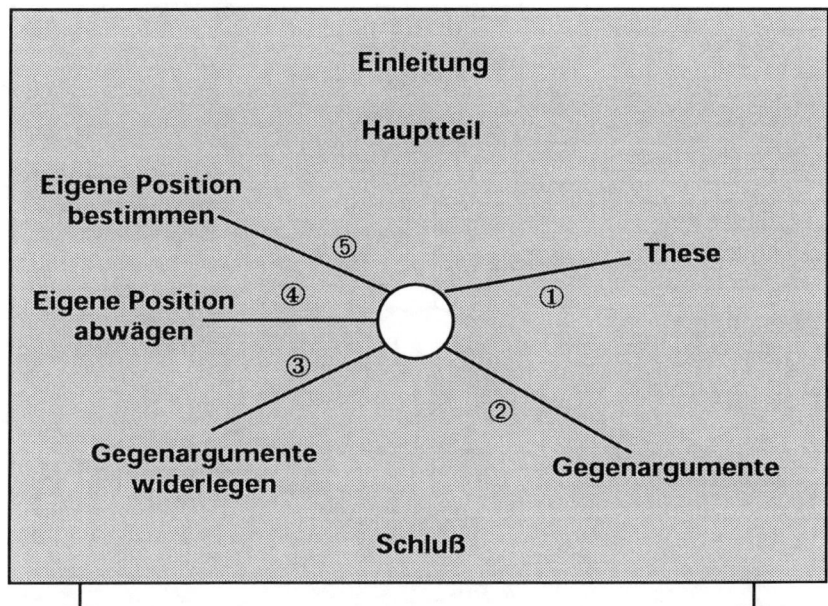

Textsorte Vorschlag:

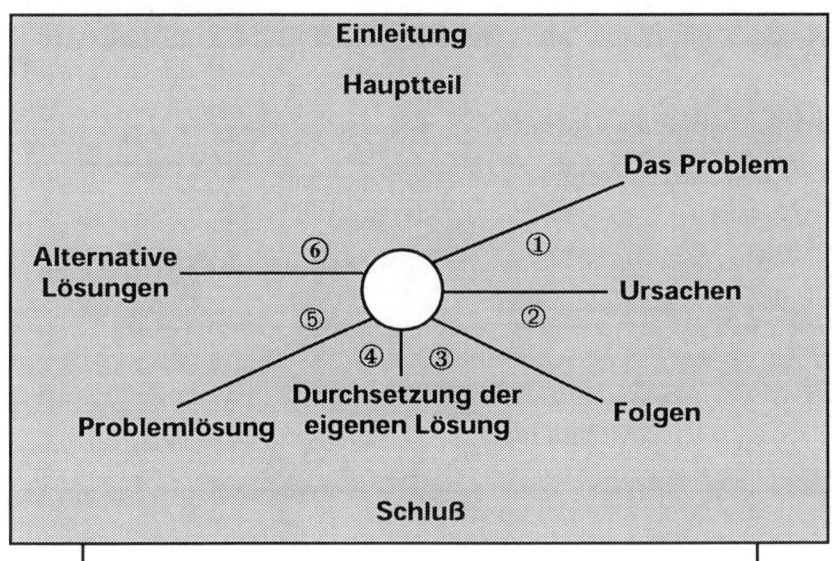

Textsorte Bericht:

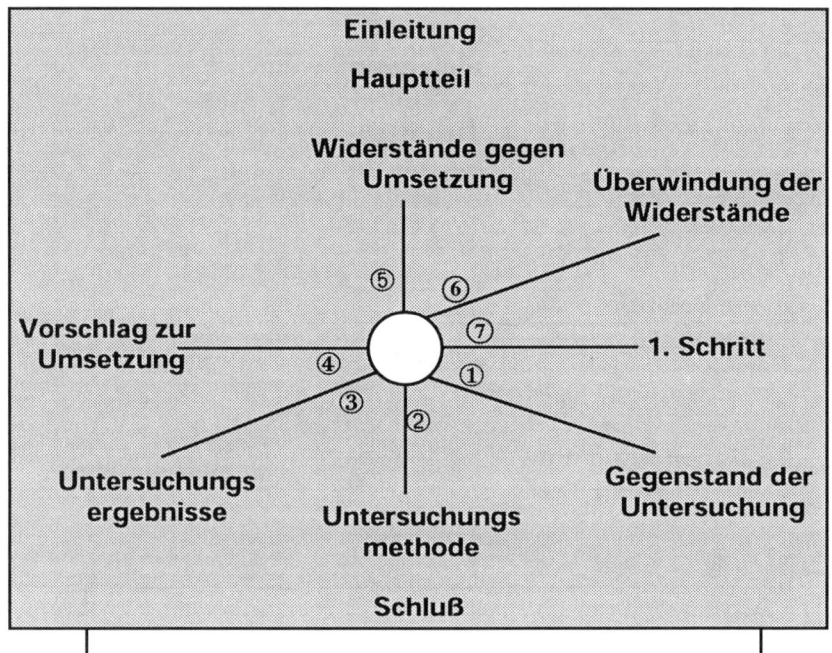

Textsorte Brief

Brief-Mind-Map nach dem AIDA-Prinzip

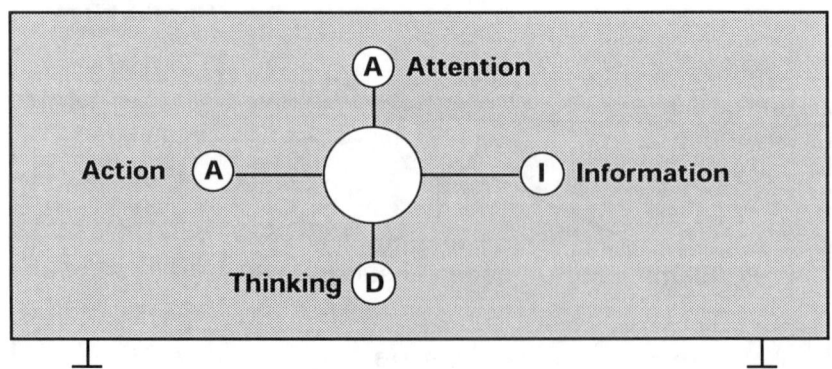

4.2.6. Bilder des Lesens

Auch im beruflichen Schreiben muß immer wieder auf vorliegende Texte zurückgegriffen werden. Die Vermittlung von kreativen Lesemethoden gehört zum Programm einer Schreibgruppe beruflichen Schreibens.

Der Moderator kann zwischen verschiedenen Lesemethoden wählen, die er an ausgewählten Kurztexten demonstriert, die zum Thema der Teilnehmergruppe passen.

Das Mind-Map-Lesen

Diese Lesemethode gliedert sich in fünf Phasen, die der Moderator an die Stellwand schreibt.

SQ2MR Lesen

1. Phase	S	=	Survey, Überblick
2. Phase	Q	=	Question, Frage
3. Phase	M1	=	Erstes Frage-Mind-Map zeichnen
4. Phase	R	=	Read, lesen
5. Phase	M2	=	Ausgefülltes Mind-Map zeichnen

Der Moderator läßt die ausgeteilten Texte von den Teilnehmern überfliegen und sammelt für die zweite Phase die Kärtchen mit Fragen zu den Texten an der Pinnwand. Diese Kärtchen werden dann zu einem ersten kollektiven Mind-Map zusammengestellt. Die Teilnehmer lesen dann am Leitfaden des ersten Mind-Maps ihren Text zum zweiten Mal und schreiben neue Kärtchen aus, die dann dem ersten Mind-Map angeheftet werden. So entsteht am Schluß ein genaues Strukturmuster des gelesenen Textes. (J. SVANTESSON: Mind-Mapping und Gedächtnistraining. Bremen 1993, S. 84-94)

Das kreative Lesen

Die Methode des kreativen Lesens gliedert sich in vier Schritte. Der Moderator entwirft folgendes Bild an der Pinnwand:

Kreatives Lesen

1. Lesevorbereitung	=	Visualisieren
2. Lesevorgang	=	Einkreisende Worte
3. Lesenachbereitung	=	2 Spalten: Meinung des Autors/eigene Meinung
4. Leseverwertung	=	Freewriting zum gelesenen Text

Die Teilnehmer schließen beim ersten Schritt die Augen und malen ein Bild vom Thema des zu lesenden Textes. Sie lesen dann den Text und kreisen die Schlüsselworte des Textes ein, überschreiben die eingekreisten Schlüsselworte und verbinden die überschriebenen Schlüsselworte mit Pfeilen dort, wo Zusammenhänge sich ergeben. Dann schreiben die Teilnehmer einen Zwei-Spalten-Text reihum an der Pinnwand:

1. Spalte   Autorenmeinung
2. Spalte   eigene Meinung

Schließlich schreiben alle noch fünf Minuten Freewriting zum Text. Dann wird das Leseergebnis auf seine Resultate in den vier Lesephasen überprüft (Vgl. L. v. WERDER: Wissenschaftliche Texte kreativ lesen. Berlin 1994)

4.2.7. Größere Szenarien des beruflichen Schreibens

Für größere Szenarien des beruflichen Schreibens gibt es fünf Settings, die der Moderator in der Gruppenarbeit einsetzen kann. Wir geben hier nur einen graphischen Überblick über alle Settings Vgl. S. 97, die sich nach den fünf Phasen des rhetorischen Schreibmodells gliedern und die jeweils nach gewählten Themen durchgeführt werden können.

Die Teilnehmer wählen also nach der Modellgrafik ein Thema und bearbeiten es nach dem Vorschlag des Moderators. Das kann auch in Kleingruppen geschehen.

4.2.8. Bilder für den Umgang mit Schreibstörungen

Der Moderator stellt Bilder vom Schreibprozeß vor und erläutert daran die Gefahren und Krisen des Schreibmodelles.

IDEVeR-Modell

Am gezeichneten IDEVeR-Modell zeigt er die Klippen zwischen der Schreibstufe Dispositio und Explicatio

I
D $\downarrow$
E
Ve
R

Als Hilfe bei Schreibstörungen nennt er dann:
Der Übergang von der Dispositio zur Explicatio kann durch folgende Methoden bewältigt werden: Freewriting und Umarbeiten, nach Gefühl schreiben,

Größere Scenerien des beruflichen Schreibens

Thema	I (Inventio)	D (Dispositio)	E (Elocutio)	Ve (Verifikatio)	R (Revisio)
	Freewriting	Mind-Map	Schnellschreiben	SQ2MR	Stil
	Brainfloating	Themenbusch	in Schichten schreiben	Kreatives Lesen	Rechtschreibung
	Lügen und Wahrheiten	Dialektisches Mind-Map	Nach Gefühl schreiben	Rhetorisches Lesen	Aufbau
	Fiktiver Dialog	Historisches Mind-Map	Flickenteppich	Schnelles Lesen	Überschriften
	Freewriting Schleife	Systematisches Mind-Map	Reihum jeder einen Satz	Testlesen	Ganzheitliche Korrektur: Aufbau und Stil

einen Flickenteppich schreiben, Reihumschreiben-Jeder einen Satz als Form
des kollektiven Schreibens.

Psychoanalytisches Schreibmodell

Der Moderator zeichnet Freuds psychisches Institutionen-Modell und schildert die Spannung im Schreibprozeß zwischen den psychischen Instanzen.

Freuds Schreibmodell

Psychische Instanzen	Schreibaspekte
Über-Ich	Schreibkontrolle ↓
Ich →+	Schreibprozeß
Es	Schreibimpuls ↑

Nachdem der Moderator Freuds Modell angezeichnet und erklärt hat, fordert
er die Teilnehmer auf, sich Hilfen für das Schreib-Ich zu überlegen, auf
Karten zusammenzutragen und an der Pinnwand auszuwerten. Der Moderator setzt dann folgendes Spiel zur Bearbeitung von Schreibstörungen ein:

Dialog: Zensor-Schreiber

Der Moderator läßt Pärchen bilden. Jeder Pärchenteil spielt einmal den
Zensor und dann den Schreiber und umgekehrt. Beide Rollen schreiben sich
wechselseitig im Dialog ihre Meinung, einmal als Zensor und einmal als
Schreiber. Der Dialog beginnt: *„Ich, der Zensor sage Dir..."* und als Antwort
erfolgt vom anderen Partner: *„Ich, der Schreiber antworte..."*
   Dieses Wechselspiel wird solange fortgeführt, bis sich wesentliche Elemente von Schreibstörungen zeigen. Der Moderator kann dann noch ein
weiteres Spiel zur Bearbeitung von Schreibstörungen einsetzen. Das Spiel
heißt

Schreibautobiographie

Der Moderator zeichnet folgende Grafik mit den wichtigsten Schreibstationen
jedes beruflichen Schreibers an die Stellwand und läßt Platz für Kärtchen mit
Schreiberfahrungen.

Pinnwandbild

Schreibstationen	Schreiberfahrungen
erstes Schreiben erstes wissenschaftliches Schreiben erstes berufliches Schreiben	

Mit Hilfe angepinnter und ausgefüllter Kärtchen wird dann eine Gruppendiskussion über Erfahrungen mit der eigenen Schreibautobiografie entwickelt.

4.2.9. Liste für die Steuerung der Zeitplanung

Eine Ökonomie der Schreibzeit ist im beruflichen Schreiben unerläßlich. Mit Hilfe der IDEVeR-Formel zeichnet der Moderator ein Zeitraster an die Pinnwand und läßt die Teilnehmer ihre Arbeitstechniken und ihre Zeitschritte in Prozenten und in konkreten Zeitabschnitten auf die Stelltafel heften. Dann wird die optimale Zeitplanung gepunktet. Folgende Pinnwandtabelle ist hier von Nutzen:

	Arbeitstechniken	% der Zeit	Konkrete Zeitabschnitte
I			Beginn der Schreibzeit
D			
E			
Ve			
R			Termin der Abgabe des Textes

4.2.10. Evaluationsmodelle für Schreibgruppen

Wichtig ist für die Evaluation der Schreibgruppen eine offene und freundliche Form. Bewährt hat sich für dieses Verfahren der sogenannte Ich-Es-Wir-Text. Um diesen Text zu verfassen, schreibt jeder Teilnehmer drei Sätze. Der erste Satz beginnt mit „*Ich...*",
der zweite Satz beginnt mit „*Wir...*",
der dritte Satz beginnt mit „*Es (das Thema)...*".

Der Moderator läßt an der Stellwand die Sätze auf Kärtchen in drei Abschnitten zusammenstellen. Jeder Teilnehmer kann dann lesen, wie ihnen die Schreibgruppe gefallen hat und wo Kritik und Veränderung benannt werden.

4.3. Die Arbeit des Moderators

Die Arbeit des Moderators im beruflichen Schreiben zielt auf höchstmögliche aktive Beteiligung der Teilnehmer. Er hält sich mit der Bewertung zurück und favorisiert eher die methodische Aufbereitung der Inhalte des beruflichen Schreibens, als daß er konkrete inhaltliche Stellungnahmen zu den Texten entwickelt. Als Moderator wird er überzeugend reden und erfolgreich auftreten (Vgl. M. J. GELB: Überzeugend reden, erfolgreich auftreten. Bremen 1992). Die Arbeit des Moderators gliedert sich in drei Schritte:

Vorbereitung der Moderation
Durchführung der Moderation
Nachbereitung der Moderation

(Vgl. J. W. SEIFERT: Visualisieren, Präsentieren, Moderieren. Bremen 1994, S. 81-154)

4.3.1. Vorbereitung

Der Moderator sollte soweit mit den Themen und Methoden des beruflichen Schreibens, die in unserem Buch für einzelne Berufe im weiteren vorgestellt werden, vertraut sein, damit er sich in die Themen der Moderation hineindenken, die Zielsetzung angemessen bestimmen, sich auf die Teilnehmer vorbereiten, die organisatorischen Voraussetzungen der Moderation (Zeitraum, Sitzordnung) klären, sich persönlich fit machen und einen angemessenen Moderationsplan entwerfen kann. Ein Moderationsplan, der alle wichtigen Schreibfragen und Schreibvisualisierungen umfassen muß, kann für jede Sitzung nach der rhetorischen Formel der Schreibphasen (IDEVeR) folgende Struktur haben. (Vgl.Moderationsplan auf der folgenden Seite)

4.3.2. Durchführung

Der Ablauf der Moderation im beruflichen Schreiben gliedert sich nach den rhetorischen Phasen des Schreibprozesses. Wir erinnern noch einmal:

Inventio (Ideen sammeln)
Dispositio (Gliedern)
Elocutio (Schreiben)
Verifikatio (Kontrollieren)
Revisio (Verbessern)

Moderationsplan für 1 Tage Seminar berufliches Schreiben

Schritt:	Ziel:	Methodik:	Visualisierungtechnik:	Zeit:
Vorstellung des Plans	Benennung der Schreibziele	Schreibprozeß	Schreibvisualisierung	2 1/2 Stunden
1. Warming-Up	Gutes Schreibklima	Poetische Kleintexte	Bild einer poetischen Kleinform	30 Min
2. Inventio (Ideen finden)	Sammeln von Einfällen zum Thema	Freewriting	Bild des Freewriting	20 Min
3. Dispositio (Gliedern)	Thema strukturieren	Mind-Map	Mind-Map-Bilder	30 Min
4. Elocutio (Texten)	Schreiben	Schnellschreiben	Bild des Schnellschreibens	20 Min
5. Verificatio (Kontrolle)	Text überprüfen	Kreatives Lesen	Phasenbild des kreativen Lesens	10 Min
6. Revisio (Verbesserung)	Text verbessern	Checklisten	Markierungszeichen	20 Min
7. Warming-Out	Ausklang der Gruppe	Poetischer Kleintext	Bild der poetischen Kleinform	20 Min

Diese Lernphasen werden durch Warming-Up- und Warming-Out-Übungen eingerahmt. Bei der Durchführung von Schreibgruppen kann der Moderator weitere Methoden aus der allgemeinen Moderationstechnik einsetzen, die für die Spezifität von Schreibgruppen allerdings umgearbeitet werden müssen. Dazu einige Beispiele:

Fragetechnik

Der Moderator kann alle W-Fragen (wer, was, wann, wo, wie, warum, mit wem, wielange), und alle Frageformen einsetzen:

offene Fragen
geschlossene Fragen
alternative Fragen
rhetorische Fragen
suggestive Fragen
Gegenfragen

Nützlich für berufliche Schreibgruppen ist auch der Einsatz folgender Warming-Up-Hilfen aus der allgemeinen Moderationstechnik:

Kennenlern-Matrix:
Um die Teilnehmer besser bekanntzumachen, heftet der Moderator folgende Kennenlern-Matrix an die Pinnwand und läßt sich die Teilnehmer eintragen:

Kennenlern-Matrix

Name	Funktion	Grund	Eigenschaft

Kurzbiografie

Um berufliche Erfahrungen auszuleuchten, kann der Moderator den Kurzbiografiebogen einsetzen:

Selbstportrait

Name:

Beruf:

Hobby:

Berufliche Station:

A.
B.
C.
D.
E.

a) Für die **Inventio-Phase** (Ideen sammeln) stellt die allgemeine Moderations-technik folgende Mittel bereit:

Schreibziele festlegen
Der Moderator hängt folgende Schreibziel-Matrix an die Pinnwand.

Schreibziel-Matrix

Schreiber	Adressat	Ziel	Textsorte	Stil	Zeitpunkt

Die Teilnehmer werden aufgefordert, Kärtchen mit ihren Vorschlägen für jeden Matrix-Abschnitt anzuheften. Die Vorschläge werden dann durch verteilte Punkte in eine Hierarchie gebracht. Der Moderator kann auch das W-Frage-Schema aufgreifen.

Themen-Analyse-Schema (TAS):

Was	Wer	Wie	Warum	Welches Resultat

Die Teilnehmer tragen mit ihren Karten ihre Antworten zum Thema ein. Durch Punktvergabe wird dann das Leitprofil der Themenstruktur festgelegt. Um das zentrale Problem des Themas zu erhellen, setzt der Moderator das Problemlösungs-Fadenkreuz ein.

Lösungs-Fadenkreuz

Problemthese:	
Was ist die Ursache?	Was ist die Wirkung?
Was können wir tun?	Was ergeben sich für Widerstände?

Schreibprobleme-Speicher: Um den Übergang zu Texten zu erleichtern, sollte der Moderator ein Plakat für den Schreibproblem-Speicher aufhängen.

Schreib-Problem-Speicher

Schreibphasen	Schreibtechniken	Schreibprobleme	Schreiblösungen
Inventio			
Dispositio			
Elocutio			
Verifikatio			
Revisio			

Die Teilnehmer heften ihre Kärtchen in die Spalten der Matrix. Jedes Schreibproblem wird besprochen und eine Lösung erarbeitet.

Ein-Punkt-Abfrage: Für jede Schreibsituation kann der Moderator mit der Ein-Punkt-Abfrage Klarheit schaffen, wie die Gruppe mit dem Schreibprozeß vorankommt. Die Ein-Punkt-Abfrage kann bei allen Schreibproblemen in allen fünf Schreibphasen eingesetzt werden.

Bild der Ein-Punkt-Abfrage
Wie ist Ihr Infostand zum Mind-Mapping?
schlecht   ⊢————————————————┤   sehr gut

oder:

Meine Erfahrungen mit der Freewriting-Methode sind:				
Schlecht	mäßig	keine	gut	sehr gut

Beide Arbeitsbögen werden mit Punktvergaben bearbeitet.

b) Für die **Dispositio-Phase** (Gliedern) kann der Moderator die Mehr-Punkt-Abfrage einsetzen.

Durch Punkte wird geklärt, welche Textsorte für das vorliegende Schreibvorhaben favorisiert wird und nach welcher Gliederung geschrieben werden sollte.

Themenspeicher: Textsorte

Alternative	Textsorte	Punkte	Rang
1.	Vorschlag		
2.	Analyse		
3.	Bericht		
4.	Brief		
5.	Notiz		

Themenspeicher: Gliederungstypen

Alternativen	Gliederungstypen	Punkte	Rang
1.	Historisch		
2.	Dialektisch		
3.	Systematisch		
4.	Ursache-Wirkung		
5.	Ganzheitliche Gliederung		

c) An Beginn der **Elocutio-Phase** (Schreiben) kann der Moderator den Schreibtechnikenspeicher einsetzen.

Schreibtechniken-Speicher

Schreibtechnik:	Punkte	Rang
Schnellschreiben		
Cluster		
Mind-Map		
Mind-Map und Clustern zu den Ästen		
Mind-Map und Schnellschreiben		
Gliederungs-Mind-Map und in Abschnitten schreiben		

Um die tiefenpsychologischen Prozesse während des Schreibens zu erhellen und um Schreibstörungen zu identifizieren, ist das Modell der Phantasietätigkeit von S. FREUD, wie er es in seiner „Traumdeutung" (Frankfurt 1992) entwickelt hat, hilfreich. Der Moderator kann jetzt den Schreib-Ablauf-Plan nach S. FREUD einsetzen:

Schreib-Prozeß-Plan nach S. Freud

Ablauf des Schreibprozesses	Erfahrungen	Punkte	Rang

1. Schreibanlaß
2. Assoziation
3. Regression
4. latenter Text
5. Widerstand
6. Formen der Phantasiearbeit
  - Verdichtung
  - Verschiebung
  - Symbolisierung
7. Zensur: Einfluß des Ich-Ideals
8. Sekundäre Bearbeitung
9. Angriff des Über-Ich-Zensors
10. Manifester Text			

Die Erfahrungen zu jedem Schritt im Schreibprozeß können auf Kärtchen geschrieben und an die Moderationswand geheftet werden. Durch Punktvergabe werden die wichtigsten Probleme im Schreibprozeß identifiziert und können nun in der Gruppe besprochen werden.

Der weiteren Aufklärung des Schreibprozesses dient die Schreibstörungsmatrix.

Schreibstörungsmatrix

Arten von Schreibstörungen	Erscheinungsformen	Ideen zur Ursache
Regression		
Agression		
Euphorie		
Schreibblock		
Konzentrationsdefizite		

Der Moderator hängt das Plakat „Schreibstörungsmatrix" an die Pinnwand. Die Teilnehmer heften ihre Kärtchen in die Abschnitte Erscheinungsformen und Ideen zur Ursache. Dann wird über Ursachen und Erscheinungsformen der Schreibstörung mit der Gruppe gesprochen.

Um Hilfen für Schreibstörungen zu erarbeiten, wendet der Moderator die Schreibhilfenmatrix an:

Schreib-Hilfen-Matrix

Arten von Schreibstörungen	Erklärungen	Hilfe
Regression		
Agression		
Euphorie		
Schreibblock		
Konzentrationsdefizite		

Der Moderator läßt mit Kärtchen die Ideen zu Erklärungen und Hilfen von der Gruppe vorstellen und faßt die Hilfen für den Schreibprozeß zusammen.

d) Für die **Verifikations- und Revisions-Phase** (Überarbeitung), nachdem die Texte geschrieben und überarbeitet worden sind, stehen dem Moderator folgende Revisionspläne zur Verfügung:

Umschreibungs-Matrix

Revisionsurteil	Ursachen	Lösungen
Text ist konfus		
Text hat zuwenig Gewicht		
Text beginnt abrupt und endet abrupt		
Text zerfällt in Teile		

Kontroll-Listen-Matrix

Kritikkriterien	Bewertung
Ist der Text dem Inhalt angemessen?	
Kann der Text die Wahrheit seiner Aussagen belegen?	
Ist der Text publikumsbezogen und leserfreundlich?	
Hat der Text die richtige Form?	
Ist der Text logisch aufgebaut?	
Hat der Text einen flüssigen Stil?	

Ein-Punkt-Abfrage zur Textqualität

Wie finden Sie den vorgelesenen Text?				
Schlecht	eher schlecht	mittelmäßig	gut	sehr gut

Mit diesen Plänen können die Schreibgruppenteilnehmer die Überarbeitung von Texten begleiten und steuern.

Für den Abschluß der Schreibgruppe bietet die allgemeine Moderationstechnik folgende Hilfen:

Stimmungsbarometer

Am Ende des Schreibkurses fühle ich mich

☺

☹

☹

Schreibphasen-Erkenntnis-Matrix

Inventio	
Dispositio	
Elocutio	
Verifikatio	
Revisio	

Mit beiden Plänen kann der Moderator die Erkenntnisgewinne durch die Teilnehmer punkten lassen. Beim Stimmungsbarometer hat jeder Teilnehmer einen Punkt, und bei der Schreibphasenerkenntnis-Messung kann jeder Teilnehmer fünf Punkte einsetzen.

Neben der Bewältigung der Sachphasen der Moderation muß der Moderator auch die emotionalen Phasen der Moderation lenken. Jede Moderation wird nach Erkenntnissen der Gruppendynamik durch drei emotionelle Phasen gekennzeichnet:

Emotionelle Probleme	Phasen
Orientierungslosigkeit	Inventio Dispositio
Krisen	Elocutio
Abschlußtrauer	Verifikatio Revisio

Zur Bewältigung der emotionellen Unterströmungen im Schreibprozeß stehen dem Moderator folgende Mittel zur Verfügung (Vgl. J. W. SEIFFERT, a.a.O., S. 138-148):

Phase 1 Orientierungslosigkeit
Erklärung der Arbeitsform und des Arbeitsziels.
Positives Arbeitsklima schaffen durch Aufbau einer Beziehung zu den Teilnehmern.

Phase 2 Krisen

Gruppe macht nicht mit:	Störungen thematisieren.
Gruppe lehnt Inhalte ab:	Neue Inhalte gemeinsam suchen.
Methodik funktioniert nicht:	Pause machen, Methode wechseln.
Es entsteht Zeitdruck:	Das Arbeitsziel zeitgerecht umformulieren.
Persönliche Angriffe laufen in der Gruppe:	Metakommunikation einsetzen.
Dauerredner dominiert die Gruppe:	Kerngedanken des Vielredners visualisieren, damit andere dazu Stellung nehmen können und der Vielredner schweigen muß.

Phase 3 Abschlußtrauer

Offene Punkte klären.
Die Gruppenergebnisse zusammenfassen und damit zur Umsetzung für den Alltag bereitstellen.
Den Teilnehmern für ihre Kreativität danken
Positive letzte Worte sagen.

4.3.3. Nachbereitung

Der Moderator soll nach Abschluß der Moderation seine Eintragungen in sein Moderationsjournal durchsehen. Er sollte das Verhältnis von Planung und Durchführung prüfen und etwaige Differenzen zwischen Planung und Durchführung klären. Er sollte außerdem die Aspekte der Umstellung seiner Planung während der Durchführung untersuchen, um zu erkennen, wie es ihm gelungen ist, den Gruppenprozeß durch begleitende didaktische Reformen besser in den Griff zu bekommen.

4.4. Drei Moderationsprogramme

4.4.1. Eintägiges Seminar: Kundenorientierte Korrespondenz

Seminarphase 1: Einstieg ins Seminar (9.00-10.00)

Vorstellung der Teilnehmer/innen

1. Übung:

Kurzbrief (5 Sätze) an die Gruppe: „Liebe Gruppe..."

Vorstellung des Seminarprogramms:
Kreatives Briefschreiben an AOK-Kunden

Prozeß des Briefschreibens

Phasen	Inhalt	Schreibmethoden
1. Phase: Vorbereitung	- Absicht - Unterlagen	Free-Writing Meditation Dialog Brief/Antwortbrief Kritzeln und Schreiben
2. Phase: Erarbeitung und Ausführung	- Hauptgedanken aus Phase 1 - Gliederung - Rohentwurf	Clustering Mind-Map Einleitung, Hauptteil, Schluß Schnellschreiben
3. Phase: Überprüfen	- Kontrolle - Reinschrift	Korrekturlesen von rechts zweiter Leser Datum Name Adresse betrifft Begrüßung Briefanfang Briefmitte Briefende Verabschiedung Unterschrift P.S.

Seminarphase 2: Klärung des Kundenbegriffs mit Mind-Map (10.00-11.00 Uhr)

Darstellung der kreativen Schreibtechniken:

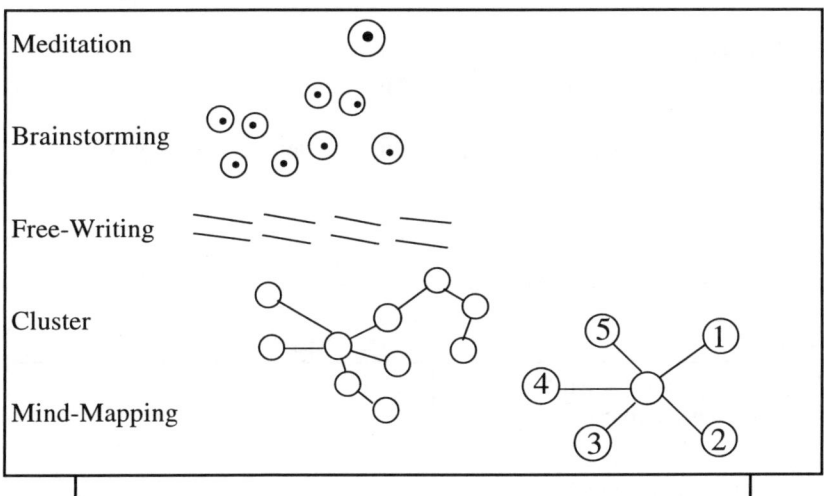

2. Übung:

Schreiben Sie 3 Minuten über die Kundenentwicklung der AOK mit Hilfe des Free-Writing. Wandeln Sie dann Ihr Free-Writing in einen Brief an die Bezirksleitung der AOK um. Thema: 'Betr.: Neue Erkenntnisse über die Kundenentwicklung der AOK'.

3. Übung:

Kundenerforschung / Brief über den Kunden A.
Erfinden Sie einen Kunden mit Hilfe des Kunden-Mind-Maps.

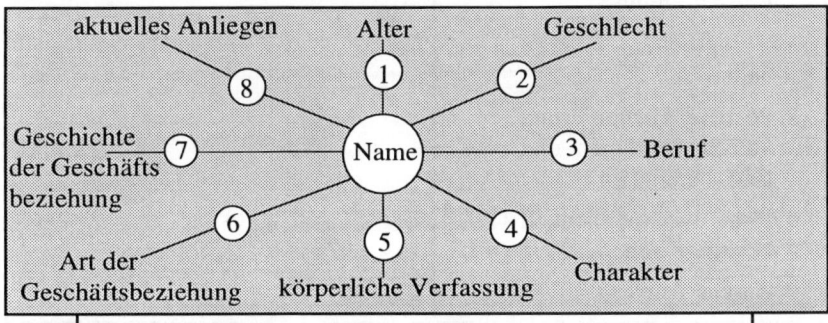

Schildern Sie einem/einer AOK-Kollegen/Kollegin in einem Brief Ihren Kunden A.

Seminarphase 3: Kreative kundenorientierte Briefe (11.00-12.30 Uhr)

Brief zur Selbsterforschung (11.00-11.45 Uhr)

4. *Übung:*

Botschaft des Versicherungsmarktes (Meditation)

Brief zur Erforschung zur Beziehung zum Kunden (11.45-12.30 Uhr)

5. *Übung:*

Der schlechteste Kundenbrief aller Zeiten
Ergänzen Sie die Regeln für gute Kundenbriefe durch Anti-Regeln.

Regeln	Anti-Regeln
1. So freundlich wie möglich, aber keine falsche Höflichkeit	
2. Verständlich und informativ	
3. Öfter 'Sie', weniger 'wir'	
4. 'Bitte' und 'danke' benutzen	
5. Nicht überreden, sondern überzeugen	
6. Fair, tolerant, bereit zur Entschuldigung	
7. Versprechen, was zu halten ist	
8. Positive Formulierung von Vorschlägen und Entscheidungen	
9. Ruhe und Sachlichkeit bei Angriffen	
10. Rasche Antwort	

Schreiben Sie einen Brief an den Kunden A., der alle Anti-Regeln erfüllt.

Seminarphase 4:   Wichtige Brieftypen üben -
Beschwerde- und
Entschuldigungsbrief (14.00-15.30 Uhr)

Beschwerdebrief schreiben (14.00-14.30 Uhr)

6. Übung:

Ärgerlichen Kunden erfinden: an Kunde A. denken
Folgendes Beschwerdebrief-Mind-Map ausfüllen

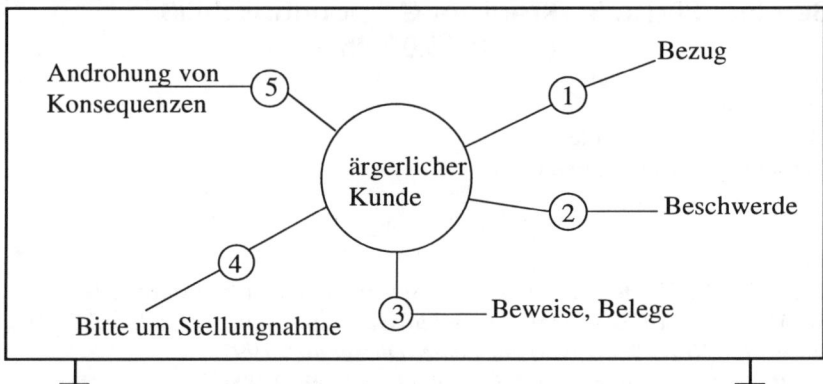

Brief an die AOK nach dem Mind-Map schreiben
Briefe in der Gruppe austauschen

Entschuldigungsbrief schreiben (14.30-15.30 Uhr)

7. Übung:

Beschwerdebrief erlosen und lesen
Folgendes Entschuldigungsbrief-Mind-Map ausfüllen

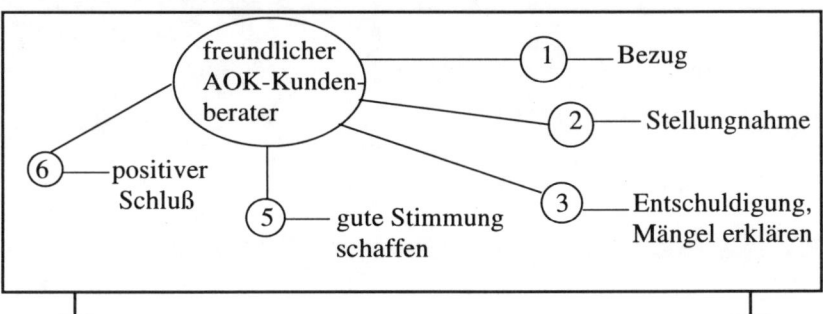

Brief schreiben
Vorlesen der Briefe im Dialog: 1. Beschwerdebrief
2. Entschuldigungsbrief

Seminar Phase 5: Kreativer Gruppenabschluß
(15.30-16.00 Uhr)

8. Übung

Brief an den Gruppenleiter
Schreiben, Vorlesen, Feedback

Literatur:
KRUSE/HEUN: Der kaufmännische Schriftverkehr. Darmstadt, 1993
W. MANEKELLER: Moderne Geschäftskorrespondenz. Düsseldorf, 1991.
E. A. MEYNER: Schriftverkehr heute. Düsseldorf, 1992.
A. RÖMER: Geschäftliche Briefe. Niederhausen, 1988.
L. V. WERDER: Lehrbuch des kreativen Schreibens. Berlin, 1993.

Näheres zur Kundenorientierten Korrespondenz im Kapitel 6.1 dieses Buches.

4.4.2. 4-Tage-Seminar:
Berichtschreiben in Feldern der Entwicklungshilfe

A. Ziele, Inhalte und Lehrmethoden des 4-Tage-Seminars:

Ziele:

die Teilnehmer/innen
a) wissen, wie man bei der Produktion eines Berichts systematisch, praktisch, interdisziplinär und kreativ vorgeht;
b) können den Bericht leser-orientiert gestalten;
c) schreiben einen klaren, einfachen und überzeugenden Schreibstil;
d) erweitern ihre Kenntnisse im wissenschaftlichen Schreiben um die spezifischen Fähigkeiten beruflichen Schreibens.

Inhalte:

● Arbeitsschritte bei der Berichterstellung
● leser-orientierte Wortwahl und Satzbau
● kreative Arbeitsmethoden für die Entstehung und Gliederung des Berichts und für den Aufbau einzelner Kapitel und Absätze
● Präsentation, Lay-out und Redaktion von Berichten

Lehrmethoden:

Das Programm beinhaltet die Übung von Schreibtechniken und Schreibspielen, das Verfassen und die intensive Diskussion von Übungstexten als Einzel-, Gruppen- und Plenumsarbeit. Das Programm berücksichtigt Fallmaterial aus den Auslandstudienprojekten (ASP) früherer Lehrgänge.

B. Überblick über die 4 Seminartage

1. Seminartag: Gegenstand / Adressat / Struktur / Arbeitsschritte

Ziele:
An diesem Tag sollen die Teilnehmer/innen
- den Gegenstand ihres Berichts: ihr Entwicklungsprojekt beschreiben lernen,
- die Adressaten ihres Berichts sich vor Augen führen,
- die Struktur ihres Berichts und die Arbeitsschritte bei der Berichterstellung entwickeln.

Inhalte:

	Schreibtechniken	Thema
Einstimmung:	Akrostichon	Entwicklungshilfe
Arbeitsphase: Inventio	Free-Writing Clustering	Mein Projekt Die Adressaten meines Projektberichts
	Gliederungs-Mind-Map zu: ➤ Kenia ➤ Honduras ➤ Marokko	Struktur des Berichts: Einleitung Problemdiskussion Problemlösung Vorschläge für Umsetzung der Lösungen Schluß
	Ökonomie der Arbeitszeit	Zeitplan für die Bericht-Erstellung (4 Phasen)
Ausklang:	Brief an die Gruppe	Mein Projektteam

Lehrmethode:
Übungen von Text- und Schreibsorten, Diskussion der Texte, Überarbeitung der Texte und Entwicklung einer Zeitplanung

2. Seminartag: Hauptthesen / Einleitung / Hauptteil / Schluß

Ziele:
An diesem Tag sollen die Teilnehmer/innen
● die Hauptthesen ihres Projekts formulieren,
● Einleitung, Hauptteil und Schluß ihres Berichts entwerfen,
● verschiedene Einleitungs- und Schlußtypen ausprobieren,
● Beispiele zu Einleitungs- und Schlußtypen aus ASP-Berichten imitieren
   lernen.

Inhalte:

	Schreibtechniken	Thema
Einstimmung:	Elfchen	Dritte Welt
Arbeitsphase: Dispositio	ABC der Suchkategorien zu meinem Thema	Hauptthesen meines Projekts
	Arbeitsbogen: Vorschlag	Textsorte: Vorschlag
	Einleitungs-Mind-Map	Einleitung
	Schluß-Mind-Map	Schluß/Zusammenfassung
	Modelling	Modelltexte zu Einleitung und Schluß
Ausklang:	Haiku	Entwicklungshelfer

Lehrmethode:
Bearbeitung von Arbeitsbögen und Produktion von Einleitungs- und Schlußtypen auf der Basis von Mind-Maps und Modellbeispielen

3. Seminartag: Hauptteile / Interdisziplinäres Schreiben

Ziele:
an diesem Tag sollen die Teilnehmer/innen
- die historische und systematische Gliederung des Hauptteils des Berichts entwerfen,
- die innere Gliederung eines Kapitels gestalten lernen,
- die interdisziplinären Aspekte ihres Berichts untersuchen.

Inhalte:

	Schreibtechniken	Thema
Einstimmung:	Rubai	Nord-Südkonflikt
Arbeitsphase: Elocutio	Modelling nach Text-Beispielen	historische und systematische Gliederung des Berichts
	10 rhetorische Ordnungen	Kapiteluntergliederungen
	Arbeitsbogen: Interdisziplinäre Betrachtung	Interdisziplinäre Projektaspekte
Ausklang:	Schneeball	

Zukunft der Dritten Welt

Lehrmethode:
Schreiben nach Textmodell-Vorlagen, Diskussion der Entwürfe und der interdisziplinären Texte

4. Seminartag: Kollektives Schreiben / Berichtrevision

Ziele:
An diesem Tag sollen die Teilnehmer/innen
● kollektive Formen des Berichtschreibens üben,
● kreative Methoden der Berichtrevision praktizieren,
● eine Evaluation des 4-Tage-Seminars durchführen.

Inhalte:

	Schreibtechniken	Thema
Einstimmung:	Serielle Prosa: „Mein Körper ist..."	Mein Körper, schwitzend
Arbeitsphase: Verificatio Revisio	Reihum-Text	Kenia, Honduras, Marokko
	Pärchen-Dialog	Lösung der Defizite im Projekt
	Text + Antworttext (verlosen) schnelles + systematisches Korrekturlesen	Perspektiven der Projekte im Seminar geschriebene Texte überarbeiten
Ausklang	Ich-Es-Wir-Text	Evaluation

Lehrmethode: Kollektives Schreiben, kreative Kritik.

4.4.3. 4-Stunden-Seminar: Die schriftliche Bewerbung

a   Vorbereitung
b   Bewerbungsschreiben
c   Lebenslauf
d   Anlagen
e   Präsentation

Die schriftliche Bewerbung

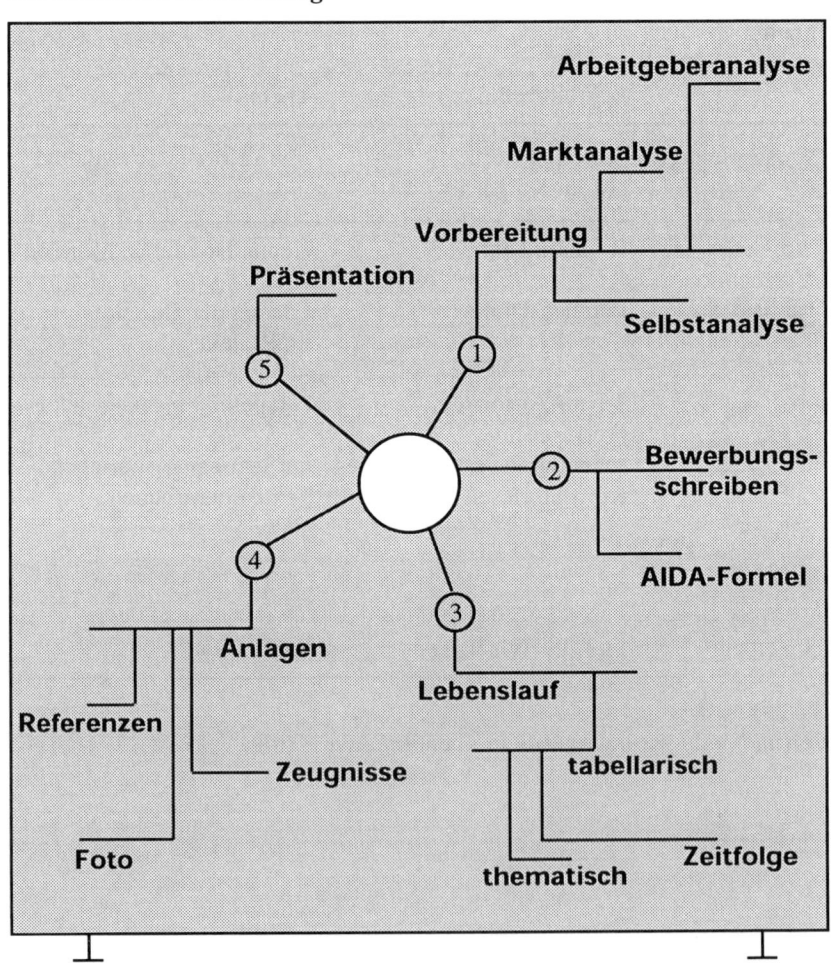

a Selbst-, Markt- und Arbeitgeberanalyse

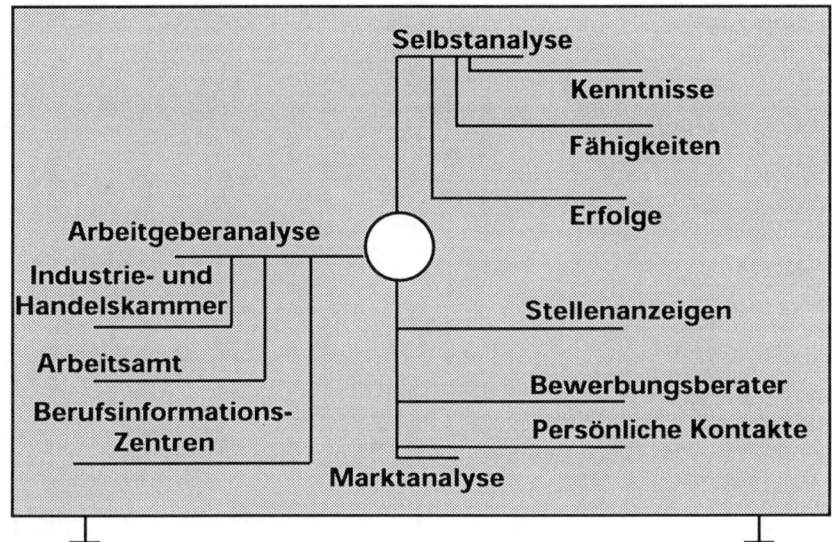

Selbstanalyse

Kenntnisse	Fertigkeiten
Persönliche Fähigkeiten	Wobei erprobt? Beispiele:
Bisherige Erfolge	Wo und wann?

Aufgabe:
Ausfüllen und bewerten

Stellenanzeige

Der Träger

Wir suchen

Wir erwarten

Wir bieten

Anschrift, Personalabteilung, Ansprechpartner

Aufgabe:
Ideale Stellenanzeige entwerfen

b Bewerbungsschreiben

Gliederung: nach der AIDA-Formel

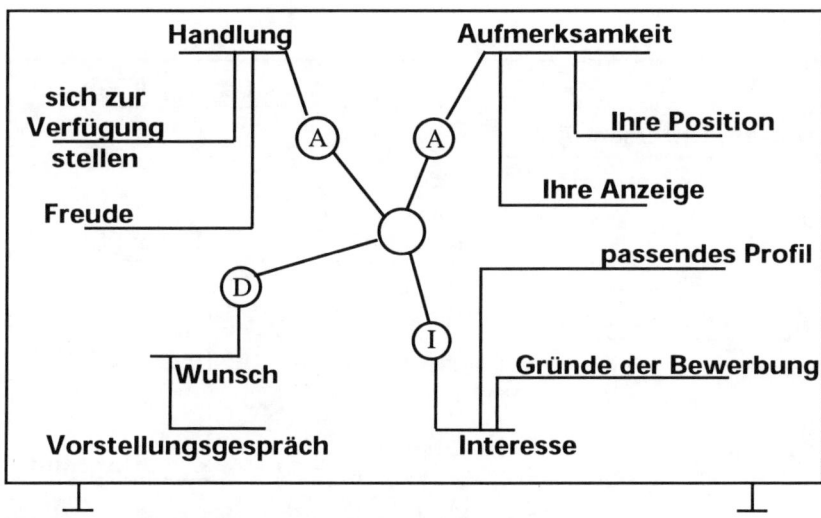

Bewerbungsschreiben: Schema (nur 1 Seite)

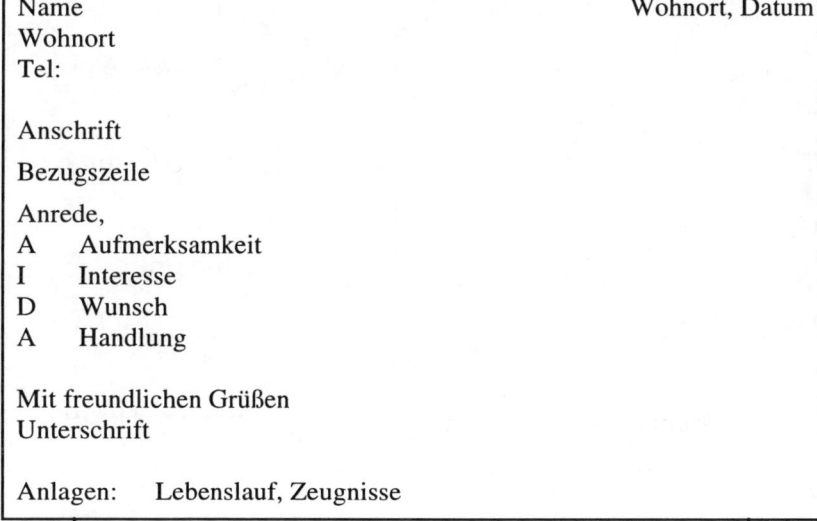

Aufgabe:

Bewerbungsschreiben entwerfen

c Lebenslauf

Gliederung: thematisch
Problem: lückenlos

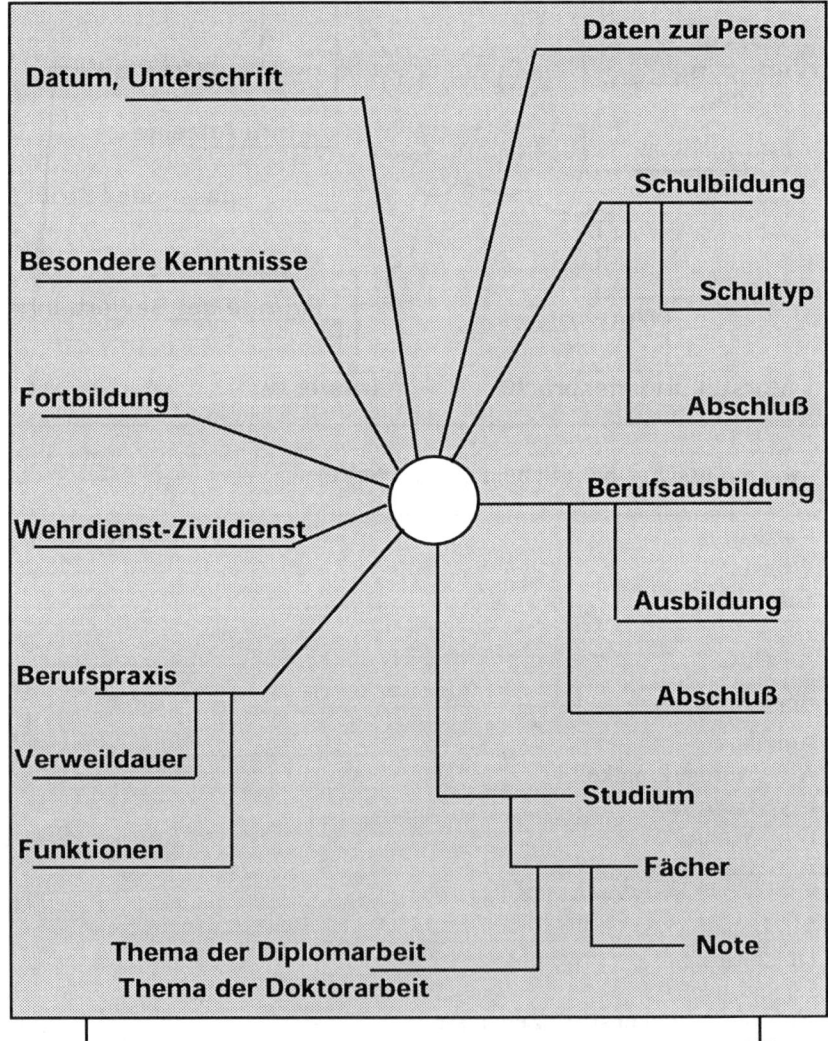

Lebenslauf-Schema (nur 1,5 Seiten)

Lebenslauf

Name:
Wohnort:
geboren:
Familienstand:

Schulbildung:
Zeiten

Berufsausbildung:
Zeiten

Berufspraxis:
Zeiten

Wehrdienst:
Zeiten

Fortbildung:
Zeiten

Besondere Kenntnisse:

Ort, Datum
Unterschrift

Aufgabe:
Lebenslauf entwerfen

d Die Anlagen

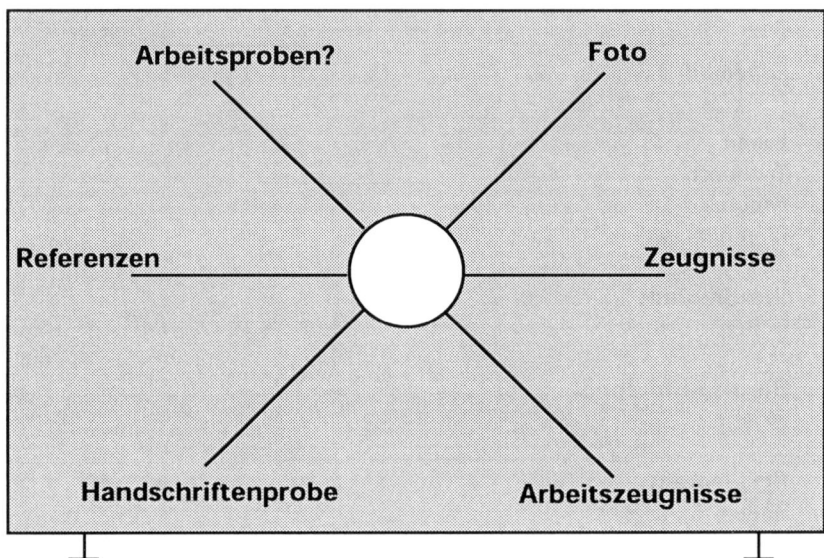

e Die Präsentation

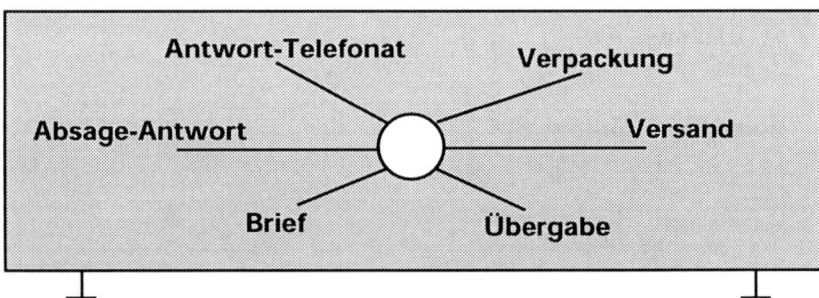

Näheres zu den Feinheiten der schriftlichen Bewerbung können Sie im folgenden Kapitel lesen.

Steinicke '94

5. Der Einstieg in das berufliche Schreiben: die schriftliche Bewerbung

Den ersten Kontakt mit dem beruflichen Schreiben haben viele Universitäts-
absolventen nach dem Examen bei der Suche nach einem Arbeitsplatz. Sie
stehen dann vor der Aufgabe, ihre Arbeitskraft am Markt anzubieten und zu
verkaufen.

Als Arbeitsplatzsuchender bewegenSie sich auf dem Arbeitsmarkt im folgenden Anbieter-Nachfrage-System:

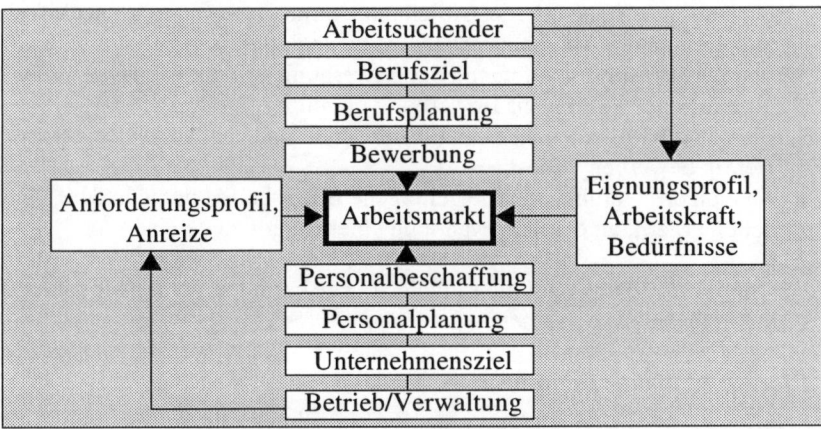

(H.-J. Kratz: Handbuch Bewerbung. Berlin 1993, S. 36)

Die Vermittlung der Nachfrage und des Angebots von Arbeitsplätzen wird mit der Bewerbung zu lösen versucht. Die Suche nach einem Arbeitsplatz ist, in der heutigen Zeit der Massenarbeitslosigkeit, Schwerstarbeit und intensiver Streß am Rande des Nervenzusammenbruchs. Sie muß deshalb genau geplant werden. Die Bewerbung umfaßt verschiedene Arbeitsschritte:

1. Selbst-, Arbeitsmarkt- und Arbeitgeberanalyse
2. Verfassung des Bewerbungsschreibens, des Lebenslaufs, Zusammenstellung der Anlagen
3. Verwendung der Bewerbung

(Vgl. J. HESSE, H. C. SCHRADER: Die überzeugende schriftliche Bewerbung. Frankfurt 1994, H. J. KRATZ: Handbuch Bewerbung. Berlin 1993 usw.)

5.1. Selbst-, Arbeitsmarkt- und Arbeitgeberanalyse:

Das Verfassen eines Bewerbungsschreibens dauert für normale Leute acht Stunden, die Erstellung eines Lebenslaufes etwa die gleiche Zeit. Die nötigen Recherchen auf dem Arbeitsmarkt und über den potentiellen Arbeitgeber können dann auch noch mal zwischen ein bis drei Tage dauern. Man hat also mit einer Bewerbung schon rund eine Woche zu tun. Häufig wird diese Arbeit auch von intensiven Gefühlen begleitet, die von Bildern des Erfolges und des Scheiterns bei der Bewerbung ausgelöst werden. Am Anfang der Bewerbung sollte also eine kleine Selbstanalyse stehen, die herausfindet, ob sich in die Bewerbungsarbeit unbewußte Abwehrstrategien einschleichen, die das Scheitern des Unternehmens schon vorweg nehmen. Es geht darum, herauszufinden,

1   ob man aus Angst vor der Ablehnung seine Bewerbung so nachlässig angeht, daß die Ablehnung höchstwahrscheinlich ist;
2. ob man aus Angst vor dem mit der Bewerbung verbundenen Ortswechsel eine falsche Haltung zur Bewerbung einnimmt;
3. ob man die Rollenzwänge des Berufes im Grunde haßt und sich gar nicht richtig bewerben will;
4. ob man das Gefühl hat, eine gelungene Bewerbung könnte andere Menschen ärgern, an deren Zuwendung einem sehr gelegen ist.

Um Ihren Bewerbungsgefühlen auf die Spur zu kommen, sollten Sie folgende kleine Selbstanalyse machen:

Übung: Motivationsanalyse

Schreiben Sie 5 Minuten lang ohne Zensur schnell alle Gedanken auf, die Ihnen zum Thema „Bewerbung" kommen. Legen Sie dann eine zwei-

Spalten-Liste, mit der Spalte „Motive" und der Spalte „Widerstand" gegen die Bewerbung. In diese zwei Spalten tragen Sie die Argumente, die sich auf die Bewerbung beziehen und die sich in ihrem schnell geschriebenen Text finden lassen, ein. Machen Sie sich so ein Bild von Ihren Bewerbungsgefühlen, und suchen Sie dann nach Gründen, die Sie für das Bewerbungsprojekt motivieren können. Diese Gründe schreiben Sie auf ein Blatt Papier, das Sie sichtbar über Ihrem Schreibtisch aufhängen.

Übung: Zielanalyse

Schreiben Sie dann jeweils 5 Minuten schnell und ohne Zensur Antworten zu folgenden Fragen auf:

Was kann ich?
Was will ich?
Was wird mir die angestrebte Stelle bringen?
Wie gehe ich mit einer Absage um?

Stellen Sie die Ergebnisse Ihres schnellen Schreibens tabellarisch neben die Resultate Ihrer Motivationsanalyse. Besprechen Sie Ihr Gesamtresultat mit Freunden und Bekannten, und lassen Sie sich raten, ob Sie die Bewerbung starten sollen.

Sie sind nun bereit, sich der Arbeitsmarktanalyse zu stellen. Die Arbeitsmarktanalyse kann über folgende Informationskanäle laufen:

Stellenanzeigen
Arbeitsamt
persönliche Empfehlung
Personalberatungsgesellschaften
Bewerbungs- und Karriereberater

Meistens sind Sie bei der Arbeitsmarktanalyse mit der Prüfung der Stellenanzeigen in Tages- und Wochenzeitungen bzw. Fachzeitschriften beschäftigt. Sie lesen die Stellenmärkte in den Hochschulzeitschriften „Unicum", „Forum" und die Anzeigen in den Wochenendausgaben der großen Zeitungen: *FAZ, FR, Deutsche Zeitung, Westdeutsche Allgemeine, Berliner Zeitung, Thüringer Allgemeine* usw. Sie prüfen aber auch den wöchentlichen Stellenmarkt in der Wochenzeitung „Die Zeit". Interessante Stellenanzeigen werten Sie mit folgender Checkliste aus:

1. Wie stellt sich das Unternehmen dar?
2. Wo befindet sich das Unternehmen?
3. Was wird über die ausgeschriebene Stelle gesagt?
4. Was wird an Qualifikationen gefordert?
5. Was bietet das Unternehmen?

6. Zu welchem Termin ist die Stelle zu besetzen?
7. Welche Bedeutung hat die Stelle für meine Berufskarriere?
8. Welche meiner Fähigkeiten passen zu der Stelle?
9. Welche meiner Fähigkeiten passen nicht?
10. Welche Informationen werden zum Bewerbungsablauf gegeben?
(H. J. KRATZ, a.a.O., S. 63f)

Übung: Arbeitsmarktanalyse

Sammeln Sie über längere Zeit Stellenanzeigen, und prüfen Sie sie mit der eben vorgestellten Checkliste.

Behalten Sie im Auge:

Sie müssen wenigstens 70 % des Anspruches des Arbeitgebers erfüllen, die restlichen 30 % gleichen Sie durch eine gute Arbeitgeberanalyse und eine dieser Analyse angemessenen Bewerbung aus.

Eine Analyse des ins Auge gefaßten Arbeitgebers leisten für Sie: spezielle Nachschlagewerke, Fachliteratur und Zeitschriftenartikel. Sie können sich aber auch, unter dem Namen eines Freundes, an das Unternehmen selbst wenden und um Informationsmaterial, wie Geschäftsberichte, Presseinformationen, Organisationsdarstellungen bitten. Auch die *Berufsinformationszentren (BIZ) und die Industrie-, Handels- und Handwerkskammern* können Sie informieren. Suchen Sie nach Insidern oder besuchen Sie Messen, auf denen potentielle Arbeitgeber sich präsentieren. Falls Sie Ihren Arbeitgeber anrufen, bereiten Sie das Telefonat gut vor: Schreiben Sie sich wenigstens 5 W-Fragen auf, mit denen Sie das Informationsgespräch steuern können (Wer? Was? Wann? Wie? Warum?).

Übung: Arbeitgeberanalyse

Verschaffen Sie sich Informationen über Ihre potentiellen   Arbeitgeber. Probieren Sie dabei die verschiedenen Kanäle aus.

5.2. Verfassung des Bewerbungsschreibens, des Lebenslaufs und die Zusammenstellung der Anlagen

Ihr Bewerbungsschreiben ist die erste Arbeitsleistung für Ihren Arbeitgeber. Diese sollte allen formalen Ansprüchen genügen:

- korrekte Rechtschreibung und Zeichensetzung
- klare Gliederung
- sauberes Papier
- normale Versandart
- richtige Frankierung

usw.

Schreiben Sie Ihr Bewerbungsschreiben nach der Grundformel kundenorientierter Korrespondenz: Der AIDA-Formel.(Vgl. auch die RTA^2-Formel in Kap. 6.1.1.) Die AIDA-Formel heißt:

A Attention (Aufmerksamkeit erwecken)
I Interest (Interesse wecken)
D Desire (Wunsch nach Einladung auslösen)
A Action (Positive Handlung des Briefadressaten anbahnen)

Der **erste Satz** Ihres Bewerbungsbriefes sollte Aufmerksamkeit erwecken. Hier einige erste Sätze:

„In Ihrer Anzeige von....suchen Sie einen/eine...."
„Sie suchen einen...."
„Die von Ihnen ausgeschriebene Position...."

Der **Hauptteil**, der Interesse wecken und den Wunsch zur Einladung auslösen soll, umfaßt die Darstellung Ihrer „Arbeitsqualifikation" und die Angemessenheit dieser Qualifikation für den ausgeschriebenen Arbeitsplatz.

Der **Schluß** sollte Freundlichkeit und Offenheit signalisieren. Er kann folgende Sätze enthalten:

„Über eine Einladung zu einem Gespräch freue ich mich."
„Für alle weiteren Auskünfte stehe ich Ihnen gerne in einem persönlichen Gespräch zur Verfügung."

Es folgt dann die Grußformel (Mit freundlichen Grüßen), Ihre Unterschrift und der Hinweis auf die Anlagen.

Übung

Verfassen Sie nach der AIDA-Formel wenigstens drei unterschiedliche
Bewerbungsschreiben für einen potentiellen oder reellen Arbeitgeber.

Nach dem Bewerbungsschreiben folgt die Arbeit am Lebenslauf. Lebensläu-
fe in Erzählform und in Handschrift sind heute unüblich. Es dominiert der
tabellarische Lebenslauf in Maschinenschrift. Der Lebenslauf muß lückenlos
sein, d. h. jede Lücke muß erklärt werden. Der den Lebenslauf untersuchende
Personalchef benutzt Ihren Lebenslauf, um durch die Analyse der Zeitabschnitte Brüche und Entwicklungen zu orten, und durch die Positionsanalyse
Auf- und Abstieg, Berufs- und Arbeitsgebietswechsel zu erkunden. Jeder
Lebenslauf ist deshalb nur einmal verwendbar. Er muß der jeweiligen
Bewerbung genau angepaßt werden. „Aus Ihrem Lebenslauf soll hervorge-
hen, daß Sie genau das Anforderungsprofil der angestrebten Stelle erfüllen."
(J. HESSE, H. C. SCHRADER, a.a.O., S. 75)

Für den Lebenslauf gibt es zwei Gliederungsmuster:

| **Chronologie** |
| **Themenschwerpunkte** |

Bei der Chronologie listen Sie die wichtigsten Ereignisse nacheinander auf.
Diese Gliederung bietet sich an, wenn „Ihre berufliche Entwicklung stringent
und ohne zeitliche Lücken verlaufen ist." (J. HESSE, H.SCHRADER a.a.O., S.
89)
    Bei Themenschwerpunkten gliedern Sie Ihr Leben nach Qualifikations-
und Schlüsselbegriffen. Diese Gliederungsform ist sinnvoll, „wenn Ihre
Karriere nicht ganz gradlinig verlaufen ist oder Sie kaum Berufspraxis
nachweisen können." (J. HESSE, H. C. SCHRADER, a.a.O., S. 87)
    Folgendes Schema des Lebenslaufs kann chronologisch oder thematisch
gestaltet werden:

Lebenslauf

1. Persönliche Daten
   - Vor- und Zuname
   - Anschrift
   - Geburtsdatum und -ort
   - Familienstand

2. Schulausbildung
   - Schulabschluß mit Zeitpunkt

3. Hochschulstudium
   - Fächer
   - Universitäten
   - Abschlüsse

4. Berufstätigkeit
   - Art der Berufstätigkeit
   - Abschluß und Berufsbezeichnung
   - bisher eingenommene Position

5. Berufliche Weiterbildung

6. Außerberufliche Weiterbildung

7. Besondere Kenntnisse
   - Fremdsprachen
   - Computer-Kenntnisse
   - Führerschein
   - Andere Zertifikate

8. Hobbys, Interessen
   - nur bezogen auf angestrebten Arbeitsplatz

9. Sonderinformationen
   - Wichtige Auslandsaufenthalte

Übung:

Entwerfen Sie einmal einen thematischen und dann einen chronologischen Lebenslauf, der zu Ihrem früher verfertigten Anschreiben genau paßt.

Übung:

Nach der Erarbeitung Ihres Lebenslaufes prüfen Sie ihn mit folgender Checkliste.

Lebenslauf-Checkliste

1. Ist der Lebenslauf ein Original?
2. Stellen die äußeren Formen des Lebenslaufs zufrieden?
3. Simmen die Zeitangaben im Lebenslauf mit denen in den Zeugnissen
   überein?
4. Fehlen Nachweise für wichtige Berufsabschnitte?
5. Wurden die begonnenen Ausbildungen auch mit Erfolg abgeschlossen?
6. Gibt es überlange Ausbildungs- und Studienzeiten?
7. Wurden Arbeitsverhältnisse in kurzer Zeitfolge gewechselt?
8. Weisen die beruflichen Veränderungen einen Sinn auf, die zu der ange-
   strebten Stelle passen?
9. Müssen lange Phasen ohne Berufstätigkeit besonders begründet werden?
10. Wird beim Arbeitswechsel ein aufsteigendes Karrieremuster deutlich?

(H. J. KRATZ, a.a.O., S. 97f)

Sie können zur Ergänzung des Lebenslaufs nach Anschreiben und Lebenslauf noch eine kurze **3. Seite** ergänzen. Sie könnte folgende Überschrift haben:

Zu meiner Bewerbung
Warum ich mich bewerbe
Was Sie noch über mich wissen sollten
Was mich qualifiziert

Auf dieser dritten Seite formulieren Sie etwa halbseitig Aussagen zu Ihrer Person, Ihrer Motivation, Ihrer Kompetenz. Sie knüpfen an Bewerbungsschreiben und Lebenslauf an, formulieren aber nun noch etwas „persönlicher". (J. HESSE, H. C. SCHRADER, a.a.O., S. 99) Verstehen Sie die drei Teile der Bewerbung als Dreiklang.

Übung:
Verfassen Sie auch mal eine dritte Seite über sich.

Fügen Sie nun diesem Dreiklang im Anhang Ihr Foto, Ihre Zeugnisse und Ihre Ausbildungs- und Ihre Arbeitszeugnisse hinzu.

5.3. Versendung der Bewerbung

Hier ist noch einmal darauf zu achten, daß alle Unterlagen in korrekter Verfassung sind. Auch die Versandtasche ist vor Nachlässigkeitsfehlern zu schützen. „Wählen Sie keine Postsonderzustellung, wie z.B. Einschreiben oder Eilzustellung. Das wirkt zwanghaft, aufdringlich und drängelnd." (J. HESSE, H.C. SCHRADER, a.a.O., S. 116)

Sollten Sie, wie heute so viele, eine Absage erhalten, kommen Sie nochmal auf die Selbst-, Markt- und Arbeitgeberanalyse zurück und versuchen Sie, Fehler zu finden, die Sie beim nächsten Mal umgehen könnten.

Steinicke '94

Grundregeln für kreative
Manager

„Verlassen Sie Ihr eigenes
Revier.
Haben Sie keine Angst, dau-
ernd auf Abwege geführt zu
werden.
Übersehen Sie nicht das
Offensichtliche.
Erinnern Sie sich daran, wo
Sie waren.
Stecken Sie Ihren geistigen
„Claim" ab."
(R. v. Oech, Kreativitäts-
forscher)

6. Kreatives Schreiben für Manager

Der erste Kurs im wirtschaftlichen Schreiben wurde 1902 an der Universität
von Illinois gegeben, und das erste Lehrbuch zum wirtschaftlichen Schreiben
erschien in den USA 1916. (K. H. ADAMS: A History of Professional Writing
Instruction in American Colleges. Dallas 1993, S. 127) Diese ersten Kurse
waren extrem praktisch orientiert, betonten die Textform und den Schreibstil
und übten Briefe und Berichte. Das wirtschaftliche Schreiben etablierte sich
als Verbindung von wirtschaftlichen Kenntnissen und Rhetorik. Heute werden allerdings beim wirtschaftlichen Schreiben, besonders für Manager, auch
psychologische, soziologische, linguistische und informationstheoretische
Aspekte berücksichtigt. Das wirtschaftliche Schreiben wurde der Schrittma-
cher für die Einrichtung von Schreibkursen in anderen akademischen Berufs-
ausbildungen. Heute haben sich folgende Prinzipien bei der Durchführung
von Schreibkursen in der Fachrichtung Wirtschaftswissenschaft durchge-
setzt:

1. Die Schreibkurse sollten sich an Schreibprozessen, nicht an Textformaten
   und Textprodukten orientieren.
2. Die Kurse sollten längere Texte produzieren lernen und sich nicht nur auf
   das Verfassen von Briefen und Vermerken beschränken.

3. Die Kurse sollten in engster Kooperation mit Vertretern der Wirtschaft entwickelt werden.

(J. REDISH: Writing in Organizations. In: M. Kogen (Hrsg:): Writing in the Business Professions. Urbana 1989, S. 118-120)

Diese universitären Kurse im wirtschaftlichen Schreiben haben im weiteren Verlauf wichtige Einflüsse auf die Etablierung des kreativen Schreibens für Manager ausgeübt.
Die wichtigsten Kurse des kreativen Schreibens für Manager sollen nun vorgestellt werden.

6.1. Kundenorientiertes Briefschreiben

Briefe sind im beruflichen Schreiben eine sehr verbreitete Textsorte. Ihre Qualität hat oft sehr viel Einfluß auf den Erfolg eines Geschäftes. So kurz Briefe oft sind, so sind Briefe doch eine recht schwierige Textform. Das führt dazu, daß je nach Geschäftszweig 30-80 % der Briefe aus Textbausteinen gefertigt werden. (H. LAMBRICH, M. LAMBRICH: Der kaufmännische Schriftverkehr. Darmstadt 1993, S. 148-165)
   Im Folgenden sollen fünf Abschnitte in das kundenorientierte, individuelle Briefschreiben einführen:

1. Zwei Modelle des Briefschreibens
2. Kreative Übungsbriefe, die nicht unbedingt abgeschickt werden sollten
3. Typische Briefe im Rollenspiel verfassen
4. Große Briefspiele
5. Transaktionsanalyse als Hilfe beim kundenorientierten Briefschreiben

6.1.1. Zwei Modelle des Briefschreibens

Stellen wir am Anfang das amerikanische und das deutsche Modell der kundenorientierten Korrespondenz vor.
   Vier der wichtigsten Aspekte beruflichen Briefschreibens für Manager werden in der **amerikanischen** Theorie der kundenorientierten Korrespondenz als kundenorientierte RTA^2-Formel zusammengefaßt. Diese Formel schafft eine Brücke zwischen Ihnen und Ihrem Leser, den Sie mit Ihrem Brief erreichen wollen. Dabei heißen die vier Buchstaben folgendes:

R = Rapport: Bauen Sie eine Beziehung zwischen sich und Ihrem Leser auf.
T = Thinking: Beeinflussen Sie das Denken Ihres Lesers.
A^1 = Act: Motivieren Sie Ihren Leser zum Handeln.
A^2 = Attitude: Vermitteln Sie Ihrem Leser eine positive Einstellung.

Diese Formel „ist eine kraftvolle Hilfe, weil sie dem Schreiber die Briefziele und den Briefadressaten bewußt hält, und dem Schreiber hilft, die Briefbotschaft zu formulieren." (J. FORMAN, K. A. KELLY: The Random House Guide for Business Writing. New York 1990, S. 35)

Die RTA^2-Formel paßt für „gute Geschäftsbriefe, die eine dreiteilige Struktur haben. Der erste Abschnitt etabliert eine enge Beziehung zwischen dem Briefschreiber und dem Briefleser, indem er auf die Interessen des Lesers eingeht. Der mittlere Abschnitt baut eine Brücke zwischen dem Schreiber und dem Leser, indem er Informationen bietet, die das Denken des Lesers und die Beziehung zwischen Leser und Schreiber beeinflussen. Der letzte Briefabschnitt sollte den Leser zum Handeln anregen und eine positive Einstellung gegenüber dem Schreiber entwickeln helfen." (J. FORMAN, K. A. KELLY, a.a.O., S. 109)

Der **Rapport** im ersten Briefabschnitt kann dabei durch folgende Mittel hergestellt werden:

- Gehen Sie sofort auf das Thema des empfangenen Briefes ein.
- Beantworten Sie die gestellten Fragen.
- Fühlen Sie sich in das vorgegebene Problem ein.
- Fragen Sie nach weiteren Informationen.
- Zeigen Sie, daß Sie gemeinsame Werte vertreten.
- Würdigen Sie das Kommunikationsinteresse des Lesers.
- Benutzen Sie einen Namen eines gemeinsamen Gewährsmannes.
- Stellen Sie eine wichtige Frage.
- Machen Sie gleich deutlich, welchen Wert der Brief für den Leser hat.

Die **Beeinflussung** des Denkens des Lesers im zweiten Briefabschnitt kann folgende Prinzipien berücksichtigen:

- Benutzen Sie für den Mittelteil des Briefes eine logische Ordnung Ihrer Ideen.
- Berücksichtigen Sie nicht nur logische Aspekte sondern auch psychologische. „Stellen Sie sich vor, wie Ihr Leser auf jedes sachliche Argument Ihres Briefes emotionell reagieren wird."

(J. FORMAN, K. A. KELLY, a.a.O., S. 117)

Um beim Leser **Handlungsimpulse** und eine **positive Einstellung** im dritten Briefteil zu wecken, haben Sie als Briefschreiber folgende Mittel:

- Nennen Sie die erhoffte Reaktion und machen Sie deutlich, daß der Leser daran seinen Nutzen haben wird.

● Verstärken Sie die positive Beziehung des Lesers zum Schreiber.

(J. FORMAN, K. A. KELLY, a.a.O., S. 119)

Aufgabe:

Schreiben Sie an einen Freund einen Brief, mit dem Sie ihn zu einem gemeinsamen Urlaub motivieren wollen. Benutzen Sie dabei das folgende Raster, indem Sie rechts die wichtigsten Briefsätze zu den linken vier Aspekten der RTA^2-Formel eintragen:

Der ideale Brief

Briefaufbau	Sätze des Briefes
R : Rapport	
T : Beeinflussung des Denkens	
A^1: Motivieren zum Handeln	
A^2: Positive Einstellung vermitteln	

Beim kundenorientierten Brief aus **deutscher** Sicht sind drei Aspekte wichtig: die Form, der Inhalt und der Adressat des Briefes.

Ein deutscher Geschäftsbrief enthält folgende **elf** formale Elemente:

Datum
Name
Adresse
Bezug/Betr.
Begrüßung
Briefanfang
Briefmitte
Briefende
Verabschiedung
Unterschrift
P.S.

(Vgl. E. A. MEYNER: Schriftverkehr heute. Düsseldorf 1992, KRUSE/HEUN: Der kaufmännische Briefverkehr. Darmstadt 1993)

Die wichtigsten inhaltlichen Aspekte eines Geschäftsbriefes sind Anfang, Mitte und Ende des Briefes.

Der **Anfang** des Briefes kann durch folgende Mittel gestaltet werden:

- Frage
- statistische Daten
- Kernsatz
- Gefühl
- Zitat

Die **Briefmitte** fordert Hinweise auf:

- Engagement des Schreibers
- seine Offenheit
- seine persönliche Nähe
- gute Beispiele
- perspektivische Empathie

Der **Briefschluß** kann enthalten:

- eine Bekräftigung
- ein persönliches Hilfsangebot

Schließlich kommt es bei deutschen Autoren im Geschäftsbrief darauf an zu betonen, daß wir den Briefkunden mit unserem Brief erreichen. Wir müssen uns im **Rapport** in den Kunden hineinversetzen und mit dem Brief auf jeden Fall folgende Bedürfnisse befriedigen:

Gemeinsamkeit: Der Kunde sollte fühlen, daß der Briefschreiber ihn versteht.

Zustimmung: Der Kunde sollte merken, daß wir ihn, seine Werte und seine Interessen respektieren.

Zufriedenheit: Der Kunde sollte empfinden, daß er dem Schreiber wichtig ist.

Geistige Anregung: Der Kunde sollte durch den Brief geistig angeregt werden.

Lernanstoß: Der Kunde sollte durch den Brief einen Anstoß zum Lernen bekommen, neue Informationen erhalten und sich bereichert fühlen.

Die wichtigsten Ansprüche an kundenorientierte Briefe aus der amerikanischen und deutschen Literatur lassen sich im Schreibprozeß mit seinen verschiedenen Phasen vermitteln. Sehen wir uns dafür folgende Grafik an.

Prozeß des Briefschreibens

Schreibphase	Inhalt	Schreibmethode
Vorbereitung	- Wer ist mein Adressat? - Was will er wissen? - Was ist ihm zu sagen?	Freewriting
Erarbeitung und Ausführung oder Rapport und Beeinflussung des Denkens	- Hauptgedanken - Bedürfnisse des Kunden - Gliederung der Gedanken	Einsetzung eines Mind-Maps Anfang, Mitte, Schluß
Abfassung und Überprüfung des Briefes oder Weckung einer positiven Einstellung	11 Elemente des Briefes ausfüllen und kreativ gestalten	Schnellschreiben Korrigieren Reinschreiben

Aufgabe:

Schreiben Sie nach den vorgestellten drei Schritten einen Brief an Ihre Schreibgruppe, in der Sie sich Ihrer Gruppe vorstellen.

6.1.2. Kreative Übungsbriefe, die Sie nicht unbedingt abschicken sollten

Diese Briefe sollen Ihnen die Möglichkeit geben, sich in fremde Sachverhalte, Probleme und Personen einzufühlen, Einfälle zu entwickeln, fremde Standpunkte zu übernehmen und in der Phantasie Dialoge zwischen sich und den Anderen und Fremden aufzubauen. Diese Briefe helfen, wichtige Gedanken und Gefühle klarer zu gestalten und so eigene Positionen zu erkennen und Spannungen und Ängste gegenüber anderen abzubauen. Diese Briefe vermitteln die wichtigsten Schreibstrategien für persönliche Kundenbriefe. Bei der Abfassung dieser Briefe können die allgemeinen Elemente des Briefschreibens, die wir schon kennengelernt haben, ausprobiert werden. Bei diesen Übungsbriefen werden Sie aber auch noch mit den Methoden der Imagination, Meditation und vielen neuen kreativen Schreibtechniken vertraut gemacht.

(Vgl. K. W. VOPEL: Briefeschreiben als Lernstrategie. Hamburg 1987)

Botschaft des Marktes:

Stellen Sie sich vor, Sie lesen den Wirtschaftsteil der FAZ. Plötzlich erkennen Sie einen wichtigen Wirtschaftrend. Sie haben den Wunsch, Ihrem Freund diese Entdeckung mitzuteilen. Schreiben Sie erst 5 Minuten nach der Methode des Freewriting, und dann formulieren Sie Ihre Ergebnisse zum Thema in einem kleinen Brief an Ihren Freund um.

Brief eines wichtigen Kunden:

Um einen Kunden besser verstehen zu können, ist es gut, ihre Beziehung mal aus seiner Sicht zu sehen. Stellen Sie sich bei geschlossenen Augen diesen Kunden vor. Geben Sie ihm einen freundlichen Gesichtsausdruck. Sehen Sie, wie er sich hinsetzt, um Ihnen zu schreiben. Schreiben Sie nun aus seiner Perspektive einen Brief an sich selbst. Greifen Sie dabei auf alle Informationen zurück, die der Kunde über Sie haben könnte. Diese Informationen stellen Sie in einem Cluster mit dem Kernwort Ihres Namens dar, um Ihren Schreibprozeß zu unterstützen.

Brief aus dem Jahr 2000:

Zukunftsvorstellungen bestimmen unseren beruflichen Werdegang und unsere Beziehung zum Betrieb. Stellen Sie sich vor, es wäre das Jahr 2000. Vieles hat sich verändert. Schreiben Sie an sich einen Brief und teilen Sie mit, wie Ihr Job und Ihr Betrieb nun aussehen. Schaffen Sie sich Material für diesen Brief durch Kritzelzeichnungen, die Sie spontan über ihren Arbeitsplatz und Ihren Betrieb im Jahr 2000 entwerfen.

Vorstellungsbrief:

Mit diesem Brief können Sie üben, sich auf eine neue berufliche Situation einzustellen. Nehmen Sie einmal an, Sie sind einem neuen Kunden als Berater zugeteilt worden. Schreiben Sie dem neuen Kunden einen Brief, in dem Sie sich als sein neuer Berater vorstellen. Ehe Sie diesen Brief schreiben, beantworten Sie erstmal folgende Fragen:
Was soll der neue Kunde über Sie wissen?
Was wird der neue Kunde von Ihnen erwarten?
Womit können sie das Vertrauen des neuen Kunden gewinnen?

Brief zu einer beruflichen Krise:

Dieser Brief soll Ihnen die Möglichkeit geben, eine berufliche Krise durchzuarbeiten. Sie schreiben deshalb einen Brief an einen Freund, in dem Sie die Ursachen und Folgen Ihrer beruflichen Krise vorstellen und um Rat nachsuchen. Geben Sie zuerst Ihrer beruflichen Krise einen Namen. Dieser Name ist das Kernwort eines Clusters. Sammeln Sie Einfälle im Cluster, achten Sie auf den Umschalteffekt, bei dem Ihnen eine Schreibidee kommt, und schreiben Sie dann an Ihren Freund Ihren Krisenbrief.

Dankesbrief an einen Kunden:

Wenn man seine Dankbarkeit auszudrücken lernt, wird man von vielen Kunden geschätzt werden. Suchen Sie sich einen Kunden aus, der Ihnen im Beruf viel Vertrauen entgegengebracht und manches gute Geschäft vermittelt hat. Legen Sie zu diesem Zweck eine Liste an, in die Sie alle Namen von guten und schlechten Kunden eintragen:

Kundenzweispalter:

Gute Kunden	Schlechte Kunden

Kreuzen Sie nun Ihren Lieblingskunden an. Schreiben Sie diesem Kunden erstmal einen 3minütigen Freewriting-Text zum Thema: Optimismus, Lebensfreude, Dank. Bauen Sie dann die besten Passagen Ihres Freewriting-Textes in Ihren entgültigen Kundenbrief ein.

Brief im Dialog:

Sie sehen sich mit einem Kunden konfrontiert, der Ihnen große Schwierigkeiten bereitet. Fertigen Sie, bevor Sie diesen schwierigen Kundenbrief schreiben, einen imaginären Dialog mit diesem Kunden an. Beginnen Sie diesen Dialog, der wenigstens eine Seite umfassen sollte, mit der Frage: „Was haben Sie für Beschwerden....?" Schreiben Sie nun spontan die Antwort des Kunden nieder, und beantworten Sie seine Antwort. Wenn die Seite mit Rede und Gegenrede gefüllt ist, unterstreichen Sie die wichtigsten Argumente des Kunden, und bauen Sie sie in Ihrem entgültigen Brief ein.

Geschichte eines typischen Kunden im Brief:

Sie wollen sich über den typischen Kunden Ihres Geschäftszweiges besser informieren, um Ihrem Briefwechsel mit ihm neue Impulse zu verleihen. Erfinden Sie deshalb die Biografie dieses typischen Kunden. Zeichnen Sie dazu seine Lebenslinie und benennen Sie die Höhen und Tiefen seines Lebens. Wählen Sie dann einen Wendepunkt im Leben des typischen Kunden aus. Suchen Sie mehrere Figuren aus, die zu diesem Wendepunkt in einem Brief Stellung nehmen könnten. Es könnte der Vater, der Chef, der beste Freund, die Frau oder ein Kind des Kunden sein. Schlüpfen Sie nacheinander in die Rolle der ausgewählten Briefschreiber und lassen Sie sich mit Hilfe eines Clusters einen Brief an Ihren typischen Kunden schreiben. Vergleichen Sie dann die Briefe und stellen Sie fest, welche unbekannten Seiten Ihres typischen Kunden Sie auf diesem Wege erkannt haben.

Der schlechteste Kundenbrief aller Zeiten:

Um gute Kundenbriefe zu schreiben, ist es sinnvoll zu wissen, wie der schlechteste Kundenbrief aller Zeiten aussieht. Schreiben Sie einen Freewriting-Text, in dem Sie allen Ärger und alle Wut über Ihren Kunden ablassen. Aus diesem Material bauen Sie dann einen echt miesen Brief. Stellen Sie sich dann vor, wie die besten Elemente für einen Kundenbrief aussehen würden.

Brief an einen Kundenberater:

Sie haben große Probleme mit der kundenorientierten Korrespondenz. Legen Sie eine Liste aller Ihrer Probleme an. Entwerfen Sie dann ein Cluster zum Thema „Meine Schreibprobleme". Schreiben Sie dann einen Brief an einen führenden Berater in der kundenorientierten Korrespondenz, und teilen Sie ihm Ihre Probleme mit. Verfassen Sie dann auch sein Antwortschreiben.

Großer Beschwerdebrief:

Der Umgang mit Beschwerden und Mängeln ist ein wichtiger Teil der kundenorientierten Korrespondenz. Machen Sie ein individuelles oder kollektives Brainstorming zu allen möglichen Beschwerden, die Ihre Kunden vorbringen könnten. Wählen Sie zwei der wichtigsten Beschwerden aus, schreiben Sie erst als Kunde und dann als Kundenberater einen Beschwerdebrief, und verfassen Sie dann auch einen Antwortbrief auf diesen Beschwerdebrief.

Mitarbeiterbrief:

Sie wollen den Kontakt zu Ihren Mitarbeitern verbessern. Malen Sie einmal ein Soziogramm Ihrer Mitarbeiterbeziehungen und stellen Sie Ihre Position in diesem Soziogramm fest. Schreiben Sie nun einen 5 Minuten-Freewriting-Text zum Thema „Ich und meine Arbeitsgruppe" oder „Unser größtes Problem". Verfassen Sie dann auf der Basis des Freewriting-Materials einen Mitarbeiterbrief.

Brief an den eigenen Partner:

Der eigene Partner trägt oft einen großen Teil der Last Ihres beruflichen Lebens. Oft frustrieren Sie Ihren Partner, weil Ihr Beruf Ihr familiäres Leben zeitlich behindert und belastet. Legen Sie zwei Spalten zum Thema „Belastungen und Vorteile meines Berufes für meinen Partner" an:

Belastungen	Vorteile

Schreiben Sie dann einen Partnerbrief, in dem Sie erst die Vorteile, dann die Belastungen und schließlich die Wege der Verbesserung Ihrer Beziehung aufweisen.

Brief an Ihre Firma:

Mit diesem Brief können Sie Ihre beruflichen Einstellungen, Ihre Auffassung von Ihrer beruflichen Identität, Ihre Beziehung zu Ihrer Firma und zu Ihrem Geist gut ausdrücken. Schreiben Sie erst 1 Minute Freewriting zum Thema „Meine Firma". Clustern Sie dann zum Thema „Meine Firma". Schreiben Sie dann noch einmal 2 Minuten Freewriting zum Thema „Meine Firma". Sie werden sehen, daß sich Ihre Einfälle in diesen dreifachen Wiederholungen erheblich verändern. Schreiben Sie dann einen Brief an Ihre Firma. Beginnen Sie ihn mit der Anrede: „Liebe Firma..."

Brief an einen Computer:

Oft drücken sich Probleme, die Sie mit Veränderungen im Beruf haben, dadurch aus, daß Sie mit wichtigen Arbeitsmitteln des Berufs in Kontakt treten. Nehmen Sie einmal Kontakt mit Ihrem Computer auf. Führen Sie einen schriftlichen Dialog mit ihm. Unterstreichen Sie dann die wichtigsten Ideen aus dem einseitigen Dialog. Diese Ideen bringen Sie in einem Brief an Ihren Computer unter.

Brief an eine Führungsperson aus der Wirtschaft:

Mit diesem Brief können Sie Ihr berufliches Selbstverständnis, das die Grundlage Ihrer Korrespondenz ist, klären. Legen Sie eine Liste wichtigster Führungspersonen der Wirtschaft aus Geschichte und Gegenwart an. Wählen

Sie eine Person aus, der Sie schreiben wollen, z.B. Adam Smith, dem
Theoretiker der Marktwirtschaft oder Ludwig Erhard, dem Einführer der
Marktwirtschaft nach dem 2. Weltkrieg. Stellen Sie sich dann folgende
Fragen:

● Was wollen Sie der ausgewählten Person mitteilen?
● Was bewundern und was kritisieren Sie an dieser Person?
● Wie hat die ausgewählte Person Ihr Denken beeinflußt?

Clustern Sie nun, und schreiben Sie dann einen Brief an die gewählte Person,
und verfassen Sie dann auch einen Antwortbrief aus der Perspektive der
gewählten Person.

6.1.3. Im Rollenspiel typische Geschäftsbriefe verfassen

Bisher haben Sie etwas über die psychologischen Aspekte kreativen Briefschreibens erfahren. Jetzt steigen Sie in ein Rollenspiel ein, indem Sie in
verschiedenen beruflichen Funktionen, sowohl die verschiedenen traditionellen Brieftypen, als auch Antwortbrieftypen verfassen und damit genauer
kennenlernen. Sie erfahren auf diesem Weg sowohl die Einfühlung in
Berufsrollen, den Stil beruflicher Briefe, als auch die Berücksichtigung
wichtiger Arten unterschiedlicher Geschäftsbeziehungen.

a) Der Anfrage- und Antwortbrief:

Als Schreibpädagoge des „Instituts für Kreatives Schreiben" 10777 Berlin,
Bamberger Str. 52, fragen Sie bei der AOK Berlin 10781, Katzbachstraße 35,
an, ob diese Geschäftsstelle Interesse an der Durchführung eines Kurses
„Kundenorientierte Korrespondenz" hat. Sie verweisen auf Referenzen und
geben Hinweise auf den aktuellen Wert der Weiterbildung der Mitarbeiter in
moderner kreativer Korrespondenz.

Vorbereitung: Um Ihre Gedanken zu dieser Anfrage zu sammeln, schreiben
Sie zuerst einen 5 Minuten-Freewriting-Text mit dem Schwerpunkt „Mein
Angebot in Kundenorientierter Korrespondenz".

Erarbeitung: Dann tragen Sie die wichtigsten Gedanken aus dem Freewriting-
Text in das folgende Anfrage-Brief-Mind-Map ein:

Anfrage-Brief-Mind-Map

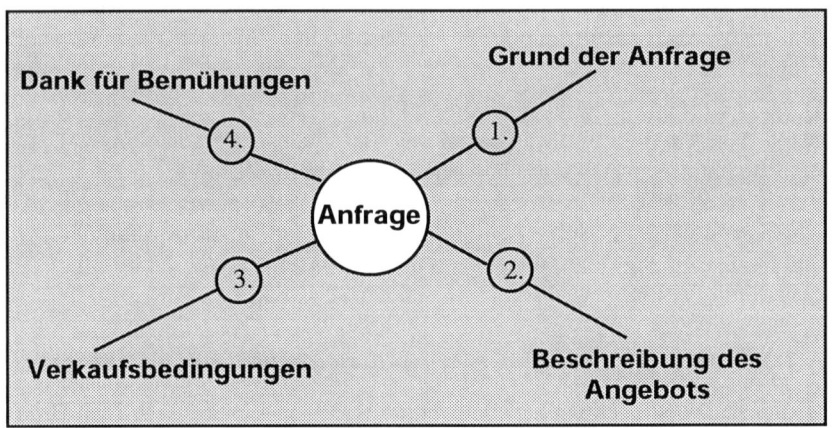

Abfassung: Nachdem Sie Ihre Einfälle zu den 4 Ästen des Mind-Maps eingetragen haben, schreiben Sie Ihren Brief von Anfang bis Ende herunter. Überarbeiten Sie diesen Text und verfassen Sie eine Reinschrift des Briefes, der alle Standardelemente des Geschäftsbriefes enthält: Datum, Name, Adresse, Betrifft, Begrüßung, Anfang, Mitte, Ende des Briefes, Verabschiedung und Unterschrift.

Wechseln Sie nun die Rolle.
Als Mitarbeiter der AOK Berlin 10781, Katzbachstr. 35 beantworten Sie nun die Anfrage. Sie verweisen auf das große Angebot an Fortbildungsveranstaltungen und auf die Notwendigkeit einer genaueren Darstellung des interessanten Kursangebotes. Sie laden deshalb den Mitarbeiter des „Instituts für Kreatives Schreiben" Berlin in die AOK Geschäftsstelle ein.

Vorbereitung: Sie machen eine Liste von Einfällen zu Ihrem Antwortbrief.

Erarbeitung: Die wichtigsten Elemente Ihrer Einfallsliste tragen Sie nun in folgendes Antwort-Brief-Mind-Map ein:

Antwort-Brief-Mind-Map

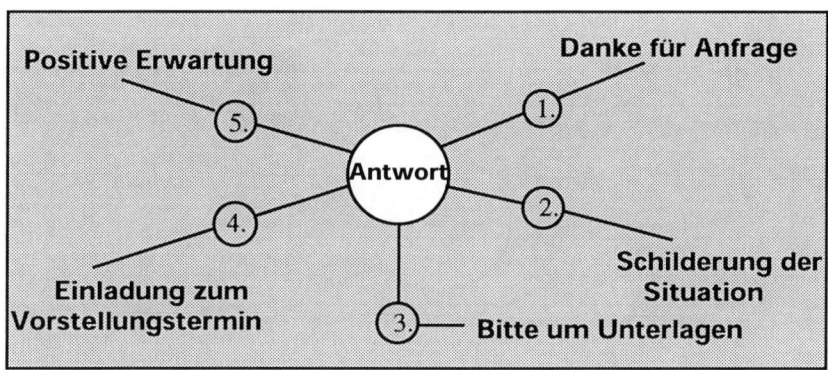

Abfassung: Fassen Sie nun die Einfälle 1-5 in einem Antwortbrief zusammen, und versehen Sie Ihre Reinschrift mit den Standardelementen eines Geschäftsbriefes.

b) Beschwerde- und Entschuldigungsbrief:

Als Schreibpädagoge haben Sie vor zwei Monaten an der Freien Universität Berlin, Fachbereich Wirtschaftswissenschaft Prof. Dr. Winkelmann, Leiter des Instituts für „Didaktik der Wirtschaftswissenschaften" 10228 Berlin, Garystr. 5 ein Kursangebot „Wirtschaftliches Schreiben für Studenten" gemacht. Bisher ist nun keine Antwort erfolgt, und Sie müssen reagieren.

Vorbereitung: Zur Sammlung Ihrer Gedanken für diese Beschwerde verfassen Sie mit der Methode des Rapidwriting (ganz schnellen Schreibens) einen Rohbriefentwurf an Prof. Winkelmann.

Erarbeitung: Prüfen Sie dann, welche Elemente Ihres Beschwerdebriefes im folgenden Beschwerde-Brief-Mind-Map schon vorkommen und was Sie noch ergänzen müssen:

Beschwerde-Brief-Mind-Map

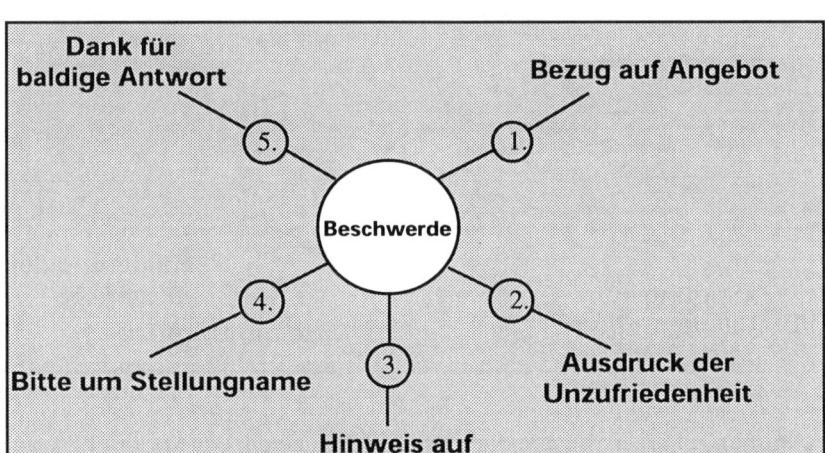

Abfassung: Fassen Sie nun alle Einfälle zum Brief zusammen und berücksichtigen Sie die Standardelemente des Geschäftsbriefes.

Als Prof. Dr. Winkelmann, Leiter des Instituts für „Didaktik der Wirtschaftswissenschaften" schreiben Sie nun den Entschuldigungsbrief. Sie verweisen auf die heutige Überlastung der Professoren. Sie danken für das interessante Angebot, das die Schreibdefizite der Studenten in wirtschaftswissenschaftlicher Korrespondenz bekämpfen wird. Sie sagen zu, daß Sie im nächsten Semester für dieses Angebot einen Lehrauftrag durchsetzen wollen.

Vorbereitung: Sie schlüpfen in die Rolle von Prof. Winkelmann, indem Sie die Augen schließen. Sie gehen in Ihrer Fantasie durch sein Institut an der Freien Universität, setzen sich in sein Institutsleiter-Zimmer an seinen Schreibtisch und schreiben in dieser Rolle schnell einen Rohentwurf des Entschuldigungsbriefes.

Erarbeitung: Aus diesem Rohentwurf machen Sie dann ein Gedankenexzerpt in Form des folgenden Mind-Maps:

Entschuldigungs-Brief-Mind-Map

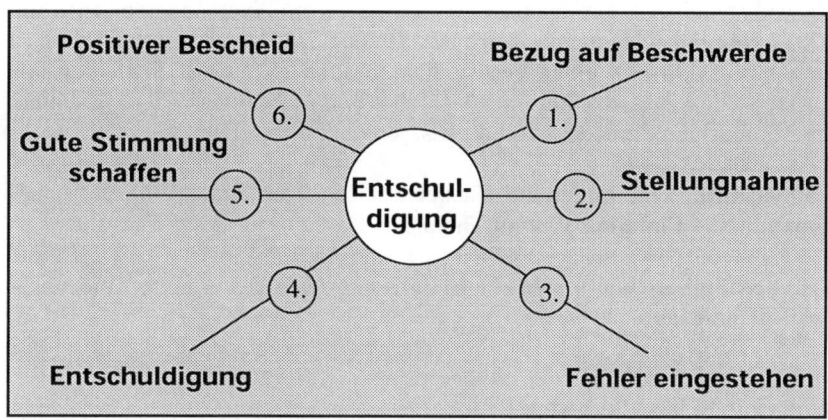

Abfassung: Schreiben Sie Ihre Mind-Map-Einfälle in einem Zug herunter. Achten Sie dabei auf einen gewissen „akademischen Ton". Vergessen Sie dabei die typischen Elemente des Geschäftsbriefes nicht.

c) *Widerruf eines Auftrages*

Als selbständiger Schreibpädagoge haben Sie vom Axel Anderson Institut, 20837 Hamburg, Neumann-Reichardt-Straße 27-33 den Auftrag übernommen, für 4000,- DM einen Fernstudienleitfaden „Kreatives Schreiben für Juristen" zu verfassen. Sie sehen sich aber nun nicht in der Lage, für einen derart niedrigen Preis das Produkt fristgerecht zu erstellen.

Vorbereitung: Sie bilden ein Cluster mit dem Kernwort „Widerruf" und sammeln alle Einfälle zu Ihrem Thema.

Erarbeitung: Sie übertragen alle Einfälle aus dem Cluster in das Widerruf-Brief-Mind-Map.

Widerruf-Brief-Mind-Map

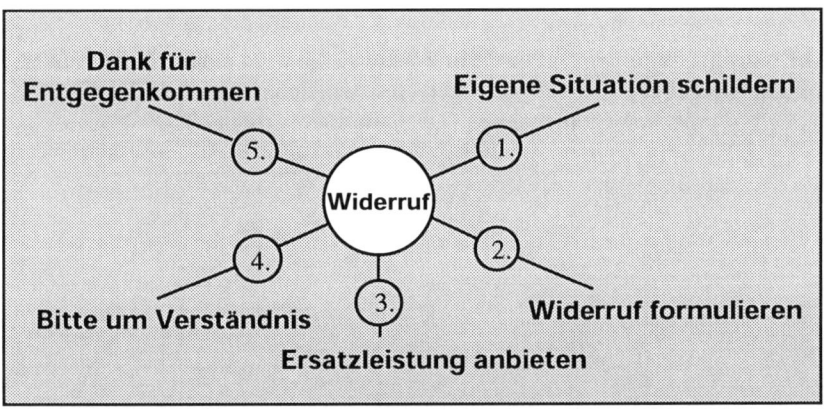

Abfassung: Schreiben Sie Ihren Brief schnell, und bauen Sie dann die typischen Elemente eines Geschäftsbriefes mit ein.

d) Antwort auf Lieferverzug

Sie sind Angestellter im Schibri-Verlag, 17337 Milow, Dorfstr. 60 und müssen der Buchhandlung Kiepert, 10212 Berlin, Hardenbergstr. 4-5 mitteilen, daß sich die von Kiepert bestellte Lieferung von einer Partie Büchern „L. v. Werder, „Kreative Literaturgeschichte" verzögern wird. Das Buch ist vergriffen und die Neuauflage wird vier Monate Zeit in Anspruch nehmen.

Vorbereitung: Beginnen Sie Ihre Briefüberlegung, indem Sie den Satz „Am 18.09.93 hatten wir Ihnen zugesichert, die 10 Exemplare des Buches L. v. Werder „Kreative Literaturgeschichte" zu liefern..." einfach schnell weiterschreiben.

Erarbeitung: Kontrollieren Sie mit Hilfe des Verzugs-Mind-Maps, ob Sie alle Register schon gezogen haben.

Verzugs-Brief-Mind-Map

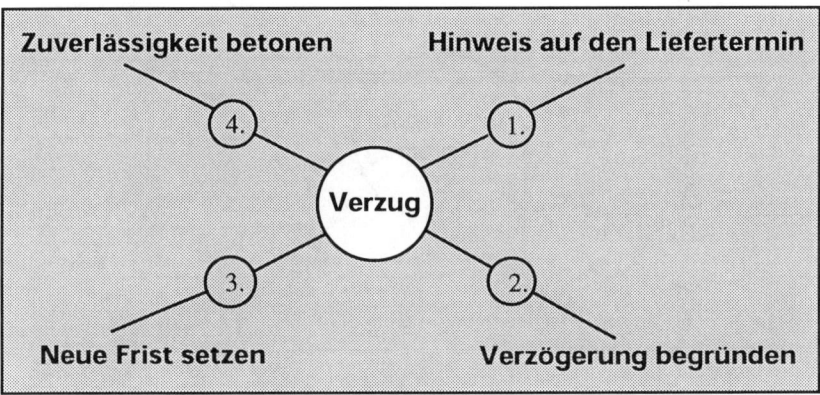

Abfassung: Überarbeiten Sie Ihren Rohbriefentwurf aus der Vorbereitungsphase mit Hilfe des Mind-Maps, und berücksigten Sie die 11 üblichen Elemente eines Geschäftsbriefes.

Sie sind Angestellter in der Buchhandlung Kiepert, 10212 Berlin, Hardenbergstr. 4-5 und reagieren auf den Lieferverzug der Partie Bücher „L. v. Werder: Kreative Literaturgeschichte" durch den Schibri-Verlag, 17337 Milow, Dorfstr. 60. Sie artikulieren dabei Ihren Ärger, weil die Vorbestellungen seitens interessierter Kunden sich häufen.

Vorbereitung: Sie schreiben den Anfangssatz „Besten Dank für Ihre Nachricht vom 12.03.94..." und formulieren jetzt einen flotten Brief.

Erarbeitung: Prüfen Sie am Lieferverzugs-Antwort-Mind-Map, ob Sie alle Argumente eines angemessenen Antwortbriefes schon benutzt haben.

Lieferverzug-Antwort-Mind-Map

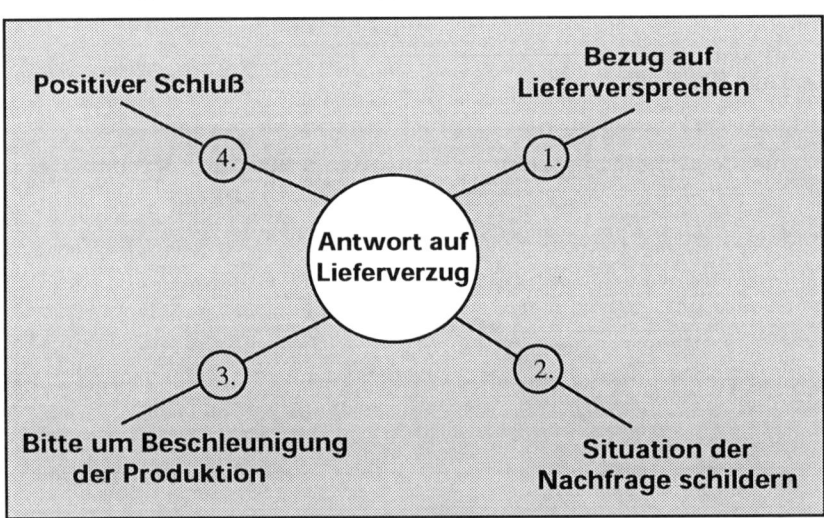

Abfassung: Schreiben Sie nun einen Brief unter Berücksichtigung der 11 Elemente eines Geschäftsstandardbriefes.

e) Werbebrief

„Wer nicht wirbt, der stirbt" (Sprichwort) Neben vielen anderen Medien ist die Rolle des Werbebriefes unbestritten. Sie sind selbständiger Schreibpädagoge und suchen Teilnehmer für eine berufliche Schreibwerkstatt. Als Ziel der Schreibwerkstatt haben Sie Manager gewählt, die als Ausgleich für ihren Berufsstreß Spaß, Spiel, Unterhaltung und die Entwicklung kreativer Firmenpotentiale wünschen. Von der regionalen Industrie- und Handelskammer haben Sie sich eine Liste aller Betriebe über 200 Mitarbeiter geholt. Verfassen Sie nun einen allgemeinen Werbebrief für die Zielgruppe Manager in potentiellen Betrieben.

Vorbereitung: Das Business-Writing in den USA hat die RTA^2-Formel für allgemeine Briefe, für den Aufbau eines Werbebriefes die AIDA-Formel entwickelt.

Die AIDA-Formel für Werbebriefe

A =	Attention. Der Brief muß sofort Aufmerksamkeit erwecken
I =	Interest. Die Leserinteressen müssen stimuliert werden
D =	Desire of possession. Der Leser soll den Wunsch entwickeln, Ihr Produkt zu besitzen
A =	Action. Der Leser soll etwas tun: Informationen anfordern oder gleich bestellen.

(Vgl. KRUSE/HEUN: Der kaufmännische Schriftverkehr. Darmstadt 1993, S. 113)

Füllen Sie die folgende AIDA-Grafik aus, um für Ihr Produkt „Schreibwerkstatt für Manager" die nötigen Ideen zu finden.

AIDA-Raster

Attention	
Interest	
Desire	
Action	

Erarbeitung: Prüfen Sie mit einem vierfachen Cluster, mit den Kernwörtern „Attention", „Interest", „Desire" und „Action", was Ihnen auf einer tieferen Ebene noch für weitere Ideen für Ihren Werbebrief einfallen.

Abfassung: Das Business-Writing der USA hat über 100 Möglichkeiten für den Anfang eines Werbebriefes entwickelt (Vgl. KRUSE, HEUN, a.a.O., S. 115f). Im Folgenden stellen wir 20 Anfänge vor, mit denen Sie Ihren Werbebrief „Schreibwerkstatt für Manager beginnen können.

Ideen für den ersten Satz:

Vorteil für den Leser:	Jetzt können Sie eine neue Kreativitätstechnik kennenlernen.
Zitat:	„Wer schreibt, der bleibt"...
Story:	Saul Bellow war 10 Jahre Leiter einer Schreibwerkstatt.
Ausverkauf:	Wir haben nur noch 2 Plätze frei.
Insider:	Auch Experten des Kreativitätstrainings werden über die Leistungen des kreativen Schreibens staunen.
Wissenswertes:	Wußten Sie, daß jeder japanische Großbetrieb seinen Managern kreative Schreibkurse anbietet?
Wie's früher war:	Früher machten Werbebriefe Angst. Sie galten als schwierig. „Mit dem kreativen Schreiben aber...."
Lob:	Jeder Manager gilt als flexibel und kreativ. „Das kreative Schreiben..."
Schmeichelei:	Sie gehören zu dem kleinen Kreis von Managern, denen wir diesen Kurs anbieten.
Einmalige Gelegenheit:	Unser Kursangebot ist völlig ausgebucht. Sie haben aber die einmalige Gelegenheit, den letzten frei gewordenen Platz zu besetzen.
Reservierung:	Sie gelten als kreativer Manager, deshalb ist unser Kurs gerade für Sie..."
Bitte um etwas Zeit:	Bitte geben Sie uns 2 Minuten Zeit und wir erklären Ihnen, weshalb für Ihr Management gerade unser Kurs etwas besonderes ist.
Hier sind 10 Gründe:	Hier sind 10 Gründe, warum Sie sofort unseren Kurs „Kreatives Schreiben für Manager" buchen sollten.

Identifizierung:	Sie legen großen Wert auf originellen Stil, auf neue unverbrauchte Metaphern. Darum werden Sie vom kreativen Schreiben begeistert sein.
Schuldgefühl:	Was haben Sie in der letzten Zeit gegen die Bürokratisierung und Versubstantivierung Ihres betrieblichen Briefdeutsches getan? Unser Kurs...."
Wählen Sie:	Kreatives Schreiben erweitert die Kreativität Ihres Gehirns um 20 %. Sie können sich mit den üblichen 10 % Kreativitätsnutzung zufriedengeben. Aber unser Kurs...
Herausforderung:	Versuchen Sie mal, in 10 Minuten 20 witzige und originelle Sätze zu produzieren. Unser Schreibkurs...
Helfen Sie uns:	Bitte unterstützen Sie uns bei der Entwicklung Ihrer kreativen Betriebskultur. Unser Schreibkurs...
Einladung:	Wir laden Sie ein, an einer neuen Technik des Managertrainings, die direkt aus den USA und Japan kommt, teilzunehmen. Das kreative Schreiben....
Nominierung:	Endlich eine erfreuliche Nachricht: Ihr Betrieb wurde uns als besonders innovationsfreundlich benannt. Das kreative Schreiben...

Suchen Sie sich nun einen Anfangssatz aus, und schreiben Sie Ihren Werbebrief am Leitfaden der weiteren Ideen, die Ihnen Ihre AIDA-Grafik an die Hand gibt.

f) Bewerbungsbrief

Sie haben eine Ausbildung als Schreibpädagoge und wollen sich an einer Volkshochschule, Fachhochschule oder Universität um einen Lehrauftrag im kreativen beruflichen Schreiben bewerben. Sie haben die Vorlesungsverzeichnisse auf konkurrierende Angebote hin überprüft und mit einem Mitglied der ins Auge gefaßten Institution über Ihre Bewerbungschancen gesprochen. Eine studentische Initiative oder eine Bürgerinitiative konnte dafür gewonnen werden, Druck auf die entscheidenden Gremien auszuüben. Verfassen Sie nun Ihren Bewerbungsbrief.

Vorbereitung: Sie wenden wieder die AIDA-Formel an. Füllen Sie deshalb folgende Grafik aus, um für Ihren Bewerbungs-Brief die richtigen Ideen zu finden.

Attention	
Interest	
Desire	
Action	

Erarbeitung: Visualisieren Sie zu allen vier AIDA-Schwerpunkten bei geschlossenen Augen. Stellen Sie sich den Lehrkörper der Institution vor, und achten Sie darauf, was das visualisierte Bild über Möglichkeiten aussagt, die Aufmerksamkeit dieses Lehrkörpers zu erwecken.
Stellen Sie sich dann vor, was für einen Dozenten die Institution suchen könnte und wie Sie sich in einen solchen verwandeln könnten.
Stellen Sie sich dann vor, welche Qualität das kreative Schreiben besitzt und mit welchen Bildern Sie es vorstellen können.
Stellen Sie sich schließlich vor, wie die Angesprochenen handeln können und wie Sie dieses Handels noch beeinflussen könnten.

Abfassung: Schreiben Sie zuerst 10 Reime über das kreative Schreiben im Beruf, z.B.
„Kreativ schreiben Sie sich aus dem Karrieretief. Kreativ Schreiben heißt, in der Firma bleiben. Alles dunkel und verhangen, mit kreativem Schreiben werden Sie zum Ziel gelangen.
Angst und Not mit dem Schreiben, kreativ läßt es sich vertreiben." usw.
Schreiben Sie nun unter Berücksichtigung der 11 Aspekte des klassischen Geschäftsbriefes (Vgl. Kap.6.1.1.) Ihren Bewerbungsbrief, der durchaus einen kleinen Werberaum für das kreative berufliche Schreiben nennen könnte.

g) Kündigungsbrief

Sie heißen Peter Müller und haben drei Jahre bei der Studienstiftung Darmstadt, 58736 Darmstadt, Am Markt 28-30, als Studienbetreuer für das Fernstudium „Schriftstellerausbildung" gearbeitet. Sie fühlen sich als promovierter Germanist unterfordert, besonders seit Sie sich in Berlin am „Institut für Kreatives Schreiben" zum Schreibberater imwissenschaftlichen Schreiben haben ausbilden lassen. Sie fanden das Betriebsklima o.k., wollen aber der Studienstiftung schon zum 15. April kündigen, da Sie noch ein Urlaubsguthaben von zwei Wochen besitzen. Verfassen Sie als Herr Dr. Müller die Kündigung an den Personalchef der Studienstiftung Darmstadt.

Vorbereitung: Schreiben Sie in 5 Minuten Freewriting sich alles von der Seele, was Sie zu dieser Kündigung bewegt hat.

Erarbeitung: Ordnen Sie Ihre Ideen nach dem Kündigungs-Brief-Mind-Map.

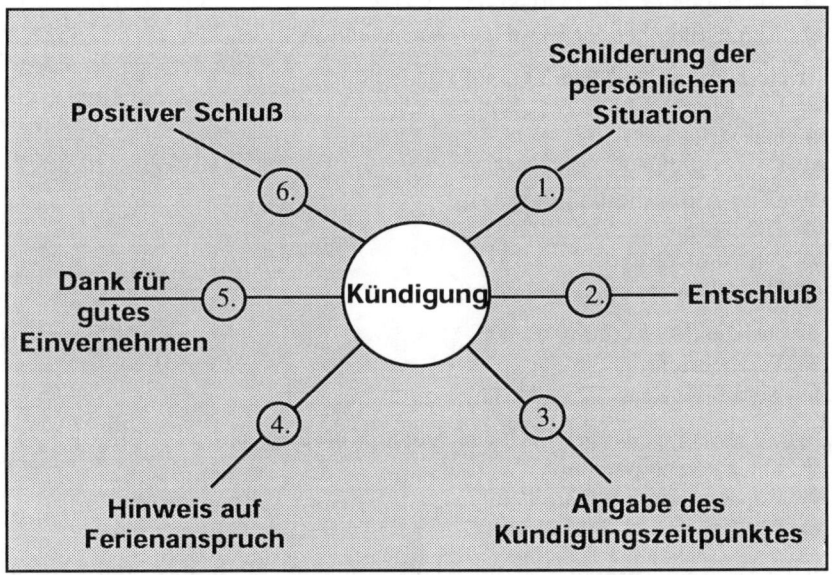

Abfassung: Verfassen Sie einen kurzen, knappen und emotionslosen Kündigungsbrief, der keine formalen Mängel aufweist.

6.1.4. Große Briefspiele

Der große Geschäftsbriefroman:

Dieses Rollenspiel erfordert zwischen 6-10 Mitspieler. Jeder Mitspieler übernimmt eine männliche oder weibliche Rolle aus der Geschäftswelt: Der Wirtschaftsanwalt, der Unternehmer, die Sekretärin, die Abteilungsleiterin, eine Kundin, eine Vertreterin, ein Steuerbeamter, ein Kommissar für Wirtschaftskriminalität, eine Bankrotteurin, ein Betrüger, eine Wirtschaftsjournalistin usw.

In der gewählten Rolle beginnt jeder Mitspieler ordentliche Geschäftsbriefe, aber auch private Briefe an einen anderen Mitspieler zu schreiben. Folgende Typen von Geschäftsbriefen können in der Runde verfaßt werden:

Anmeldung des Unternehmens
- Anmeldung bei der zuständigen Ortsbehörde
- Anmeldung beim Amtsgericht
- Anmeldung beim Finanzamt
- Anmeldung bei der Ortskrankenkasse
- Anmeldung bei der Berufsgenossenschaft

Briefe zum Einkauf und Verkauf von Gütern:
- Die Anfrage
- Das Angebot
- Die Bestellung
- Die Auftragsbestätigung
- Die Rechnung
- Die Mängelrüge
- Der Widerruf einer Bestellung

Briefe, die der Werbung dienen
- Werbebriefe
- Nachfaßbriefe

Briefe zwischen dem Betrieb und seinen Mitarbeitern
- Die Stellenbewerbung
- Das Erinnerungsschreiben
- Die Zusage

Jeder Brief muß von den mitspielenden Rollenträgern beantwortet werden. Jede halbe Stunde werden alle Briefe vorgelesen. Damit erhalten die Teilnehmer die Möglichkeit, in den Briefwechsel anderer auch selbst einzugreifen. Nach zwei Stunden ist das Spiel zu Ende. Es erfolgt eine Auswertung. Die besten Briefe werden identifiziert. Wer die meisten der besten Briefe geschrieben hat, wird zum Sieger erklärt. Er muß als Gegenleistung die Produktionsgeheimnisse seiner Briefe erläutern.

6.1.5. Transaktionsanalyse als Hilfe beim kundenorientierten Briefschreiben

Um beurteilen zu können, ob der eigene Brief beim Kunden richtig ankommt, ist es sinnvoll, Erkenntnisse zu nutzen, die ERIC BERNE in seiner „Transaktionsanalyse" entwickelt hat. Die Transaktionsanalyse stellt fest, daß jede Person in drei Ich-Zuständen kommuniziert. Sie spricht aus dem Kindheits-Ich, dem Erwachsenen-Ich oder dem Eltern-Ich.

Das Kindheits-Ich kommuniziert aus der Situation eines Kleinkindes. Es fühlt sich unterlegen, unsicher und stellt unrealistische Anforderungen.

Das Eltern-Ich spricht ganz von oben herab, es erteilt Befehle und macht Vorschriften.

Das Erwachsenen-Ich vermittelt zwischen kindlichen Gefühlen und autoritären Befehlen und orientiert sich an den Maßstäben der Realität.

Beim Schreiben von kundenorientierten Briefen können Sie von diesen Einsichten ERIC BERNES lernen. Sie können nun aufpassen, daß Sie nicht immer emotionell und weinerlich wie ein Kind oder von oben herab und autoritär wie ein Guru schreiben. Der richtige Briefton ist immer der, der einem Erwachsenen-Ich entspricht. Der Kunde, der von Ihnen einen Brief in weinerlichem Ton erhält, fühlt sich ebenso abgestoßen, wie wenn er einen Brief in autoritärer Art erhält, der ihm Vorschriften statt Vorschläge macht. (Vgl. T. A. HARRIS, : Ich bin o.k. - Du bist o.k.. Reinbek 1975)

Übung 1:

Stellen Sie einmal fest, aus welchem Ich-Zustand der folgende Brief geschrieben wurde:

„Liebe Frau Schneider!
Wir verstehen schon, daß Sie sich wegen unserer Mahnung beschweren, aber es ist bei uns üblich, pünktlich zu zahlen. Wir erwarten also, daß Sie sofort Ihre Außenstände bei uns begleichen. Sollten Sie dieser Aufforderung nicht nachkommen, werden wir uns weitere Schritte vorbehalten."
Hochachtungsvoll
(Gez. A. Meier)"

Schreiben Sie nun diesen gleichen Brief im Zustand des Kindheits-Ichs. Formulieren Sie dann den Brief in einen Brief um, wie er von einem Erwachsenen-Ich geschrieben werden muß, damit der Kunde sich auch als Erwachsener ernst genommen fühlt. (L. BRILL: Business Writing - Quick and Easy. New York 1989, S. 84-86)

Übung 2:
Nehmen Sie sich in der Schreibwerkstatt folgende Typen von Kundenbriefen
vor:

- Kündigung
- Werbebrief
- Widerruf eines Auftrags
- Bewerbung
- Lieferverzug
- Entschuldigungsbrief
- Anfragebrief

usw.

Im ersten Durchgang schreibt jeder Gruppenteilnehmer den angesagten
Brieftyp im Stil des Kindheits-Ichs. Die Briefe werden dann unter den
Teilnehmern verlost. Jeder Teilnehmer sollte seinen erlosten Brief im Stil des
Eltern-Ichs beantworten. Briefe und Anwortbriefe werden vorgelesen und
kommentiert.
Im zweiten Durchgang wird der Briefwechsel als Brief- und Antwortbrief im
Stil des Erwachsenen-Ichs geschrieben.
Die Resultate des ersten und zweiten Durchgangs des Briefschreibens wer-
den dann verglichen.

6.2. Rhetorisches Schreiben

In allen Programmen für das Managertraining läßt sich neben Angeboten
zum Führungs-, Verhaltens-, Persönlichkeitstraining auch das Lehrgebiet
Rhetorik finden. Dieses Lehrgebiet soll in die Kunst der überzeugenden Rede
einführen. Wichtige Hilfen für den Manager bietet die Rhetorik des Redens,
aber auch in Gestalt der Rhetorik des Schreibens. Diese rhetorische Richtung
bemüht sich um Hilfen bei der Produktion überzeugender Texte. Die systematische Rhetorik des Schreibens orientiert sich an den - uns schon bekannten - fünf klassischen Arbeitsphasen der Rhetorik, die als IDEMA-Formel
sich zusammenfassen lassen. Diese Formel heißt:

I =	Inventio	=	Erfindung, Ermittlung von Gedanken
D =	Dispositio	=	Anordnung und Gliederung der Gedanken
E =	Elocutio	=	Niederschrift unter Berücksichtigung der rhetorischen Mittel
M =	Memoria	=	Aneignung des Textes für das Gedächtnis
A =	Actio	=	Halten der Rede

Für eine Rhetorik des Schreibens sind „vor allem die ersten drei Bearbeitungsstadien von Bedeutung" (G. Ueding: Rhetorik des Schreibens. Königstein 1985, S. 29) Die beiden letzten Phasen M (Memoria) und A (Actio) sind als

Ve = Verificatio und
R = Revisio für eine Rhetorik des Schreibens umzuformulieren.

Für eine ausschließliche Schreibrhetorik gilt dann die IDEVeR-Formel als 5phasige Bestimmung des Schreibprozesses.

I =	Inventio
D =	Dispositio
E =	Elocutio
Ve =	Verificatio
R =	Revisio

(Vgl. Kap. 4.2.8. dieses Buches)

6.2.1. Klärung des Schreibzieles

Die richtige Bewältigung der Stadien des rhetorischen Schreibens ist allerdings von Voraussetzungen abhängig. Der Schreiber muß sich erst „darüber klar werden, an welchen Adressaten er seinen Text richtet und was er mit ihm erreichen will" (G. Ueding, a.a.O., S. 16) Am Anfang unseres Kurses steht deshalb die Klärung des Schreibzieles. Das Schreibziel im beruflichen Schreiben ist in folgendes Netzwerk von Interaktionen eingebunden, die durch die Faktoren Schreiber, Thema, Leser, Zielsetzung, Träger, Mittel, Gestaltung, Ort und Zeitpunkt bestimmt werden. Diese Faktoren werden von R. Neumann in folgender Grafik dargestellt:

Schreib-Wirkungssystem

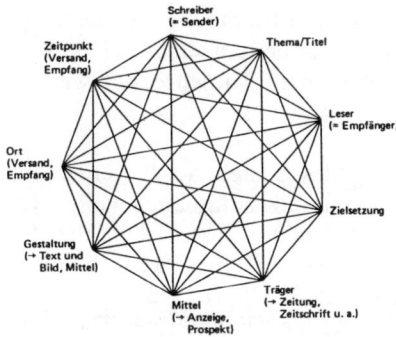

(Vgl. R. Neumann: Zielwirksam schreiben. Remmingen-Malensheim 1994, S. 23)

Die Arbeit an der Klärung des Schreibzieles wollen wir nun üben.
Durch das Ausfüllen des folgenden Arbeitsbogens werden die eigenen
Schreibziele allgemein oder konkret klarer werden. Wählen Sie also eine
Textidee, und klären Sie die folgenden Wirkungsformen, die Ihre Text-
produktion bestimmen werden, ab.

Klärung des Schreibziels

Schreiber	
Thema/Titel	
Leser	
Zielsetzung	
Medium	
Textsorte	
Gestaltung	
Veröffentlichungsort	
Erscheinungszeitpunkt	

Aufgabe:

Versuchen Sie nun, die Bedeutung der einzelnen Faktoren für Ihren gewählten Text durch Eintragung Ihrer Einfälle in die rechte Spalte zu erforschen.
Klären Sie die Bezüge zwischen den einzelnen Faktoren durch das Anbringen
von Pfeilen. Formulieren Sie dann Thesen zu den wichtigsten Bedingungen
Ihrer Textarbeit.

Bei der Übung „Klärung des Schreibziels" werden Ihnen einige Punkte
unklar geblieben sein, die wir jetzt aufarbeiten wollen. Entscheidend für das
Verfassen eines wirkungsmächtigen Textes ist die klare Fassung des Themas.
Damit Sie Ihr Thema als Ganzes und in seinen Teilen verstehen, müssen Sie
alle Fragen, die sich zum Thema stellen lassen, aufwerfen. Bearbeiten Sie nun
folgenden Fragenkatalog für die Klärung Ihres Themas:

Fragenkatalog für die Klärung des Themas

Arbeitsthema:	Einfälle
Wer	
Was	
Wann	
Warum	
Wo	
Wie	

Um Ihr Schreibziel endgültig festzulegen, sollten Sie folgende Schritte vollziehen:

Schritte der Zielfestlegung	Einfälle
Situationsanalyse, Problemanalyse	
Zielsuche	
Zielsetzung: - Informieren - Beeinflussen - Bekunden - Unterhalten - Lehren	
Aufbau der Einzelziele	
Ausformulierung der Einzelziele	
Festlegung der Gesamtziele des Textes	
Festlegung der Ziele - der Einleitung - des Hauptteils - des Schlußteils	

(Vgl. R. NEUMANN: Zielwirksam schreiben. Remmingen - Malmsheim 1994, S. 87ff)

6.2.2. Die Ermittlung der Gedanken zum Thema (Inventio)

Wenn Sie nun die Ziele Ihres Textes festgelegt haben, geht es darum, die Ideen und Gedanken zum Thema zu finden und zu ordnen. Um diese Gedanken zu entdecken, schlägt die Rhetorik „das sorgfältige und gründliche Studium aller Umstände vor, die mit der zu behandelnden Sache im Zusammenhang stehen." (G. UEDING, a.a.O., S. 31) Die Rhetorik macht deshalb den Vorschlag, zwei Gruppen von Ideen zu unterscheiden: Faktische Beweismittel und Indizien und die allgemeinen Gemeinplätze (Topoi) für Gedanken, Argumente und Beweise.

Für die Gruppe der faktischen Beweismittel sollte zuerst geprüft werden, ob sich mit ihr Elemente des angestrebten Textes finden lassen.

Bitte bearbeiten Sie dazu folgendes Suchraster:

Faktische Beweismittel und Indizien

Mein Thema:	Einfälle für das eigene Thema
Dokumente	
Zeugenaussagen	
Verträge	
Abmachungen	
Gesetze	
Regierungsbeschlüsse	
richterliche Entscheidungen	
Erlasse	
Rechtsauskünfte	
Bilder	
Filme	
Originaltonaufnahmen	
Gerüchte	

(Vgl. QUINTILLIAN: Ausbildung des Redners. Darmstadt 1988, Bd. 1, S. 515-539)

Dann folgt die Prüfung der gebräuchlichen Gemeinplätze. Die Rhetorik hat nämlich „eine Art Findekunst entwickelt, die es erleichtern soll, auf die richtigen Gedanken zu kommen, die Topik, die ein System von Suchformeln darstellt." (G. UEDING, a.a.O., S. 34) Diese Suchformeln zur Person und zur Sache geben nur die allgemeinen Fundorte weiterer Schreibideen an. Der Schreiber muß anhand dieser Kategorien dann seine speziellen Argumente für seinen Text selber weiterentwickeln. Das wollen wir nun mit zwei Suchrastern zur Person und zur Sache tun. Stellen Sie erst fest, ob Ihr Thema von einer Person oder von einer Sache handelt, und wählen Sie dann das entsprechende Raster aus.

Suchraster zur Person

Mein Thema:	Eigene Einfälle
Abstammung	
Nation	
Geschlecht	
Alter	
Ausbildung	
Körperbeschaffenheit	
Schicksal	
Wesensart	
Beruf	
Neigung	
Vorgeschichte	
Name	

Suchraster zur Sache

Mein Thema	Eigene Einfälle
Orte	
Zeit	
Art und Weise	
Möglichkeiten	
Definition	
Ähnlichkeiten	
Vergleich	
Fingierte Annahme	
Umstände	

(Vgl. G. Ueding, a.a.O., S. 37-55)

6.2.3. Die Gliederung der Gedanken (Dispositio)

Mit Hilfe dieser Suchraster haben Sie sicherlich genügend Stoff für Ihren Text gefunden. Es geht nun darum, ihn zu ordnen. Die zu wählende Gliederungsordnung und die dieser Gliederung entsprechende Textsorte hängt allerdings davon ab, welches Schreibziel Sie anstreben und im früheren Teil des Kurses schon abgeklärt haben.

Aufgabe:

Vergewissern Sie sich noch einmal über Ihr Schreibziel: Wollen Sie informieren, beeinflussen, lehren, bekunden oder unterhalten?

Sie haben sich entschieden? Dann wählen Sie aus der folgenden Grafik zum Zusammenhang von Schreibzielen, Gliederungsmustern und Textsorten das für Ihren Text passende Gliederungsmuster und die entsprechende Textsorte heraus:

Schreibziele	Gliederungsmuster	Text-Sorten
1. Informieren		
	- Grundmuster (Einleitung/Hauptteil/Schluß)	- Beschreibung
	- Laswell-Formel	- Bericht
	- Deskriptives Denkmuster	- Brief
		- Begriffsbestimmung
		- Inhaltsangabe
		- Facharbeit/Fachaufsatz
		- Personenbeschreibung
		- Rundschreiben
		- Protokoll
		- Nachricht
		- Interview u.a.
2. Beeinflussen		
- Meinung, Erleben	- Grundmuster (Einleitung/Hauptteil/Schluß)	- Erörterung
	- Problem-Problemlösung	- Problemarbeit;
	- Argumentblock	Besinnungsaufsatz
	- Steigernde Reihe	- Rundschreiben
	- Dramatisierende Reihe	- Brief (Geschäftsbrief,
	- Dialektische Form	Privatbrief)
	- Argumentblöcke	- Bericht
	- Induktives Denkmuster	- Schilderung
	- Deduktives Denkmuster	- Kommentar
	- Argumentatives Denkmuster	- Interview
		- Charakteristik
		- Werbe-Anzeige
		- Informationsfolge u.a.
- Handeln	- Grundmuster (Einleitung/Hauptteil/Schluß)	- Erörterung
	- AIDA-Formel	- Problemarbeit; Besinnungsaufsatz
	- BIDA-EVAZA-Formel	- Rundschreiben
	- Argumentatives Denkmuster	- Verbesserungsvorschlag
		- Bewerbungsschreiben; Lebenslauf
		- Antrag
		- Brief
		- Werbe-Anzeige
		- Werbeschrift (= Prospekt) u.a.
3. Lehren		
	- Grundmuster (Einleitung/Hauptteil/Schluß)	- Beschreibung (lehrende Tendenz)
	- Formalstufen	- Lehrbrief
		- Facharbeit (lehrende Tendenz)
		- Textanalyse (informativ-belehrend)
		- Sprichwort
		- Fabel
		- Aphorismus u.a.
4. Bekunden		
	- Grundmuster (Einleitung/Hauptteil/Schluß)	- Referenzschreiben
	- Deskriptives Denkmuster	- Referenzschrift
		- Brief
		- Meisterbrief u.a.
5. Unterhalten		
	- Grundmuster (Einleitung/Hauptteil/Schluß)	- Erzählung
	- Argumentblock	- Phantasie-Darstellung
	- Dramatisierende Reihe	- Märchen
	- Dialektische Form u.a.	- Sage
		- Gleichnis
		- Anekdote u.a.

(R. NEUMANN, a.a.O., S. 122)

Da Sie nun die richtige Textsorte gewählt haben, müssen Sie sich näher über die wichtigsten Gliederungsmuster informieren, um nach Ihrer Ordnung Ihren Text zu verfassen. Dabei unterscheiden wir jenachdem Schreibziel: informative, beeinflussende und belehrende Textgliederungen.

a) Die Gliederung informativer Texte

Wenn Sie das dreiteilige Grundmuster einer Gliederung wählen, könnten Sie Ihren Text folgendermaßen aufbauen:

Dreiteilige Gliederung mit Überleitungshinweisen

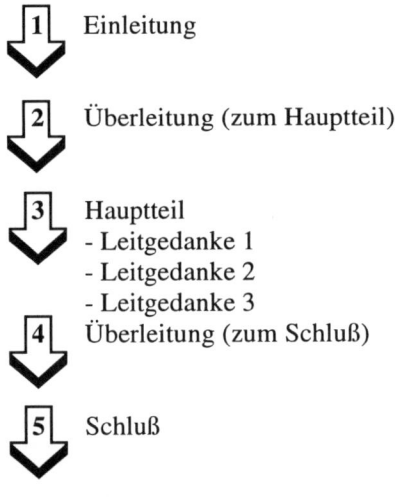

1 Einleitung

2 Überleitung (zum Hauptteil)

3 Hauptteil
- Leitgedanke 1
- Leitgedanke 2
- Leitgedanke 3

4 Überleitung (zum Schluß)

5 Schluß

(R. NEUMANN, a.a.O., S. 1025)

Für die Einleitung und den Schluß informativer Texte hat die Rhetorik noch weitere Elemente ermittelt. Die Einleitung läßt sich mit vier rhetorischen Techniken bewältigen.

Rhetorische Mittel für die Einleitung

Die Vorspanntechnik	Persönliche Situationsbeschreibung
Die Aufhängertechnik	- kleine Begebenheiten - Vergleich - Persönliches Erlebnis - Anekdoten - Überraschende Frage
Die Denkreiz-Technik	- Problem aufwerfen - ungelöste Rätsel benennen
Die Direkt-Technik	- Gleich zur Sache kommen

Der Schluß wird mit folgenden Techniken zu gestalten sein:

Rhetorische Mittel für den Schluß

Zusammenfassung	Wiederholung, Überblick
Kernsatzschluß	Bild, Formel, Zwecksatz
Tatschluß	Praktische Folgen
Mögeschluß	Hoffnung formulieren
Zitateschluß	Sätze bekannter Autoren

(H. Lemmermann: Grundlagen und Techniken der Redekunst. Bindlach 1992, S. 132-151)

Für die Gliederung informativer Texte gibt es noch zwei weitere Möglichkeiten: Einmal die Gliederung nach der Laswell-Formel und die deskriptive Gliederung. Beide Gliederungen wollen wir uns ansehen.

Die Gliederung nach der Laswell-Formel ordnet ihren Text nach den von H. D. Laswell ermittelten Merkmalen eines normalen Kommunikationsprozesses, die in folgende Formel gefaßt wurden: „Wer sagt was, in welchen Medien, zu wem, mit welcher Wirkung?" Diese Gliederung eignet sich für informative Berichte, Facharbeiten, Briefe und Nachrichten.

Gliederung nach der Laswell-Formel

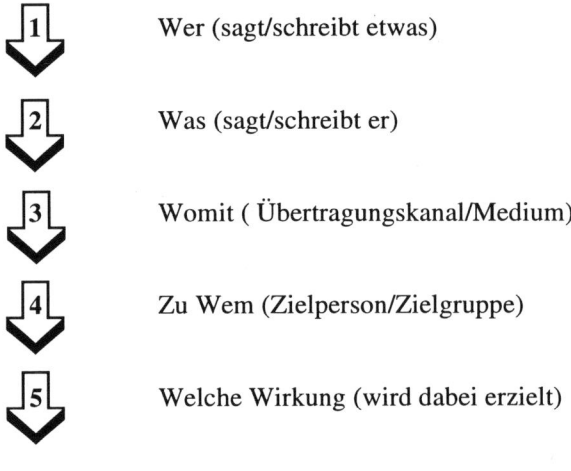

Wer (sagt/schreibt etwas)

Was (sagt/schreibt er)

Womit (Übertragungskanal/Medium)

Zu Wem (Zielperson/Zielgruppe)

Welche Wirkung (wird dabei erzielt)

(R. NEUMANN, a.a.O., S. 127)

Wollen Sie einen Leser sachlich über einen Gegenstand, ein Problem, eine Entwicklung in Form eines Berichts oder einer Beschreibung informieren, dann sollten Sie erwägen, ob Sie nicht die deskriptive Gliederung wählen, die wir Ihnen im Folgenden vorstellen:

Deskriptive Gliederung

 Titel

- Titel/Überschrift bzw. Betreff (im Titel sollte die Problemlösung zum Ausdruck kommen)
- Untertitel (nur, wenn Zusatzinformation erforderlich)

 Einleitung

- Vorspann
- Aufhänger
- Denkreiz
- Direkt

 Ist

= gegebene Situation, z.B.
- Situationsanalyse
- gegenwärtige Tendenzen
- Grundlage
- Problem
- Bestimmung wichtiger Begriffe
- bisherige Ansätze
- Behandlung der Fragen: wer, was, wie, womit, zu wem, mit welcher Wirkung

 Soll

= anzustrebende Situation
- Ziel
- Aufgabe

 Lösungsweg

- der Weg vom Ist zum Soll, meist sind es mehrere Schritte:
  1. Schritt...
  2. Schritt...
  x. Schritt

 Ergebnis/Lösung

Problemlösung, z.B.
- höhere Wirtschaftlichkeit
- neue Organisation
- neue Erkenntnis
- neues Produkt

Schluß

zum Beispiel:
- Zusammenfassung wichtiger Gedanken
- Eingliederung in größeren Zusammenhang
- Schlußfolgerung
- Bedeutung des erzielten Ergebnisses
- Ausblick auf Weiterentwicklung

(R. NEUMANN, a.a.O., S. 129)

Kommen wir nun zur Gliederung beeinflussender Texte.

b) Die Gliederung beeinflussender Texte

Wenn Sie Texte verfassen, die einen starken Einfluß auf den Leser ausüben sollen, stehen Ihnen folgende argumentative Gliederungen zur Verfügung:

Problemgliederung	**Argumentationsgliederung**
1. Problem	1. These
2. Problemklärung	2. Argumente
3. Problemlösung	3. Beispiele
	4. Zusammenfassung

Dialektische Gliederung	**Induktive Gliederung**
1. These	1. Besonderes A
2. Anti-These	2. Besonderes B
3. Synthese	3. Besonderes C
	4. Allgemeines

Deduktive Gliederung
1. Allgemeines
2. Besonderes A
3. Besonderes B
4. Besonderes C

Sie können bei Werbebriefen und Kundenbriefen natürlich auch die AIDA-Gliederung wählen, die wir schon in Kapitel 6.1.3. vorgestellt haben.

AIDA-Gliederung

 Attention = (Aufmerksamkeit des Kunden erregen)

 Interest = (persönliches Interesse des Kunden am Angebot wecken)

 Desire = (Besitzwunsch verstärken)

 Action = (Kaufhandlung bewirken)

(R. NEUMANN, a.a.O., S. 146)

Die Abfassung werbender und verkaufsfördernder Texte kann nach R. NEUMANN stärker als mit der AIDA-Gliederung mit der neunteiligen BIDA-EVAZA-Gliederung strukturiert werden.

Die BIDA-EVAZA-Gliederung

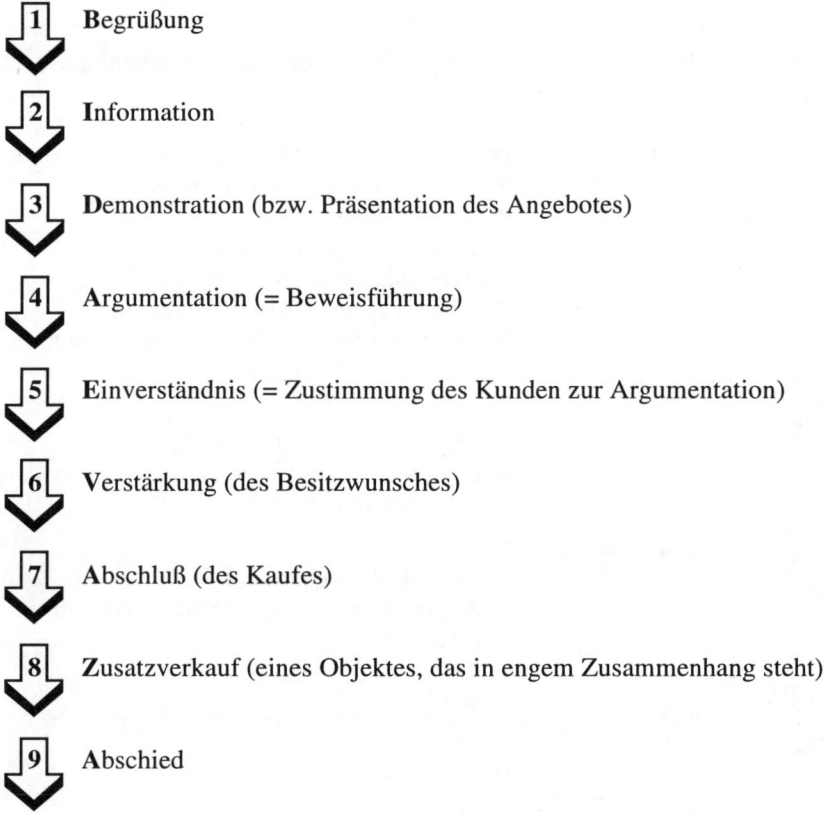

1 Begrüßung

2 Information

3 Demonstration (bzw. Präsentation des Angebotes)

4 Argumentation (= Beweisführung)

5 Einverständnis (= Zustimmung des Kunden zur Argumentation)

6 Verstärkung (des Besitzwunsches)

7 Abschluß (des Kaufes)

8 Zusatzverkauf (eines Objektes, das in engem Zusammenhang steht)

9 Abschied

(R. NEUMANN, a.a.O., S. 149)

Die Krönung der überzeugenden Gliederung ist die „Argumentative Gliederung". Sie eignet sich als Gliederungshilfe für Texte im Bereich Wirtschaft, Verwaltung, Werbung und Public Relations.

Argumentative Gliederung

 Titel

● Titel/Überschrift bzw. Betreff (im Titel sollte der Nutzen für den Empfänger zum Ausdruck kommen)
● Untertitel (nur, wenn Zusatzinformation erforderlich)

 **Einleitung**

Aus der Sicht des Empfängers anknüpfen
an Bekanntes, z.B. an:
● ein wichtiges Problem
● eine gewichtige Meinung oder Gewohnheit
● eine weitverbreitete Erfahrung
● ein starkes Interesse
● ein vorrangiges Bedürfnis/Motiv
● einen intensiven Wunsch
● ein bedeutsames, aktuelles Ereignis
● ein eindrucksvolles persönliches Erlebnis

 **Darbietung des
Objektes**

= Kerninformation über das Objekt
(Produkt, Dienstleistung, Neuheit)
● Bild und/oder Texterklärung
● Produkt-Demonstration (z.B. Gegenstands-
beschreibung)

 Argumentation

● Argumentblock
These (= Behauptung, Urteil)
Argument(e) (= einzelne Beweisgründe)
Beispiel(e)
Zusammenfassung

 **Bewährung/
Erprobung**

des Produkts, der Dienstleistung, z.B.
● Referenz
● Testergebnis

Schluß

zum Beispiel:
● Zusammenfassung wichtiger Gedanken
● Eingliederung in größeren Zusammenhang
● Schlußfolgerung
● Ausblick auf Weiterentwicklung
● Handlungsimpuls geben

(R. NEUMANN, a.a.O., S. 144)

Nach den Gliederungen informativer und beeinflussender Texte wollen wir
uns nun die Gliederungsmöglichkeiten belehrender Texte anschauen.

c) Die Gliederung belehrender Texte

Bei der Gliederung belehrender Texte ist besonders die Gliederungsformel verbreitet, die der Pädagoge HERBART als Grundschema des Lernens entwickelt hat. Bei dieser Herbartschen Gliederung kommt es darauf an, daß sich ein Text in der Form der Verknüpfung von Bekannten und Unbekannten entwikkelt. Die Herbartsche Gliederungsformel hat folgende Gestalt:

Herbartsche Gliederung

 Vorbereitung der Zielgruppe für die Aufnahme des Neuen
(= Motivation)

 Darbietung des Neuen

 Verknüpfung des Neuen mit dem bereits Gelernten
(= Gewußten, Gekannten)

 Zusammenfassung des begrifflichen Gehaltes
(„Neues" und „Gewußtes")

 Anwenden und Erproben des gewonnenen allgemeinen Gehaltes
(= „Neues", auf der Grundlage bisherigen „Kennens/Könnens")

(*R. NEUMANN, a.a.O., S. 151*)

Damit ist unser Arsenal von Gliederungsmöglichkeiten erschöpft. Die Gliederung bekundender und unterhaltender Texte entwickelt keine neuen Gliederungsformen und muß sich deshalb der bisher entwickelten Gliederungsmodelle bedienen.

6.2.4. Das Texten (Elocutio)

Die Rhetorik rät, das Problem des Schreibens von Texten durch das Schreiben selbst zu bewältigen. Schon der Dichter Kleist wies darauf hin, daß sich die „Verfertigung der Gedanken beim Reden und Schreiben selber vollzieht". Dieses Schreiben wird aber besonders schnell zum Erfolg führen, wenn die Phase der Schreibzielfixierung, der Suche und Gliederung der Gedanken schon bewältigt worden ist.

Die Rhetorik weist bei der Verfassung von Texten auf die besondere Wirkung des Gebrauchs bestimmter Worte und Sätze hin.

Bei der Benutzung von Worten lehrt sie besonders die Berücksichtigung von Metaphern, indem ein unanschauliches durch ein anschauliches Wort, ein abstraktes Wort durch einen bildhaften Sprachkomplex ersetzt wird. Sie hebt aber auch die Wortwiederholung hervor, die der Wirkungssteigerung und Wirkungsvertiefung des Textes dienen soll.

Bei den Satz- und Gedankenfiguren lobt sie den Vergleich, durch den abstrakte Sachverhalte durch ein einleuchtendes Bild ersetzt werden. Die Allegorie kann sich in Texten dann entfalten, wenn mehrere Metaphern zu einem mehrgliedrigen Bild zusammengefaßt werden. Mit Beispielen kann der Leser schließlich emotional bewegt und ergriffen werden. Die Rhetorik rät deshalb zur Benutzung folgender Arten von Beispielen:

- Beispiele aus dem gegenwärtigen Leben
- Beispiele aus der Geschichte
- Poetische Beispiele
- Beispiele aus der wissenschaftlichen Forschung

Richtig überzeugende Texte sollten auch die Mittel der Dramatisierung und der Abschwächung benutzen und schließlich ausgiebig Zitate aus der Wissenschaft, der Politik und der Alltagssprache benutzen (Vgl. G. UEDING, a.a.O., S. 61-80)

Damit Sie Ihren Text mit eigenen rhetorischen Mitteln ausschmücken können, folgt ein Arbeitsbogen, der Ihnen bei der sprachlichen Ausgestaltung Ihres Schreibens und Ihres Textes behilflich sein kann.

Aufgabe:

Versuchen Sie, zu den Begriffen der linken Seite Einfälle auf der rechten Seite zu notieren, die Sie in Ihrem Text berücksichtigen wollen. Dazu folgender Arbeitsbogen:

Rhetorische Mittel zur Gestaltung eines Textes

Titel des Textes

Rhetorische Mittel	Einfälle
Beispiel	
Vergleich	
Bild/Metapher	
Erzählung	
Wiederholung	
Verdeutlichung	
Raffung	
Anruf	
Zitate	
Gegensatz	
Überraschung	
Anspielung	
Einschub	
Rhetorische Frage	
Einwandvorausnahme	

(H. LEMMERMANN, a.a.O., S. 110)

6.2.5. Das Auswendiglernen des Textes (Memoria)

Viele Texte, die Manager schreiben, müssen Sie auch vortragen. Deshalb wollen wir hier nur auf die Rhetorikstufen der Rede: Memoria und Actio eingehen. Der beste Vortrag ist der freie Vortrag. Die antike Rhetorik hat schon früh Techniken entwickelt, die den freien Vortrag von Texten unterstützen können. Ihre Memotechnik, Ihre Erinnerungskunst, basiert auf dem Gedanken, daß „Gedanken in bildlicher Form besser zu behalten sind als eben abstrakt. Entsprechend sollte alles einzuprägende in eine Art Bildersprache transformiert bzw. auf diese Weise aufbewahrt werden. Dem diente ein Raum mit entsprechenden Stellen." (K. H. GÖTTERT: Einführung in die Rhetorik. München 1991, S. 70) So schlug der antike Rhetor Cicero vor, einen Vortrag in einem Landhaus unterzubringen. Die Idee der Einleitung wurde am Eingang visualisiert, die Teile des Hauptteils in verschiedenen Zimmern und der Schluß am Hinterausgang. Der Redner ging bei seiner Rede im Geiste dann durch das Landhaus und übersetzte in überzeugende Sprache, was er sah, und er sah das, was er früher in seinem Text an entsprechender Stelle geschrieben hatte. Dazu einen kleinen Arbeitsbogen:

Das Landhaus des Cicero: eine mnemotechnische Referatsübung

Landhaus	Gliederung	Visualisierte Inhalte
Eingang	Einleitung	
1. Zimmer	Hauptteil 1.	
2. Zimmer	Abschnitt 2.	
3. Zimmer	Abschnitt 3.	
4. Zimmer	Abschnitt 4.	
Ausgang	Schluß	

Aufgabe:
1. Tragen Sie in die Spalte Gliederung die Thesen Ihres Referates ein.
2. Visualisieren Sie Ihre Referatsabschnitte in den angegebenen Räumen des Landhauses. Machen Sie sich dazu in Spalte 3 Stichworte.
3. Halten Sie Ihr Referat, indem Sie im Geiste Gäste durch Ihr Landhaus führen.

Die moderne Rhetorik hat die Technik des Auswendiglernens von Texten erheblich erweitert. Sie arbeitet mit Visualisierungstechniken, die vorzutragende Texte in Bilderketten, oder verbale bildliche Eselsbrücken, oder kleine Geschichten übersetzt. Sie schlägt Techniken der Intervall-Wiederholung vor. Sie rät, persönliche und biografische Bezüge zwischen dem Text und den eigenen Erlebnissen herzustellen (A. WOLTERS, J. J. BAMBECK: Brainpower. Berlin 1992, S. 111-118, S. OSTRANDER, L. SCHROEDER: Supermemory. München 1992)

6.2.6. Vortrag des Textes (Actio)

Beim Vortrag hat die antike Rhetorik früh der Stimme und dem Körper des Vortragenden Rechnung getragen. Die moderne Rhetorik thematisiert besonders die Beziehung Redner-Hörer. Ein bescheidenes Auftreten, ein mäßiger Tonfall, der Augenkontakt mit dem Hörer, die Einplanung von Beifall und Zustimmung, die Anpassung der Worte an den Sprachgebrauch der Zuhörer sind Aspekte, die beim Vortrag des Textes zu berücksichtigen sind. Gegen Lampenfieber beim und vor dem Reden hilft Entspannung, Konzentration und gute Vorbereitung. (H. LEMMERMANN, a.a.O., S. 187-215)

Aufgabe:

Überprüfen Sie nun einmal den Stand Ihrer Vortragsqualifikation durch die Bearbeitung folgenden Arbeitsbogens:

Vortragsqualifikation	Eigene Bewertung
Auftreten	
Tonfall	
Augenkontakt	
Einplanung von Beifall und Zustimmung	
Anpassung an den Sprachgebrauch der Hörer	

6.3. Automatisches Schreiben

6.3.1. Kreativitätstechniken

Im Managertraining hat der Einsatz von Kreativitätstechniken eine lange Tradition. Es gibt eine Unmenge von Büchern zu den Standardkreativitätstechniken, die Manager bei der Betriebsführung, der Lösung von Produktionsproblemen, beim Vertrieb von Waren einsetzen können. Zu diesen Techniken gehören folgende Methoden:

- Forced Relationship
- Brainstorming mit folgenden Varianten:
  Team-Collaborations-Technik
  Stop-and-go-Technik
  Methode 635
  Wortdelphi
  Brainwriting-Pool
  Collective Notebook
- Laterales Denken
- Morphologisches Denken
- Synectics (Vgl. zu diesen Techniken J. SIKORA: Handbuch der Kreativ-Methoden. Heidelberg 1976, H. SCHLICKSUPP: Ideenfindung. Würzburg 1992, H. HOFFMANN: Kreativitätstechniken für Manager. München 1987, V. F. BIRKENBIHL: Stroh im Kopf. München 1993, H. LINNEWEH: Kreatives Denken. Rheinzaber 1984, V. SCHEITLIN: Kreativität. Das Handbuch für die Praxis. Zürich 1993, S. POLET: Der kreative Faktor. Bensheim 1993 usw.)

Diese Techniken lassen sich alle für das kreative Schreiben besonders für Manager nutzen (Vgl. L. v. WERDER: Lehrbuch des kreativen Schreibens. Berlin 1990, S. 70-73).

Diese Kreativitätstechniken setzen Assoziations- und Visualisierungsprozesse in Gang, die aus dem alltäglichen Denken herausführen und den Manager für neue Gedanken empfänglich machen. Diese Techniken finden aber selten den Weg zum kreativen Unbewußten. Dieser Weg wird erst durch das automatische Schreiben eröffnet. Der folgende Kurs will nun in diese Art der Tiefenkreativität einführen und wendet sich an Manager, die in den traditionellen Kreativitätstechniken bewandert sind und nun nach neuen Wegen suchen.

6.3.2. Tiefenkreativität im Alltag

Die Tiefenkreativität zeigt sich schon im Alltag. Eine Gruppe von Managern wurde danach gefragt, welche außeralltäglichen Erlebnisse ihnen schon im Laufe ihres Lebens begegnet waren. Sie schrieben diese Erlebnisse anonym auf einen Zettel. Dabei wurden unter anderem folgende Erfahrungen benannt:

- *Bei einem Telefonat schaltete sich ein Dritter ein und spricht mit uns.*
- *Ich habe zweimal den Tod eines Menschen vorausgesehen. Einer dieser Menschen stand mir sehr nahe, der andere war mir fremd.*
- *Ich reiste in Trance mit einer Gruppe bis an die Grenzen des Universums.*
- *Ich hatte eine schwere Wunde, die erst heilte, als meine Großmutter sie besprach.*
- *Während einer Meditationsübung flog ich durch das Zimmer, durchstieß die Decke, sah mein Wohnhaus unter mir liegen und flog dann mitten durch die Galaxis.*
- *Ich weiß manche Dinge im voraus, die dann auch wirklich eintreten.*
- *Ich habe das Gefühl, schon mehrmals gelebt zu haben.*
- *Ich kannte eine Frau und wußte immer, was mit ihr passiert: wo ich sie treffen konnte, welche Probleme sie hatte und was sie von mir wollte.*

Diese Antworten zeigen, daß im Alltag die Fühlungnahme mit dem Nicht-Alltäglichen schon sehr verbreitet ist. Es gibt Gedankenübertragungen, Hellsehen, magisches Heilen, Körperlevitation, Gefühl der Wiederkehr und der Wiedergeburt usw. Diese Fähigkeiten können durch automatisches Schreiben erweitert und für die Lösung von Lebens- und Arbeitsproblemen genutzt werden.

6.3.3. Das automatische Schreiben

Das automatische Schreiben sollte zuerst über leichtere verwandte Schreibmethoden eingeübt werden, die wir in der Grundstufe unseres Kurses vorstellen, um dann zur Mittel- und Oberstufe fortzuschreiten.

Grundstufe

Veränderung des Schriftbildes:

Erleben Sie zuerst die Auflösung Ihrer gewohnten Schriftordnung.

Übung:

Schreiben Sie fünf Zeilen statt von links nach rechts einmal von rechts nach links. Das ist z.B. im Jüdischen und im Arabischen die übliche Schreibrichtung.

- Schreiben Sie fünf Zeilen nur in Konsonanten, lassen Sie also alle Vokale weg. Die Vokale kamen erst 1000 vor Christus ins Alphabet. Das Althebräische und das Altgriechische kennt z.B. keine Vokale.

- Schreiben Sie fünf Zeilen nicht in Zeilen von links nach rechts, sondern in Kolumnen von oben nach unten. Das Altägyptische kennt diese Textform.

- Schreiben Sie erst fünf Zeilen deutsch, und vertauschen Sie dann die deutschen Buchstaben durch die Buchstaben des altsemitischen Alphabetes, des ägyptischen Alphabetes oder durch die Buchstaben der altpersischen Keilschrift. Benutzen Sie für die letzte Übung folgenden Alphabetschlüssel:

	Laut-wert	Altsem.		Laut-wert	Altsem.
1	'	K ⳇ	12	l	Ϲ Ꝇ
2	b	Ꝅ	13	m	ⵟ ⵞ
3	g	⌐	14	n	ⵑ
4	d	△	15	s	〒
5	h	ⴺ	16	ʿ	○
6	w	Ψ	17	p	ⴹⴹ
7	z	I	18	ṣ	ⴑ
8	ḥ	目	19	q	Ⴔ
9	ṭ	⊗	20	r	ⳁ
10	j	Ꙁ	21	š	⩗
11	k	↓ ⴶ	22	t	＋

(E. Doblhofer: Die Entzifferung alter Schriften und Sprachen. Stuttgart 1993, S. 38)

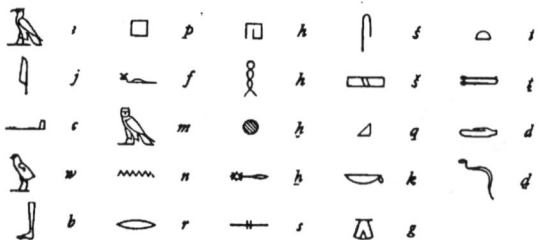

(E. Doblhofer, a.a.O., S. 94)

Die altpersische Keilschrift

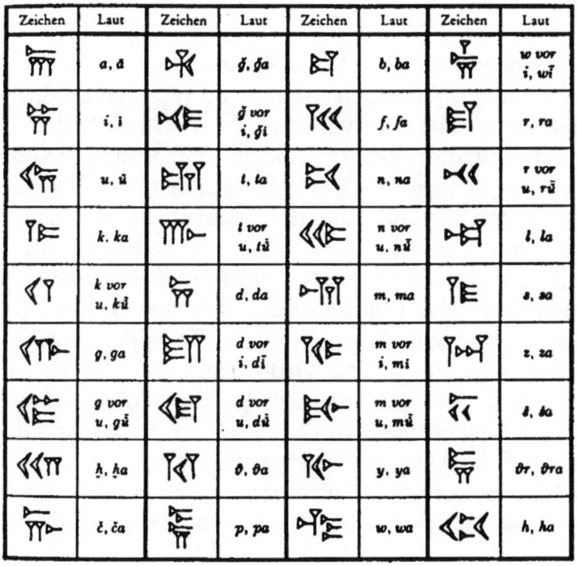

Zeichen	Laut	Zeichen	Laut	Zeichen	Laut	Zeichen	Laut
𒀀	a, a	𒀀	ǧ, ǧa	𒀀	b, ba	𒀀	w vor i, wī
𒀀	i, i	𒀀	ǧ vor i, ǧi	𒀀	f, fa	𒀀	r, ra
𒀀	u, ū	𒀀	l, la	𒀀	n, na	𒀀	r vor u, rū
𒀀	k, ka	𒀀	t vor u, tū	𒀀	n vor u, nū	𒀀	l, la
𒀀	k vor u, kū	𒀀	d, da	𒀀	m, ma	𒀀	s, sa
𒀀	g, ga	𒀀	d vor i, dī	𒀀	m vor i, mi	𒀀	z, za
𒀀	g vor u, gū	𒀀	d vor u, dū	𒀀	m vor u, mū	𒀀	š, ša
𒀀	ḥ, ḥa	𒀀	θ, θa	𒀀	y, ya	�a	θr, θra
𒀀	č, ča	�a	p, pa	�a	w, wa	�a	h, ha

(E. DOBLHOFER, a.a.O., S. 142)

Free-Writing, Rapid-Writing, Fast-Writing:

Nun wird die Veränderung der Schreibroutine erweitert. Mit Free-Writing, Rapid-Writing und Fast-Writing beschleunigen wir den Schreibfluß, den man mit der rechten Hand produzieren kann. Sie schalten dabei die innere Zensur im Über-Ich aus und erweitern den Assoziationsfluß der Gedanken und Einfälle aus dem ES. Der Assoziationsfluß setzt sich so über die üblichen Schreibregeln und Schreibmuster hinweg. Das Schreiben wird leichter, weil die Inspiration sich von der Textkontrolle löst. Die kontrollierte Sichtung des Textes, die Identifikation von Sinn und Unsinn passiert nun nicht während, sondern nach dem vollzogenen Schreibprozeß.

Übung:

- Schreiben Sie eine Seite über ein freies Thema so schnell Sie können.
- Werten Sie nach dem Schreiben Ihren Text auf sinnvolle und unsinnige Einfälle aus.
- Schreiben Sie dann einmal ganz schnell zu einem Thema, das Sie gerade beschäftigt.

Das automatische Schreiben:

Das automatische Schreiben, das jetzt praktiziert werden soll, baut die Zensur weiter ab. „Wenn Sie einen Federhalter oder weichen Stift in der Hand halten, kann das Unterbewußtsein die Kontrolle über Ihre Handmuskeln übernehmen und verständliche Aussagen zu Papier bringen, ohne daß Sie sich dessen bewußt sind, was geschrieben wird." (L. M. LECRON: Selbsthypnose. Genf 1985, S. 19) Die Grundtechnik des automatischen Schreibens wird folgendermaßen formuliert: „Fangen Sie links oben auf dem Papier an. Sagen Sie nun Ihrem Unbewußten, es soll Ihre Hand steuern.... und über irgendeinen Gegenstand seiner eigenen Wahl schreiben. Schreiben Sie zuerst Ihren Namen. Zeichnen Sie einige Kreise und führen Sie dann Ihre Hand zum linken oberen Rand des Blattes zurück. Machen Sie von jetzt an keine bewußte Bewegung mehr. In manchen Fällen wird sich die Hand nahezu sofort zu bewegen beginnen. Öfters jedoch braucht es mehrere Minuten... Es ist zu vermuten, daß es wahrscheinlich nur einem unter fünfen gelingt, das automatische Schreiben ohne viel Mühe und Übung zu erlernen." (L. M: LECRON, a.a.O., S. 38f) Da auf diese Art offensichtlich nur geborene Talente etwas erreichen, wollen wir auf weiteren Zwischenschritten zum Ziel kommen, etwas automatisch schreiben zu können. Dazu einige Übungen.

Übung:

● Wechseln Sie Ihre Schreibhand. Schreiben Sie als Rechtshänder ganz schnell mit der linken Hand und als Linkshänder ganz schnell mit der rechten Hand. Beginnen Sie immer mit der Schreibung Ihres Namens.
● Schreiben Sie dann mit der ungewohnten Schreibhand ganz schnell mit geschlossenen Augen eine Seite.
● Lassen Sie nun etwas Meditationsmusik laufen, und schreiben Sie mit der ungewohnten Schreibhand ganz schnell mit geschlossenen Augen einen Text, der die Stimmung der laufenden Musik abbildet.
● Schreiben Sie abends im Dunkeln mit geschlossenen Augen bei laufender Meditationsmusik ganz schnell eine halbe Seite.

Alle diese Übungen sollten Sie nicht länger als 5 Minuten durchführen. Sie sollten die fast unleserliche Schrift der ungewohnten Schreibhand mit Ihrer gewohnten Schreibhand sofort in Schönschrift übertragen, damit Sie nicht den Sinn des Geschriebenen nicht mehr entziffern können. Sie sollten die gewonnenen Texte interpretieren und zugleich Sinn von Unsinn trennen.
Die Grundübung des automatischen Schreibens können Sie erweitern, wenn Sie beginnen, mit beiden Händen zu arbeiten.

Übung:

- Schließen Sie die Augen, und machen Sie mit links ein Kritzelbild und schreiben Sie mit rechts bei geschlossenen Augen einen kleinen Text.
- Schließen Sie die Augen, malen Sie mit der rechten Hand ein Bild, und schreiben Sie mit der linken Hand einen Text dazu.
- Versuchen Sie, mit linker und rechter Hand gleichzeitig zu schreiben. Sie werden erleben, wie die linken und rechten Schreibprozesse sich behindern, befruchten und verschmelzen.

Mittelstufe

Die Mittelstufe des automatischen Schreibens beschäftigt sich mit dem Hellsehen mit Hilfe des automatischen Schreibprozesses. Diese Funktion des automatischen Schreibens ist schon sehr alt. Sie wurde 2000 v. Chr. in China praktiziert und war im antiken Griechenland bekannt und verbreitet. Im 19. Jahrhundert verbreitete sich das automatische Schreiben im Spiritismus und im 20. Jahrhundert nennt sich das automatische Schreiben „Channeling". (J. KLIMO: Channeling. Freiburg 1988, S. 91-140)

Übung:

Beginnen Sie mit dem Hellsehen für die nächsten Tage und die nächsten Woche: „Schreiben Sie nur: Voraussagen für Montag, gemacht am Montag 8 Uhr morgens oder wann immer. Schreiben Sie dann die Zahl 1. Nun schreiben Sie, was Ihnen in den Kopf kommt. Versuchen Sie nicht, sich bewußt vorzustellen, was an diesem Tag geschehen könnte. Sie können ein Wort, eine Redewendung oder einen ganzen Satz aufschreiben." (J. ROBERTS: Der Weg zu Seth. München 1988, S. 157)

Versuchen Sie nun die Voraussagen für einen Monat: „Nehmen Sie ein Stück Papier, und schreiben Sie an den linken Rand die Zahlen 1-30. Sie werden nun herausfinden, welche vielen richtigen Voraussagen Sie für einen Monat machen können. Schreiben Sie nun unmittelbar auf, was Ihnen in den Kopf kommt: Schenken Sie dem, was Sie schreiben, sowenig Aufmerksamkeit, wie möglich.... Seien Sie nicht niedergeschlagen, wenn eine Voraussage schlechte Nachrichten zu enthalten scheint. Vermutlich werden gewisse unbewußte Verzerrungen bei jedermann im Spiel sein. Sie brauchen sich also nicht übermäßig mit der Bedeutung der Voraussagen, so wie Sie sie aufschreiben, zu beschäftigen. Warten Sie es ab. Die gültigen Voraussagen werden sich beweisen." (J. ROBERTS, a.a.O., S. 171)

Versuchen Sie nun Tages-, Wochen- und Monatsvoraussagen, die sich auf die Entwicklung Ihres Betriebes, bestimmte Arbeitsprojekte und die Lösung bestimmter Berufsprobleme beziehen.

Oberstufe

Die Oberstufe des automatischen Schreibens geht weit über den Alltag hinaus. Sie können auf der Oberstufe des automatischen Schreibens Kontakte zu höheren geistigen Potenzen aufnehmen. „Man braucht nur das Ego zur Ruhe zu bringen und damit der unendlichen Energie des höheren Selbst zu erlauben, einen größeren Teil des Bewußtseins zu übernehmen. Ich betrachte jedes Channeling als ... ein sich Einfügen in dieses höhere Selbst." (J. KLIMO, a.a.O., S. 181)

Und Klimo weiter: „Vielleicht werden Teile dieses universellen Geistes oder kollektiven Bewußtseins, dessen wir uns normalerweise nicht bewußt sind, gelegentlich von uns gechannelt." (J. KLIMO, a.a.O., S 185)

Übung:

Erste Kontakte zu Ihrem höheren Selbst nehmen Sie auf, indem Sie links auf ein Blatt Papier alle Welträtsel oder Wirtschaftsrätsel aufschreiben und dann rechts ganz schnell alle Lösungen, die Ihnen zu diesen Rätseln einfallen, mit der schreibungewohnten Hand beantworten.

Ein Manager stellte z.b. in einer Schreibgruppe folgende Liste seiner Welträtsel auf:

Warum gibt es den Tod?
Was war vor dem Urknall?
Was ist Unsterblichkeit?
Warum gibt es die Trennung der Geschlechter?
Wie groß ist das Universum?
Was ist das Ziel der Geschichte?

Eine Liste von Wirtschaftsrätseln lautete bei einem Manager folgendermaßen:

Was ist das beste Produkt?
Was ist ein unschlagbarer Werbesatz?
Welche Banken gehen nicht bankrott?
Wann werde ich abgebaut?
Welche Kreativitätstechnik paßt am besten zu mir?

Auf der Oberstufe haben Sie aber auch die Möglichkeit, zu namentlichen geistigen Potenzen Kontakt aufzunehmen, um an Ihrer Weisheit zu partizipieren.

Übung:

Suchen Sie sich eine Persönlichkeit, die als Fachmann oder Fachfrau für die anstehenden Betriebsprobleme gelten kann. Schreiben Sie nun alle Fragen auf, die Sie an diese Person stellen müssen. Schließen Sie die Augen und schreiben Sie nun mit Ihrer schreibungewohnten Hand alle Antworten auf, die Ihnen von der imaginierten Fachfrau oder dem imaginierten Fachmann zugespielt werden. Prüfen Sie dann die Qualität der Antworten und werten Sie sie aus.

Übung:

Sollte Ihr Betrieb in großen Schwierigkeiten sein, ist es sicherlich notwendig, sich an eine universellere geistige Potenz zu wenden. Stellen Sie sich in diesem Falle eine höhere geistige Potenz vor, die aus der Geschichte der Philosophie und Religion oder aus dem Science-Fiction-Potential höherer geistiger Welten stammen kann. Schreiben Sie dann alle Fragen auf, die Sie an diese Person stellen. Schließen Sie nun ebenfalls die Augen und schreiben Sie mit Ihrer schreibungewohnten Hand alle Antworten auf, die Ihnen diese Person zukommen läßt. Auch diese Antworten sollten Sie danach auf ihre Qualität prüfen und auswerten.

6.3.4. Gefahren des automatischen Schreibens

Das automatische Schreiben bringt nicht nur Resultate. Es zeitigt auch Probleme. Die Kräfte des aktivierten Unbewußten können zu stark werden und das Ich überwältigen. Die Stimulierung der rechten Gehirnhälfte, kann zu einer Spannung des sympathischen Nervensystems und zu einer Herabsetzung der Balance zwischen sympathischem und parasympathischem Nervensystem führen. Diese Gefahren können unter folgenden Bedingungen eingeschränkt werden:

● Anwendung des automatischen Schreibens nur in kleinsten Dosen, nur für kurze Zeit und nur einmal im Monat.
● Praxis des automatischen Schreibens möglichst in einer Schreibgruppe, mit ausführlicher Nacharbeit.
● Versuchen Sie nur eine vorsichtige Deutung Ihnen unverständlicher Dinge. Schlimme Dinge, die Ihnen durch das automatische Schreiben zufallen, sollten Sie einfach übergehen.
● Versuchen Sie immer, eine wissenschaftliche Erklärung der auftretenden Erscheinungen und der gewonnenen Einsichten zu finden.

6.4. Brainwriting & Co

Nach unserem Ausflug in spirituelle Sphären kommen wir nun wieder auf den Boden der alltäglichen Arbeit des Managers zurück.

Wie wir schon festgestellt haben, werden bei der Bewältigung von betrieblichen Problemen seit langem Kreativitätstechniken von Managern benutzt. Diese Kreativitätstechniken lassen sich in folgende Gruppen einteilen:

● Brainstorming und Brainwriting
● Methoden der schöpferischen Orientierung
● Methoden der schöpferischen Konfrontation
● Lösungsfindung durch systematische Strukturierung
● Methoden der systematischen Problemspezifizierung

(J. Sikora, a.a.O., S. 38f)

Für die Einführung dieser Methoden in die betriebliche Arbeit hat sich folgende Strategie bewährt:

● Übersichtsveranstaltung
● Maßnahmenplan
● Grundkurs für das mittlere Management
● Grundkurse für Mitarbeiter
● Moderatorentraining
● Institutionelle Verankerung

(H. Schlicksupp, a.a.O., S. 182-187)

Eine bedeutende Verbesserung der Entwicklung des Kreativitätspotentials für Mitarbeiter im Betrieb wird allerdings erreicht, wenn die Kreativitätstechniken nicht zur bloßen Ideenfindung benutzt werden, sondern zugleich auch als Technik der Entwicklung der Schreibqualifikation und der schriftlichen Kommunikationsfähigkeit der Mitarbeiter zum Einsatz kommen. Der Einsatz dieser Techniken im betrieblichen kreativen Schreiben ist in den USA weit verbreitet. Wir wollen im Folgenden einige Übungen vorstellen, die folgenden amerikanischen Büchern entnommen sind:

R. Anderson: Writing that Works. A Practical Guide for Business and Creative People. New York 1989

G. A. Barnes: Write for Success. A Guide for Business and the Professions. Philadelphia 1986

L. Brill: Business Writing. Quick and Easy. New York 1988

J. Formann, K. A. Kelly: The Random House Guide to Business Writing. New York 1990

S. M. FLAHERTY: Technical and Business Writing. A Reader-friendley Approach. Engelwood Cliffs 1990

Brainstorming und Brainwriting

Das klassische Brainstorming wurde 1953 von A. F. OSBORN vorgestellt. Dieser Ideensturm produziert in 2 Phasen Einfälle an der Pinnwand, wenn die Schreibgruppe mit der Metaplan-Technik moderiert wird.

In der **ersten** Phase werden z.b. zum Thema „Die Entwicklung neuer Produkte in unserem Betrieb" Worte auf Kärtchen unter folgenden Bedingungen gesammelt: Kritik ist verboten, freies Spiel der Gedanken erwünscht, Quantität vor Qualität, Ideen anderer werden aufgenommen und weiterentwickelt (A. WOLTERS, J. J. BAMBECK, a.a.O., S. 168f)

In der **zweiten** Phase werden die Worte, die an der Pinnwand gesammelt wurden, verbessert und weitere Worte hinzugefügt. Dabei gelten folgende Regeln:

Worte und Sätze sind zu kombinieren.
Worte und Sätze können umgekehrt werden.
Worte und Sätze können verkleinert und vergrößert werden.
Worte und Sätze werden verändert.

In der **dritten** Phase schreibt jeder Brainstorming-Teilnehmer einen Text, in dem möglichst viele Worte, die an der Pinnwand in zwei Phasen produziert worden sind, vorkommen müssen. Die entstandenen Texte werden am Schluß immer vorgelesen und diskutiert.

Übung:

Machen Sie Brainstorming-Schreibgruppen-Sitzungen zu folgenden Themen:

● Läßt sich der Absatz unserer Produkte erhöhen?
● Wie verhindern wir die Entlassung von Mitarbeitern?
● Was fordert der europäische Einigungsprozeß von unserem Betrieb?
usw.

Dieses Grundverfahren des Brainstormings hat viele Varianten hervorgebracht, die wir im Folgenden vorstellen wollen, und die immer zum Schreiben und zur Diskussion von Texten führen sollten.

Team-Collaborations-Technik:

Zum gewählten Thema wird das Brainstorming-Verfahren im Wechsel zwischen Einzel- und Gruppenarbeit angewandt.

Übung:

Benutzen Sie diese Technik z.b. zur Lösung der Frage: „Wie kann Mobbing in unserem Betrieb gemildert werden?"

Methode 635:

Bei dieser Brainstorming-Variante wird das Thema erst als individueller Brainstorming-Text bearbeitet. Dann erhalten 6 Teilnehmer die Texte der anderen und ergänzen in dem vorgelegten Text 3 wichtige Wörter in 5 Minuten.

Übung:

Erarbeiten Sie mit dieser Technik einen Text zum Thema: „Verbesserung des Firmenimages".

Wort-Delphi:

Zum gewählten Thema schreiben alle ihre Einfälle auf Listen, die dauernd herumgehen und von allen ergänzt werden. Am Schluß erhält jeder seine erweiterte Liste zurück und macht aus ihr einen eigenen Text.

Übung:

Diese Methode sollte eine Lösung zum Thema: „Unsere Angst vor der Konkurrenz" ermöglichen.

Collective Notebook:

Jeder Teilnehmer erhält ein Heft und ein Thema. In dieses Heft trägt er über einen Monat seine Einfälle zum erhaltenen Thema ein. Nach einem Monat verfaßt er aus seinen Einfällen einen Text, der allen anderen aus der Schreibwerkstatt vorgelesen wird. Aus dem entstandenen Text wird dann ein Konzept zur Lösung des Themas erstellt.

Übung:

Erarbeiten Sie mit dieser Methode einen Text zum Thema: „Neue Vertriebsmethoden für unsere Produkte".

B-B-B-Methode:

Den Teilnehmern werden viele Bilder zum gewählten Thema vorgelegt. Die Teilnehmer lassen sich dann individuell Ideen einfallen, während die Bilder gezeigt werden. Sie notieren ihre Ideen und schreiben auf dieser Basis einen Text. Die Texte werden vorgelesen und diskutiert.

Übung:

Probieren Sie mal, ob diese Methode beim Thema: „Alternativen zum Layout unserer Werbebroschüren" etwas bringt.

Individuelles Brainstorming:

Diese Methode gliedert sich in sechs Schritte:

1. Schritt: Schriftliche Formulierung des Problems
2. Schritt: Individuelle Brainstorming-Phase
3. Schritt: Kollektive Ideenbewertung
4. Schritt: Kollektive Ideenauswahl
5. Schritt: Individuelle Verfassung eines Textes über die beste Idee
6. Schritt: Vorlesung und Diskussion der entstandenen Texte

Übung:

Benutzen Sie diese Methode für das Thema: „Sind unsere Manager Nieten in Nadelstreifen?"

Bionik:

Die bekannteste Methode der schöpferischen Neuorientierung ist das Bionik. Bionik, ein Neologismus aus Biologie und Technik versucht technische Entwicklungen am Beispiel der Natur zu lösen. Bionik vollzieht sich in drei Phasen:

1. Das anstehende Problem wird dargestellt, z.B. die Verbesserung der Außenhaut von Atom-U-Booten.
2. Das Problem wird systematisch durch Analogiebildung aus der Natur verfremdet. Alle Außenhäute von Walen, Haien, Stachelrochen usw. werden vorgestellt.
3. Lösungsideen werden formuliert, durch Übertragung der Lösung der Natur auf die Technik, z.B. die U-Boot-Außenwandung wird wie eine Haifischhaut konstruiert.

Übung:

Benutzen Sie die Bionik zur Lösung eines wichtigen technischen Problems Ihres Betriebes.

Synektik:

Zu den bekanntesten Methoden der schöpferischen Konfrontation gehört die Synektik. Auch sie vollzieht sich in drei Schritten ähnlich wie die Bionik.

1. Das Problem wird dargestellt.
2. Das Problem wird durch folgende Analogiebildungen verfremdet:

   ● Direkte Analogie: Soziale Probleme werden als Probleme des Tier-
     reichs gesehen.
   ● Personale Analogie: Personen werden in Sachen verwandelt und aus
     ihrer Sicht wird das Problem behandelt.
   ● Symbolische Analogie: Man vergleicht z.B. das Problem des Betrie-
     bes mit der Gestaltung des gleichen Problems in der Malerei, in der
     Musik, in der Kunst.
   ● Phantastische Analogie: Man versucht, das Problem mit den Gesetzen
     der Traumarbeit zu lösen: Das Problem wird verschoben, verdichtet,
     personifiziert.
3. Lösungsideen werden formuliert durch Verknüpfung der Realität mit den
   gewonnenen Analogien.

Übung:

Bearbeiten Sie mal das Problem „Hilfen für Alkoholabhängige in unserer
Firma" mit Hilfe der Synektik.

Morphologisches Denken:

Wir stellen nun eine Übung aus dem Bereich des morphologischen Denkens
vor. Das morphologische Denken ordnet das gewählte Problem in ein
Schema ein, das alle möglichen Darstellungen bereithält und vollzieht sich in
vier folgenden Schritten:

1. Schritt: Darstellung des Problems.
2. Schritt: Festlegung der Schemata, in denen das Problem gelöst werden
              kann.
3. Schritt: Kollektive Aufstellung des Lösungsschemas und der Lösungs-
              argumente.
4. Schritt: Wahl der besten Formulierung der Problemlösung in einem
              Text.

Übung:

Schreiben Sie mit der Hilfe des morphologischen Denkens einen Text über
„Die Lösung der Spannung zwischen unseren Betriebsabteilungen" und
benutzen Sie dabei folgendes Lösungsschema:

Morphologisches Lösungsschema:

Abschwächung der Spannung	
Verstärkung der Spannung	
Verschmelzung der Abteilungen	
Auflösung beider Konfliktabteilungen	
Aufgabe des Betriebes	

Kommen wir nun zur Osborn-Checkliste. Diese Liste dient dazu, zu einem Problem gefundene Ideen noch einmal unter verschiedenen vorgegebenen Gesichtspunkten anders zu betrachten. Die Osbornsche Checkliste hat oft folgende Fassung:

Osborn-Checkliste

1. Anders verwenden:	Welchen Gebrauch kann man von der Idee noch machen?
2. Anpassen:	Was ist so ähnlich wie die geäußerte Idee?
3. Ändern:	Kann man die Bedeutung der Idee umgestalten?
4. Vergrößern:	Länger, dicker, größer, übertreiben?
5. Verkleinern:	Untertreiben, kleiner?
6. Ersetzen:	Was kann man an der geäußerten Idee ersetzen?
7. Umstellen:	Kann man Teile oder Passagen austauschen?
8. Umkehren:	Lassen sich positiv und negativ austauschen?
9. Kombinieren:	Kann man die Ideen mischen, verbinden, zusammenstellen?

Übung:

Entwerfen Sie ein Bild von der Zukunft Ihres Betriebes und arbeiten Sie dann die Ideen mit der Checkliste durch. Formulieren Sie schließlich einen Schlußtext. Bleiben Sie im Brainwriting.

„Die meisten Journalisten
betrachten sich als Reporter,
nicht als Schreiber. Obwohl
Journalisten sich mehr und
mehr mit der Gestaltung von
Texten beschäftigen, gilt das
Schreiben als literarisch und
unprofessionell. Der Journalist will eine Geschichte finden.
Sie aufzuschreiben, betrachtet er meistens als sekun-
där."
(D. M. Murray; Schreib-
forscher)

7. Kreatives Schreiben
für Journalisten

Journalistisches Schreiben ist Kunst und Handwerk zugleich. Seit dem Beginn des 20. Jahrhunderts gab es Ausbildungscurricula für Journalisten an den amerikanischen Universitäten, in denen sehr bald versucht wurde, die journalistische Schreibpraxis ins Studium zu integrieren. So gab mancher Studiengang für Journalisten Studentenzeitungen heraus. Es wurden regionale Zeitungsredaktionen und Regionalzeitungen von der Universität her organisiert und zugleich Chancen und Grenzen des journalistischen Schreiblabors für die Ausbildung journalistischer Schreibqualifikationen an der Universität ausgelotet. (K. H. Adams, a.a.O., S. 99-122)

Allerdings gab es auch wichtige Einflüsse großer amerikanischer Dichter auf das journalistische Schreiben. Walt Whitman, Mark Twain, Theodore Dreiser, Ernest Hemmingway, John Dos Passos arbeiteten lange als Journalisten, entwickelten die gegenseitige Förderung von journalistischem und dichterischem Schreiben und versuchten auch, ihre Kenntnisse an amerikanischen Universitäten an Studenten zu vermitteln. Das berufliche journalistische Schreiben in den USA war immer ein Wechsel zwischen Fakten und Fiktionen. (S. Fisher Fishkin: From Fact to Fiction: Journalism and Imaginative Writing in America. New York 1985)

In Deutschland begannen journalistische Curricula in den 50er Jahren dieses Jahrhunderts als duales System. Die Wissenschaft der Publizistik wurde an der Universität gelehrt, die Schreibpraxis wurde den Studenten praktisch in Zeitschriftenredaktionen und Fernsehstationen beigebracht. (K. GAVIN KRAMER, K. SCHOLLER: Journalistik, Kommunikations- und Medienwissenschaft. München 1993)

Die Trennung von journalistischem und dichterischem Schreiben war in Deutschland immer sehr gründlich. Unsere folgenden Kurse für Journalisten brechen mit dieser deutschen Tradition und folgen dem amerikanischen Beispiel. Sie bieten den Übergang vom Sachtext zum poetischen Text und vermitteln nicht nur die Textung von Nachrichten, sondern auch die Entfaltung der Schreiblust und Schreibkreativität im journalistischen Beruf.

7.1. Schreiben ohne Angst

Wer mit Journalisten in Schreibwerkstätten arbeitet, wird oft folgende Symptome von journalistischen Schreibängsten zu hören bekommen:

● *Ich korrigiere ständig, wenn ich schreibe. Es nimmt mir viel Zeit weg, und ich hasse das, was ich geschrieben habe. Es scheint nie richtig zu sein.*

● *Mir wurde beigebracht, daß der erste Satz der wichtigste ist. Das hat zur Folge, daß ich oft bis zu einer Stunde am ersten Satz arbeite. Aber auch dann gefällt er mir nicht. Das Schreiben macht mich fertig.*

● *Warum dauert es so lange, bis ich mit dem Schreiben beginnen kann? Beim Sprechen habe ich keine Probleme. Ich wünsche mir, so leicht zu schreiben, wie ich sprechen kann.*

● *Ich muß alle Ideen zusammen haben, bevor ich schreiben kann. Ich muß erst alles ganz sicher wissen, bevor ich es auf das Papier bringen kann. Ich habe Angst, daß das, was ich schreibe, Mist ist.*

● *Ich bin sauer, daß ich soviel Zeit für das Schreiben brauche. Es dauert viel länger, als es sollte, und es macht mich ärgerlich auf mich. Nach so vielen Jahren journalistischen Schreibens sollte ich die Sache langsam im Griff haben.*

● *Mein Chefredakteur macht mich verrückt. Er sagt: „Also setzen Sie sich hin, und schreiben Sie die Sache, und legen Sie sie mir dann gleich vor." Aber ich kann so nicht arbeiten. Es geht bei mir nicht so leicht, und irgendetwas stimmt bei mir nicht.*

● *Ich werde bei jedem Wort, das ich schreibe, kribbelig. Ich möchte endlich mal ganz locker an die Sache herangehen können.*

● *Ich schreibe gern und oft. Aber ich glaube, es dauert ewig, bis ich einen guten Text fertig habe.*

● *Ich liebe alles am Journalismus, außer dem Schreiben. Ich hasse das*
Schreiben. Ich mache mir schon seit Jahren Gedanken, wie ich besser
schreiben könnte, aber es wird und wird nicht besser.

Der folgende Kurs stellt Ihnen Übungen vor, mit denen Sie Ihre Schreibängste produktiv bekämpfen können. Im Zentrum der Schreibangst steht das
verbreitete Schreibkonzept, Schreiben und Schreibkorrektur in einem Akt
bewältigen zu müssen. Der Kurs wird Ihnen einen Weg zeigen, Schreiben und
Schreibkorrektur als zwei Phasen des Schreibprozesses zu betrachten und
nacheinander zu vollziehen. Diese Trennung schlägt schon die alte Rhetorik
vor, die Inventio (Ideen sammeln), Dispositio (Gliedern), Elocutio (Schreiben) von Evaluatio (Text kontrollieren) und Revisio (Text überarbeiten)
unterscheidet. Die moderne Gehirnforschung schlägt die Trennung von
Schreiben und Schreibkontrolle mit dem Hinweis auf die unterschiedlichen
Funktionen der rechten und der linken Gehirnhälften vor. (J. JAYNES: Die
Entstehung des Bewußtseins. Reinbek 1992, G. L. RICO: Garantiert schreiben
lernen. Reinbek 1984)

Wenn Sie erst die rechte Gehirnhälfte für freies Schreiben und dann die
linke Gehirnhälfte für Schreibkontrolle benutzen, wird Ihr Gehirn entlastet.
Schreiben Sie los und aktivieren Sie Ihre rechte Gehirnhälfte, um Stil,
Rhythmus und Stimme Ihrer Sätze zu erleben. Dann erst korrigieren Sie den
Text mit Ihrer linken Gehirnhälfte und achten Sie dann auf Logik, Grammatik
und die Gliederung Ihres Textes. Die folgenden Übungen entstammen dem
Buch: H. E. KLAUSER: Writing on Both Sides of the Brain. San Francisco
1987.

Übung 1:

Situationsanalyse:
● Schreiben Sie drei Sätze, mit denen Sie Ihre Gefühle gegenüber dem
  Schreiben ausdrücken.
● Schreiben Sie dann drei Sätze, was Sie an Ihrem Schreiben ändern wollen.
● Nennen Sie schließlich die Ziele, die Sie mit Ihrem Schreiben erreichen
  wollen.
● Kommen Sie am Ende des Kurses auf Ihre Situationsanalyse zurück, und
  stellen Sie fest, was der Kurs für Sie gebracht hat.

Wer schreibt, kämpft mit Schreibängsten. Schon der römische Dichter Virgil
brauchte 11 Jahre für die Fertigstellung seiner „Äneade". Daß Schreiben mit
soviel Angst verbunden ist, hat viele Gründe. Einmal ist das Schreiben die
jüngste Kulturtechnik, die erst seit 1900 in Europa jeder beherrscht, und die
heute bei wachsenden Zahlen von sekundären Analphabeten schon wieder

ins Schrumpfen gerät. Zum zweiten wird das Schreiben unter einem enormen Leistungs- und Kontrollstreß in der Schule gelernt. Die Schule baut mit ihrem Zensurwesen die innere Schreibkontrolle auf, die dazu führt, daß jedes Wort ständig auf der Goldwaage liegt. Der Schreibfluß wird von der Schreibzensur ständig gebremst und von Schreibängsten gestaut. Aber der Zwang der Schreibängste kann gelockert werden, wenn der Journalist das Schreiben neu lernt. Dazu werden die weiteren Übungen einen Beitrag leisten. Der erste Schritt heißt aber: Geben Sie sich die Erlaubnis zum freien Schreiben, das neben guten Ideen natürlich auch viel Mist produziert. Halten Sie die Schreibzensur zurück, und räumen Sie dem Schreibfluß Raum ein. Das fließend schreibende Ich kann - psychoanalytisch formuliert - zwischen zensierendem Über-Ich und ideenproduzierendem Es sich lockerer bewegen.

Übung 2:

Freies Schreiben - Schnelles Schreiben

- Schreiben Sie so schnell Sie können, damit Sie Ihre innere Zensur überrennen. Wenn Ihre innere Zensur sich meldet und Einspruch gegen Ihren Text erhebt, schreiben Sie das ebenso auf, wie die Erfahrung, daß Ihnen nichts einfällt. Schreiben Sie dann: „Mir fällt nichts ein...". Achten Sie auch auf Ihre Körpersignale, und schreiben Sie darüber, wenn Sie sie stören. Schreiben Sie 5 Minuten.

- Um die Kontrolle noch besser ausschalten zu können, nehmen Sie zwei Blatt Papier und ein Blatt Kohlepapier. Schreiben Sie mit einem spitzen Stück Holz auf das doppelte Papier, so daß nur das Kohlepapier Ihre Schrift aufzeichnet. Sie erleben dann einen Text, der ohne Korrektur ist, und Ihnen zugleich zeigen kann, wie stark Ihr Schreibfluß sonst durch den inneren Zensor, das kontrollierende Über-Ich, blockiert wird. (Vgl. P. ELBOW: Writing Without Teachers. New York 1973, P. ELBOW: Writing with Power. New York 1981)

Übung 3:

Anlage eines Schreibjournals

Dieses Journal ist eine Sammlung von Aufzeichnungen über Ihre Erfahrungen mit dem Schreiben. „Es berichtet von Ihrer Schreibvergangenheit, stellt Ihre gegenwärtigen Kämpfe und Siege dar und entwirft Bilder von Ihrer Zukunft als Schreiber" (H. E. KLAUSER, a.a.O., S. 22). In diesem Journal werden Aspekte Ihrer Schreibbiografie erscheinen, Geschichten vom Schreibenlernen, Geschichten vom Scheitern von Schreibprojekten, aber auch Freewriting-Texte, die zu benennen versuchen, warum Sie schreiben. Auch die Gespräche mit Ihrem inneren Kritiker finden hier ihren richtigen Ort. Lesen Sie Ihr Journal von Zeit zu Zeit, und schreiben Sie Ihre Gedanken über das kritische Lesen Ihres Journals in das Journal selbst. Ihr Schreibjournal wird so zu einem Instrument des Selbst-Managements Ihres Schreibprozesses. Wir wir schon sahen, wurden die erfolgreichen Erfahrungen mit dem-schnellen Schreiben mit der Theorie von den beiden Gehirnhälften untermauert. Die Angst beim Schreiben kommt vom Zensor, der mit seinem Wissen von Grammatik und Rechtschreibung der linken Gehirnhälfte entstammt, während Bilder, Rhythmen und Stil der rechten Gehirnhälfte entspringen. Das linke Gehirn wird auch die „Ich- weiß -alles -Seite" genannt, während die rechte Gehirnhälfte oft als der untergeordnete „stille Partner" erscheint. Das kreative Schreiben verändert die Dominanzrolle des linken Gehirns. Es räumt der rechten Gehirnseite eine wichtige Funktion ein. (Vgl. S. P. SPRINGER, G. DEUTSCH: Left Brain, Right Brain. San Francisco 1981, T. BLAKESLEE: Das rechte Gehirn. Freiburg 1989) Beim kreativen Schreiben arbeiten beide Gehirnhälften zusammen, aber so, daß beim Schreiben die rechte Seite beginnt, und die linke Seite bei der Korrektur des Schreibaktes zum Zuge kommt. Diese Wiederholung der Grundthese des kreativen Schreibens ist nötig, weil alle Möglichkeiten der Verbesserung des Schreibens von einer Befolgung dieser These abhängt. Um der rechten Gehirnseite eine Chance im Schreiben zu geben, sind folgende Übungen geeignet. Diese Übungen verarbeiten auch Vorschläge, wie sie schon T. BUZAN: Use Both Sides of Your Brain. New York 1976, G. L. RICO, a.a.O. und M. ZDENEK: The Right Brain-Experience. New York 1980 (Deutsch: Die Entdeckung des rechten Gehirns. Berlin 1993) vorgeschlagen haben.

Übung 4:

Rechts schreiben - links steuern

Setzen Sie sich an Ihren Schreibtisch und spielen Sie, daß Sie mit der linken Hand ein Auto steuern. Mit der rechten Hand schreiben Sie alles nieder, was Ihnen einfällt, indem Sie auf eine imaginäre Straße vor sich starren und mit der linken Hand das imaginäre Auto sicher steuern. Diese Übung wird für Ihr Schreiben sicherlich gute Einfälle bringen.

Übung 5:

Zwei Schreibplätze

Stellen Sie sich zwei Schreibplätze bereit. Schreiben Sie auf einem Schreibplatz mit Schnellschreiben Ihre Rohtexte, und überarbeiten und korrigieren Sie auf dem anderen Schreibplatz Ihre Texte. Schreiben Sie dann Ihre unterschiedlichen Schreiberfahrungen auf beiden unterschiedlichen Schreibplätzen auf: Auf Ihrem inspirativen Schreibstuhl und auf Ihrem Kontroll- und Kritiker-Schreibstuhl.

Übung 6:

Eine Stunde früher

● Stehen Sie eine Stunde früher auf, als sonst bei Ihnen üblich. (Vgl. D. BRANDS: Becoming a Writer. New York 1936) Setzen Sie sich gleich hin und schreiben Sie mit dem schnellen Schreiben 10 Minuten. Machen Sie das eine Woche lang und korrigieren Sie Ihre Texte erst nach einer Woche, um herauszufinden, welche Ideen sich bei Ihnen in dieser Woche entwickelt haben.

Wenn Sie das frühe Schreiben am Morgen steuern wollen, schreiben Sie am Abend eine Frage, einen ersten Satz, eine Überschrift auf, und schreiben Sie dann am Morgen spontan und schnell los. Es kann sein, daß Ihre abendliche Aufgabe am Morgen gut und leicht gelöst wird.

Die bisherigen Übungen haben Sie ermutigt, Rohtexte zu produzieren. Nun geht es darum, Sie mit Übungen zu versehen, mit denen Sie diese Texte ordnen und gliedern können.

Die üblichen Textgliederungen sind linear. Es sind Listen, die mit arabischen oder römischen Zahlen die Texte in Abschnitte und Unterabschnitte gliedern. Diese Gliederungen sind ganz der Logik des linken Gehirns verhaftet. Diese linearen Gliederungen lassen kaum Platz für neue Einfälle und Ideen. Diese Gliederungen machen oft Angst. Besser sind ganzheitliche Gliederungen: Sie heißen Clustering und Mind-Map. Beide Gliederungsformen setzen keinen linearen Vollzug der Textidee von der Einleitung bis zum Schluß voraus, sondern sie beginnen mit dem Textkern als Kernwort in der Mitte eines Blattes, bewegen sich dann je nach Einfällen um das Kernwort herum. Man kann an jeder Stelle des Clusters oder Mind-Maps Einfälle einbringen und auf das Kernwort beziehen. „Die Organisation der Ideen entsteht aus der inneren Logik des Kernwortes und entwickelt sich aus den Ideen, die der Kernidee folgen." (H. E. KLAUSER, a.a.O., S. 48)

Übung 7:

Clustering: einfach und doppelt

Nachdem Sie mit dem schnellen Schreiben Rohtexte entwickelt haben, fischen Sie aus diesen Texten ein Wort heraus, das Sie besonders interessiert, weil es auf das Thema eines Textes verweist. Dieses Wort schreiben Sie in die Mitte eines Blattes Papier, schließen die Augen und lassen sich weitere Worte zum Kernwort einfallen. (Vgl. G. L. RICO, a.a.O., L. v. WERDER: Lehrbuch des kreativen Schreibens. Berlin 1993, 2. Auflage, L. v. WERDER: Kreatives Schreiben in den Wissenschaften. Berlin 1992) Alle Einfälle schreiben Sie auf das Papier, kreisen die Worte ein und verbinden Sie mit dem Kernwort.

Bauen Sie dann die Assoziationsketten aus. Ein entwickeltes Cluster könnte dann folgendermaßen aussehen:

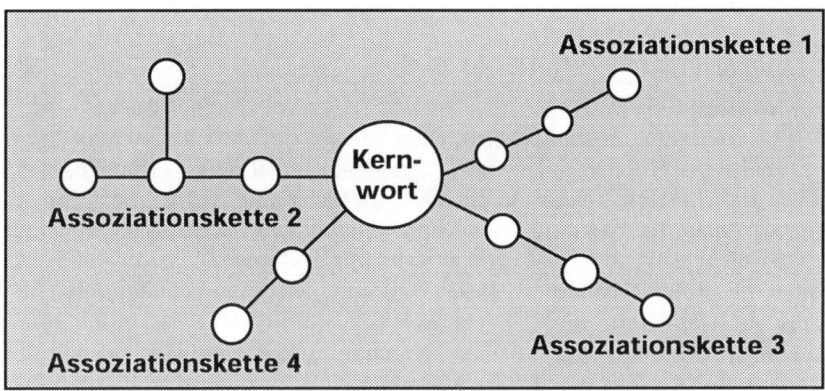

Um Ihr Kernwort weiter zu erforschen, wählen Sie zum Kernwort ein Gegenwort. Schreiben Sie es als Doppelkernwort in die Mitte eines Papieres und entwickeln Sie dann ein Doppelcluster oder ein Cluster mit einem widersprüchlichen Kernwort. Das könnte dann folgendermaßen aussehen:

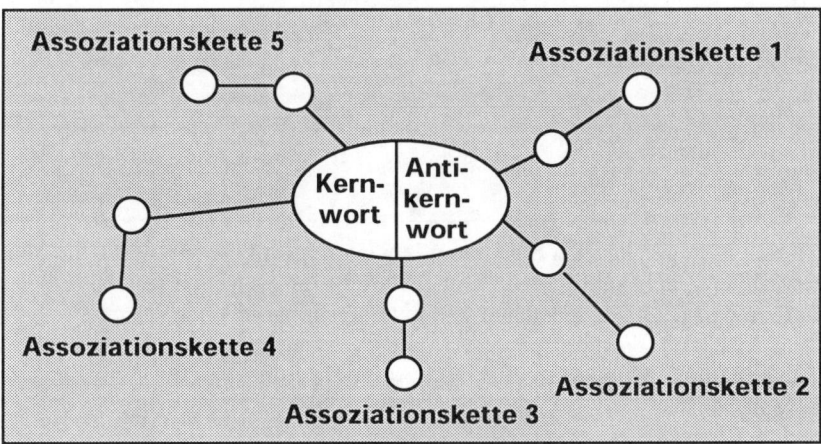

Im Ausgang von dem Cluster können Sie dann versuchen, durch Vergabe von Nummern für die Assoziationsketten eine erste Gliederung Ihres Textes zu entwickeln. Wenn Sie diese Nummerierung gefunden haben, schreiben Sie den Text nach dem Vorschlag des Clusters nieder, aber in der Reihenfolge

Ihrer vorgegebenen Nummern. Finden Sie dann eine Überschrift für Ihren
ganzen Text, und finden Sie auch Zwischenüberschriften für jeden Unterab-
schnitt Ihres Textes.

Übung 8:

Mind-Mapping

Die Überwindung der linksgehirnlichen linearen Gliederungsordnung durch
ganzheitliche Gliederungen, die Spontaneität und Logik verbinden, wird
über das Clustern hinaus durch das Mind-Mapping verbessert (Vgl. T.
BUZAN: Make the Most of Your Mind. (DEUTSCH: Kopftraining. München
1985) New York 1983, M. KIRCHHOFF: Mind-Mapping. Berlin 1985, M.
BEYER: Brainland. Paderborn 1993) Das Mind-Mapping baut auf dem Clustern auf. Das Mind-Mapping geht auch vom Kernwort aus und ordnet seine
Hauptassoziationszweige im Uhrzeigersinn um das Kernwort so, daß die
Reihenfolge der Zweige die Grundstruktur eines Briefes, einer Aktennotiz,
einer Nachricht, eines Vorschlages oder eines Berichtes bildet. Dazu eine
Grafik:

Ur-Mind-Mapping mit Hauptassoziationszweigen im Uhrzeigersinn

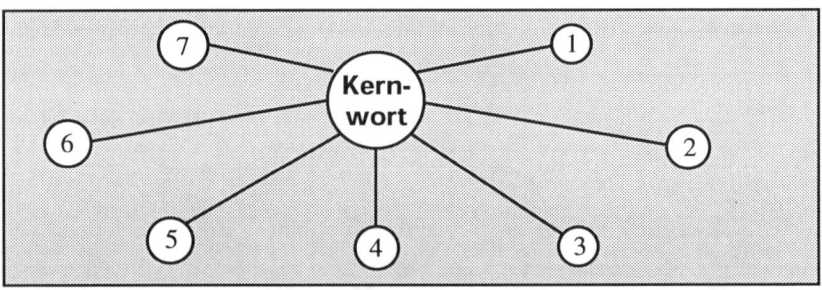

Zu den Zweigen können Sie dann alle weiteren Einfälle sammeln, die zum
jeweiligen Zweig gehören. Sie können die Zweige dann auch durch Symbole,
Farben und Bilder ausgestalten und unterscheidbar machen.

Ausgebautes Mind-Map mit Hauptassoziationszweigen und Zusatz-
assoziationen:

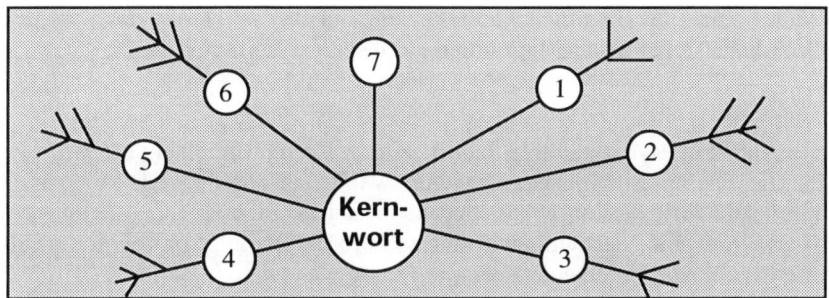

Mit dem ausgebauten Mind-Map können Sie in der Reihenfolge der Äste Ihren angestrebten Text herunterschreiben. Mit dem Mind-Map können Sie Texte von 5-7 Seiten auf einer Seite zusammenfassen. Sie können mit dem Mind-Map die Ideen anderer und eigener Ideen rationell und ganzheitlich ordnen.

Das Clustern und Mind-Mapping läßt sich in Berufen, die viel Schreibarbeit zu leisten haben, wie z.b. dem des Journalisten, gut anwenden. Stellen wir nun einige Mind-Mapp-Anwendungen vor:

Lesen:

Clarice, die im Bauministerium arbeitet, muß viele Texte lesen und referieren. Nachdem sie das Kapitel eines Buches oder eines Berichts gelesen hat, verwandelt sie das Gelesene in ein Mind-Map. Damit erschließt sie sich die Schlüsselinformation und den Aufbau eines gelesenen Textes.

Reden halten:

Luise ist Politikerin. Sie muß oft Reden halten. 10 Minuten vor ihrem Auftritt macht sie sich ein Mind-Map für alle Punkte, die das Publikum angesprochen haben will. Mit ihrem Mind-Map in der Hand kann sie dann frei reden.

Interviews machen:

Bob ist Journalist einer Provinzzeitung. Er muß viele Gespräche führen. Vor seinen Gesprächen entwirft er Interviewleitfäden in Mind-Map-Manier, die er nach dem Interview um die neuen Informationen ergänzt. Damit hat er die Grundlage, für seinen angestrebten Zeitungstext.

Bücher schreiben:

Bill ist Ingenieur, der ein Buch für die Computerbenutzung in seinem Betrieb schreiben sollte. Er benutzte das Mind-Map, um die Struktur des ganzen

Buches und aller einzelnen Kapitel zu entwickeln und konnte dann auf der Grundlage seiner Mind-Maps einen gut lesbaren Text schreiben.

Therapie:

Vincent ist in Psychotherapie. Jede Therapiesitzung bereitet er vor, indem er für die Therapiesitzung ein Kernwort wählt und aus ihm ein Mind-Map entwickelt. Mit diesem Mind-Map kann er jede Sitzung focussieren, den Therapieverlauf beschleunigen und nach jeder Sitzung kontrollieren, wie effektiv die vorhergehende Therapiesitzung war.

Kollektives Mind-Mapping:

Erwin ist Mitglied eines Sportreporter-Teams. Mit vier anderen Kollegen muß er oft über große sportliche Ereignisse berichten. Um einen Überblick über einen Bericht zu bekommen, entwerfen alle vier ein Mind-Map. Jeder bekommt seinen Mapping-Ast und schreibt danach seinen Teil, der wieder aus einem neu entworfenen Mind-Map entstanden ist. Anschließend wird der Text zusammengeführt und noch einmal von der Gruppe überarbeitet.

Reden hören:

Peter muß als Lokalreporter oft über Reden von Politikern berichten. Er macht sich während der Reden ein Mind-Map und hat dann für seine anschließende Reportage eine gute Quelle.

(Weitere Anwendungsbeispiele für Mind-Maps finden sich in M. KIRCKHOFF, a.a.O., S. 14-99, M. BEYER, a.a.O., S. 49-130)

Kein Schreibprozeß wird von Störungen verschont. Sie deuten wie eine Krise immer auch eine Lösung an.

Übung

Liste der Schreibstörungen

Legen Sie eine Liste aller Impulse an, die Sie beim Schreiben überfallen und vom Schreiben abhalten, oder die Sie dazu motivieren, das Schreiben zu unterbrechen.

Übung 10:

Übungen gegen Schreibstörungen

Jede Schreibstörung hat einen Sinn. Der Sinn ist nicht, gegen die Störung mit Gewalt vorzugehen. Ein solches Vorgehen verstärkt nur die Störung und steigert den Widerstand gegen das Schreiben. Jede Schreibstörung will als Botschaft verstanden werden, die zu entschlüsseln ist. (Vgl. C. BEIN, J. v. ASSEL: Schreibstörungen. Ihre Therapie und Pädagogik. Berlin 1993, L. v. Werder: Lehrbuch des wissenschaftlichen Schreibens. Berlin 1993) Es gibt folgende Übungen, mit denen man versuchen kann, den Sinn seiner Schreibstörungen zu verstehen:

● Versuchen Sie mit Schnellschreiben Ihre Schreibstörungen zu thematisieren. Schreiben Sie den Satz weiter: „Ich kann nicht schreiben, weil...." So werden Sie mit den Gründen Ihrer Störung bekannt.

● Vergewissern Sie sich, was geschehen ist, bevor die Schreibstörung auftrat. Schreiben Sie Ihre Erfahrungen, Gefühle, Ängste vor dem Eintritt der Störung auf. Sie bringen so Licht in Zusammenhänge, die Sie bisher so noch nicht sehen konnten.

● Legen Sie ein Cluster oder ein Mind-Map zu Ihren Schreibstörungen an. Kernwort: Gründe für meine Schreibstörungen.

● Stehen Sie eine Stunde früher als gewöhnlich auf. Schreiben Sie mit frischen Kräften über Ihren Schreibwiderstand. So könnten sich Gründe und Hilfen gegen diese Störung zeigen.

● Führen Sie einen inneren Dialog mit Ihrem Schreibwiderstand. Schreiben Sie diesen Dialog auf.

● Versetzen Sie sich mit autogenem Training in einen völlig entspannten Zustand. Lassen Sie die Gedanken einfach fließen. Ziehen Sie sich von Ihrem Ich zurück. Es wird bald ein Bild, eine Figur oder ein Symbol auftauchen, das einen Hinweis auf die Schreibstörung gibt. (Vgl. B. SCHULTE-STEINICKE: Meditation als Schreibhilfe. Berlin 1993)

● Stellen Sie sich die Geschichte Ihrer Schreibstörungen vor. Notieren Sie sich die Schreibprobleme Ihrer frühen Schulzeit, der späten Schulzeit, Ihrer Schreibprobleme im Studium und im Beruf. Sehen Sie zu, ob sich hinter allen Störungen die Gestalt eines Kritikers/einer Kritikerin versteckt. Geben Sie dieser Gestalt einen Namen. Versuchen Sie, die Kind-Erwachsenen-Beziehung zwischen sich und Ihrem Kritiker in eine Erwachsenen-Erwachsenen-Beziehung zu verwandeln. Führen Sie mit dem Kritiker, dessen Namen Sie immer benutzen sollten, ein Gespräch, das auf keinen Fall seine Macht provoziert. Begrüßen Sie ihn freundlich. Bedanken Sie sich bei ihm. Fragen Sie ihn freundlich nach Gründen seines Widerstandes gegen Ihr Schreiben. Versuchen Sie ihn dazu zu bewegen, daß er einen Teil seiner Einwände aufgibt. Versöhnen Sie sich mit Ihrem Kritiker, denn er ist kein Fremder. Er ist ein Teil von Ihnen, ein Teil Ihres Über-Ichs. Über die Jahre wird durch Ihren Dialog mit Ihrem Kritiker dieser Kritiker sich verändern. Er wird langsam kooperativer und weniger aggressiv und destruktiv sein, wenn Ihre Kommunikationsversuche mit ihm gelingen. Der Kritiker wird in Schreibprozessen nämlich niemals verschwinden. Er wird Ihr Schreiben immer begleiten, aber er kann Ihnen auch die Erlaubnis zum Schreiben für bestimmte Zeit geben. Julian Jaynes hat gezeigt, daß die Menschen der frühen Hochkulturen keinen Spielraum der Verhandlung mit ihrer inneren Macht hatten. (Vgl. J. JAYNES, a.a.O.) Der Zivilisationsprozeß mit seinen verschiedenen Individualisierungs-schüben hat uns aber mittels wachsender Selbstdisziplinierung in den Stand gesetzt, mit der inneren Macht der Kritik zu verhandeln.

Verbieten Sie sich zu schreiben und lassen Sie den Termin der Abgabe des Textes immer näher rücken. Sie geraten dabei so unter äußeren Druck, daß die Kritik des inneren Kritikers abgeschwächt wird. Das ist Ihre Chance. Setzen Sie nun alle kreativen Schreibtechniken ein, um in letzter Minute Ihren Text zu produzieren. Es wird gehen. Wenn Sie Ihren Text mit den kreativen Techniken und Hilfen dieses Kurses in Rohform verfaßt haben, geht es nun an die Überarbeitung des Rohmaterials. Jetzt brauchen Sie Ihren inneren Kritiker wieder. Er ist jetzt aber nicht als jemand gefragt, der den Schreib-prozeß blockiert, sondern zu einem guten Resultat führt.

Bisher haben wir nur geübt, wie wir Ideen finden und aufs Papier bringen können. Nun müssen wir uns klar werden, wie der ganze Schreibprozeß zu gestalten ist und wie wir ihn bis zum Schluß ohne Angst durchführen können. Der ganze Schreibprozeß umfaßt, aus der Sicht der modernen Gehirn-forschung nach der 5-R-Formel fünf Phasen. Diese fünf Phasen heißen:

Die 5-R-Schreibprozeß-Formel:

Ruminate	= Ideen suchen
Rapid Writing	= Kreativ Schreiben mit beiden Gehirnhälften
Retreat	= Distanz gewinnen
Revise	= Überarbeiten
Repeat	= Wiederholung

Bisher haben wir die Phasen Ruminate = Ideen suchen und Rapid Writing = Kreatives Schreiben mit beiden Gehirnhälften abgehandelt. Wir müssen nun die Retreat-Phase (3. Phase) gestalten. Gewinnen Sie Abstand von Ihrem Rohentwurf. Lassen Sie ihn am besten länger liegen. Wenn das nicht geht, vollziehen Sie folgendes Ritual:

Übung 11:

Retreat-Übung

Stehen Sie auf. Verlassen Sie den Schreibtisch. Schauen Sie aus dem Fenster. Legen Sie sich kurz hin. Kommen Sie dann zu Ihrem Text zurück und sehen Sie ihn mit neuen Augen an. Nun kann der Prozeß der Überarbeitung (Revise Phase 4) des Textes beginnen. Diese Phase wird Ihnen keine Angst machen, wenn Sie die ersten Phasen gründlich an Ihrem Text bearbeitet haben.

Übung 12:

Die Revision

Lesen Sie Ihren Text. Markieren Sie die Fehler, die Sie erkennen. Lesen Sie Ihren Text laut, damit Sie merken, wie Stil und Rhythmus Ihres Textes klingen. Schreiben Sie in der aktiven, nicht in der passiven Form. Schreiben Sie kurz und knapp. Streichen Sie Wiederholungen.

Übung 13:

Wiederholung

Lesen und überarbeiten Sie Ihren Text so oft, bis jedes Wort, jeder Satz, jeder Absatz und der ganze Text stimmig ist. Achten Sie darauf, daß Ihr Text im ersten Satz mit dem letzten Satz des Textes korrespondiert.

Die belastende Textrevision kann durch positive Phantasiereisen unterstützt werden. Das Korrekturlesen erfordert zwar die Tätigkeit der kritischen linken Gehirnhälfte, aber die rechte Gehirnhälfte kann diese Arbeit durch Phantasiereisen leichter, freundlicher und effektiver unterstützen und mitgestalten. Die rechte Gehirnhälfte wird deshalb auch in der Revisions- und Repeatphase (Phasen 4 und 5) in den Schreibprozeß einbezogen. Dafür einige Übungen:

Übung 14:

Das Erfolgsbild

Gehen Sie mit Hilfe des autogenen Trainings in eine leichte Trance. Stellen Sie sich dann vor, welchen Erfolg Sie mit dem Text haben werden, den Sie gerade bearbeiten. Lassen Sie die Erfolgsbilder auf sich wirken. Dann schalten Sie um und machen Sie sich ein genaues Bild von dem Text, der Ihnen den erwünschten Erfolg bringen soll. Schauen Sie sich den Erfolgstext in der Versenkung genau an. Alle Verbesserungsvorschläge, die Sie entdecken können, sollten Sie sich merken. Nehmen Sie sich dann zurück, setzen Sie sich wieder an den Schreibtisch und korrigieren Sie die an Ihrem vorliegenden Text auf dem Hintergrund Ihres eben gemachten Erfolgsbildes entdeckten Fehler.

Übung 15:

Das beste Schreibsetting

Wenn Sie das Revidieren erschöpft, entspannen Sie sich. Stellen Sie sich eine Situation vor, in der Sie gut schreiben konnten. Gehen Sie in das Bild hinein, und schreiben Sie noch einmal so gut wie damals. Nehmen Sie sich dann aus der Trance zurück, gehen Sie an Ihren Schreibtisch und fahren Sie mit Ihrer Korrektur fort.

Übung 16:

Kontakt mit den Lesern

Gehen Sie in eine leichte Trance und stellen Sie sich die Leser des Textes vor, den Sie gerade korrigieren. Lassen Sie den Redakteur erscheinen, der Ihren Vorschlag lesen wird, oder den Mitarbeiter, der Ihre Artikel immer kritisiert. Beobachten Sie genau die Körperhaltung Ihres Chefredakteurs oder Ihres Kollegen. Was verrät diese Haltung über Ihren Text, den Sie gerade verfassen. Nehmen Sie die Hinweise Ihres imaginierten Chefs auf und berücksichtigen Sie sie bei Ihrer Revision.

Übung 17:

Beratung durch einen guten Autor

Vielleicht hilft Ihnen aber auch die Begegnung mit einem anerkannten Journalisten. Gehen Sie wieder in die Trance und stellen Sie sich einen großen Kollegen vor, den Sie wegen seiner Schreibfähigkeit sehr bewundern. Besuchen Sie ihn in seinem Haus, überreichen Sie ihm Ihr unfertiges Manuskript und warten Sie seine Ratschläge ab. Kommen Sie dann zurück und verwerten Sie seine Verbesserungsvorschläge bei Ihrer Revision.

Übung 18:

Hilfen durch ein früheres Ich

Stellen Sie sich in Trance vor, daß Sie in einem früheren Leben ein guter Journalist gewesen sind. Sehen Sie sich an früheren Arbeitsplätzen um, und schreiben Sie an diesen Arbeitsplätzen einige wichtige Sätze, die Ihrem aktuellen Manuskript noch fehlen. Kommen Sie dann aus der Trance zurück und bauen Sie diese neuen Sätze in Ihr Manuskript ein.

Übung 19:

Hilfen durch den Computer

Wenn Sie an Ihrem Computer schnelles Schreiben praktizieren, mit Grafiken Ihren Text strukturieren, und die Rohfassung auf ihm geschrieben haben, dann kann er Ihnen auch bei der Textrevision dienlich sein. Sie können sich auf ihm Listen anlegen von Aspekten, die Sie bei der Revision berücksichtigen sollten. Sie können Ihren Text durch den Computer nach Fehlern durchkämmen lassen. Sie können Passagen austauschen und neue Gedanken in den Text bringen. Ihr Computer kann ein kreativer Partner bei der Textrevision sein. Er kann die Kraft Ihres Doppelhirns beim Schreiben effektiv unterstützen. Er kann die fünfte Phase im Schreibprozeß, die Repeat-Phase (Wiederholung) technisch begleiten. Denn eine Neu- und Umformulierung, die Abfassung einer zweiten Fassung ist auf dem Computer keine stressige Angelegenheit mehr.

7.2. Mind-Map-Writing

Meist macht der Journalist sich vor Ort Notizen, die er später zu Texten verarbeitet. Diese Notizen sind meist nur dürftig geordnet und kaum strukturiert. Der nachfolgende Schreibprozeß auf der Basis dieser üblichen Notizen, ist deshalb eine ziemliche Qual und mit vielen negativen Gefühlen verbunden. Das Mind-Map-Writing wird dagegen das Sammeln von Einfällen vor Ort strukturieren und ordnen. Ausgehend von einer Schlüsselidee, die dem zu erarbeitenden Thema ein Zentrum gibt, entsteht eine Textstruktur, die sich zu Hause am Schreibtisch ohne Streß und Druck linear niederschreiben läßt. Die Mind-Map-Methode ermöglicht es dem Journalisten, eine Struktur zu finden und die Verbindung zwischen den Teilen der Textstruktur zu entdecken. Sie fixiert das Wortnetz in einer Form, die die Oberfläche der Dinge, ihr Wesen und ihre Beziehung gehirn- und gedächtnisgerecht für den Schreibakt als Landkarte bereitstellt. Die Schlüsselwörter im Mind-Map entwickeln sich vom Zentrum zur Peripherie, deduktiv vom Abstrakten zum Konkreten. „In einem Mind-Map arbeiten Sie auf jedem Sprachniveau und auch mit nichtsprachlichen Informationen, wie Bildern, Farben, Symbolen usw." (J. SVANTESSON, a.a.O., S. 22) Die Mind-Map-Methode wurde von TONY BUZAN ders.: Kopftraining. München 1982) entwickelt, der schon erkannte, daß diese Technik im Schreibprozeß ein ganzheitliches Arbeiten mit beiden Gehirnhälften, der linken logischen und der rechten bildlichen Hälfte, ermöglicht. Der ständige Dehnfluß des Unbewußten, der durch die äußere Umwelt und die inneren Wünsche stimuliert wird, kann durch die Mind-Map-Schreibmethode eine schriftliche Form finden, die überzeugt. Die dem Mind-Map-Writing verwandte Clustering-Methode von G. L. RICO: Garantiert Schreiben lernen. Reinbek 1993, verfügt nicht über die analytischen Potenzen des Mind-Maps und eignet sich besser für die Produktion poetischer als sachlicher Texte.

Der Entstehungsprozeß eines Mind-Maps umfaßt vier Stufen, die chaotisch beginnen und sich dann analytisch strukturieren. Sehen wir uns diese vier Stufen genauer an:

1. Stufe:	**Kernwort:** Zeichnen Sie in die Mitte eines Blattes ein Schlüsselwort, das Ihr Thema gut erfaßt.
2. Stufe:	**Ur-Mind-Map:** Ziehen Sie um das Kernwort Linien, und schreiben Sie auf diese Linien alle Einfälle, die Ihnen zu Ihrem Schlüsselwort kommen. Diese Stufe hat Ähnlichkeit mit dem Clustern.
3. Stufe:	**Struktur-Mind-Map:** Suchen Sie sich aus Ihrem chaotischen Ur-Mind-Map vier bis fünf Oberbegriffe, die sich in Ihrem Ur-Mind-Map als Grundstruktur zu Ihrem Thema finden lassen. Ordnen Sie diese Hauptbegriffe auf einem neuen Blatt im Uhrzeigersinn als Hauptäste rund um Ihr Kernwort.
4. Stufe:	**Fertiges Mind-Map:** Das Struktur Mind-Map erweitern Sie nun mit allen Zusatzworten, die sich zu den Oberbegriffen als Hauptäste des Mind-Maps finden lassen. Benutzen Sie beim Ausbau des Mind-Maps jetzt Farben und Symbole, um die Struktur Ihres Themas gedächtnisgerecht zu gestalten.

Übung:

● Bearbeiten Sie auf diesen vier Stufen ein Thema, das Ihnen jetzt spontan einfällt.

● Machen Sie dann ein Mind-Map zum Thema: erste Liebe, mein bester Freund, die beste aller Welten, Platons Grundideen, eine wichtige Nachricht usw.

Da das menschliche Gehirn ganzheitlich assoziativ denkt, der Schreibprozeß aber linear sich entwickelt, ist die Mind-Map-Methode die ideale Brücke zwischen den assoziativen Bahnen des Gehirns und den linearen Zeilen des Diskurses auf dem beschriebenen Blatt. Der Schreibprozeß, gesteuert von Mind-Maps, hat folgende sechs Entwicklungsschritte, die wir jetzt in einer Grafik vorstellen wollen:

Der Mind-Map-Schreibprozeß

1. Wahl des Themas:	Kernwort
2. Ur-Mind-Map:	Freie Assoziation
3. Struktur-Mind-Map:	Grundstruktur
4. End-Mind-Map:	Entwickeltes Textvorbild
5. Mind-Map-Writing:	Linearer Text
6. Textüberarbeitung:	Fertiger Text

Den Mind-Map-Schreibprozeß können wir uns aber auch nun noch einmal in einem richtigen Mind-Map vorstellen:

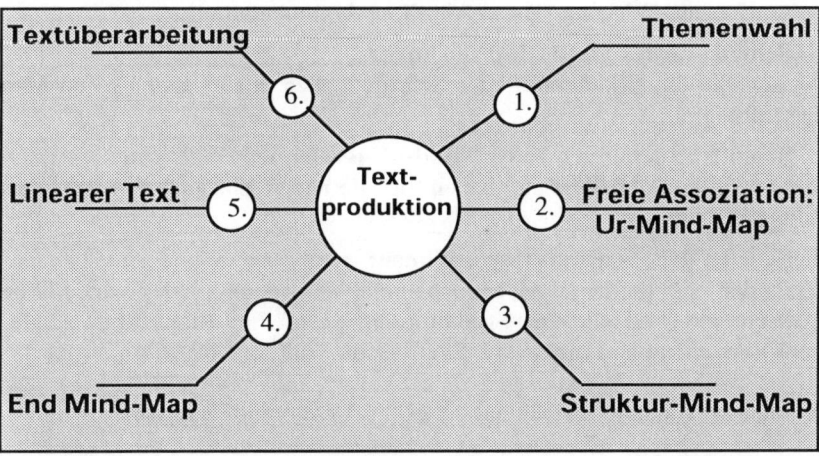

Beachten Sie beim Zeichnen und Schreiben des Mind-Maps folgende Faustregeln:

- Beginnen Sie in der Mitte des Blattes.
- Schreiben Sie in Druckbuchstaben.
- Ein Wort auf jede Linie.
- Benutzen Sie Farben.
- Zeichnen Sie Bilder.
- Gebrauchen Sie Symbole, Zeichen und Pfeile.
- Machen Sie durch Einzelheiten Ihr Mind-Map einzigartig.
- Schöpfen Sie Ihre Vorstellungskraft voll aus.
- Schreiben Sie Ihren Text nach Mind-Map-Vorlagen zügig, und überarbeiten Sie ihn sofort.

Mit Hilfe des Mind-Maps können Journalisten sich auch das Lesen wichtiger Texte kreativer gestalten. Der Mind-Map-Leseprozeß gliedert sich in sechs Schritte:

1. Schritt: Überblick:
Verschaffen Sie sich einen Überblick über den Text. Überfliegen Sie den Text, und legen Sie sich ein Leseziel zurecht.

2. Schritt: Fragen:
Verwandeln Sie Überschriften in Ihrem Text in Fragen oder identifizieren Sie Schlüsselwörter aus diesem Text.

3. Schritt: Texttypen:
Stellen Sie fest, nach welchen der 8 rhetorischen Argumentationsmuster der Text aufgebaut ist: Vergleich, Chronologie, Erzählung, Definition, Entwicklung, Ursache-Wirkung, These-Antithese Argumentation.

4. Schritt: Erstes Mind-Map zeichnen:
Fassen Sie die Erkenntnisse der Schritte 1-3 in einem ersten Mind-Map zusammen.

5. Schritt: Lesen und zweites Mind-Map zeichnen:
Lesen Sie nun den Text und bauen Sie alle neuen Einsichten in Ihr erstes Mind-Map ein.

6. Schritt: drittes Mind-Map zeichnen:
Zeichnen Sie Ihr Mind-Map nocheinmal neu, denn „Jedes wiederholte Aufschreiben und jede neue Strukturierung eines Mind-Maps führt zu tieferem Verstehen und Lernen." (J. SVANTESSON, a.a.O., S. 89-95)

Stellen wir Ihnen jetzt nochmal ein echtes Lese-Mind-Map vor:

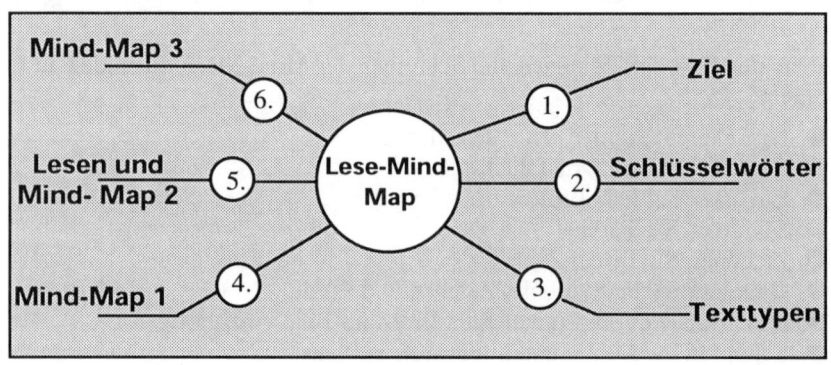

Übung:

Suchen Sie sich einen Zeitschriftenbeitrag, einen Fachartikel oder ein Buch-
kapitel und probieren Sie zwei Kurz-Mind-Map-Lesevarianten aus. Lesen
Sie zuerst den Text und übersetzen Sie dann den Text in ein Mind-Map oder
zeichnen Sie Ihr Text-Mind-Map schon während Sie Ihren ausgewählten
Text lesen.

Anwendungsmöglichkeiten des Mind-Map-Schreibens

Planen:

Als Journalist haben Sie pro Woche viele Termine. Legen Sie sich ein
Wochen-Mind-Map an. Das Kernwort setzt sich dabei aus den Eckdaten der
Woche zusammen. Die Hauptäste sind die Wochentage. Die Unteräste jedes
Hauptastes sind dann die Tagesereignisse.

Das Wochen-Mind-Map

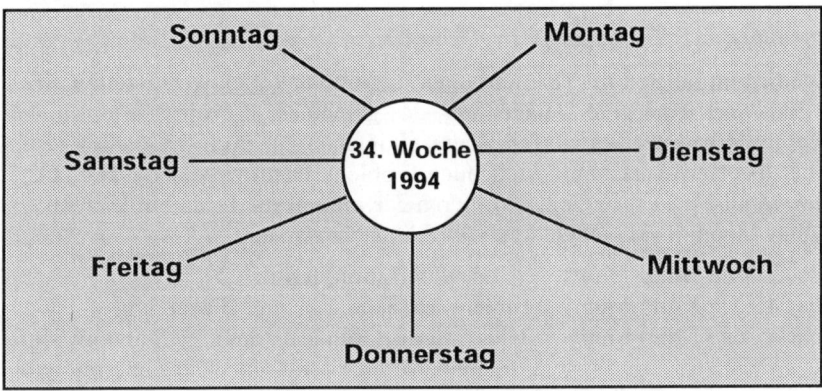

Übung:

Entwerfen Sie mal einen Mind-Map-Plan für die nächste Woche, und
überprüfen Sie den Gewinn, den Sie damit haben.

Telefon-Notiz:

Bei einem ungeplanten Telefonat zeichnen Sie schnell ein Ur-Mind-Map
ohne Schlüsselworte. Diese Schlüsselworte können Sie dann im Laufe des
Telefonats eintragen. Bei einem geplanten Telefonat zeichnen Sie erst ein
Struktur-Mind-Map, das Ihrem Telefonat die nötige Struktur vermitteln

kann. Aus den Angaben des Gesprächspartners entsteht dann Ihr komplettes Mind-Map, das sich danach leicht in eine strukturierte Telefon-Notiz verwandeln läßt.

Übung:

Versuchen Sie wenigstens bei einem wichtigen Telefonat pro Tag ein Mind-Map zu zeichnen, um sich in dieser Methode zu üben.

Rede-Mind-Map:

Bei spontanen Redeanlässen hilft ein kurzes Mind-Map, um die Stehgreifrede präzisieren zu können. Große Reden sollten sowohl mit einem Mind-Map entworfen, auswendig gelernt als auch anhand des Mind-Maps vorgetragen werden.

Übung:

Halten Sie mal eine Rede mit Ihren üblichen Unterlagen und einmal mit einem Mind-Map als Basis. Vergleichen Sie dann das Resultat. Was ging besser?

Projekte:

Wenn Journalisten im Team arbeiten, ergibt das kollektive Erstellen eines Mind-Maps eine gute Gelegenheit, das gemeinsame Projekt in optimaler Kommunikation zu entwerfen. Zuerst einigt man sich in einem solchen Team über das Kernwort zum anstehenden Problem. Dann werden die Hauptäste des Mind-Maps festgelegt. Probieren Sie einmal im Team ein kollektives Mind-Map mit folgenden drei, vier oder sieben Ästen:

Das 3 Äste-Mind-Map:	Vision, Realisation, Kritik
Das 4 Äste-Mind-Map:	Problem, Ursache, Lösung, Umsetzung
Das 7 Äste-Mind-Map:	Zieldefinition, Gründe für das Ziel, Standort, Sinn, Vorgehen, Mitarbeiter, Folgen bei Zielerreichung

Presseerklärung:

Bei Presseerklärungen können Sie alle wichtigen Informationen auf einem vorbereiteten Mind-Map vorstellen. Sie heften dieses Mind-Map nach der Metaplanmethode (Vgl. Kap. 4 dieses Buches) an eine Pinnwand und tragen dann die Informationen Ast für Ast vor. Dabei sind Sie für Zwischenfragen aus dem Publikum offen und können auch nicht den Zusammenhang verlieren.

Aufgabe:

Strukturieren Sie Ihre erste Pressekonferenz mit einem Mind-Map auf der Basis der Metaplan-Methode.

Besprechungen:

Statt einer öden Tagesordnung tragen Sie alle wichtigen Besprechungspunkte als Hauptäste eines Mind-Maps vor. Arbeiten Sie dann mit der Gruppe alle Äste ab, in denen Sie auch durch Beiträge der Teilnehmer das Mind-Map erweitern. Am Schluß ersparen Sie sich ein Protokoll, indem Sie das fertige Mind-Map fotografieren und allen Teilnehmern eine Kopie zusenden.

Übung:

Moderieren Sie die nächste Sitzung auf der Grundlage eines Mind-Maps. Besorgen Sie sich dafür eine Pinnwand und die Moderator-Toolbox der Metaplan-Methode bei: FIRMA NITOR GmbH, Jaksteinweg 10a, 22607 Hamburg, FAX: 040/820357.

Referate und Protokolle:

Entwerfen Sie ein Referat als Mind-Map. Diktieren Sie es dann gleich Ihrer Redaktion. Ist ein Protokoll zu erstellen, zeichnen Sie ein Ur-Mind-Map und statten Sie es im Verlauf der Veranstaltung mit den nötigen neuen Informationen aus. Statt in einer Fülle von Informationen zu versinken, konzentrieren Sie sich so gleich auf das Wesentliche.

Übung:

Probieren Sie die Erstellung Ihres nächsten Protokolls mal auf der Basis eines Mind-Maps.

Interviews:

Mit Hilfe eines Mind-Maps kann der Journalist auch die Struktur eines Interviews planen. Orientieren Sie Ihr Interview an den sechs W-Fragen, die in Ihrem Ur-Mind-Map zu den sechs Hauptästen Ihres Interview-Mind-Maps werden.

Interview-Ur-Mind-Map

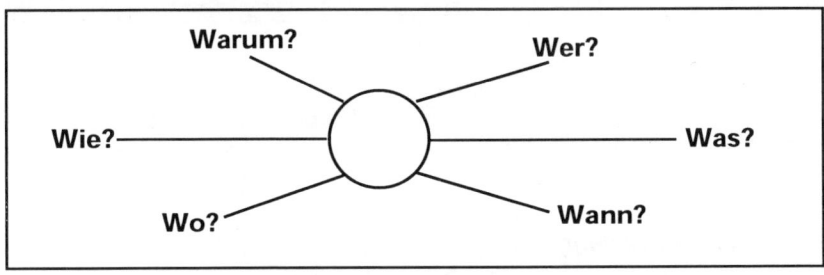

Ergänzen Sie während des Interviews die Fakten zu den Ästen Ihres Mind-Maps, und bewerten Sie nach dem Interview die Qualität Ihrer Informationen. Zur Überprüfung der Qualität Ihrer Informationen stellen Sie in der Reihenfolge der Äste Ihres Mind-Maps zu den gewonnenen Informationen folgende Fragen:

Sind die Akteure der Öffentlichkeit und dem Leser der Zeitung bekannt?
Hat die interviewte Aktion sichtbare Konsequenzen?
Ist das Ereignis der interviewten Aktion aktuell?
Fand das Ereignis in der Nähe der Leser statt?
Ist das Ereignis spannend und dramatisch verlaufen?
Hat das Ereignis Unterhaltungswert und Informationsqualität?

Beantworten Sie diese Fragen überwiegend positiv, dann können Sie die Reihenfolge der Inhalte der Nachricht, die sich aus dem Interview ergibt, festlegen. Dabei gilt die Regel: Das Wichtigste immer zuerst. Dann folgen nähere Informationen zur Erläuterung (Fakten) und schließlich Einzelheiten (Details).

Übung:

Formulieren Sie aus folgendem Interview-Mind-Map eine Nachricht:

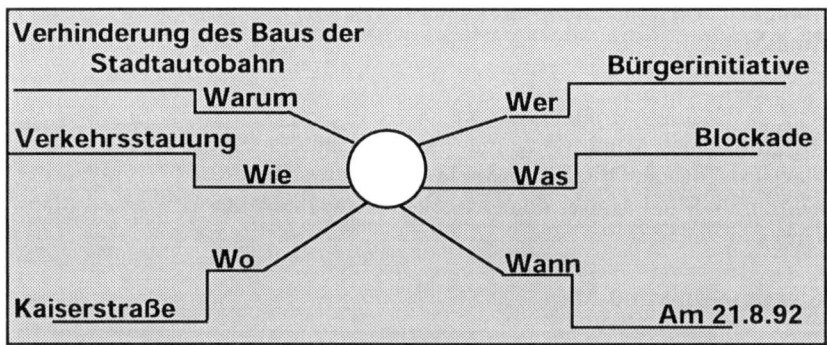

Hier die Elemente der Nachricht:

1. *Elfriede Meyer*
2. *Lithografie und Aquarelle*
3. *12. April bis 14. Mai*
4. *Stadtsparkasse Berlin, Wilmersdorfer Straße 12*

5. *Während der üblichen Öffnungszeiten*
6. *Eröffnung der Ausstellung in Anwesenheit der Künstlerin am 12. April,*
   18.00 Uhr

(Vgl. N. FRANCK: Schreiben wie ein Profi. Köln 1990, S. 79-87)

Meinungsbeiträge:

Meinungsbeiträge erscheinen als Kommentar, Leitartikel oder Glosse. Damit Ihr Beitrag klar und deutlich aufgebaut ist, müssen Sie ihn vom Ende her konzipieren. Sie entwerfen also einmal Ihr Mind-Map vom Schluß her mit den Ästen Ziel, Begründung und Einstieg und schreiben dann von vorne erst den Einstieg, dann die Begründung und dann das Ziel. Zu diesem Vorgang gibt es folgendes Mind-Map:

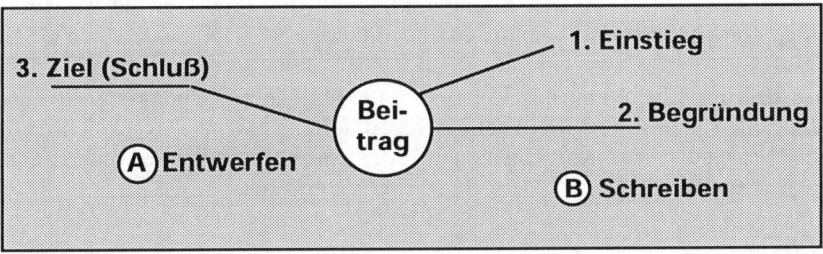

Wenn Sie ein Vorschlags-Mind-Map entwickeln, ist der Hauptteil in drei Unterabschnitte zu gliedern. Auch diesen Vorgang sehen wir uns in einem Mind-Map genauer an:

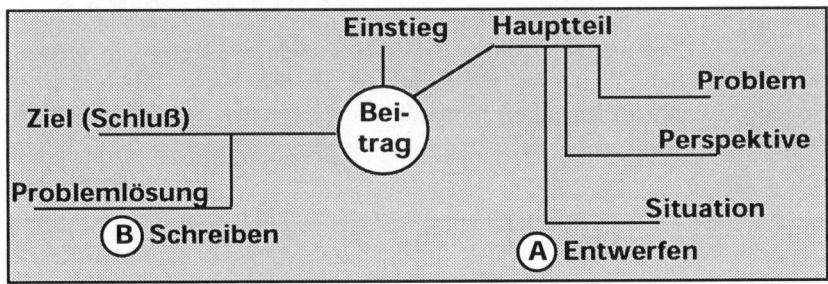

Wenn Sie einen Standpunkt vertreten wollen, ergibt sich folgendes Mind-Map:

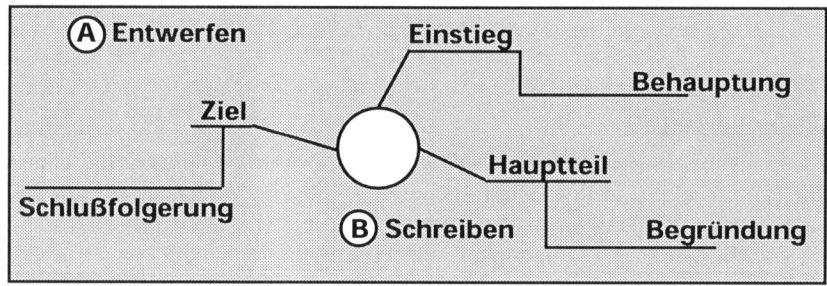

Auch bei der Arbeit mit dem Standpunkt-Mind-Map entwerfen Sie das Mind-Map von hinten und schreiben es dann von vorne. (Vgl. N. FRANCK, a.a.O., S. 95-108)

Bei der Gestaltung des Einstiegs in einen Meinungsbeitrag sollte der Journalist wenigstens drei rhetorische Einleitungsmuster berücksichtigen: Die Frage, den Was-Nun-Einstieg oder den Aufmerksamkeitserwecker (Das gab es noch nie...).

Übung:

Stellen Sie sich bitte folgende Situation vor: An den deutschen Universitäten gibt es heute Abbrecherquoten der Studenten von 30-40 %. Für dieses Phänomen gibt es viele ökonomische und arbeitsmarktpolitische Gründe. Ihnen fällt aber auf, daß in keiner Umfrage die Studenten nach ihrem Scheitern am wissenschaftlichen Schreiben als Abbrechergrund befragt wurden. Sie vertreten den Standpunkt, daß viele Studenten am wissenschaftlichen Schreiben scheitern. Schreiben Sie über dieses Problem einen kleinen Meinungsbeitrag, und erarbeiten Sie ihn mit dem Standpunkt-Mind-Map.

7.3. Metaphorisches Schreiben

Die Rhetorik hat mit der Betonung der Metapher als wichtige Wortfigur das Schlüsselwort eines ansprechenden und überzeugenden Textes identifiziert. Durch den Gebrauch von Metaphern wird die alltägliche Schreibweise durchbrochen und der Leser überrascht, in seiner Aufmerksamkeit angesprochen und mit neuen überraschenden Seiten der vorgestellten Sache vertraut gemacht. Jeder Journalist tut gut daran, seine metaphorischen Schreibqualifikationen auszubauen. Der folgende Kurs will ihn dazu anleiten. (Vgl. S. L. PUGH u.a.: Bridging. Urbana 1992, I. MECKLING: Metaphern. Frankfurt 1987)

Aristoteles, der griechische Philosoph, nannte die Metapher die „Übertragung eines fremden Namens" (Aristoteles: Rhetorik. München 1993. Kap III, 10.2-10.7). Die Metapher entsteht, wenn ein erwartetes Wort durch ein anderes ausgetauscht wird. Der römische Rhetoriker Quintilian formuliert: „Die Metapher ist ein kürzeres Gleichnis... Eine Vergleichung ist es, wenn ich sage, ein Mann habe etwas getan wie ein Löwe, eine Metapher, wenn ich von dem Mann sage, er ist ein Löwe." (QUINTILIAN: Ausbildung des Redners. Darmstadt 1988, Band 2, S. 221) Metaphorisches Schreiben ist bildliches Schreiben. Es entsteht, wenn unanschauliche Worte durch anschauliche Worte oder abstrakte durch bildliche Sprachkomplexe ausgetauscht werden. „Wenn wir ein Bild in einen überraschenden Zusammenhang stellen, das mit seiner wörtlichen Bedeutung nichts zu tun hat, schaffen wir ein neues Verknüpfungsmuster - eine Metapher, die eine intensive bildhafte Aussage vermittelt... Die Metapher ersetzt nicht die im begrifflichen Denken vollzogene Zuordnung von Wort und Bedeutung, sondern ergänzt diese durch die Wahrnehmung des bildlichen Denkens." (G. L. RICO: Garantiert schreiben lernen. Reinbek 1984, S. 196f, 200)

Unsere alltägliche Sprache ist voller Metaphern. So sagen wir „weiße Milch oder traurige Milch". Wenn aber eine Wortfügung um ein geringes von den Erfahrungen der sinnlich erfahrbaren Realität abweicht, dann nehmen wir „den Widerspruch wahr und empfinden die Metapher als kühn... Z.B. schwarze Milch." (H. WEINRICH: Semantik der kühnen Metapher. In: Deutsche Vierteljahrschrift 3 (1963), S. 333f)

Eine Metapher besteht oft aus zwei Gliedern, dem Bildspender und dem Bildempfänger. „In der Metapher" Zitronenmond" schiebt sich der Bildspender „Zitrone" über den Bildempfänger „Mond"." (G. KURZ, T. PELSTER: Metapher. Düsseldorf 1976, S. 52) Die Metapher organisiert unser Verständnis von der Sache neu. Wir erkennen den „Mond" nicht als Zitrone, sondern wir sehen ihn als eine Zitrone. Metaphern werden in allen wissenschaftlichen und auch in publizistischen Texten oft gebraucht. So schrieb ein Journalist über die Hessenwahl 1970: „Sie kann für die Regierung Brandt/Scheel zur

Guillotine werden, oder ihr Siechtum einleiten." Das Wesen einer Wahl zwischen Guillotine oder Beginn einer tödlichen Krankheit drückt in zwei Bildern treffend die Situation aus, die 1970 in der Bundesrepublik bestand. (Vgl. J. MECKLING: Metapher. Frankfurt 1987, S. 41f)

Die klassische Rhetorik hat vier Arten von Metaphern unterschieden:

a) Beseeltes wird für Beseeltes gesetzt, z.B. „Durst des Herzens"
b) Unbeseeltes tritt an die Stelle von Unbeseeltem, z.B. „Sandbank der Zeit"
c) Beseeltes erscheint für Unbeseeltes, z.B. „Das Kamera-Auge"
d) Unbeseeltes besetzt Beseeltes, z.B. „Schiff der Hoffnung"

(Vgl. G. UEDING: Rhetorik des Schreibens, a.a.O., S. 65)

Übung: Metaphern-Baukasten

Legen Sie zwei Spalten an. Spalte 1 Beseeltes, Spalte 2 Unbeseeltes. Verbinden Sie Worte zwischen Spalte 1 und 2, um Beseeltes und Unbeseeltes zu verbinden. Verbinden Sie aber auch Worte innerhalb der Spalten 1 und 2, um Unbeseeltes mit Unbeseeltem und Beseeltes mit Beseeltem auszutauschen.

Metaphorisch ist es besonders effektiv, wenn man Begriffe in Bilder übersetzt.

Übung: Begriffsbilder

Versuchen Sie, folgende abstrakte Begriffe durch Metaphern zu definieren:

Krieg ist...
Glück ist...
Liebe ist...
Zeit ist...
Eine Idee ist...
Gesundheit ist...
Ein Argument ist...
Verstehen ist...
Lernen ist...
Schreiben ist...
Lesen ist...

(Vgl. S. L. PUGH, a.a.O., S. 7)

In der Alltagssprache lassen sich viele Metaphern finden, die die Qualität von Redensarten angenommen haben.

Übung: Redensarten-ABC

Lesen Sie sich folgendes Redensarten-ABC durch und verfassen Sie ein neues Redensarten-ABC von A bis Z.Dazu das Beispiel:

Augenwischerei	Bauklötze staunen
Chinesisch vorkommen	Dampf ablassen
Elefant im Porzellanladen	Feuertaufe
Galgenstrick	Haarspalterei
Einigeln	Katzensprung weit
Lehrgeld zahlen	Mauerblümchen
Nabelschau	Oberwasser haben
Pantoffelheld	Querkopf
Reine Weste haben	Sauertopf
Theater spielen	Ungeschoren bleiben
Volle Pulle	Waschlappen
Zaungäste.	

Übung: Ursprung erklären

Versuchen Sie, die Herkunft und ursprüngliche Bedeutung folgender Metaphern zu erklären, z.B.

- Das geht auf keine Kuhhaut
- Ins Fettnäpfchen treten
- Für einen die Hand ins Feuer legen
- Fersengeld geben
- Blaustrumpf

(Vgl. K. KRÜGER-LORENZEN: Deutsche Redensarten - und was dahinter steckt. Wiesbaden 1960)

Übung: Metaphern erneuern

Metaphern nutzen sich ab. Aber sie lassen sich auch wiederbeleben, „durch eine um eine Nuance abweichende Formulierung." (H. DOMIN: Wozu Lyrik heute? München 1968, S. 120) Hier nun einige Vorschläge für das Umformulieren von verbrauchten Metaphern:

- Verändern Sie die Metaphern aus Ihrem Redensarten-ABC (aus der vorletzten Übung) geringfügig, z.B. wird aus „Käseweißes Gesicht" nun „Weichkäseweißes Gesicht".
- Schreiben Sie einen Text, in dem Sie eine Redensart bis zum Überdruß wiederholen.
- Verdeutlichen Sie sich den eigentlichen Sinn einer Metapher, indem Sie ihn wörtlich nehmen und zu einer kleinen Geschichte umformulieren.

Machen Sie z.B. aus der Metapher „Für jemanden durchs Feuer gehen" eine kleine Geschichte.

● Entwickeln Sie Sätze mit unstimmigen Metaphern (Katacheesen), z.B. „Der Zahn der Zeit, der schon manche Träne getrocknet hat, wird auch über diese Wunde Gras wachsen lassen."

Übung: Hauptmetaphern Ihres Lieblingsautors

Nietzsche läßt „Zarathustra" den Menschen folgendermaßen definieren: „Der Mensch ist ein Seil, geknüpft zwischen Tier und Übermensch, ein Seil über einem Abgrunde." Damit faßt Nietzsche seine Evolutionstheorie in einem metaphorischen Bild zusammen. Pascal definiert metaphorisch: „Der Mensch ist ein denkendes Schilfrohr." Damit deutet Pascal auf die Grenzen, den Menschen durch Vernunft definieren zu wollen, schlagend hin.

Suchen Sie aus Texten Ihres Lieblingsautors eine zentrale Metapher heraus und interpretieren Sie sie.

Übung: Metaphern sammeln

Legen Sie sich ein Lesejournal an. Sammeln Sie in diesem Journal alle Metaphern, die Ihnen bei Ihrem täglichen Lesen auffallen. Markieren Sie die Metaphern, die Ihnen besonders „kühn" erscheinen.

Wer bewußt liest, benutzt die beste Methode der Schulung seines stilistischen Ausdrucksvermögens. „Das ist eine Erfahrung, die z.B. den Biologen und Nobelpreisträger Karl von Frisch veranlaßt hat, „wenn ich eine Arbeit niederzuschreiben hatte, allabendlich etwas aus Gottfried Kellers Schriften zu lesen." (G. UEDING, a.a.O., S. 63f)

Metaphern versuchen, das Gleiche im Ähnlichen zu erfassen. Die folgende Übung im Vergleichen kann Ihre Übertragungspotenz im sprachlichen Ausdruck verbessern helfen.

Übung: Antworten

Wir geben Ihnen nun eine Frage und Sie finden eine metaphorische Antwort:

Was ist wie...

nackt unter Kannibalen sich zu befinden?
eine elektrische Uhr aufzuziehen?
eine Glühbirne auszublasen?
Katzen zu hüten?
einen Brief im Traum zu lesen?
die Federn in einem Kopfkissen zu zählen?
Nebel zu schaufeln?

Sie schreiben nun „Nackt unter Kannibalen sich zu befinden, ist wie... usw.

Übung: Erzählungsmetapher

Hinter jeder Metapher kann sich eine ganze Geschichte verstecken. FRANZ KAFKA entwickelte seine Idee vom Leben in der Romanmetapher „Das Schloß" oder „Das Urteil". H. C. ANDERSONS Metapher von des „Kaisers neuen Kleidern" ermöglicht eine Vielzahl von Deutungsmöglichkeiten verschiedener Lebensereignisse. Finden Sie eine Metapher, die für Sie den Sinn des Lebens enthält und entwickeln Sie dann die Geschichte, die in dieser Metapher steckt. Wählen Sie z.B. unter folgenden Metaphern aus:

„Das Leben ist wie eine Frau."
„Das Leben ist so."
„Das Leben stinkt."
„Das Leben ist ein Fliegen durch einen hellen Raum aus dem Dunkel in das Dunkel."

Übung: Metaphern der Volksmedizin

Viele volksmedizinische Metaphern enthalten wichtiges Wissen über den Zusammenhang von Körper und Seele. Entwickeln Sie aus folgenden bekannten Körpermetaphern kleine Texte:

- *Sie tötet mir den Nerv.*
- *Das schlägt mir auf den Magen.*
- *Ich bin verschroben.*
- *Mir bleibt die Spucke weg.*
- *Mir stehen die Haare zu Berge.*

Metaphern greifen stark in unser Selbstbild ein. Sie konstruieren und deuten unser Selbstverständnis und Selbstbewußtsein.

Übung: Metaphern über sich selbst als Journalist

Listen Sie mal Metaphern auf, wie Sie sich und andere Kollegen metaphorisch sehen, z.B. als schwarzes Schaf, lahme Ente, außen weich und innen hart usw.

Versuchen Sie alle Tiermetaphern zu finden, mit denen Kollegen bezeichnet werden.
Welcher Jahreszeit entsprechen Sie als Person am besten?
Welcher Tageszeit entsprechen Ihre Kollegen?
Welchem Märchen entspricht Ihr Berufsleben am treffendsten?
Schreiben Sie Ihren beruflichen Werdegang am Beispiel eines Märchens, das Ihnen am besten entspricht, z.B. „Hans im Glück" oder „Das tapfere Schneiderlein" usw.

Metaphern sind oft Schlüsselwörter in Werbetexten und Zeitungsartikeln.

Übung: Metaphern über Deutschland

Suchen Sie aus dem Leitartikel einer Tageszeitung alle Metaphern heraus, die heute für Deutschland benutzt werden. Überlegen Sie, welche Deutung des deutschen Volkes und Gesellschaft mit dieser Metapher transportiert wird. Z.B. sprach Richard von Weizsäcker vom „schwierigen Vaterland", Helmut Plessner von der „verspäteten Nation", Erich Honnecker vom „Imperialistischen Bonn".

Übung: Neue Metaphern für Produkte

Jedes Massenprodukt versucht, sich mit Metaphern zum Verkauf zu verschönen. Das Bacardi-Rum-Gefühl lebt von der Südsee, die Zigarette Kim „ist für Männerhände viel zu schick". Versuchen Sie, bekannten Produkten ein neues Image zu geben, indem Sie seine traditionelle metaphorische Bedeutung leicht verändern.

Metaphern ändern sich in ihrer Bedeutung von Sprache zu Sprache. Die wichtigsten weltanschaulichen Grundlagen basieren auf Metaphern. Wenn wir wissen, welche Todesbilder eine Kultur pflegt, wissen wir sehr viel mehr über ihr Verständnis des Lebens.

Übung: Todesmetaphern verschiedener Religionen

Die großen Religionen haben verschiedene Metaphern für das, was nach dem Sterben kommt. Verschaffen wir uns einen kleinen Überblick.

Todesmetaphern in verschiedenen Religionen

Religion	Todesmetapher
Islam	Der Himmel ist ein Garten. Die Hölle ist Feuer.
Altes China	Der Tod ist wie das Leben.
Polynesien	Der Mensch häutet sich wie eine Schlange.
Amerikanische Indianer	Der Mensch lebt nach dem Tode als spirituelles Wesen weiter.
Altes Ägypten	Der Tod setzt das Leben fort. Der Tod ist eine lange Reise.

(Vgl. M. ELIADE: Geschichte der religiösen Ideen. Quellentexte. Freiburg 1981, S. 271-305)

Versuchen Sie nun, Ihre eigenen Todesmetaphern zu entwickeln, und untersuchen Sie, was sie für Ihr Leben bedeuten.

Die Metapher über die Zeit ist eine weitere Komponente unseres Weltbildes. Zeit wird als „Fluß des Wassers", als „Drehen eines Rades", als „Schlange, die sich in den Schwanz beißt", als „Pfeil", als „Welle" metaphorisch gefaßt.

Übung: Zeitmetaphern

In der modernen Industriegesellschaft wird Zeit als Ware gefaßt, in die man investiert, die man kauft, die Geld ist. Zeit erscheint als lebendiges Wesen, das den, der zu spät kommt, bestraft (Gorbatschow), das auf unserer Seite ist und das alle Wunden heilt.
Schreiben Sie Ihre eigenen Zeitmetaphern auf, die Sie gerne in Ihren Artikeln benutzen und überlegen Sie, ob Sie bei Ihrem Schreiben alte und verschlissene Metaphern der Zeit durch neue, frische und kühne ersetzen können.

Politische Figuren werden oft durch metaphorische Benennungen charakterisiert. So liest man in der politischen Presse oft vom „kleinen Hitler", von „Caesaren", aber auch von „Albert-Schweitzer-" und von „Mutter-Theresa-Typen".

Übung: Politiker-Metaphern

Untersuchen Sie mal, welche Metaphern unsere heutigen Politiker auf sich gezogen haben. Da gibt es nämlich nicht nur Helmut Kohl (= „Birne"), sondern viele andere metaphorische Umschreibungen für Mitglieder der herrschenden politischen Klasse.

Jede politische Epoche charakterisiert sich durch Metaphern, mit der sie ihre Weltlage deutet. So sprach man in der Aufklärung vom „Dunklen Mittelalter". In den Phasen nach dem 2. Weltkrieg gaben folgende Metaphern die Basis für die Orientierung in der politischen Welt: „Kalter Krieg", „Eiserner Vorhang", „Domino-Effekt", „Rote Ratten" usw.

Übung: Politische Metaphern der Gegenwart

Sammeln Sie alle Metaphern der Gegenwart, versuchen Sie, sie zu erweitern und in Ihren Texten bewußt zu benutzen.

Metaphern sind schließlich Instrumente der Erkenntnis. Weil viele Realitäten des Lebens sehr abstrakt benannt werden, entstehen oft metaphorische Wendungen, die erhellende Vergleiche beinhalten. So wird z.B. von der

Schule als „Krieg", „Hölle", „Zirkus", „Fabrik" oder „Kloster" gesprochen. Untersuchen Sie mal die Metaphorik des Begriffs Zeitung.

Übung: Zeitung als Metapher

Schreiben Sie alles auf, was Sie über Zeitungen wissen. Beginnen Sie mit dem Satz „Die Zeitung ist..." und schreiben Sie dann alles, was Ihnen an Bildern zur Zeitung einfällt. Wählen Sie dann eine Zeitungsmetapher als Kernwort, clustern Sie zu diesem Kernwort und schreiben Sie dann einen Text über „Zeitung".

Metaphern können verschönern und verschlechtern. Extreme politische Richtungen belegen die Gegner mit herabziehenden Metaphern. Aus der Zeitgeschichte sind Metaphern wie „Gesindel", „Ratten", „Zerstörer", „Chaoten" usw. bekannt. Die herrschende politische Klasse hat z.B. eine eigene schönfärbende Metaphorik für ihre Politik entwickelt: „Entsorgungspark", „blühende Landschaften im Osten", „Wirtschaftswunder", „Standortbestimmung".

Übung: Politische Metaphorik heute

Sammeln Sie alle Metaphern, mit der Sie Ihre politischen Gegner belegen und geben Sie dann eine kleine schriftliche Analyse, was hinter diesen von Ihnen benutzten Metaphern steckt und was sie bewirken sollen.

Dinge, die schwer zu erklären sind, werden oft in metaphorischen Bildern festgehalten. Das gilt besonders für die Hauptarbeit des Journalisten: Das Schreiben. Schreiben wird in der journalistischen Zunft oft als „Jagen", „Fischen", „Kochen", „Malen", „Nähen", „Gold suchen" benannt. Die Phasen des Schreibprozesses erscheinen in folgenden Metaphern:

Metaphern des journalistischen Schreibprozesses

1. Phase Ideen sammeln:	Haus reinigen, Karten machen.
2. Phase Gliederung:	Eine Reise beginnen, einen Flickenteppich ordnen.
3. Phase Schreiben:	Loslassen, rauslassen, aufs Papier schmeißen.
4. Phase Kontrolle:	Entmisten, zusammenstreichen
5. Phase Druckreif machen:	Auf Zack bringen, Zeilen schinden.

Überlegen Sie, wie Sie das Schreiben und Ihren Schreibprozeß selbst metaphorisch benennen, und sehen Sie nach, was diese Metaphern für Ihre Hauptarbeitsleistung bedeuten.

Das metaphorische Schreiben hat seine gewichtige Wirkung, aber es gibt auch hier die Warnung vor einer extremen Überbeanspruchung der Metaphern. Quintilian sagt z.B.: „Wie aber maßvoller und passender Gebrauch der Metapher der Rede Glanz und Helle gibt, so macht ihr häufiger Gebrauch sie dunkel und erfüllt uns mit Überdruß, ihr dauernder Gebrauch aber läuft schließlich auf Allegorie und Rätsel hinaus." (QUINTILIAN, a.a.O., Band 2, S. 223)

7.4. Rhetorische Textmuster

Die amerikanische Rhetorik hat acht Textmuster identifiziert, mit denen der Journalist seine Texte strukturieren kann. Diese acht Textmuster heißen:

1. Erzählung
2. Beschreibung
3. Beispiele
4. Definition
5. Entwicklung
6. Gleichheit und Gegensatz
7. Ursachen-Analyse
8. Argumentation

Mit diesen Mustern, die die wichtigsten Formen des menschlichen Denkens darstellen, hat der Journalist „eine Karte, mit der er verschiedene Wege wählen kann, um zum Ziel zu kommen. Er kann auf dem einen Weg eine Ursachen-Analyse schreiben, oder auf dem anderen Weg eine Argumentation... Ohne ein Konzept der rhetorischen Textmuster, muß der Journalist beim Abfassen von Texten ohne Karten arbeiten." (A.C. WINKLER, J.R. McCUEN. From Reading, Writing. Fort Worth 1988, S. 5)

Ohne Karte zu arbeiten, kann dazu führen, daß ein Journalist lange an einem Text herumbastelt, bis er durch Versuch und Irrtum einen richtigen Weg der Struktur des Textes gefunden hat. Als professioneller Schreiber wird der Journalist in einem Text variabel mit den Argumentationsmustern umgehen: Sei es, daß er für die Abschnitte eines Textes verschiedene Muster einsetzt, oder daß er für die Struktur des ganzen Textes ein Muster wählt, das er in jedem Textabschnitt wiederholt. Aus didaktischen Gründen des Schreibtrainings ist es aber besser, jedes Argumentationsmuster für sich vorzustellen und zu üben. (Vgl. A.C. WINKLER, J.R. McCUEN: Rhetoric Made Plain. San Diego 1988, S. 129)

a) Erzählung:

Die Erzählung ist eine Geschichte, mit einem Anfang, einem Mittelteil und einem Ende. Dinge geschehen in einer bestimmten Reihenfolge, und am Ende ist nichts mehr so, wie es am Anfang war. Die Erzählung treibt einem Höhepunkt zu und führt zu einem Resultat. Eine Erzählung kann literarischer Natur sein. Sie ist aber ebenso in Sachberichten, Nachrichten, Fallgeschichten und Reportagen beim Journalisten zu finden. Um eine Erzählung zu schreiben, sind folgende Aspekte zu beachten:

Es muß entschieden werden, ob die Erzählung aus der Ich-, Er- oder Sie-Perspektive geschrieben wird.
Die Geschichte muß immer eine Botschaft vermitteln.
Die Geschichte darf nur wichtige Details mitteilen.
Die Geschichte sollte nur Abschnitte enthalten, die in einem direkten Bezug zur Botschaft stehen.

Jede Geschichte läßt sich am besten mit dem ASL-Cluster schreiben. Dabei heißt A = Anfang, S = Suche, L = Lösung. Wenn man die Botschaft der Geschichte vor Augen hat, entwirft man erst das A-Cluster (mit dem Begriff ´Anfang` als Kernwort), dann das S-Cluster (mit dem Begriff ´Suche` als Kernwort) und schließlich das L-Cluster (mit dem Begriff ´Lösung` als Kernwort). Alle drei Cluster werden dann hintereinander im Spannungsbogen der umrissenen Geschichte heruntergeschrieben.

Übung:

● Denken Sie an einen Wendepunkt in Ihrem Leben, und schreiben Sie seine Geschichte.
● Führen Sie für eine Woche ein Tagebuch, und schreiben Sie am Ende der Woche eine Wochengeschichte.
● Denken Sie an ein Erlebnis, das Ihnen das Wesen der Gesellschaft verständlich gemacht hat, und beschreiben Sie dieses Erlebnis. (Das ist nicht nur eine Übung für die 68er, sondern auch für die 78er und 88er)

b) Beschreibung:

Die Beschreibung stellt eine Erfahrung im Lichte aller sinnlichen Erfahrungen dar: aller Gerüche, Geräusche, Geschmäcker, aller optischen Signale, aller Gefühle, aller Gedanken, die eine Erfahrung auslösen. Um den Kern der Erfahrung werden die sinnlichen Eindrücke zentriert. Die Abfassung einer

Beschreibung beginnt also mit der Suche nach dem Schlüsselbild einer Erfahrung, die das Fühlen einer Person, die Stimmung eines Platzes oder einer Szene ausdrücken kann. Eine Metapher oder ein Vergleich wird zum Zentrum einer Beschreibung. Die Suche nach einer derartigen Metapher, setzt die Fähigkeit des Autoren voraus, sich in meditativer Versenkung auf den Strom der Bilder des Vorbewußten einlassen und diese ohne pompöse Attribute zur Sprache bringen zu können. Der meditierende Journalist, der z.b. das autogene Training beherrscht, wird das auftauchende Zentralbild der Beschreibung mit folgenden Fragen entfalten:

Beschreibungs-Fragen

1.	Wie riecht es?
2.	Wie schmeckt es?
3.	Wie klingt es?
4.	Wie fühlt es sich an?
5.	Wie sieht es aus?
6.	Welche Gedanken ruft es hervor?

Die sinnliche Qualität des Zentralbildes wird gesteigert, wenn er noch in verschiedene Rollen schlüpft, um die Sinnesqualität des Zentralbildes zu differenzieren. Er sollte sich sein Zentralbild vorstellen aus der Sicht:

● eines Tieres
● einer Frau
● einer Farbigen
● eines Wanderarbeiters
● eines Armen
usw.

Eine Beschreibung muß möglichst häufig die Dominanz des Auges über die Beschreibung durchbrechen und alle Sinne des Lesers mit dem Zentralbild der Beschreibung vertraut machen.

Übung:

● Beschreiben Sie Ihr Haustier oder Ihr Kuscheltier
● Fertigen Sie eine Beschreibung Ihrer Selbst aus der Sicht Ihres Hundes, Ihrer Katze, Ihres Kuscheltieres an.
● Beschreiben Sie die schönsten Ferien Ihrer Kindheit.
● Beschreiben Sie den Ort, an dem Sie Ihre Kindheit verbrachten.
● Beschreiben Sie den schönsten Platz, den Sie jemals gesehen haben.
● Beschreiben Sie Ihr Wohnzimmer mit allen Sinnen.

c) Beispiele:

Um Ihre Aussagen lebendig zu gestalten, ist es nötig, Beispiele und Illustrationen anzuführen, die Abstraktion und Langeweile vertreiben. Beispiele bestehen aus einem Bild oder aus vielen Bildern, die sich gut eignen, um eine wichtige Aussage Ihres Textes zu unterstützen. Beispiele können aber auch eine Karte, eine Grafik oder ein Mind-Map sein. Gerade solche Beispiele lassen sich häufig in wissenschaftlichen oder technischen Texten der Publizistik finden. Jedes Beispiel muß in einem Text eingefügt werden. Es lassen sich hier folgende Redewendungen finden:

● „Zum Beispiel...
● Hier ist ein Bild, das...
● Sehen wir uns den Sachverhalt noch einmal in einer kleinen Geschichte an...“

Die wichtigsten Beispiele für einen Text stellen sich meist nicht von allein ein, sondern sind Resultat besonderer Anstrengungen. Achten Sie deshalb auch beim Lesen auf gute Beispiele oder benutzen Sie die deduktive Leiter, um gute Beispiele zu entdecken. Die „deduktive Leiter“ beginnt mit Ihrem Hauptgedanken und ergänzt Stufe für Stufe Konkretionen, die Ihr Hauptgedanke annimmt, je mehr er sich der konkreten Oberfläche der Realität nähert. In der Grafik sieht so eine deduktive Leiter folgendermaßen aus:

Oberste Abstraktion

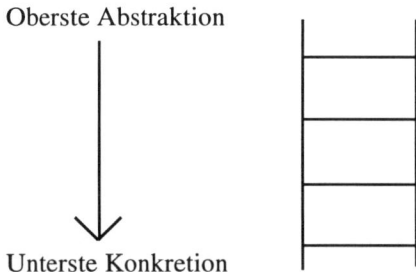

Unterste Konkretion

Üben Sie mit dieser Deduktions-Leiter, die 5, 10 oder 20 Stufen haben kann, indem Sie das Thema Ausländer, Rassenhaß, Faschismus usw. von der abstraktesten bis zur konkretesten Leiterstufe herabführen.

Übungen:

● Beschreiben Sie den Geist Ihrer Heimatstadt, und verwenden Sie dafür wenigstens drei Beispiele.

- Stellen Sie die größten Ängste unserer Zeit dar, und zeigen Sie an Beispielen, wie sie Ihren Alltag prägen.
- Schreiben Sie über die Flirtgewohnheiten des anderen Geschlechts, und verwenden Sie dafür Beispiele.
- Schreiben Sie über die „Wahrheit", und geben Sie Beispiele, wie Wahrheit konkret erscheint.

d) Definition:

Definition heißt, ein Wort exakt in seiner Bedeutungsaussage zu erfassen. Die Erfassung der Bedeutung eines Wortes ist gar nicht leicht, besonders wenn es sich um abstrakte Begriffe handelt. Denn oft lassen sich nicht so schnell zwei Menschen finden, die mit einem Begriff genau das gleiche meinen. Die Überzeugungskraft jedes Textes hängt aber davon ab, daß die Begriffe, die er gebraucht, verständlich sind. Um diese Verständlichkeit zu erreichen, sind folgende Techniken möglich:

- Beginnen Sie Ihre Definition, indem Sie zu sagen versuchen, was der Begriff meint.
- Bauen Sie Ihre Definition aus, durch eine Analyse der Geschichte des Wortes, bei der Sie durchaus z.B. das „Herkunftswörterbucg" der Duden Redaktion benutzen können.
- Schärfen Sie Ihre Definition daduch, daß Sie ausführen, was Ihr Begriff nicht bedeutet.
- Die Definition wird vertieft, wenn Sie konkrete Beispiele für den Sinn Ihres Begriffs verwenden.
- Wenn Sie einen komplexen Begriff dem Leser verständlich machen wollen, werden Sie alle vier genannten Techniken kombinieren können.

(Vgl. A.C. Winkler, J.R. McCuen, a.a.O., S. 142-145)

Übung:

- Versuchen Sie mal die Definition eines guten Journalisten.
- Geben Sie mal einen Definitionsversuch für folgende Begriffe:
  Liebe ist...
  Schönheit ist...
  Angst ist...
  Mut ist...
  Das Sein ist...
  Poesie ist...
  Vorurteil ist...

e) Entwicklung:

Eine Entwicklung versucht, einen Prozeß Schritt für Schritt vorzustellen oder eine Handlungsanleitung in ihren Phasen zu präsentieren. Entwicklungssequenzen tauchen in allen wissenschaftlichen, poetischen und journalistischen Texten auf. Z.B. wenn Sie beschreiben wollen, wie ein Gesetz entsteht oder wie aus Wasser Eis wird oder wie eine Wirtschaftskrise sich entwickelt. Um eine Entwicklung klarer zu fassen, ist es nötig, zuerst das Ziel der Entwicklung zu benennen. Der Leser muß erfahren, was Sie in Form einer Entwicklung schildern wollen. Die verschiedenen Phasen und Schritte der Entwicklung sind dann vorzustellen. Anschauliche Beispiele sollten dafür sorgen, daß auch Leser ohne Vorinformationen den Entwicklungsprozeß verstehen können.

Übung:

● Beschreiben Sie die Phasen bei der Entwicklung eines Leitartikels.
● Schreiben Sie einen Entwicklungsbericht über den Lernprozeß für ein Examen.
● Beschreiben Sie die Phasen von Alltagsritualen, z.B. eine Begrüßung oder ein Abschied.
● Spüren Sie die Entwicklungsschritte einer Krankheit auf, die Sie erleiden mußten.

f) Gleichheit und Gegensatz:

Um Gleichheit festzustellen, muß man ausführen, weshalb zwei Dinge gleich sind. Um den Gegensatz zu erläutern, kommt es darauf an zu zeigen, warum zwei Dinge ungleich sind. Diese Prozesse fallen oft zusammen, z.B. wenn wir Schuhe in einem Geschäft auswählen, Schauspieler eines Stückes beurteilen, auf der Wohnungssuche sind, über Lehrer erzählen oder über Bücher ein Urteil fällen. Mit dem Urteil über Gleichheit und Ungleichheit sind viele Formen des alltäglichen Handelns verbunden. Beim journalistischen Schreiben von Urteilen geht es wie im täglichen Leben zu, nur ist das Verfassen von Bewertungen bezüglich Gleichheit und Gegensatz systematischer, präziser und genauer als in der alltäglichen Rede. Es gibt viele journalistische Texte, die politische, wirtschaftliche oder kulturelle Vergleiche anstellen.

Um einen Vergleich zu schreiben, ist es nötig, erst einmal die Grundlagen und den Bezugspunkt zu formulieren, auf dem der Vergleich möglich wird. Dabei kann die 3-Spalten-Methode hilfreich sein. Sie legen sich ein Blatt mit drei Spalten an und tragen in Spalte 2 und 3 die beiden Dinge ein, die Sie vergleichen wollen. In Spalte 1 formulieren Sie dann die Aspekte, unter denen sich die Gleichheit und der Gegensatz beider vergleichbarer Dinge zeigen lassen. Die Aspekte der ersten Spalte können z.B. aus den acht rhetorischen Suchkategorien der Sache gewonnen werden. (Vgl. G. UEDING, a.a.O., S. 46-55) Eine dreispaltige Liste für den Vergleich des 1. mit dem 2. Weltkrieg könnte z.B. folgendermaßen aussehen:

Rhetorisches Raster für den Vergleich

Vergleichsaspekte	1. Weltkrieg	2. Weltkrieg
Ursache Ort Zeit Art und Weise Möglichkeiten Definition Ziele Umstände Folgen		

Mit diesen Kategorien können Sie alle sachlichen Vergleiche steuern. Bei der Entwicklung von Vergleichen zwischen Personen sind folgende rhetorische Kategorien hilfreich:

Abstammung, Nationalität, Geschlecht, Alter, Erziehung und Ausbildung, körperliche Statur, Schicksal, soziale Stellung, Wesensart, Beruf und Neigung. (Vgl. G. UEDING, a.a.O., S. 38-46)

Bei der Darstellung eines Vergleiches kann man aber auch im Block oder im alternierenden Wechsel vorgehen. Eine Blockgliederung zum Vergleich beider Weltkriege sähe so aus:

1.   Weltkrieg
1.1. Ursache
1.2. Ort und Zeit
1.3. Art und Weise

2.   Weltkrieg
2.1. Ursache
2.2. Ort und Zeit
2.3. Art und Weise
...

Eine alternierende Gliederung könnte sich so darstellen:

1.   Ursache
1.1.   1. Weltkrieg
1.2.   2. Weltkrieg

2.   Ort und Zeit
2.1.   1. Weltkrieg
2.2.   2. Weltkrieg

3.   Art und Weise
3.1.   1. Weltkrieg
3.2.   2. Weltkrieg

Ein Vergleich wird umso spannender für die Leser, je neutraler sich der Autor verhält und je deutlicher er die Verschiedenheit oder Gleichheit der Dinge in seinem Text hervortreten läßt.

Übungen:

● Schreiben Sie einen Vergleich über zwei wichtige Politiker, zwei Führerrinnen der Frauenbewegung, zwei große Künstler, zwei große Psychologen, zwei Verwandte usw.
● Schreiben Sie einen Vergleich über zwei Hauptstädte, Länder, Kulturen, Krisen.
● Vergleichen Sie sich selbst im Alter von 10 und von 30 Jahren.

g) Ursachen-Analyse:

Die Ursachen-Analyse erklärt Ursachen und Folgen von Problemen. Dieses Argumentationsmuster wird in historischen Betrachtungen benutzt, um zum Beispiel die Ursachen der deutschen Teilung darzustellen. Bei Wirtschaftsanalysen taucht die Ursachen-Analyse auf, um zeigen zu können, welche Ursachen die wachsende Arbeitslosigkeit hat. Oder die Psychologie verwendet diese Argumentationsmuster, um zu erklären, weshalb es zur Spaltung zwischen S. Freud und C.G. Jung kam. Um eine Ursachen-Analyse überzeugend zu schreiben, kommt es darauf an, zuerst das Problem zu benennen, dann auf die Ursachen und schließlich auf die Folgen einzugehen. Bei der Betrachtung der Ursachen müssen Haupt- und Nebenursachen, bei der Betrachtung der Folgen Haupt- und Nebenfolgen unterschieden werden.

Übungen:
- Schreiben Sie einen Kurztext, der die Ursachen eines Atomkrieges erklärt.
- Stellen Sie eine Betrachtung zu den Ursachen und Folgen der AIDS-Epidemie an.
- Analysieren Sie die Ursachen der Ausdehnung der Lebensform „Single".

h) Argumentation:

Jede Argumentation hat das Ziel, den Hörer oder Leser von einem vorgetragenen Standpunkt zu überzeugen. Im Zuge der Argumentation können verschiedene andere rhetorische Textsorten Verwendung finden, wie z.B. die Definition, die Darstellung einer Entwicklung usw. Der Aufbau einer Argumentation umfaßt vier Teile:

1. Die eigene Position
2. Argumente zur Verteidigung der eigenen Position
3. Auseinandersetzung mit den Gegenargumenten
4. Bekräftigung der eigenen Position.

Übungen:
- Stellen Sie Ihre Weltanschauung dar.
- Machen Sie einen Vorschlag zur Bekämpfung der Massenarbeitslosigkeit.
- Beziehen Sie Stellung zu Antisemitismus und Neofaschismus.

Der Historiker Robert Blackey hat die Zahl der rhetorischen Textmuster noch erweitert. Wir haben bisher acht solcher Muster vorgestellt. Blackey fand allerdings 16 Muster. Seine Forschungsergebnisse und die sich daraus ergebenen Übungsaufgaben sollen deshalb am Ende dieses Kurses vorgestellt werden.

1. **Analyse** (Bestimmen Sie die Natur und die Beziehung der Elemente einer Sache.)

Übung: „Analysieren Sie den Konflikt zwischen der SPD und den Grünen in den 90er Jahren."

2. **Bewertung** (Bewerten Sie den Charakter eines Ereignisses.)

Übung: „Bewerten Sie die ökonomischen und politischen Gründe für die heutige ökologische Krise."

3. **Vergleich** (Untersuchen Sie die Gleichheit und Ähnlichkeit einer Sache.)

Übung: „Vergleichen Sie die Führungsqualitäten von Lenin und Mao-Tse-Tung."

4. **Gegensatz** (Vergleichen, um Unterschiede hervorzuheben.)

Übung: „Vergleichen Sie die Rechte der Ausländer mit denen der Deutschen."

5. **Kritik** (Entwickeln Sie eine Aussage über Vor- und Nachteile einer Sache.)

Übung: „Kritisieren Sie die Verfassung der Weimarer Republik."

6. **Definition** (Geben Sie den Sinn eines Wortes wieder und benennen Sie seine Bedeutung.)

Übung: „Erklären Sie den Begriff `Totalitarismus'"

7. **Beschreibung** (Gestalten Sie die Faktoren einer Entwicklung.)

Übung: „Beschreiben Sie die Ursachen des Untergangs des römischen Reiches."

8. **Diskussion** (Stellen Sie die Pro und Contra-Meinungen einer Sache dar.)

Übung: „Diskutieren Sie die Bedeutung von Sigmund Freuds Psychoanalyse heute."

9. **Aufzählung** (Reihen Sie alle wichtigen Argumente auf.)

Übung: „Zählen Sie die wichtigsten Bestimmungen des Grundgesetzes auf."

10. **Überprüfung** (Bewerten Sie die Qualität einer Sache.)

Übung: „Überprüfen Sie die Qualität des antiautoritären Erziehungskonzeptes."

11. **Erklärung** (Benennen Sie die Ursache einer Sache.)

Übung: „Benennen Sie die Ursachen für den Aufstieg Hitlers."

12. **Illustration** (Benutzen Sie Beispiele, um eine Sache verständlich zu machen.)

Übung: „Geben Sie Beispiele, um die Eroberung Amerikas durch die Spanier zu erläutern."

13. **Interpretation** (Stellen Sie Ihr Wissen über eine Sache dar.)

Übung: „Geben Sie Ihre Deutung für den Untergang der Renaissance."

14. **Rechtfertigung** (Geben Sie Fakten, um Ihre Meinung zu erhärten.)

Übung: „Rechtfertigen Sie die Ostpolitik der SPD in den 70er Jahren."

15. **Abwägung** (Nennen Sie Fakten und Gründe für eine Sache.)

Übung: „Wägen Sie ab, ob die industrielle Revolution Europa genutzt oder geschadet hat."

16. **Zusammenfassung** (Nennen Sie Ihre Hauptargumente kurz und knapp.)

Übung: „Stellen Sie die Ursachen für das Scheitern der Französischen Revolution zusammen."

(R. Blackey. In: R. Simard, S. Stone: The Whole Writer's Catalog. San Francisco 1992, S. 121-123)

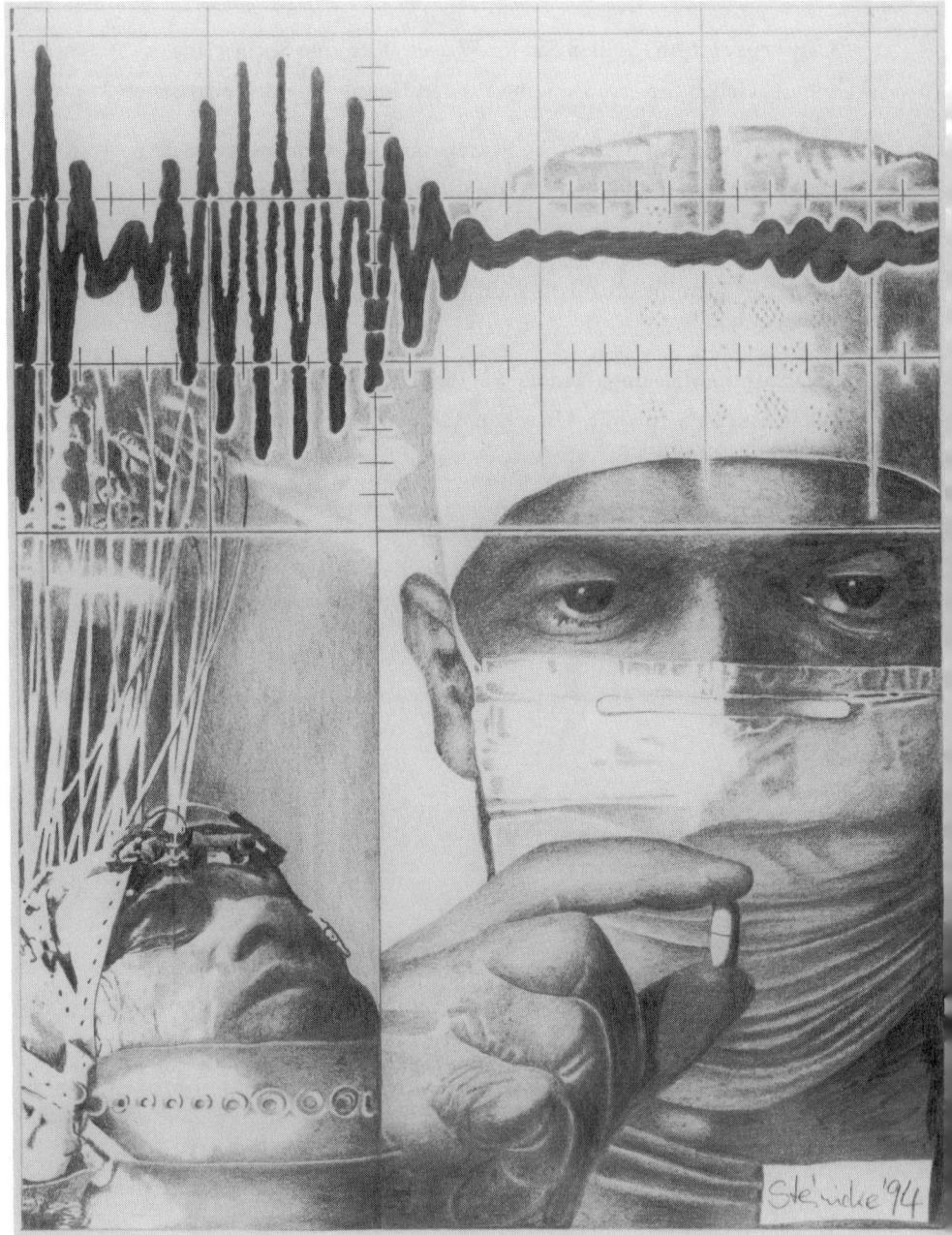

> „**Frage:** Was sind die emotionellen Barrieren, die Ärzte daran hindern zu schreiben und zu publizieren?
>
> **Antwort:** Mit emotionellen Sperren gegenüber dem Schreiben haben nicht die Ärzte allein zu kämpfen, sondern alle Berufe. Die wichtigsten emotionellen Barrieren, auch für Ärzte, heißen:
> * Angst vor der Ablehnung des Manuskripts
> * Fehlendes Vertrauen in die eigene Schreibfähigkeit
> * Angst vor Kritik durch die Kollegen
> * Fehlende Übung im Umgang mit Schreibstörungen
> * Gefühle, vom Thema des Schreibens überfordert zu werden."
> (R. Weiss-Lambrou, Arzt)

8. Kreatives Schreiben für Ärzte

Viele Ärzte und die Menschen in helfenden Berufen im Gesundheitssystem entwickeln in ihrer akademischen Ausbildung kaum ihre Schreibqualifikation. Das medizinische Wissen muß auswendig gelernt werden. Fragebogen zum Ankreuzen sind eine häufige Lektüre angehender Ärzte. Die medizinische Fachsprache bewegt sich in einem engen naturwissenschaftlichen Fachdiskurs. Dabei bleibt oft der ganze Mensch als Patient und Leidender außerhalb der von Ärzten praktizierten Sprach- und Schriftnetze. Seit jüngster Zeit entstehen deshalb in den USA Schreibkurse für Ärzte und Menschen in helfenden Berufen. Sie sollen die Ärzte in ihrem schriftlichen Ausdruck fördern, ihre Kommunikation mit den Patienten vertiefen und ihre schriftlichen Materialien über die Patienten humaner gestalten lassen.

Konzepte und Praxen zum kreativen Schreiben von Ärzten sollen im Rückgriff auf amerikanische Vorbilder in diesem Kapitel vorgestellt werden. Dabei werden den Ärzten kreatives Schreiben als Poesie, als Technik des kreativen Schreibens und als medizinische Rhetorik vorgestellt. Gerade der Wechsel in den Schreibmethoden wird sich als besondere Hilfe bei der Erweiterung der Schreibqualifikation von Ärzten erweisen. Dieser Wechsel wird deshalb hier ganz bewußt präsentiert.

8.1. Journalschreiben

Ärzte können ihre Schreibkreativität wiederentdecken, indem Sie beginnen, ein Journal zu führen. Ein Journal ist eine Mischung aus Tage- und Notizbuch. Es wird in der ersten Person Singular geführt (Ich) und setzt sich mit der ärztlichen Berufs- und Privatrealität auseinander (Es). Jede Eintragung wird datiert. Der Stil des Journals ist locker, privat und experimentell. Die Eintragungen werden nach Lust und Laune getätigt. Wenn einem Arzt nichts einfällt, schreibt er mal eine Seite Freewriting ohne jede Hemmung und erforscht sich so selbst. Auch Gedichte, Anekdoten, Erzählungen, Fallgeschichten, Beobachtungen bei Patienten, Gefühle und Ängste im Beruf haben im Journal ihren Ort. Nach jedem Monat wird das Journal durchgelesen. Es kann ein Inhaltsverzeichnis aller Überschriften angefertigt, und es können nun Leitmotive zur Selbstreflektion ermittelt werden. So entsteht für den Arzt ein anregender Kosmos aus Beobachtungen, Spekulationen, Fragen, Darstellungen des Selbstbewußtseins, Beziehungen, Dialoge, Informationen, Kritiken, Problemstellungen und Problemlösungen, Analysen und Synthesen.

Untersuchungen zum Wert des Journalschreibens im Beruf können sich nicht nur auf große Wissenschaftler stützen, die wie Einstein oder S. Freud immer ein Journal führten, sie können auch auf den Wert des Journalschreibens zur Bewältigung des Berufsstresses, zur Lösung von Berufskonflikten, zur Stabilisierung der beruflichen Identität und zur Verbesserung des beruflichen Selbstmanagements verweisen. (Vgl. T. FULWILER (Hrsg.): The Journal Book. Portsmouth 1987, S. 87-97) Machen wir also im Folgenden einige Vorschläge für das Führen von Journalen bei Ärzten. (Vgl. B.B. LIES: The Poet's Pen. Englewood 1993, S. 35-46)

Diese Vorschläge können mit den nötigen Modifikationen durch das Berufsfeld auch für andere akademische Berufe nützlich sein. Die Vorschläge zum Journalschreiben von B.B. Lies gliedern sich nach den Abschnitten:

Sammeln, die Realität beobachten, Selbstbeobachtung, übertreiben der Realität, Farben, Wortspiele, Erinnerungen an die Kindheit.

Sammeln:

1. Hören Sie Ihren Patienten zu, und notieren Sie sich interessante Aussagen.
2. Machen Sie sich eine Liste von Dingen, die Sie im Laufe Ihres Lebens schon verloren haben.
3. Machen Sie eine Liste von Dingen, die Sie besonders lieben.
4. Geben Sie nach einer Woche eine genaue Beschreibung der Dinge, die Sie in dieser Woche berührt haben.
5. Beschreiben Sie alltägliche Dinge einmal aus einer anderen Perspektive: Sich selbst aus der Sicht eines Patienten, oder Ihr Wartezimmer aus der Sicht einer Zimmerpflanze.
6. Beobachten Sie die Leute in Ihrem Kiez, und beschreiben Sie die Originale der Straße.
7. Machen Sie eine Liste der Bücher, die Sie niemals wieder lesen wollen, der Plätze, die Sie niemals mehr begehen wollen und alle Dinge, die Sie nicht mehr erleben wollen. Stellen Sie dann dieser negativen Liste eine positive Liste gegenüber.
8. Stellen Sie fünf Fragen, die Sie immer schon stellen wollten.
9. Listen Sie alle Dinge auf, die Sie an dieser Welt ärgern.
10. Machen Sie eine Liste aller guten Dinge, die Ihnen in Ihrem Leben schon begegnet sind. Verlängern Sie diese Liste auch auf das Leben Ihrer Eltern und Großeltern.
11. Beschreiben Sie den Zustand der Welt zur Stunde Ihrer Geburt. Benutzen Sie dafür eine Zeitung, die am Tage Ihrer Geburt erschienen ist.

Die Realität beobachten:

1. Setzen Sie sich ruhig auf einen Platz. Nehmen Sie für 15 Minuten die Umgebung mit allen Sinnen auf. Schreiben Sie, wie der Platz riecht, schmeckt, sich anhört, aussieht und sich anfühlt.
2. Gehen Sie mehrmals am Tag an einen Platz, den Sie besonders lieben. Schreiben Sie auf, wie der Platz sich im Laufe des Tages verändert.
3. Schreiben Sie die Gespräche von Krankenschwestern, Krankenpflegern und Kranken auf, und stellen Sie fest, welche Probleme sie haben.
4. Beschreiben Sie eine Pflanze so, daß jeder sofort versteht, was Sie empfinden, wenn Sie diese Pflanze sehen.
5. Beobachten Sie die Straße vor Ihrer Klinik oder Ihrer Arztpraxis, wenn Sie mal für kurze Zeit Ruhe haben. Notieren Sie das Leben der Pflanzen,

Tiere und Menschen, wie es sich Ihnen für diesen kurzen Augenblick
(mitten in Ihrer Arbeit) darstellt.

Selbstbeobachtung:

1. Beschreiben Sie zwei Dinge, an denen Sie sehr hängen.
2. Beschreiben Sie Ihre Tagesstimmung. Finden Sie eine Metapher, die diese Stimmung genau ausdrückt.
3. Welche Situationen machen Sie nervös? Analysieren Sie die Ursachen Ihrer Nervosität.
4. Schreiben Sie auf, wofür Sie lange und intensiv gearbeitet haben, ohne es erreichen zu können.
5. Schauen Sie mal in den Spiegel, und versuchen Sie mit wenigen Worten ein Selbstbildnis als Arzt.
6. Schreiben Sie über den Verlauf Ihres Lebens innerhalb von drei Jahren. Das letzte Jahr, das Jahr, das Sie gerade durchleben und das nächste Jahr.
7. Schreiben Sie einen Brief an sich, als ob Sie 5, dann als ob Sie 10 Jahre jünger wären.
8. Welche Ratschläge würden Sie einem Menschen geben, der 10 Jahre jünger ist als Sie?
9. Welche Eigenheiten an Ihnen sind Familientradition?
10. Schreiben Sie einen Brief, in dem Sie Ihre besten Seiten hervorkehren.

Übertreiben Sie die Realität:

1. Schreiben Sie über die größten Lügen der Welt.
2. Verändern Sie eine schwierige Situation so, daß es eine gute Lösung gibt.
3. Finden Sie die besten Metaphern für den heutigen Tag, Ihren Partner, das Essen, den Weg zur Arbeit, die Arbeit mit den Patienten.
4. Nach einem wichtigen Beratungsgespräch mit einem Patienten, beschreiben Sie dieses Gespräch aus der Sicht des Patienten.
5. Beschreiben Sie Ihren schönsten Traum, in dem Ihnen eine Heilung gelang.
6. Beschreiben Sie die Stellung des Arztes im Paradies.
7. Beschreiben Sie eine Verstimmung, und lassen Sie Ihre „Verstimmung" einen Dialog mit Ihnen führen.
8. Sie wachen auf und sind ein anderer. Beschreiben Sie nun Ihre Gefühle.
9. Erforschen Sie unbekannte Jahre Ihrer Vergangenheit, und versuchen Sie, sich hell und leuchtend darzustellen.
10. Stellen Sie eine Liste aller Heilmittel dar, die die Welt gesund machen könnten.

11. Schreiben Sie einen Brief an einen historischen Arzt, den Sie bewundern, an einen Dichter, den Sie lieben oder an einen Philosophen, den Sie verehren.
12. Laden Sie die fünf wichtigsten Personen aus dem heutigen Gesundheitssystem ein, und beschreiben Sie ein Gespräch mit ihnen.

Farben:

1. Sehen Sie sich in Ihrer Praxis um, und beschreiben Sie alle Farben, die Sie in ihr sehen.
2. Geben Sie allen Dingen in Ihrer Praxis schöne Farben.
3. Machen Sie eine Liste aller Stimmungen, die Sie haben, und geben Sie diesen Stimmungen Farben.
4. Geben Sie allen Patienten, die für Sie wichtig sind, Farben.
5. Geben Sie den Tönen, die Sie hören, Farben.
6. Wie schmeckt blau, rot, gelb oder grün? Beschreiben Sie den Geschmack von Farben.

Wortspiele:

1. Listen Sie alle Worte auf, die im Arztjargon toll klingen und dann alle Worte, die furchtbar klingen.
2. Machen Sie eine Liste von 15 Worten aus der ärztlichen Sprache und fangen Sie an, sie ganz wahllos zu kombinieren und zu montieren.
3. Schreiben Sie Ihren Namen auf. Bilden Sie mit den Buchstaben Ihres Namens so viele Worte, wie es geht.
4. Versuchen Sie, die Geschichte Ihres Namens zu schreiben.
5. Finden Sie alle Worte, die sich mit Ihrem Rufnamen und alle, die sich mit Ihrem Familiennamen reimen, und stellen Sie dann eine Liste aller Worte zusammen, die sich auf den Namen Arzt und auf den Namen Doktor reimen.
6. Geben Sie Ihren Freunden Namen, die besser zu ihnen passen.
7. Geben Sie allen Tieren und Pflanzen neue Namen, dabei können es durchaus lateinische Namen sein.
8. Machen Sie eine Liste aller Ihrer Körperteile, und versehen Sie sie mit einem Vergleich: „Mein Haar ist wie..." usw.
9. Machen Sie eine Liste von Metaphern Ihrer selbst; „Ich als Arzt bin..."
10. Schreiben Sie fünf Sätze, in denen das erste Wort immer einen gleichen Klang hat.
11. Machen Sie eine Liste aller Laute, und bauen Sie sie in einige Sätze ein.
12. Wählen Sie eine Abstraktion, und beschreiben Sie sie als Person, als Blume oder als Tier.

13. Schreiben Sie alle Klischees über Ärzte auf, die Sie kennen, und verfremden Sie diese Klischees.

14. Schreiben Sie alle unüblichen und überraschenden Bilder über Ärzte auf, mit denen sich die ärztliche Arbeitsrealität beschreiben läßt.

15. Machen Sie eine Liste von Wörtern, die Sie in Ihrem Beruf selbst erfunden haben.

16. Schreiben Sie die Titel aller ärztlichen Fachbücher auf, die Sie gern geschrieben hätten oder noch schreiben wollen.

Erinnerungen an Ihre Kindheit:

Erinnern Sie sich an ihre Kindheit. Schreiben Sie kleine Texte zu folgenden Themen:

- 1. Ein Familienbild mit den Eltern und Geschwistern.
- 2. Ein Freund, mit dem Sie spielten.
- 3. Die Erfahrung, die Sie motivierte, Arzt zu werden.
- 4. Ein Geheimnis, das Sie noch nie enthüllt haben.
- 5. Ein Geschenk, das Sie bekamen.
- 6. Wie ich lesen lernte.
- 7. Eine unerklärliche Begebenheit.
- 8. Ein neuer Bruder oder eine neue Schwester.
- 9. Familienmythen.
- 10. Eine Ungerechtigkeit.
- 11. Eine Erfahrung von Einsamkeit.
- 12. Ein Feind.
- 13. Ein Familienurlaub.
- 14. Der beste Lehrer.
- 15. Ihre erste Erinnerung.
- 16. Ein Lied, das Sie nie vergessen werden.
- 17. Die typischen Farben und Gerüche der Küche Ihrer Kindheit.
- 18. Ein unbändiges Lachen.
- 19. Eine Bestrafung.
- 20. Als Sie einmal verloren gingen.
- 21. Das Lächeln Ihrer Mutter.
- 22. Ihre ersten Heilungsversuche.

8.2. Clustern

Ärzte sind durch ihr naturwissenschaftliches Verständnis von Krankheit stark auf die Aktivitäten der linken Gehirnhälfte konzentriert. Die linke Gehirnhälfte denkt linear, formt Gefühle in Gedanken und Gedanken in Sätze um, zergliedert die Welt in überschaubare benennbare Ausschnitte und Teile, ist logisch und ordnet die Welt nach Ursache und Wirkung.

Die rechte Gehirnhälfte denkt bildhaft, ist eigentlich stumm, macht sich aber mit Bildern bemerkbar, verbindet die Welt zu einem Gefüge von Ganzheiten. (S. SPRINGER, G. DEUTSCH: Linkes/rechtes Gehirn. Heidelberg 1987)

Erst die Kooperation von linker und rechter Gehirnhälfte verhilft zur ganzheitlichen Wahrnehmung des Menschen und erkennt jenseits des naturwissenschaftlichen Paradigmas die psychosomatischen und geistigen Aspekte menschlicher Krankheiten. „Diese synergetische Beziehung zwischen dem linken und rechten Gehirn ist die eigentliche Basis der Kreativität." (T.R. BLAKESLEE: Das rechte Gehirn. Freiburg 1988, S. 59) Ähnlich argumentiert auch ZDENEK, M: Die Entdeckung des rechten Gehirns. Berlin 1988, M. FERGUSON: Geist und Evolution. Die Revolution der Gehirnforschung. München 1986.

Für Ärzte, die an einem ganzheitlichen Verständnis menschlicher Krankheiten arbeiten und neue ganzheitliche Heilmethoden anwenden wollen, ist eine Einführung in das ganzheitliche Schreiben mit Hilfe der Cluster-Methode ein guter Beitrag zur Verbesserung ihrer Professionalität. Das Cluster-Schreiben ist durch die amerikanische Schreibforscherin G.L. RICO in den 80er Jahren entwickelt worden, um die Kooperation von linker und rechter Gehirnhälfte im Schreibprozeß zu ermöglichen. Sie betont:

„1. Das Clustering bricht die Vorherrschaft, die wir gewöhnlich der systematischen Arbeitsweise der linken Gehirnhälfte zubilligen, zugunsten der scheinbar zufälligen rechtshemisphärischen Assoziationen, die in nichtlinearer Form zu Papier gebracht werden.

2. Beim Clustering spielen linkshemisphärische Sprachmerkmale, wie Syntax, Folgerichtigkeit und Kausalverknüpfungen kaum eine Rolle. Infolgedessen haben Wörter die Tendenz, ihre herkömmliche begriffliche Bezeichnungsfunktion aufzugeben und Bildcharakter anzunehmen, von wörtlicher Bedeutung zu komplexen und poetischen Vorstellungsbildern überzugehen.

3. Das Clustering eröffnet der rechten Gehirnhälfte die Möglichkeit, die für ihre Form der Informationsverarbeitung charakteristischen unverbrauchten Wahrnehmungen und bedeutungsvollen Muster zu entwickeln.

4. *Das Clustering bezieht die rechte Hemisphäre dadurch ein, daß es dem*
   Fluß der emotional gefärbten Bilder, Ideen und Erinnerungen freien Lauf
   läßt, bis sich der erste, vorläufige Entwurf einer Ganzheit abzeichnet und
   der Schreibprozeß mühelos in Gang kommt.
5. *Das Clustering macht sich das kindliche, staunende, unschuldige, neu-*
   gierige, spielerische, offene, flexible, nach Mustern suchende Denken
   zunutze, das ich als bildlich bezeichnet habe und dank dessen wir ein
   kreatives Spiel mit Sprache, Ideen, Rhythmen, Bildern, Lauten und
   Mustern entfalten können, bevor wir uns auf eine bestimmte Richtung
   festlegen. Kurz, wir erweitern das Spektrum unserer Möglichkeiten.
(G.L. RICO: Garantiert schreiben lernen. Reinbek 1984, S. 84f)

Das Clustering ist ein nichtlineares Brainstorming-Verfahren, das mit der freien Assoziation verwandt ist. Das Cluster-Verfahren beginnt, wie das Mind-Mapping von TONY BUZAN, mit einem Kernwort in der Mitte eines weißen Blattes Papier.

Übung:

Schließen Sie die Augen, und lassen Sie sich ein Wort einfallen, das Sie in die Mitte eines weißen Blattes Papier schreiben.

Dieses Kernwort ist die Keimzelle aller weiteren Einfälle, die zur Bildung des Clusters (deutsch: Worthaufen) führen. Zu dem Kernwort werden sich zugleich weitere Einfälle einfinden, die sich zu Assoziationsketten ordnen lassen.

Übung:

Schließen Sie die Augen, behalten Sie Ihr Kernwort im Sinn, und lassen Sie sich weitere Worte einfallen. Öffnen Sie dann die Augen, und schreiben Sie die neuen Worte auf. Kreisen Sie die neuen Worte ein, und verbinden Sie die Assoziationsstränge miteinander. Sie werden dann folgendes Bild auf ein Papier produzieren:

Bild eines Clusters

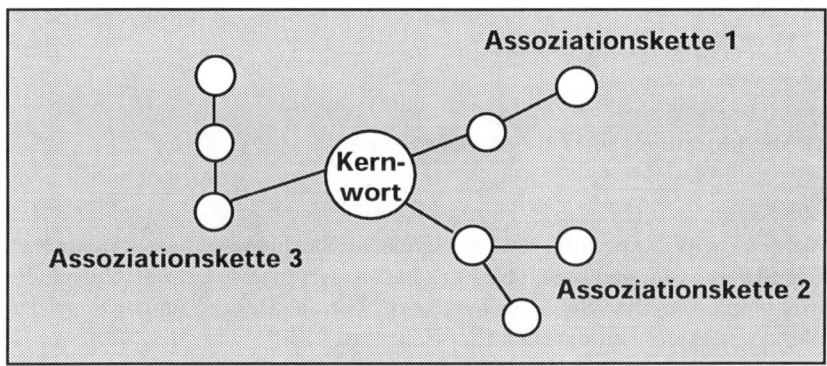

Das Cluster überwindet die Barriere zwischen linker und rechter Gehirn-
hälfte. Es läßt die rechten Bilder zu und ordnet sie mit der Kraft des linken
Gehirns und seiner logischen Potenz in Assoziationsketten. So entsteht zum
Kernwort „Anklammern" vielleicht folgendes Cluster:

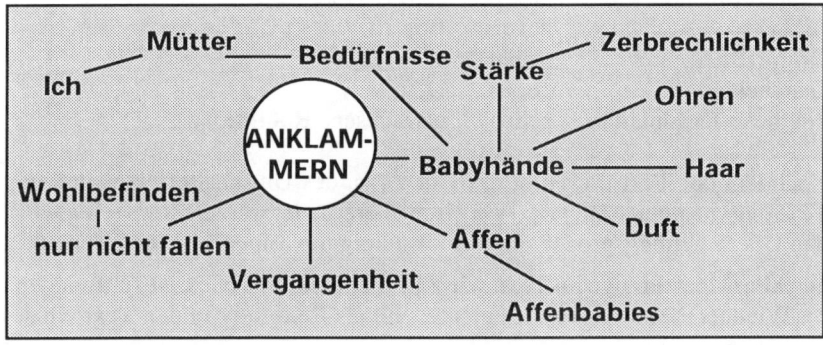

(G.L. Rico, a.a.O., S. 82)

Rico hat dann eine weitere wichtige Entdeckung gemacht. Das freie Assoziieren, im Cluster geordnet, entwickelt sich bis zu einem Punkt, wo aus der
freien Assoziation (auf dem Papier visualisiert) ein Muster entsteht. Dieses
Umschalten von freiem Assoziieren zum Muster erkennen, versteht Rico als
„Umschalten" von der rechten zur linken Gehirnhälfte. Für den Schreibprozeß hat die Entdeckung des Umschalteffektes eine zentrale Bedeutung. In
dem Augenblick, wo der Umschalteffekt erfolgt, macht sich das Entdecken
von Mustern im Assoziationsfeld als Idee, welcher Text zum Kernwort zu

schreiben ist, bemerkbar. Diese erste Textidee als Resultat des Umschalteffektes kann folgendes sein:

a) Das erste Wort eines ersten Satzes.
b) Ein erster Satz
c) Mehrere Sätze
d) Die Idee für einen Text von einer Seite

Übung:

Wählen Sie das Kernwort „Heiler". Schließen Sie die Augen, assoziieren Sie,
visualisieren Sie, und malen Sie Ihr Cluster. Achten Sie auf den Umschalteffekt, und schreiben Sie sechs Sätze zum Thema „Heiler" auf der Basis der
Worte und Assoziationsketten Ihres Clusters.

Das Clustern mobilisiert originelle Sprachmuster, kindliche Kreativität und
die tieferen Mythen Ihres kollektiven Unbewußten. Es durchbricht die Schale
der genormten Alltagsklischees der Rede. Es schafft Schreibhemmungen ab
und fördert die Schreiblust. Das Cluster setzt:

Freie Assoziationen	gegen	sterile Systematik
Bild	gegen	Begriff
Originalität	gegen	Konvention
Ganzheit	gegen	Detail
kindliche Originalität	gegen	erwachsene Routine

Nachdem der Text mit Hilfe des Clusterns, des Umschalteffektes und der
Textidee entstanden ist, muß er kritisch überarbeitet werden. RICO schlägt für
den Überarbeitungsprozeß die Berücksichtigung folgender Prinzipien vor:

a) Alles Überflüssige im Text, wie Klischees und Triviales, ist zu streichen.
b) Wiederkehrende Sprachelemente sind als Leitmotiv in den Text einzubauen.
c) Im Text sind Sprachrhythmen zu entwickeln: Langsätze, Kurzsätze,
   Satzbrechungen.
d) Metaphern sollten verwendet werden: außergewöhnliche Bilder für All-
   tägliches.
e) Widersprüche sind in den Text einzubauen: beide Seiten des Lebens
   sollten zur Sprache gebracht werden.

Übung:

Wählen Sie als Kernwort „Mein Patient". Produzieren Sie mit Hilfe des
Clustering-Verfahrens einen Text und überarbeiten Sie ihn dann mit Hilfe der
eben genannten fünf Prinzipien.

Sie können das Cluster-Verfahren professionalisieren, wenn Sie folgende Ratschläge von G.L. RICO beachten:

- Gelassenheit beim Clustern: Nehmen Sie sich zurück, lassen Sie die Einfälle fließen.
- Mit Träumen arbeiten: Lassen Sie auch Traumbilder in Ihre Texte einfließen.
- Die Kräfte der Meditation nutzen: Wenn Sie z.B. autogenes Training beherrschen, bilden Sie sich ein Cluster im Trancezustand der Oberstufe und schreiben Sie nach der Rückkehr aus der Trance Ihren Text.

Oft tritt das Leben in Widersprüchen auf. Davon kann jeder Arzt ein Lied singen. RICO hat für die Bearbeitung aller Problemthemen das <u>Widerspruchscluster</u> entwickelt. Es beginnt mit einem Widerspruchskernwort, z.B.

Widerspruchskernwort

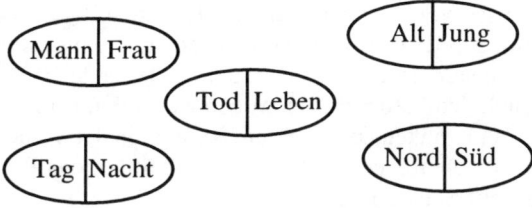

Anhand von Widerspruchskernworten entwickelt sich dann der Assoziationsprozeß von zwei Sinnzentren aus. Dieser Assoziationsprozeß gewinnt bald einen starken Widerspruch, der sich dann mit einer deutlichen Schreibidee aufzulösen sucht. So ereignet sich eine „Coincidentia oppositorum" (der Zusammenfall der Widersprüche oder These-Anti-These-Synthese) im Assoziationsprozeß, um zu einer prägnanten Schreibidee und einem ganzheitlichen Text zu führen.

Übung:

Wählen Sie das Widerspruchskernwort „Gesunder Arzt/kranker Patient". Assoziieren und visualisieren Sie, und schreiben Sie dann einen Text, der vielleicht eine Lösung für Ihre Frage: „Wie verstehe ich meinen Patienten und sein Leid besser?" ergibt.

Das Widerspruchscluster, das im Kernwort aus zwei Namen besteht, die
geistige oder wissenschaftliche Widersprüche präsentieren, kann auch zur
Arbeit an der Aufhebung von Widersprüchen z.b. zwischen Heilverfahren
führen.

Übung:

Wählen Sie als Widerspruchskernwort die Vertreter zweier verfeindeter
Heilströmungen, z.b. einen Vertreter der Micro-Chirurgie und einen Vertreter der klassischen Chirurgie. Entwickeln Sie Ihr Widerspruchscluster. Formen Sie das Cluster dann in einen Dialog zwischen A, dem Microchirurgen
und B, dem klassischen Chirurgen um. Lassen Sie sie auf dem Papier einen
längeren Dialog führen. Formulieren Sie dann diesen Dialog in einen diskur-
siven Text um. Vielleicht hat er die Kraft für Sie im Zwiespalt zwischen zwei
Heilverfahren einen Entscheidungsprozeß anzubahnen.

Sie können das Clusterverfahren auch ohne Schreibprozeß für die Auseinandersetzung mit Ihren Patienten einsetzen. Statt traditioneller Aufzeichnungen, die Ergebnisse von Untersuchungen, Röntgenbildern, Bemerkungen
von Konsultationen, EKG-Ergebnisse, Briefe und Gutachten umfassen,
können Sie das Cluster einsetzen. Sie brauchen vielleicht 10 Minuten, um in
einem Cluster sich den Patienten vor Augen zu führen, während Sie für das
Lesen einer dicken Krankenakte, vor dem Kontakt in der Sprechstunde, sehr
viel mehr Zeit brauchen werden. Sehen Sie sich nun das Beispiel für ein
Patientencluster auf Seite 257 an.

Übung:

Legen Sie sich ein Cluster über einen wichtigen Patienten an.

Auch bei der Auseinandersetzung mit Ihrem Jahresbudget kann Ihnen als
niedergelassener Arzt das Clustern hilfreich sein. Ein Budget soll ausdrükken, was Sie im Laufe eines Jahres ausgeben wollen und was Sie ausgeben
können. Das Budget-Cluster beginnt also mit den finanziellen Tatsachen und
kommt dann zu den finanziellen Wünschen.

Übung:

Zeichnen Sie mal ein Budget-Cluster nach dem Beispiel auf Seite 257.

Wenn Sie auf einer ärztlichen Weiterbildung sind, kann Ihnen das Clustern
helfen, die zentralen Aussagen eines Vortrages leichter festzuhalten. Geben
wir ein Beispiel. Ein Arzt hört z.B. einen Vortrag über die Transaktions-

Patienten-Cluster: Frau H.E., geb. 1945, Schmerzen im Bein.

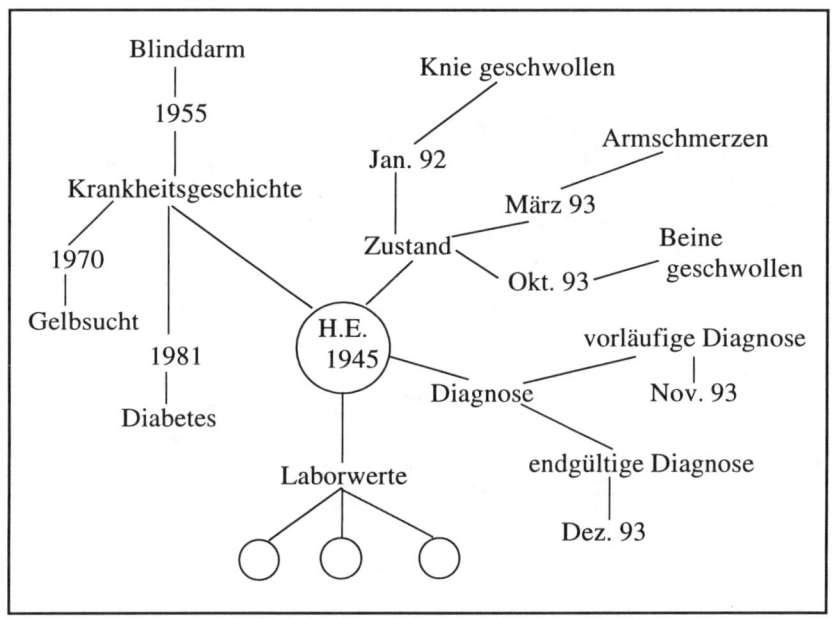

Budget-Cluster

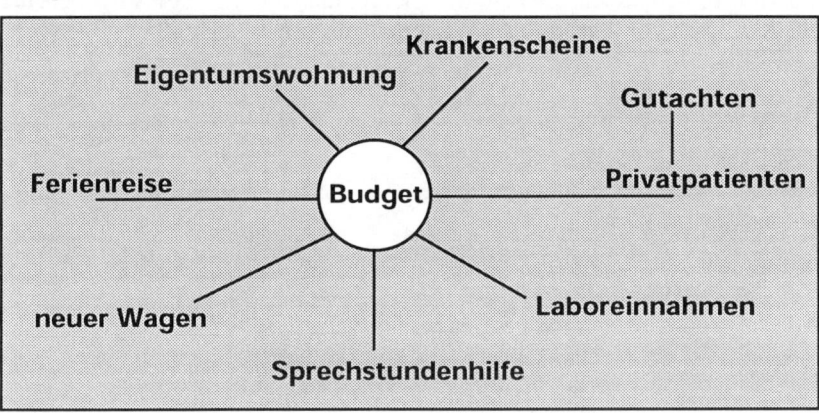

analyse von Eric Berne. Er zeichnet während dieses Vortrages folgendes Vortrags-Cluster:

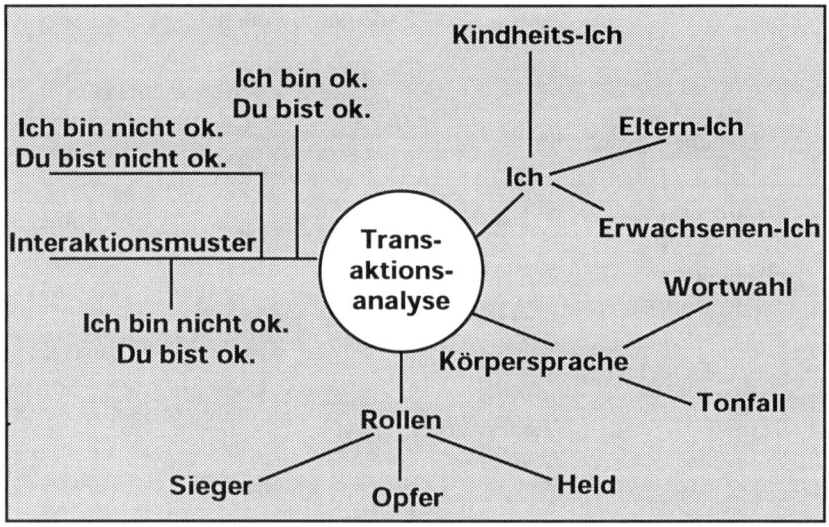

Übung:

Halten Sie einen Vortrag mit einem Cluster fest.

Das Cluster hilft Ihnen auch bei der Zeitplanung. Sie können mit Hilfe des Clusters Zeitpläne für wichtige Tage aufstellen oder Urlaubspläne schnell konkret werden lassen. Hier ein Beispiel für die Klärung aller Aufgaben, die ein Arzt noch vor Antritt eines Winterurlaubs erledigen mußte:

Planungs-Cluster

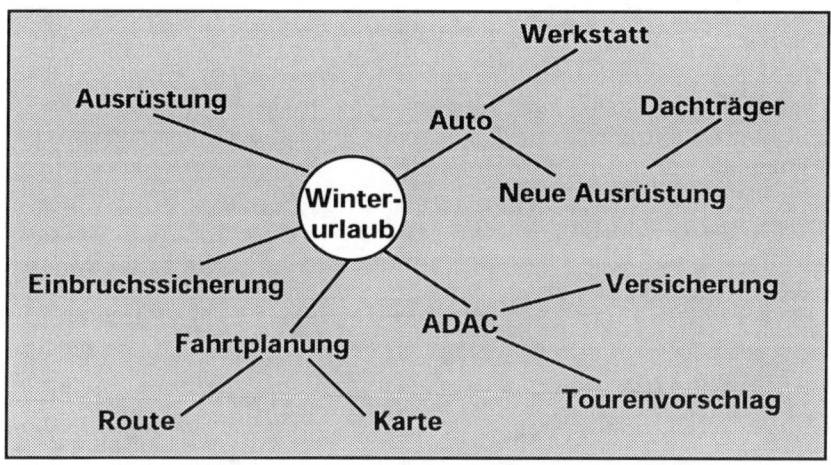

Der Arztberuf ist mit vielen psychischen Belastungen verbunden. Ohne Rückzug und Besinnung auf sich selbst wird der Arzt schnell Opfer des „Helfersyndroms". (W. SCHMIDBAUER: Helfen als Beruf. Reinbek 1986) Der Arzt sieht sich deshalb öfters zur Selbstbesinnung gezwungen, um Abstand zu gewinnen, um innere Kräfte zu mobilisieren, um Abgrenzungen vorzunehmen. Für diese kleine alltägliche Selbstanalyse in der ärztlichen Praxis ist das Clustern einsetzbar. So kann der Arzt das Ich-Cluster einsetzen.

Ich-Cluster

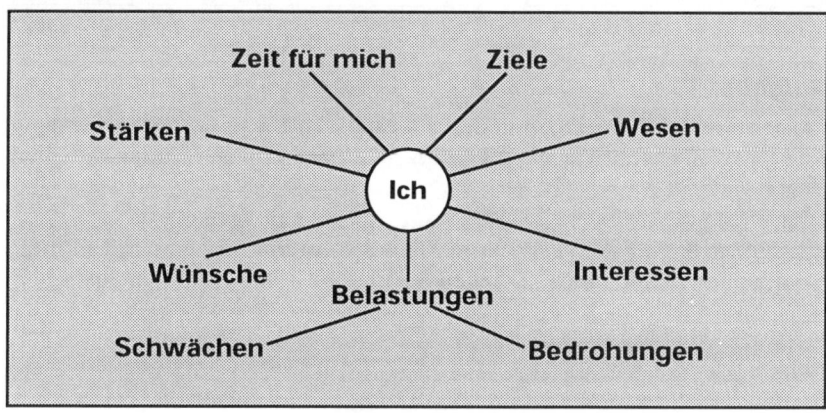

Aufgabe:

Entwerfen Sie mal ein konkretes Ich-Cluster, und schreiben Sie dann einen Ich-Text.

Die Ich-Analyse kann erweitert werden, wenn ein Ganzheits-Cluster entwickelt wird, das alle Aspekte des Ichs in seiner Umwelt, als Körper/Seele/Geist-Ich umfaßt.

Ganzheits-Ich-Cluster

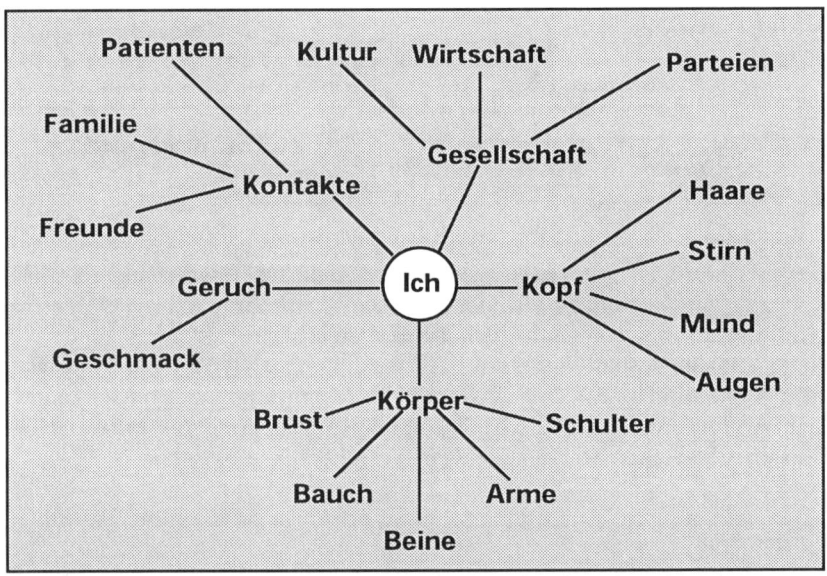

Aufgabe:

Clustern Sie zu Ihrer Situation in der Gesellschaft, und schreiben Sie dann einen Text über Ihre eigenen biografischen Erfahrungen in Ihrer aktuellen Gegenwart.

Ihre eigene Sozialisation erkennen Sie besser, wenn Sie sich als Teil Ihrer Familiengeschichte sehen. Arbeiten Sie mal mit einem Familiencluster.

Familiencluster

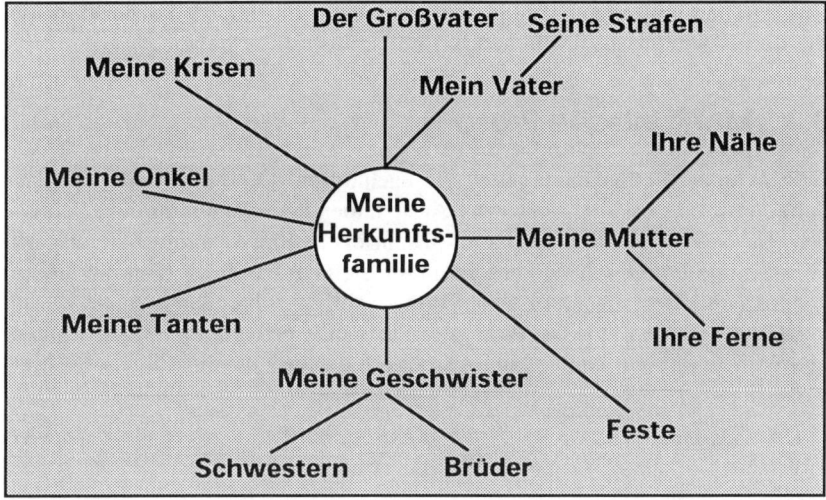

Übung:

Entwerfen Sie ein Familiencluster, und schreiben Sie eine kleine Familiengeschichte. Wenn Sie fertig ist, sehen Sie mal in Ihrer Familiengeschichte nach, durch welche Familientraditionen Sie geprägt wird.

Oft geht eine Berufskrise (die bei Ärzten ja nicht selten ist) mit der Rückbesinnung auf die wichtigsten Berufsentscheidungen und Berufsentwicklungen einher. Für eine solche Vergewisserung in Berufskrisen gibt es das ärztliche Berufscluster.

Ärztliches Berufscluster

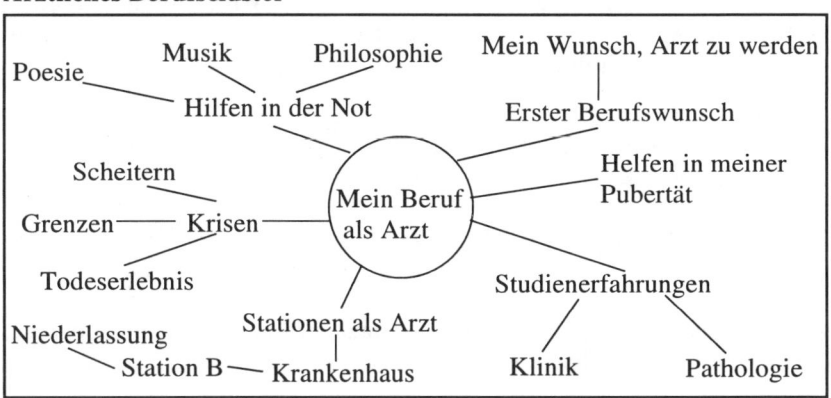

Übung:

Clustern und schreiben Sie zu Ihrer Berufsgeschichte und zu den Kräften, die Sie immer wieder aus ärztlichen Krisen herausgeführt haben.

8.3. Medizinische Prosa

Gerade an ärztlichen Texten sind die Fachkollegen und eine breite Öffentlichkeit oft interessiert. Aber viele Ärzte haben eine Scheu vor dem Schreiben. Im Studium haben sie kaum geschrieben. Ihre Doktorarbeit war oft klinisch und empirisch. Sie beschränkten sich dann auf das Kommentieren von Zahlenreihen aus dem Labor. Deshalb soll im folgenden Kurs praktisch entwickelt werden, wie der Arzt gute Ideen entwerfen, aufs Papier bringen und veröffentlichen kann. Dabei stützt sich dieser Kurs auf folgende Anregungen:

D.F.S. CORMACK: WRITING FOR NURSING AND ALLIED PROFESSIONS. OXFORD 1984

J.W. FINK, C.P. FINK: WRITING FOR THE ALLIED HEALTH PROFESSIONS. ENGLE WOOD CLIFFS 1990

R. WEISS-LAMBROU: THE HEALTH PROFESSIONALS'S GUIDE TO WRITING FOR PUBLICATION. SPRING FIELD 1989

E.J. HUTH: HOW TO WRITE AND PUBLISH PAPERS IN THE MEDICAL SCIENCES. BALTIMORE 1990

Der Kurs „Medizinische Prosa" ist so aufgebaut, daß er von einfachen Texten sich zu komplizierter professioneller Prosa entwickelt. Diese Entwicklungsidee liegt vielen Curricula des professionellen Schreibens zugrunde. (Vgl. J.T. ZEBROSKI: Thinking Through Theory. Portsmouth 1994, S. 264)

Konzentrieren Sie sich zuerst auf die biografischen Wurzeln Ihres Berufes. Denken Sie an die Geschichte Ihrer Berufsentscheidungen. Stellen Sie sich dann der Frage: „Warum habe ich den Arztberuf gewählt?"

Übung:

Schreiben Sie ganz schnell Ihre Antwort nieder, die nicht mehr als eine halbe Seite umfassen soll.

Sie haben sicher öfters einmal den Wunsch, etwas über Ihren Beruf als Arzt zu schreiben. Aber Sie schaffen den Sprung von Ihrer privaten Idee über das private Schreiben zum öffentlichen Diskurs nicht. Sie haben Hemmungen. Das ist verständlich. Stellen Sie sich erstmal der Frage: „Warum sollte ich etwas für die Öffentlichkeit schreiben?"

Übung:

Schreiben Sie wieder eine schnelle Antwort, nicht länger als eine halbe Seite, zu dieser Frage.

Sie sollten nun beginnen, sich mit dem öffentlichen Medizindiskurs intensiv auseinanderzusetzen. Suchen Sie sich einen Artikel aus der Fachpresse, der Sie geärgert hat.

Übung:

Lesen Sie den Artikel durch. Zeichnen Sie nach dem Lesen ein Cluster zur Kernidee des Artikels. Entwerfen Sie dann ein Cluster mit Ihrer Gegenidee. Assoziieren Sie zu Ihrem Gegenkernwort. Achten Sie auf eine Schreibidee und schreiben Sie einen Antworttext auf den veröffentlichten ärgerlichen Artikel.

Die Veröffentlichung von Texten beginnt mit Kontakten zu Herausgebern und Lektoren von Fachzeitschriften.

Übung:

Schauen Sie sich Ihre Lieblingsfachzeitschrift genauer an. Testen Sie Ihre Programmatik, die Ideen und Themen, die in dieser Zeitschrift opportun sind, und analysieren Sie die Tendenz, der sich diese Zeitschrift verschrieben hat. Schreiben Sie dann einen Brief an den Herausgeber (den Sie nicht abschikken!). In diesem Brief entwickeln Sie dem Herausgeber eine Idee für einen Artikel, den Sie in dieser Zeitschrift gern publizieren würden. Bauen Sie Ihren Brief nach der AIDA-Formel auf: Aufmerksamkeit, Interesse, Denkanstöße, Aktion hervorlocken.

Ohne eine gewisse Breite der Kenntnis der aktuellen medizinischen Fachliteratur zu Ihrem Themenkern ist keine Publikation möglich. Überprüfen Sie einmal Ihre bisherige Literaturkenntnis zu Ihrem Fachthema.

Übung:

Legen Sie eine Literaturliste an, in der Sie alle Autoren, Bibliotheken, Bibliografien, Basisartikel benennen, die Sie für Ihren angestrebten Text brauchen können.

Die Basis Ihres beruflichen Schreibens sollte Ihre berufliche Erfahrung als Arzt sein. Ihre Berufserfahrung ist eine Quelle von Erkenntnissen, die der Wissenschaft selbst Impulse geben könnte. Viele Ärzte des 19. Jahrhunderts haben die medizinische Wissenschaft durch Selbsterkenntnis aus der Praxis bereichert. Denken Sie nur an die Selbstversuche der frühen Homöopathie, an

Robert Koch's Impfungen, an Sigmund Freud's Selbstanalyse. Vergewissern Sie sich über die Fülle Ihrer beruflichen Erfahrungen.

Übung:

Schreiben Sie schnell einen Bericht: „Meine wichtigsten Berufserfahrungen als Arzt". Setzen Sie dabei die Cluster-Methode ein.

Wenn Sie durch Literaturstudien, Beobachtungen und Kollegengespräche über die gesellschaftliche Rolle der Ärzte Ihr Wissen vertieft haben, dann versuchen Sie mal, Ihren ersten wissenschaftlichen Text, den Sie natürlich nur für sich selber zu schreiben brauchen.

Übung:

Orientieren Sie sich für das Thema „Die gesellschaftliche Rolle des Arztes - ein privater Forschungsbericht" an folgendem Forschungsbericht-Cluster:

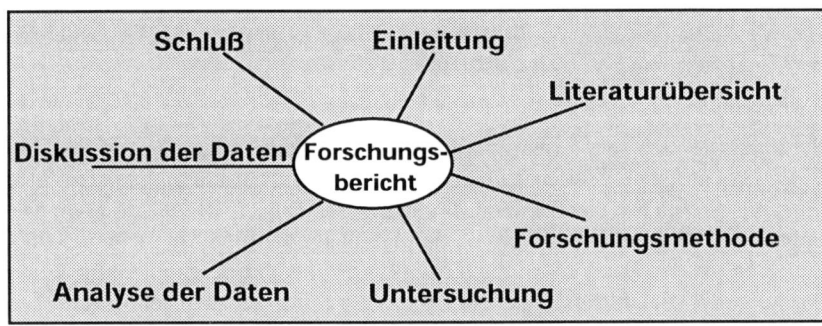

Lassen Sie sich Assoziationen zu allen Leitworten einfallen. Schreiben Sie dann einen Text, der als roter Faden für einen Forschungsbericht eingestuft werden könnte.

Ihre beruflichen Erfahrungen sind für weitere Übungen in ärztlicher Prosa zu nutzen. Sie sind Profi für den ärztlichen Behandlungsprozeß. Wenden Sie sich nun der Struktur der ärztlichen Behandlung zu, und schreiben Sie einen wissenschaftlichen Erfahrungsbericht.

Übung:

Das Thema lautet: „Der Prozeß der Arzt-Patienten-Beziehung". Arbeiten Sie mit dem Erfahrungsbericht-Cluster.

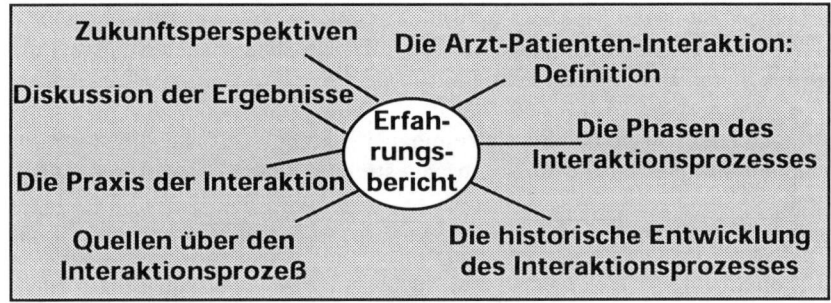

Assoziieren Sie zu den Leitworten, indem Sie das Grundcluster auf ein Papier zeichnen, um dann möglichst viel Platz für Ihre eigenen Einfälle zu den Leitworten zu haben. Schreiben Sie dann den Text, der Ihre Einfälle in eine gut lesbare Form bringt.

Damit Sie noch besser in den ärztlichen Diskurs hineinfinden, setzen Sie sich kreativ mit wichtigen Basisartikeln zu Ihrem Thema auseinander.

Übung: Wählen Sie einen zentralen Artikel zu Ihrem Thema, und arbeiten Sie ihn mit der SQ3R-Lesemethode durch. D.h. Sie arbeiten in folgenden fünf Phasen:

1. S = Survey (Überblick) Überfliegen Sie Ihren Artikel.
2. Q = Question (Fragen) Stellen Sie alle möglichen Fragen an den Artikel.
3. R^1 = Read (Lesen) Lesen Sie den Artikel. Streichen Sie an und exzerpieren Sie wichtige Textstellen.
4. R^2 = Recite (Fragen beantworten) Beantworten Sie Ihre gestellten Fragen.
5. R^3 = Review (Rückblick) Gehen Sie alle Artikelabschnitte durch, und sehen Sie, ob Sie noch bessere Antworten auf Ihre Fragen im gelesenen Artikel finden können.

(*Vgl. L.v. WERDER: Wissenschaftliche Texte kreativ lesen. Berlin 1994, S. 51-56*)

Ganz sicher haben Sie eine genaue Kenntnis Ihres ärztlichen Arbeitsplatzes. Eine wichtige Erweiterung des medizinischen Diskurses, der meist auch ein größeres Publikum interessiert, sind grafische Elemente.

Übung:

Schaffen Sie sich alle visuellen Bilder von Ihrem Arbeitsplatz. Machen Sie Photos. Fertigen Sie Kritzelzeichnungen an. Sammeln Sie Statistiken, Schaubilder, Illustrationen, Balkendiagramme, die Aussagen zu Ihrem Arbeitsplatz erlauben. Benutzen Sie diese optischen Stimuli als Anreiz zum Schreiben, und verfassen Sie einen Text über Ihren Arbeitsplatz. Bauen Sie dabei die grafischen Mittel in Ihren Text ein.

Sie sind jetzt soweit, daß Sie sich einmal eine komplette Liste aller Literatur anlegen sollten, die Sie in einem angestrebten echten Artikel verwenden könnten.

Übung:

Listen Sie alle Artikel, Bücher und Nachschlagewerke auf, die Sie für einen Artikel brauchen könnten. Versehen Sie dann die Titel Ihrer Liste mit kurzen Kommentaren, die das Resultat des Lesens dieser Titel sind. So entsteht eine annotierte Bibliographie zu Ihrem Fachartikel.

Erinnern Sie sich an Ihre Doktorarbeit oder an Ihre medizinische Abschluß-arbeit. Rekonstruieren Sie die Gliederung dieser Arbeit mit Hilfe eines neuen Forschungsbericht-Clusters.

Übung:

Zeichnen Sie folgendes Forschungsbericht-Cluster auf eine freie Seite:

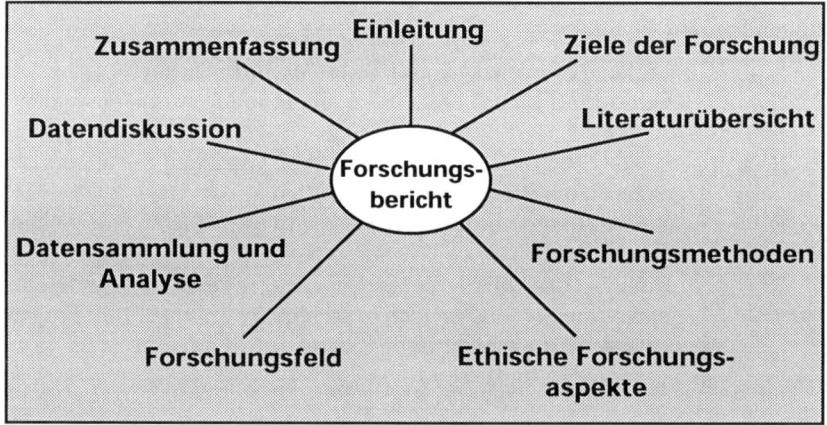

Assoziieren Sie Ihre Forschungsergebnisse zu den Leitworten des Clusters. Schreiben Sie dann eine Kurzfassung Ihrer Doktorarbeit, und prüfen Sie, ob Sie Ihre Ergebnisse auch für Ihren angestrebten Artikel benutzen können.

Jetzt sind Sie soweit, daß Sie sich an Ihren Artikel machen können.

Übung:

Arbeiten Sie mit einem Gliederungs-Cluster, das folgende Leitworte enthält:

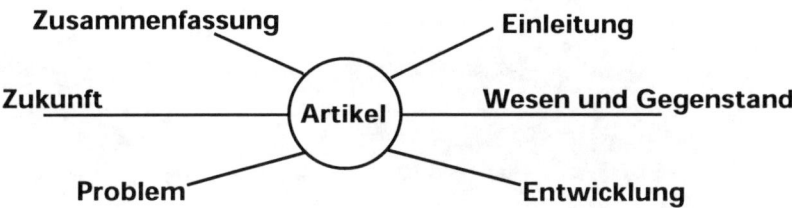

Erweitern Sie die Leitworte durch Ihre Assoziation. Schreiben Sie dann den Text schnell herunter. Arbeiten Sie ihn durch, indem Sie weiteres Material: Zitate, Verweise und Ideen in den Artikel einarbeiten. Setzen Sie aber auch Kontrolleser ein, die Fehler und Defizite Ihres Artikels benennen könnten.

Nachdem Sie Ihren Artikel fertig haben, müssen Sie den Zeitschriftenmarkt analysieren, um herauszufinden, wo Sie den Artikel anbieten können.

Übung:

Gehen Sie in eine Bibliothek, und prüfen Sie die wichtigsten Zeitschriften, in denen Ihr Artikel veröffentlicht werden könnte. Wenn Sie eine passende Zeitschrift gefunden haben, sammeln Sie alle Daten, die Sie für einen Brief an den Herausgeber dieser Zeitschrift, dem Sie Ihren Artikel anbieten können, brauchen. Schreiben Sie dann einen Brief an den gewählten Herausgeber. Benutzen Sie die AIDA-Formel für Ihren ersten Herausgeberbrief.(Vgl. S. 157 dieses Buches) Legen Sie Ihren Artikel dem Brief bei, und fassen Sie sich in Geduld. Es kann lange dauern, bis eine Antwort eintrifft. Nehmen Sie eine Ablehnung nicht persönlich. Wichtig ist nur, daß Sie schon ein neues Schreibprojekt in Arbeit haben, wenn eine negative Antwort eintrifft. Denn Schreiben im Beruf heißt: Überleben im Streß.

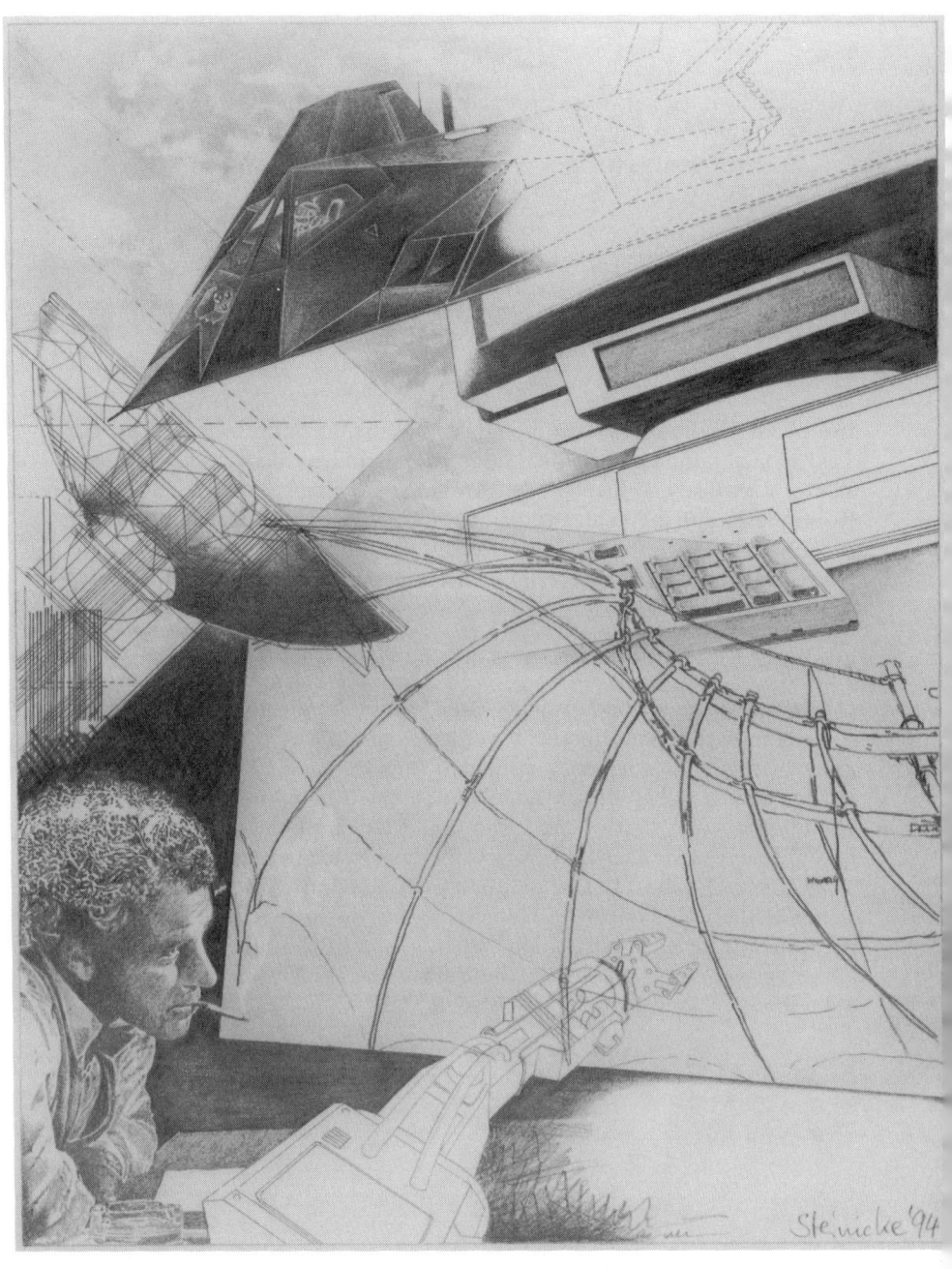

Steinicke '94

9. Kreatives Schreiben für Ingenieure und Techniker

Das technische Schreiben für Ingenieure und Techniker startete in den USA, wie viele Ansätze der Ausbildung im beruflichen Schreiben, schon um die Jahrhundertwende. Schon damals wurde erkannt, daß der Ingenieur eine breite Allgemeinqualifikation braucht, um die sozialen Folgen seiner technischen Lösungen verstehen und beim Schreiben berücksichtigen zu können. Die ersten Trainingskurse im technischen Schreiben umfaßten das Lesen und Schreiben von technischen, wissenschaftlichen und literarischen Texten. So wurde Shakespeare neben technischen Berichten produktiv bearbeitet. Man sagte damals: „Der typische Ingenieur hat ein interessiertes, aktives, aber sehr beschränktes Bewußtsein. Literatur... gibt jedem Ingenieur einen echten Kontakt zum Leben." (Zit.n. K.H. ADAMS: A History of Professional Writing Instruction in American Colleges. Dallas 1993, S. 135) So wurde es in Amerika Tradition, zur Verbesserung des schriftlichen Stils technischer Texte, die literarischen Ausdrucksfähigkeiten der Ingenieure zu erweitern und sie mit den Möglichkeiten des kreativen Schreibens vertraut zu machen. (K.H. ADAMS, a.a.O., S. 138)

Ein moderner Kurs im technischen Schreiben hat heute folgende Abschnitte:

1. Technische Probleme in der Literatur
2. Führen eines persönlichen technischen Journals
3. Führen eines Tagebuchs in technischen Projekten
4. Praktizieren von kooperativem technischem Schreiben in industriellen Projekten

(C.B. MATALENE (Hrsg.): Worlds of Writing. New York 1989, S. 93-109)

Diese interessanten Traditionen im technischen Schreiben wollen wir im Folgenden durch verschiedene Schreibprogramme für deutsche Ingenieure vorstellen.

9.1. Freewriting

Amerikanische Forschungen haben gezeigt, daß Angst vorm Schreiben auch bei Technikern weit verbreitet ist. Die Forschung hat einen wichtigen kognitiven Grund für das Entstehen von Schreibängsten auch bei Technikern herausgefunden:

„Angst vorm Schreiben entsteht, wenn der Schreiber den Eindruck erhält, daß das, was er schreibt, nicht mit dem übereinstimmt, was er eigentlich geplant hat." (M. ROSE (Hrsg.): When a Writer Can't Write. New York 1985, S. 63)

Um diese Ängste zu unterlaufen, hat KEN MACRORIE eine Schreibmethode entwickelt, die er Freewriting nannte. Am 5. Mai 1964 fand die erste Freewriting-Sitzung in der amerikanischen Schreibgeschichte statt. (K. MACRORIE: The Freewriting Relationship. In: P. BELANOFF, P. ELBOW (Hrsg.): Nothing begins with N. New Investigations of Freewriting. Carbondale 1991, S. 174)

Heute lehren viele amerikanische Schreiblehrer, wie PETER ELBOW, TOBY FULWILER, JANET EMIG, JAMES MOFFETT das Freewriting. Das Freewriting ist eine Technik des ganz schnellen Schreibens, das alle Schreibkontrollen durchbricht und alle Schreibängste damit hinter sich läßt. „Rhythmus der Sprache, Metaphern, Analogien, kräftige Ausdrücke, interessante Beziehungen zwischen Gedanken und Dingen: alle diese Schreibqualitäten entwickeln sich durch das Freewriting viel eher als durch einen geplanten und streng kontrollierten Schreibunterricht." (K. MACRORIE, a.a.O, S. 186) Freewriting kann in seinen besten Möglichkeiten „die unbewußte Sprache in uns allen zum Klingen bringen." (K. MACRORIE, a.a.O., S. 188) Untersuchungen zum Einsatz von Freewriting in der Schreibausbildung von Technikern hat durchaus positive Resultate gebracht. „Schreiben, das unter den Namen Freewriting, expressive writing, personal writing gefaßt wird, ermöglicht den Ingenieuren beides zu verbinden, die Entdeckungskraft und Analytik des Schreibens und die Aneignung von neuem Wissen." (D. GEORGE, A. YOUNG: Voices of Participation: Three Case Studies of Engineering Students Learning in an Art Appreciation Course. In: P. BELANOFF, P. ELBOW (Hrsg.), a.a.O., S. 133) Die Qualität des Freewriting für das Lernen des beruflichen Schreibens steht für Ingenieure nicht in Frage:

„Freewriting ermutigt die Entwicklung von Ideen, weil es die freie Assoziation fördert. Freewriting ist eine Technik, die erfolgreich von Leuten angewandt wird, die sich auch im Brainstorming auskennen, wenn es darum geht, Probleme zu lösen. Für Schreiber, die Angst haben, Worte aufs Papier zu bringen, ist die Freewriting-Methode eine echte Forschungs- und Erkenntnismethode, die sie dazu auch noch anhält, mit dem Schreibprozeß zugleich zu beginnen und im Schreibprozeß zu bleiben." (J. MARSELLA, T. L. HILGERS: Exploring the Potential of Freewriting. In: P. BELANOFF, P. ELBOW (Hrsg.), a.a.O., S. 109)

Stellen wir deshalb die wichtigsten Freewriting-Übungen für Ingenieure und Techniker vor:

Freewriting ohne Thema:

Schreiben Sie für 10 Minuten so schnell Sie können. Stoppen Sie nicht, um sich um Rechtschreibung oder Satzbau zu kümmern. Schreiben Sie einfach alles nieder, was Ihnen gerade in den Sinn kommt. Wenn Sie nicht beginnen können, schauen Sie aus dem Fenster, und beschreiben Sie erstmal, was Sie dort sehen. Gehen Sie dann auch auf Gefühle und Ideen ein, die kommen, aber bleiben Sie im Schreibprozeß. Nach 10 Minuten ist schon eine Seite gefüllt. Machen Sie sich keine Gedanken, ob diese Seite nun gut oder schlecht ist. Sie wird neben vielem Unsinn auch gute Ideen beinhalten.

Freewriting zu ungewöhnlichen Zeiten:

Wählen Sie eine Zeit, wo Sie völlig ungestört sind, vor dem Frühstück oder in der Nacht. Schreiben Sie auch länger als 10 Minuten, wenn Sie in den Schreibfluß gekommen sind. Erwarten Sie gar nichts. Wärmen Sie sich nur auf. Schreiben Sie Worte oder Sätze - es ist ganz gleich. Wenn Sie merken, daß das Schreiben zu fließen beginnt, dann sind Sie auf dem richtigen Weg.

Freewriting auf der Suche nach einem Thema:

Nun versuchen Sie Freewriting mit mehr Absicht und Ziel. Schreiben Sie schnell los, und wenn Sie ein Thema finden, schreiben Sie so lange zu diesem Thema, bis sich ein neues einstellt, dem Sie auch folgen können. Schreiben Sie schnell, unbekümmert und unbesorgt.

Freewriting über ein Ereignis:

Schreiben Sie 10 oder 15 Minuten ganz schnell über ein berufliches Ereignis, bei dem Sie sich Beulen und Kratzer geholt haben. (Vgl. K. MACRORIE: Writing to be Read. Portmouth 1984, S. 17-24)

Freewriting nach einem Cluster:

Wählen Sie ein Kernwort. Schreiben Sie es in die Mitte eines weißen Papiers. Lassen Sie Ihre Einfälle kommen. Zeichnen Sie die Einfälle in Assoziationsketten, die Sie mit dem Kernwort verbinden. Das Resultat dieser Bemühung sieht dann so aus:

Bild eines Clusters

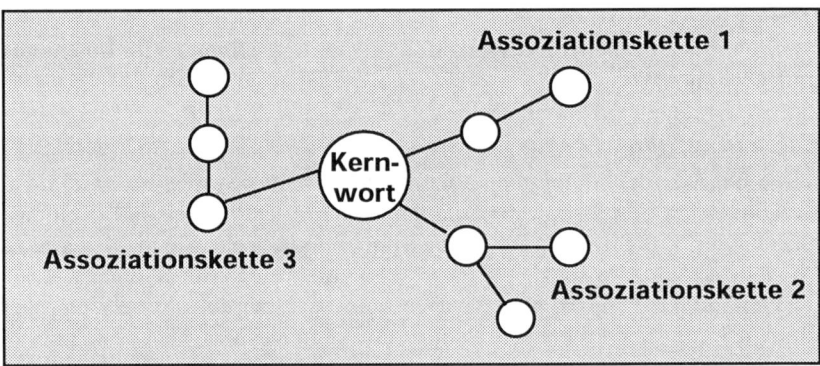

Wählen Sie nun ein Wort aus Ihrem Cluster, und schreiben Sie über dieses Wort 10 Minuten mit Freewriting.

Freewriting nach Freewriting:

Schreiben Sie 10 Minuten Freewriting über das Wort „Technik". Aus diesem Freewriting-Text wählen Sie dann ein neues Wort, das Sie interessiert, und schreiben über das neue Wort 10 Minuten in der Freewriting-Methode.

Cluster nach Freewriting:

Wählen Sie das Wort „Ingenieurwissenschaft" als Kernwort eines Clusters. Clustern Sie alle Einfälle zu Ihrem Kernwort. Wählen Sie dann ein Wort aus, das Sie an diesem Cluster interessiert, und schreiben Sie zu diesem Wort dann einen Freewriting-Text von 10 Minuten.

Freewriting nach Berufserinnerungen:

Schreiben Sie 10 Minuten Freewriting über alle Berufserinnerungen, die Ihnen einfallen. Legen Sie danach eine Ranking-Liste an, die eine Hierarchie der Wichtigkeit dieser Ereignisse festlegt.

Öffentliches Freewriting:

Das bisherige Freewriting war ganz privat. Es wurde nicht bewertet. Es wurde nicht mit einem besonderen Sinn belastet. Es hielt sich an keine Textsorte, an kein rhetorisches Muster, an keine Norm und an keinen Anspruch eines wie auch immer imaginären Publikums. Das öffentliche Freewriting wendet sich dagegen an ein Publikum. Das macht einige Schwierigkeiten, frei loszuschreiben und doch ein Publikum als Leser oder Hörer im Auge zu behalten. Aber schreiben Sie zum Thema „Folgen der Technik" ruhig mal einen Freewriting-Text. Überarbeiten Sie dann aber den Text, ehe Sie ihn vorlesen, so daß er nun einen geschlossenen und logischen Eindruck macht. (P. ELBOW, P. BELANOFF: A Community of Writers. New York 1989, S. 10f)

Freewriting und Revision:

Geben Sie sich 10 Minuten Zeit, 5 Minuten für Freewriting und 5 Minuten für die Revision des Freewriting-Textes. Als Thema wählen Sie: „Meine Probleme mit dem technischen Schreiben". Bei der Revision beachten Sie folgende Punkte:
Markieren Sie die guten Passagen, bringen Sie diese Passagen in eine logische Ordnung. Ergänzen Sie ihre Sätze. Kontrollieren Sie Syntax und Rechtschreibung. (P. ELBOW: Writing with Power. New York 1981, S. 30f)

Freewriting mit Unterbrechungen:

Schreiben Sie 10 Minuten ganz schnell, fassen Sie die Hauptidee des Geschriebenen in einem Satz zusammen. Schreiben sie dann 5 Minuten ganz schnell über diesen Satz. Fassen Sie den 2. Freewriting-Text wieder in einem Satz zusammen. Fahren Sie mit der Go+Stop-Methode fort, bis Sie Ihr Thema so genau erfassen, daß Sie es aus den gewonnenen Sätzen leicht zusammenfassen können.

Freewriting mit speziellen Themen aus dem Bereich der Technik

Erste Gedanken zum Thema „Maschine":

Schreiben Sie ganz schnell Ihre erste Vision zum Thema „Maschine" nieder. Versuchen Sie dabei sehr exakt, eine ganz konkrete Maschine zu erfassen.

Vorurteile zum Thema „Taylorismus":

Sammeln Sie alle Vorurteile über die Arbeit von F. W. Taylor, den Erfinder der Produktionsrationalisierung.

Dialoge zum Thema „Fließband":

Stellen Sie sich einen Gegner und einen Befürworter des Fließbands vor, und schreiben Sie einen schnellen Dialog zwischen beiden Positionen.

Geschichte zum Thema „Auto":

Schreiben Sie mit einem Anfang, einem Mittelteil und einem Schluß eine Geschichte, die Ihnen zum Thema Auto einfällt. Sie erforschen schnell die Kenntnisse, die Sie über dieses Massenverkehrsmittel in technischer, sozialer und historischer Hinsicht haben.

Portraits zum Thema „Großer Techniker":

Wählen Sie sich einen bedeutenden Techniker des 20. Jahrhunderts und portraitieren Sie ihn schnell. Sie werden erkennen, wie Sie zu den Leitfiguren der modernen Technik stehen.

Lügen zum Thema „Computer":

Schreiben Sie ganz schnell alle Lügen über den Computer nieder. Prüfen Sie dann, welche Wahrheiten Sie über den Computer wissen. (P. ELBOW: Writing with Power. New York 1981, S. 59-77)

Freewriting und Textcollage:

Schreiben Sie ein Essay über die „Probleme der Atomenergie" in folgender Weise: Schreiben Sie 10 Minuten Freewriting zum Thema. Wählen Sie dann aus, was Ihnen an Sätzen, Bildern, Dialogen gefällt, und streichen Sie, was nichts taugt. Aus den guten Textelementen bauen Sie dann eine Textcollage. (P. ELBOW: a.a.O, S. 146-166)

Die Freewriting-Methode läßt alle Schwierigkeiten des üblichen Schreibens verschwinden - aber es bleibt der Zwang, Worte aufs Papier zu bringen. Es bleibt auch der Zwang, aus dem Chaos der Worte die Ordnung des technischen Diskurses zu bilden.

9.2. Technische Poesie und Prosa

Die Untersuchung der Unterschiede zwischen dem universitären Schreiben und dem beruflichen Schreiben hat folgende Differenzen zutage gefördert.

1. Das akademische Schreiben orientiert sich an wenigen Textsorten wie Aufsatz, Gutachten, Analyse; berufliche Schreiber produzieren dagegen viele Arten von Schreiben, in verschiedenen Stilen, für unterschiedliche Zielgruppen und Aufträge.
2. Das akademische Schreiben orientiert sich an dem Bestehen einer Prüfung. Das berufliche Schreiben hat technisch und ökonomisch weitreichende Folgen.
3. Während das akademische Schreiben oft nicht sehr viel konkretes über seine Gegenstände zu sagen hat, benutzt der berufliche Schreiber viele Detailkenntnisse aus seiner beruflichen Praxis.
4. Das akademische Schreiben wird durch die Wissenschaftsrituale der Universität bestimmt, das berufliche Schreiben durch die Produktions- und Marktbedingungen der einzelnen Betriebe. (C. B. MATALENE (Hrsg.), a.a.O., S. 215-217)

Ein wichtiges Qualifikationsmerkmal von Ingenieuren ist, daß sie viele Arten von Schreiben können müssen, verschiedene Stile beherrschen sollten, unterschiedliche Zielgruppen mit ihren Schreiben erreichen müssen und ihr Schreiben in den Dienst ganz unterschiedlicher betrieblicher Aufträge stellen müssen. Um die Flexibilität ihres kargen technischen Schreibstils zu erweitern, soll im Folgenden ein Schreibkurs vorgestellt werden, der den Ingenieur dazu qualifiziert, mit literarischen Formen spielerisch sein Ausdrucksvermögen generell zu erweitern: Der folgende Kurs führt in die technische Lyrik und Prosa und in das kooperative Schreiben für Techniker ein. (Zu den Übungen vgl.:

L. v. WERDER: Kreative Literaturgeschichte. Berlin 1992
K. W. VOPEL: Schreibwerkstatt. Hamburg 1991, Bd. 1+2
J. FRITZSCHE: Schreibwerkstatt. Stuttgart 1989
G. BRENNER: Kreatives Schreiben. Frankfurt 1990
G. WALDMAN, K. BOTHE: Erzählen. Stuttgart 1992)

9.2.1. Technische Lyrik

Ehe wir zu kleineren Form der technischen Lyrik kommen, wollen wir mit der technischen Sprache spielen lernen. Wir üben deshalb Schreibspiele, die z. T. schon in der Antike benutzt wurden.

ABCdarium:

Das ABCdarium ist ein Text, der am Zeilenanfang jeweils die Folge der Buchstaben des ABC's von A-Z benutzt. Ein römischer Kaiser stellte ein Menü zusammen, dessen Speisefolge mit A begann und mit Z endete.

Aufgabe:

Schreiben Sie über Ihren Arbeitsplatz ein ABC darium, das mit einem Wort, welches mit A beginnt, anfängt und mit einem Wort, welches mit Z beginnt, schließt.

Akrostichon:

Beim Akrostichon bilden die Anfangsbuchstaben aufeinanderfolgender Zeilen aneinandergereiht ein Wort, einen Namen oder einen Satz. Schreiben Sie den Namen Ihres Betriebes von oben nach unten auf die linke Seite eines Blattes, und ergänzen Sie die Anfangsbuchstaben zu Worten oder Sätzen. Als Beispiel folgt ein Wort-Akrostichon auf die Firma „Siemens", das in einer Schreibwerkstatt von einem Ingenieur geschrieben wurde.:

S	*Seht*
I	*ich*
E	*erkenne,*
M	*Maschinen*
E	*essen*
N	*nicht*
S	*Seelen.*

Anagramm:

Ein Anagramm entsteht, wenn wir die Buchstaben eines Wortes oder eines Satzes zu neuen sinnvollen Lautfolgen kombinieren. Lassen Sie sich einen großen Ingenieur einfallen und probieren Sie aus, welche Worte sich aus den Buchstaben des gewählten Namens bilden lassen.

Lipogramm:

Ein Lipogramm ist ein Text, bei dem ein bestimmter Buchstabe des Alphabets weggelassen wurde. Das Weglassen eines Buchstabens erfordert ein Umformulieren des Textes. „Der Änderungsbedarf ist am größten, wenn Ihr häufige Buchstaben (e oder s) hinauswerft und sehr gering, wenn Ihr seltene Buchstaben (y oder z) wählt". (G. BRENNER: Kreatives Schreiben. Frankfurt 1990, S. 55) Schreiben Sie einen kleinen Text über „Atomenergie", in dem im ersten Satz kein A, im zweiten Satz kein E, im dritten Satz kein I, im vierten Satz kein O, im fünften Satz kein U vorkommt.

Nach diesen Schreibspielen versuchen wir uns in kleinen Formen technischer Lyrik:

Das Elfchen

Das Elfchen ist ein kurzes Gedicht, aus elf Worten, die sich folgendermaßen auf 5 Zeilen verteilen:
Die erste Zeile umfaßt 1 Wort,
die zweite Zeile umfaßt 2 Worte,
die dritte Zeile umfaßt 3 Worte,
die vierte Zeile umfaßt 4 Worte,
die fünfte Zeile umfaßt 1 Wort in der Form des Ausrufs!
Je nach Thema lassen sich Krisen-Elfchen, Schimpfelfchen, Wunschelfchen etc. schreiben. Es gibt auch das Personenelfchen oder Firmenelfchen. Ein Ingenieur schrieb z.B. folgendes Firmenelfchen:

Borsig
große Eisenbahnen
in voller Fahrt
brausen in den Tunnel
Quietsch!

Wählen Sie nun einen Elfchentyp und schreiben Sie ein oder mehrere technische Elfchen.

Haiku:

Das Haiku ist ein japanisches Kurzgedicht, das aus drei Zeilen besteht, die nicht mehr als 17 Silben umfassen dürfen. Es hat folgende Form:

1. Zeile	5 Silben
2. Zeile	7 Silben
3. Zeile	5 Silben

Das Haiku geht von einem Bild aus, von einem genau gesehenen Gegenstand oder von einer konkreten Situation im Betrieb. Stellen wir als Beispiel ein Computer-Haiku vor, das ein technischer Mitarbeiter von IBM geschrieben hat:

Ein leises Ticken	*(5 Silben)*
Die Computer legen los	*(7 Silben)*
Es rieselt Daten	*(5 Silben)*

Schreiben Sie selbst mal ein Computer-Haiku.

Rubai:

Das Rubai ist eine persische Gedichtsform, die in vier Zeilen dreimal mit dem gleichen Laut reimt und einmal nicht. Das Rubai baut sich folgendermaßen auf:

1. Zeile mit Reim a
2. Zeile mit Reim a
3. Zeile mit Reim b
4. Zeile mit Reim a

Wählen Sie zuerst ein Thema, schreiben Sie dann die Endreime in der Folge a,a,b,a. Füllen Sie dann die Zeilen aus.
Hier als Beispiel ein Fernseh-Rubai eines Mitarbeiters der Firma Philips:

Fernsehen
Die Bilder schrillen (a)
Du bekommst noch Grillen (a)
Laß es ruhig laufen (b)
Dann hat es seinen Willen (a)

Schneeball:

Der Schneeball ist eine Gedichtsform, die in der ersten Zeile ein Wort enthält, das zugleich dem Schneeball den Titel gibt. Jede weitere Zeile erweitert sich dann um ein Wort, sodaß der Schneeball bei 10 Zeilen folgende Gestalt hat:

1. Zeile	1 Wort
2. Zeile	2 Worte
3. Zeile	3 Worte
4. Zeile	4 Worte
5. Zeile	5 Worte
6. Zeile	6 Worte
7. Zeile	7 Worte
8. Zeile	8 Worte
9. Zeile	9 Worte
10. Zeile	10 Worte

Sie können nach diesem Prinzip den Schneeball auch beliebig erweitern. Als Beispiel nun ein Schneeball zum Thema „Rationalisierung", das in einer Gruppe mittlerer technischer Manager verfaßt worden ist, die von Entlassung bedroht wurden:

Rationalisierung	*(1. Zeile)*
Ein Problem	*(2. Zeile)*
Mit vielen Folgen,	*(3. Zeile)*
Die uns stark verunsichern.	*(4. Zeile)*
Was soll nun eigentlich werden?	*(5. Zeile)*
Die Firma gleicht dem geregelten Chaos.	*(6. Zeile)*
Draußen wartet der Markt mit schwarzen Löchern.	*(7. Zeile)*
Es geht auf die große Achterbahn der Nervenzusammenbrüche.	*(8. Zeile)*
Die Angst geht um, wie eine bleiche Hyäne und greint.	*(9. Zeile)*
Doch im Kern der Fabrik beginnen sich Lippen zu spitzen.	*(10. Zeile)*

9.2.2. Technische Prosa

Mein erstes technisches Buch:

Stellen Sie sich vor, daß Ihr erstes Buch zu einem technischen Thema erscheint. Erfinden Sie deshalb alle wichtigen Zusatztexte zum Buch, außer dem Text des Buches selber, also z.B.

- Titel
- Name des Autors
- Kommentar des Herausgebers
- Zitate aus Kurzrezensionen bekannter Kollegen
- Biografische Notiz zum Autor
- Entwurf eines Schutzumschlags
- Inhaltsverzeichnis
- Einleitung

Innerer Monolog eines leitenden Ingenieurs:

Der innere Monolog stellt alle Gedanken, Ideen, Gefühle und Bilder dar, die durch den Kopf einer Person im Augenblick wandern. Denken Sie nun an einen leitenden Ingenieur, der mit einem wichtigen Projekt zu scheitern droht. Schreiben Sie au eine Seite seine Gedanken, Überlegungen, Vermutungen, Gefühle und Vorstellungen auf, die die Erkenntnis des Scheiterns in ihm auslösen.

Brief an die Natur:

Der Techniker hat ein gespanntes Verhältnis gegenüber der Natur. Er will sie beherrschen, aber sie macht ihm auch Angst, weil sie sich immer wieder der Macht der Technik entzieht. Schreiben Sie als Ingenieur einen Brief an die Natur, und lassen Sie dann die Natur ein Antwortschreiben verfassen. Benutzen Sie für die Gliederung des Briefes das AIDA-Prinzip. D. h. der Brief soll im ersten Abschnitt A wie Attention (= Aufmerksamkeit) umfassen, im zweiten Abschnitt I wie Information, im dritten Abschnitt D wie Desire (= Wunsch), im vierten Abschnitt A wie Action (= Handlungsaufforderung).

Die Regeln der Technik:

Die Technik arbeitet nach festen Regeln. Schreiben Sie alle Regeln auf, nach denen in Ihrem Berufsbereich die Technik funktioniert. Der Text kann philosophisch oder pragmatisch sein oder durch Übertreibung auch eine Parodie darstellen.

Wer? Wo? Was?

Auf drei Zetteln werden eine Figur, ein Schauplatz und ein technisches Problem genannt. Damit ist der Rahmen für eine Kurzgeschichte gegeben, die mit einer Einleitung zur Situation des Ingenieurs beginnt, den technischen Konflikt vorstellt und schließlich die Lösung ansteuert, die der Ingenieur gefunden hat.

Bestellter Text:

Jeder Ingenieur schreibt den Titel einer technischen Geschichte auf einen Zettel. Die Zettel werden verlost. Der erloste Zettel mit seinem Titel muß vom Empfänger in einen Text verwandelt werden.

Text-Collage:

Aus mehreren Technik-Büchern werden kurze Abschnitte kopiert. Sie werden in Sätze zerschnitten und in eine Tüte getan. Diese Tüte wird geschüttelt. So wie die Schnipsel der zerschnittenen Texte auf das Papier fallen, werden sie nun festgeklebt. Damit entsteht ein neuer Text, der sich durch große Originalität auszeichnet.

Kooperatives Schreiben:

„Im Gegensatz zum universitären Schreiben, ist sehr vieles Schreiben im Beruf kooperativ." (C. B. MATALENE, a.a.O., S. 215) Gegen Ende unseres

Kurses sollen deshalb kooperative Schreibübungen stehen, die, wie alle anderen Übungen, natürlich in einer Schreibwerkstatt praktiziert werden sollten.

Brainstorming:

Ein technisches Problem wird benannt. Alle Teilnehmer erhalten drei Kärtchen, auf die sie die Lösung des Problems schreiben können. Diese Kärtchen werden (nach der Metaplan-Methode) an der Pinnwand gesammelt und nach Typen von Lösungen geordnet. Jeder Teilnehmer wählt dann eine Lösungsgruppe aus und beschreibt das Problem und seine technische Lösung in einem kleinen Text.

Synektik:

Ein weiteres technisches Problem wird durch die Gruppenteilnehmer genannt. Es wird an der Pinnwand auf einem Zettel angeheftet. Dann werden die Teilnehmer aufgefordert, sich zu dem Problem Lösungen einfallen zu lassen, die entweder von Leuten aus anderen Schichten, anderen Erdteilen, anderen Jahrhunderten, von Tieren oder von Pflanzen gewählt werden würden. Diese Lösungen werden in den fünf genannten Abteilungen in Form von Metaphern, die auf Kärtchen geschrieben werden, an der Pinnwand gesammelt. Jeder Teilnehmer wählt einen Lösungsweg und erstellt auf der Basis der dazugehörigen Kärtchen einen Text.

Zettellawine:

Ein technisches Problem wird als Frage formuliert. Jeder Teilnehmer notiert sich die Frage auf einem Blatt Papier und entwickelt Antworten. Nach fünf Minuten werden die Blätter eingesammelt, gemischt und neu verteilt. Jeder Teilnehmer muß das neu gezogene Blatt durchlesen und seine Lösung weiterentwickeln. Es können auch Gegenideen zur Lösung notiert werden. Dieser Arbeitsschritt wird dann nocheinmal wiederholt. Die Lösungen werden dann vorgelesen, bewertet und in mehreren kollektiven Lösungstexten festgehalten. Die kollektiven Lösungstexte am Schluß werden so erstellt, daß sich Untergruppen mit drei Personen bilden, in denen jeder im Reih-Um-Verfahren einen Satz schreibt und dann das Blatt weitergibt, bis der Text durch die Dreiergruppe fertiggestellt worden ist.

9.3. Sach-Texte

Ingenieure sind oft überrascht, wenn sie entdecken, wieviel Zeit sie im Beruf mit Schreiben zubringen. Neue amerikanische Untersuchungen haben festgestellt, daß „Berufstätige 25 % ihrer täglichen Arbeitszeit schreiben. Wenn man zum Schreiben das Lesen mit 23 %, das Überarbeiten mit 11 % und den mündlichen Vortrag von Berichten mit 7 % hinzurechnet, bleiben nur 34 % des Arbeitstages übrig, der nicht mit der schriftlichen Kommunikation zu tun hat. Es ist also deutlich, wie wichtig die schriftliche Kommunikation auch für Techniker ist." (S. M. FLAHERTY: Technical and Business Writing. Englewood Cliffs 1990, S. IX) Im Folgenden werden deshalb Übungen für einige typische Formen technischer Sachtexte vorgestellt. Diese Übungen wurden aus folgenden Quellen ausgewählt:

L. A. RINEY: Technical Writing for Industry. Englewood Cliffs 1989

S. FEINBERG: Components of Technical Writing. New York 1989

H. J. TICHY: Effective Writing for Engineers, Managers, Scientists. New York 1988

J. M. LANNON: Technical Writing. New York 1991

H. B. MICHAELSON: How to Write and Publish Engineering Papers and Reports. Phoenix 1990

S. M. FLAHERTY: Technical and Business Writing. Englewood Cliffs 1990

H. F. EBEL, C. BLIEFERT: Schreiben und Publizieren in den Naturwissenschaften. Weinheim 1991

Alltagstext:

Schreiben Sie einen alltäglichen Freewriting-Text und formulieren Sie ihn dann in einen technischen Text um. Die technische Sprache verwendet nicht nur diverse Fachbegriffe. Sie ist auch klar im Aufbau. Sie benutzt eindeutige Begriffe und eine klare Gliederung (vgl. I. LANGER, F. SCHULZ V. THUN, R. TAUSCH: Sich verständlich ausdrücken. München 1993, S. 15-22).

Textanalyse:

Nehmen Sie eine Seite aus einem technischen Handbuch, z.B. einem Kochbuch oder einer Anleitung für das Betreiben eines Computers, eines Autos, eines Eisschrankes oder eines Videogerätes. Untersuchen Sie nun die Qualität des technischen Textes. Achten Sie auf:

- Klarheit der Sprache
- Definition der Begriffe
- Eindeutigkeit der Gliederung
- Überzeugende Aufmachung und gut verständliche Abbildungen
- leichte Umsetzbarkeit der Textanweisungen in die Praxis

Eigene technische Fähigkeiten:

Stellen Sie mal eine Liste eigener technischer Fähigkeiten zusammen (Auto-
fahren, Fotographieren, Funken, Handwerken, Programmieren, usw.). Beschreiben Sie dann einen gewählten technischen Vollzug, z.B. die Ziele,
Handlungssequenzen, Handlungsentscheidungen und Resultate der Handlung beim Programmieren.

Stellenanzeige:

Wählen Sie eine Stellenanzeige für einen technischen Beruf aus dem Berufs-
markt einer überregionalen Tageszeitung, und stellen Sie fest, welche typischen technischen Sprachformen in der Anzeige vorkommen. Achten Sie
z.B. auf:

- Verbalisierung substantivischer Einheiten
- Verbindung eines Grundwortes mit einem Determinationsglied
- Scheinsubstantivierung
- Verbindung von Substantiven mit finiten Vollverben

(H.-R. FLUCK: Fachsprachen. Tübingen 1991, S. 63-69)

Der technische Schreibprozeß:

Der technische Schreibprozeß läßt sich, ähnlich wie andere Schreibprozesse,
in folgende Phasen einteilen:

1. Freewriting
2. Clustering
3. Gliederung durch Mind-Map
4. Roh-Fassung
5. Überarbeitung
6. Kontrollesen
7. Endfassung

Bearbeiten Sie einen kleinen technischen Text, indem Sie ihn durch die eben
genannten 7 Schreibphasen entwickeln. Themen für diesen Text von etwa 20
Sätzen finden Sie in der folgenden Liste:

- Mein Beruf als Ingenieur
- Die Angst des Ingenieurs vor dem technischen Fortschritt
- Der tragbare Computer
- Die Micro-Chip-Technologie
- Neue elektronische Ware
- Durchbrüche in der technologischen Forschung
- Trends in der Technik der Autoproduktion
- Techniken in der Dienstleistungsindustrie

Rhetorische Gliederungsmuster:

Technische Texte gliedern sich im Hauptteil oft nach folgenden rhetorischen
Gliederungsmustern.
Gegensatz/Vergleich
Definition
Ursache-Wirkung
Prozeß
Beispiele
Beschreibung
Argumentation

Diese Gliederungen lassen sich leichter entwerfen, wenn man sie als Mind-
Map (Kernwort, Hauptäste im Uhrzeigersinn) entwickelt. Wir stellen im
Folgenden alle 7 Gliederungs-Mind-Maps technischer Texte vor:

Das Gegensatz-Vergleichs-Mind-Map in Blockform:

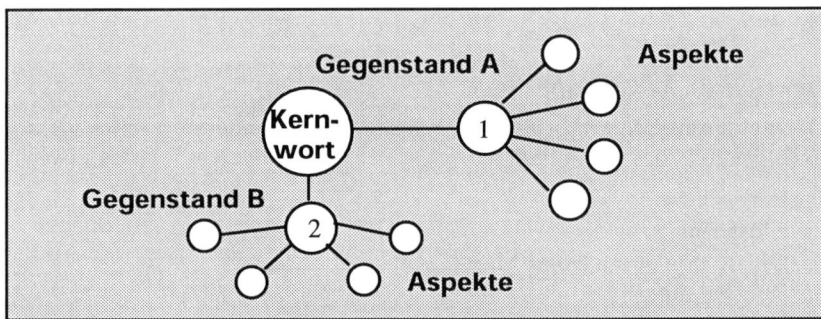

Das Gegensatz/Vergleichs-Mind-Map in abwechselnder Form:

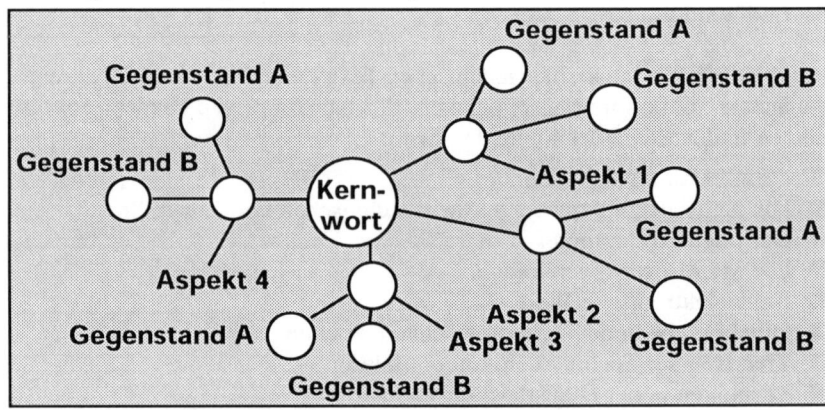

Ein Definitions-Mind-Map läßt sich folgendermaßen fassen:

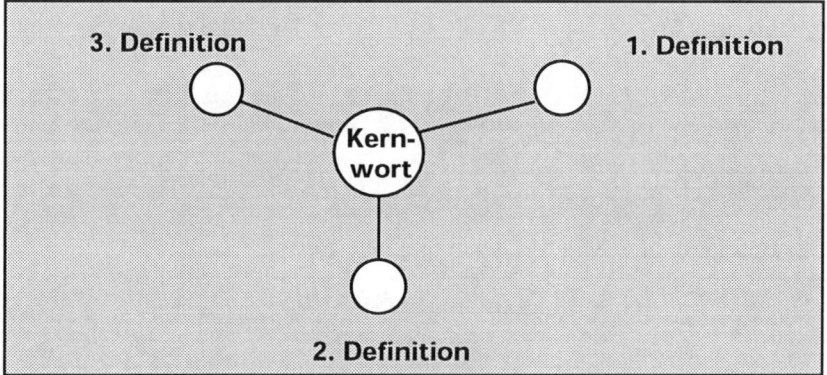

Das Ursache-Wirkungs-Mind-Map erhält folgende Gestalt:

Das Prozeß-Mind-Map läßt sich so fassen:

Das Beispiel-Mind-Map wollen wir so vorstellen:

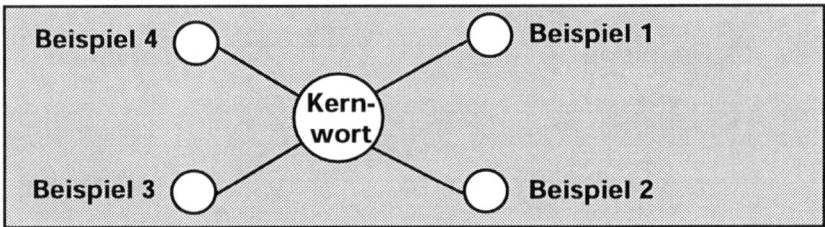

Das Beschreibungs-Mind-Map hat folgende Gestalt:

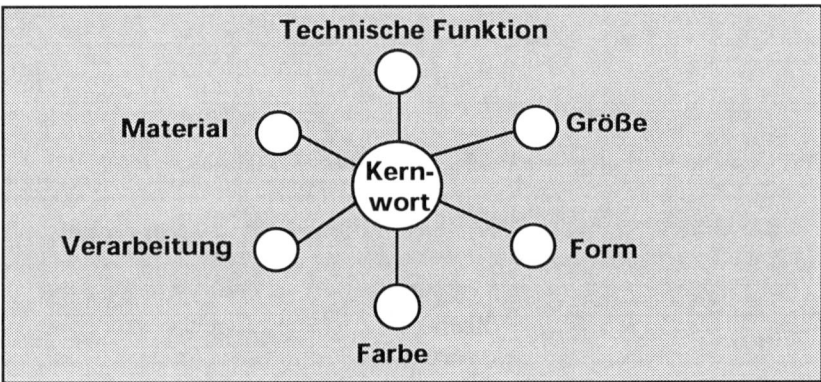

Das Argumentations-Mind-Map wird folgendermaßen sichtbar:

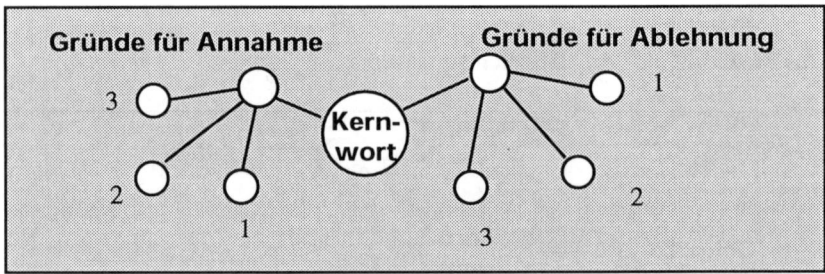

Diese 7 Grund-Mind-Maps füllen Sie in der Praxis durch weitere Einfälle aus, die Sie an die entsprechenden Grundäste des Mind-Maps anzeichnen. Sind alle Einfälle eingezeichnet, schreiben Sie Ast für Ast den Hauptteil Ihres Textes nach der vorgegebenen Mind-Map-Struktur.

Für die Arbeit mit den Gliederungs-Mind-Maps gibt es nun folgende Aufgaben:

Beschreiben Sie folgende technische Gegenstände:
- Eine Skinner-Box
- Einen Laser-Drucker
- Ein Radio
- Eine 100 Watt-Glühbirne
- Einen Roboter

Stellen Sie einen technischen Prozeß dar:
- Skier werden gewachst
- Ein Tennisball wird geschlagen

Analysieren Sie Ursache und Wirkung:
- Warum haben Montagsautos die meisten technischen Fehler?
- Warum brechen Hängebrücken oft zusammen?
- Wie wirkt Strom?

Entwickeln Sie eine Argumentation zum Thema:
- Sollen mehr Computer-Heimarbeitsplätze geschaffen werden?
- Ist der 3. Weltkrieg technisch zu verhindern?
- Müssen Großbeschleuniger ökonomisch ineffizient sein?

Technische Textsorten:

Bei der Gestaltung folgender Textsorten können Sie natürlich alle 7 Stufen des technischen Schreibprozesses, die wir Ihnen mehrere Übungen vorher vorgestellt haben, benutzen.

Brief:

Technische Briefe werden nach der AIDA-Formel geschrieben (A = Attention, I = Information, D = Thinking, A = Action)
Stellen Sie eine eigene Erfindung vor, die patentiert und vermarktet werden soll. Schreiben Sie erst einen Brief an ein Patentamt und dann einen Brief an eine Marketing-Firma.

Kurzreport:

Der Kurzreport gliedert sich nach vier Abschnitten. Dazu ein Mind-Map:

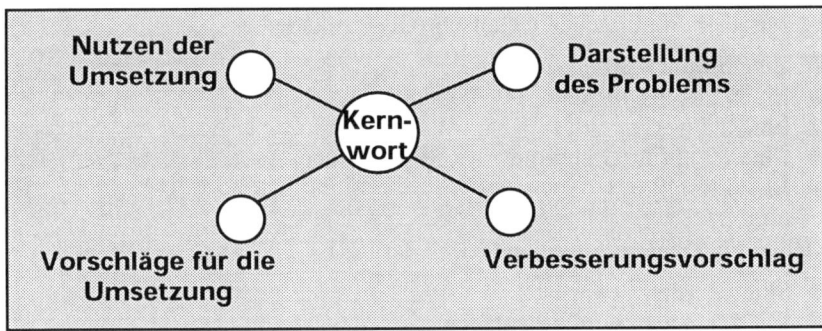

Entwickeln Sie einen Kurzreport zu folgenden Themen:
- Verleihung von PC's an Mitarbeiter
- Verbesserung des Zugangs zum Zentralcomputer für Mitarbeiter
- Einführung von Kursen zum Selbstmanagement für Mitarbeiter

Kurzanalyse:

Die Kurzanalyse muß folgende Aspekte berücksichtigen:

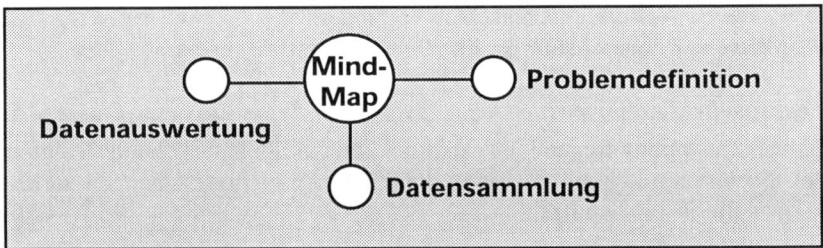

Entwickeln Sie eine Kurzanalyse folgender technischer Probleme:
- Der beste Standort für eine neue Fabrik zur Produktion von Micro-Computern
- Die beste technische Entwicklung der letzten 10 Jahre

Forschungsantrag:

Der Forschungsantrag umfaßt im Hauptteil folgende 6 Aspekte:

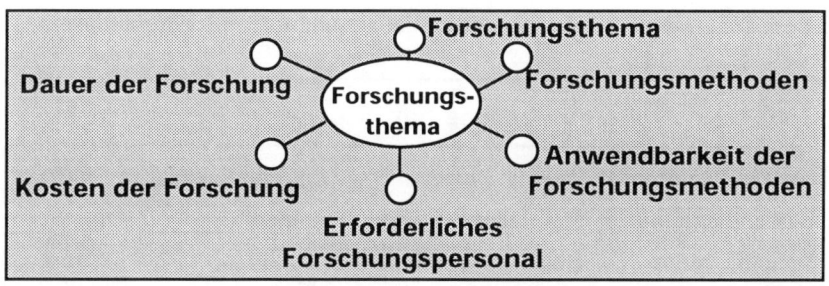

Entwickeln Sie einen Forschungsantrag, und wählen Sie unter folgenden Themen aus:

● Die Sonne als Energiespender
● Verbesserungsmöglichkeiten des Fahrrades
● Der Wert von Science-Fiction-Literatur für die Lösung aktueller technischer Probleme

Verwendung von Illustrationen in technischen Texten:

Technische Texte versuchen immer, ihren Gegenstand zu visualisieren. Sie verwenden dafür Bilder, Grafiken und Diagramme. In technischen Texten werden Sie folgende Illustrationstypen finden können:

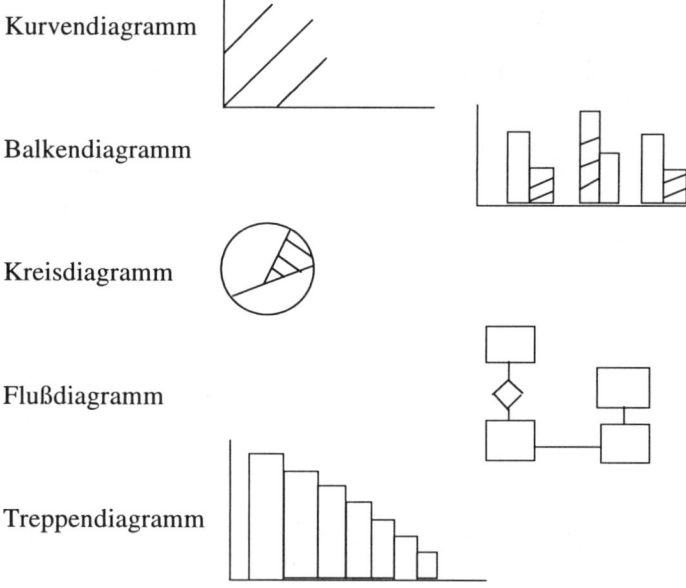

Kurvendiagramm

Balkendiagramm

Kreisdiagramm

Flußdiagramm

Treppendiagramm

Diese Diagramme werden bei der Visualisierung folgender Probleme eingesetzt:

Typ	Anwendung
Kurvendiagramm	Trends, Beziehungen zwischen Faktoren
Balkendiagramm	Vergleich von festen Summen
Kreisdiagramm	Relative Summen einer Totalität
Flußdiagramm	Stufen in einem Prozeß
Treppendiagramm	Verteilung von Anteilen einer Summe

Überprüfen Sie, in welchen Texten, die Sie geschrieben haben, Visualisierungshilfen dieser Art eingesetzt werden können.

„Im Recht ist der Text König"
(Sprichwort)

„Ein schreibender Jurist hat
verschiedene Stimmen.
Juristische Texte haben
verschiedene Leserkreise.
Rechtliche Dokumente hängen
von anderen juristischen
Texten ab und beeinflussen
andere juristische Texte.
Juristische Texte werden
keineswegs nur von der
Berufsgemeinschaft der
Juristen gelesen."
(T. G. Phelps, Juristin)

10. Kreatives Schreiben für Juristen

Juristische Texte entstammen einer Berufsgruppe, die meist an den wichtigsten Schalthebeln der Macht sitzt. Einen Teil dieser Macht verteidigen sie durch eine besondere eigene Berufssprache. Diese Berufssprache hat sich in einer Teilöffentlichkeit entwickelt, die vom Streit um die richtige Rechtsauslegung geprägt wird. Juristisches Schreiben geschieht unter Zeitdruck, der von Verfahren und Prozessen vorgegeben wird. Es ist deshalb verständlich, daß in den USA schon früh Schreibkurse für Rechtsstudenten entwickelt wurden, die sie auf den Beruf des Juristen vorbereiteten. Im ersten Studienjahr war es deshalb schon seit Anfang des Jahrhunderts an juristischen Fachbereichen üblich, daß alle Studenten Texte über juristische Fälle zu schreiben hatten. (J. L. DiGaetani: Use of the Case Method in Teaching Business Communication. In: M. Kogen (Hrsg.), a.a.O., S. 187, G. D. Gopen: The State of Legal Writing. In: M. Kogen (Hrsg.), a.a.o., S. 164) Die entwickeltste Schreibausbildung für Juristen gibt es heute an der Kent-Universität in Chikago. Diese Ausbildung hat folgende Gliederung:

1. Jahr:

- Schreiben von juristischen Kurztexten
- Eingabebriefe und Revisionen

2. Jahr:

- Schreibkurs mit Praktikern über Themen des Staats- und Wirtschaftsrechtes
- Schreiben im Steuerrecht, Arbeitsrecht und im internationalen Recht.

3. Jahr:

Schreiben einer eigenen Rechtsstudie
(G. D. GOPEN, a.a.O., S. 166)

An der Kent-Universität wurden auch eigene Lehr-Textsammlungen mit vorbildlichen Beispielen für Studenten als Unterstützung des juristischen Schreibens zusammengestellt. (G. D. GOPEN, a.a.O., S. 167) Als wichtige Grundlage des juristischen Schreibens wird die Rhetorik anerkannt: „Die Gestaltung von juristischen Schreibprogrammen zielt darauf ab, die Rhetorik als wissenschaftliche Grundlage des juristischen Schreibens weiterzuentwickeln." (G. D. GOPEN, a.a.O., S. 171)

Allerdings ist trotz dieser Anstrengungen, Studenten in das juristische Schreiben einzuführen, die Kritik an den juristischen Texten der Profis weit verbreitet. Zumeist werden folgende 14 Gründe angeführt für den Umstand, daß die meisten juristischen Texte schlecht geschrieben sind.:

„Soziologisch:	*Wie jede Profession braucht auch der Jurist seine eigene Fachsprache, die ihn aber für große Teile der Bevölkerung unverständlich werden läßt.*
Beruflich:	*Rechtsanwälte werden nur für die Suche von Fakten ausgebildet.*
Materialistisch:	*Die Konkurrenzgesellschaft züchtet Weitschweifigkeit und Undurchsichtigkeit.*
Legalität:	*Das Eintreten fürs Recht fördert einen legalistischen Jargon.*
Ökonomisch:	*Die Rechtsanwälte machen gutes Geld mit schlechten Texten.*
Historisch:	*Kreative Menschen suchen neue Wege, Rechtsanwälte leben von der Pflege der Tradition.*
Ritualistisch:	*Die Leute verehren die Macht der Gesetze und erwarten von den Rechtsanwälten eine Sprache, die auch Macht repräsentiert.*
Technologisch:	*Die neuen elektronischen Datenverarbeitungssysteme fördern den Einsatz standardisierter Textbausteine.*

Institutionell:	*Der ökonomische Druck unter den Rechtsanwälten prägt ein Denken und Schreiben, das sich mit dem Nötigsten und nur dem Insider Verständlichen zufrieden gibt.*
Deterministisch:	*Die Art, wie Rechtsanwälte schreiben, ist der kürzeste Weg, um die Ziele des Rechts kurz und knapp auszudrücken.*
Pädagogisch:	*Rechtsanwälte haben meist auf der Universität nicht genug gelernt, wie man mit Stil und schönem Ausdruck schreiben kann.*
Kulturell:	*Rechtsanwälte lesen nicht genug die Autoren, die ihnen einen guten Stil vermitteln würden.*
Psychologisch:	*Rechtsanwälte haben Angst, sich zu enthüllen, Selbsterfahrung zu machen und Blößen zu zeigen.*
Intellektuell:	*Rechtsanwälte denken oft nicht klar und gründlich genug nach. "*

(T. GOLDSTEIN, J. K. LIEBERMANN: The Lawyer's Guide to Writing Well. Berkeley 1989, S. 18f)

Trotzdem die Qualität juristischen Schreibens offensichtlich nicht sehr hoch eingeschätzt wird, tun sich Juristen schwer mit dem Verfassen von Texten. Eine Untersuchung unter Rechtsanwälten hat folgende Schreib-Typen unter Juristen festgestellt:

● Die Bummler oder die Schnellstarter
● Die, die aus Angst vor dem Ende der Einfälle über das Papier rasen.
● Die, die nur eine verschwommene Idee von der Organisation des Textes haben und die, die erst eine ganz penible Gliederung brauchen, bevor sie den ersten Satz schreiben können.
● Die Perfektionisten, die lange über den Text nachdenken und die Schnellschreiber, die ihren Gedanken beim Schreiben finden.
● Die Texter, die ihr Schriftstück vom Anfang und die, die es vom Ende her schreiben.
● Die Abschreiber, Plagiatoren und Kopierer, die sich einen eigenen Text gar nicht mehr zutrauen.
● Die Verzettler, die bei jedem komplizierten Text noch kompliziertere Textideen entwickeln.
● Die Grübler, Männchenmaler und die, die lieber eine Runde joggen, weil sie gar nicht anfangen wollen.

(T. GOLDSTEIN, J. K. LIEBERMANN, a.a.O., S. 52-58)

Um diese Defizite abzubauen, ist das kreative Schreiben für Rechtsanwälte und Juristen entwickelt worden. Es soll dieser Berufsgruppe helfen, ihre beruflichen Texte lebendiger, überzeugender und ihre privaten Texte künstlerischer zu gestalten. „Wenn sie also als Jurist an einer Nebenkarriere als Autor, an Selbsterfahrung und Selbstanalyse oder an einem lebendigeren juristischen Stil interessiert sind, dann wird das kreative Schreiben für Rechtsanwälte ihre Talente entwickeln." (M. H. COHEN: Creative Writing for Lawyers. New York 1991, S. 15) Die juristische Praxis ist nämlich so dicht an den Dramen des Alltags, daß sich überall spannende Anlässe zum kreativen Schreiben finden lassen. Es ist deshalb auch nicht überraschend, daß verschiedene große Autoren, wie William Carlos Williams, Franz Kafka, Alfred Döblin und viele andere von Hause aus Juristen waren.

Im Folgenden werden wir ein Programm zum kreativen Schreiben für Juristen und Rechtsanwälte vorstellen. Es wird folgende Teile umfassen:

1. Schreibspiele
2. Berufsautobiographie
3. Juristische Poesie und Prosa
4. Kriminalgeschichten

10.1. Schreibspiele

Viele Rechtsanwälte erfahren so etwas wie Angst, wenn sie an das Schreiben von juristischen Mitteilungen, Aufträgen oder Verträgen gehen. Wenn sie auch noch ihre Schreibqualifikation durch das Schreiben von literarischen Texten erweitern sollen, dann verläßt sie jeder Mut. Sie denken, daß sie in ihrem formalen, sachlichen und faktischen Juristen-Deutsch so gefangen sind, daß es für sie keine Möglichkeiten gibt, die kreative Differenzerfahrung von juristischem, poetischem und narrativem Diskurs zu machen. Obwohl sie auch wissen, daß oft genug die bessere Geschichte und die brillantere Analyse vor Gericht für den Klienten den Sieg davonträgt, haben sie eine gewisse Distanz zum poetischen Ausdruck.

Zur Auflockerung von eingefahrenen Schreibgewohnheiten sollen hier erstmal einige Schreibspiele für Juristen und Rechtsanwälte vorgestellt werden.

Rechtsideen:

Sie listen alle Rechtsideen auf und schreiben dann ein paar Sätze über den Einfluß, den diese Ideen auf Ihr Leben gehabt haben.

Übersetzung:

Sie suchen sich eine juristische Hypothese und verfassen über sie einen Text, den ein Kind verstehen könnte.

Zwei Sprachen:

Sie nehmen einen juristischen Text und verwandeln ihn in ein Gedicht. Zur Herstellung des Gedichts wählen Sie aus dem juristischen Text ein Kernwort, lassen sich möglichst viele Bilder zum Kernwort einfallen, so daß viele Assoziationsbahnen um das Kernwort entstehen, das Sie auf die Mitte eines weißen Blattes Papier geschrieben haben. Auf der Basis dieses Clusters schreiben Sie dann das Gedicht, dessen linke Zeilen bündig sind und das rechts sich als Flattersatz entwickelt.

Eindeutschen:

Sie sammeln juristische Fachbegriffe. Dann versuchen Sie, diese Begriffe in einigen deutschen Alltagsworten auszudrücken.

Der verschwundene Begriff:

Aus der Rechtswissenschaft werden in einer Schreibgruppe Begriffe verlost. Sie werden dann von den Teilnehmern beschrieben, ohne daß der geloste Begriff direkt genannt werden darf. Aus den vorgelesenen Texten muß dann der umschriebene Begriff erraten werden.

Fragen und Antworten:

Zwei Juristen tun sich zusammen. Jeder schreibt vier juristische Fragen auf, die der andere beantworten muß. Dann werden die Rollen getauscht.

Zerschnittener Rechtstext:

Sie nehmen einen rechtswissenschaftlichen Text und zerschneiden ihn in kleine Schnipsel. Sie packen die Schnipsel in eine Tüte, schütteln sie und kippen sie auf ein Blatt Papier. So, wie die Schnipsel fallen, werden sie auf dem Papier festgeklebt. Es entsteht ein neuer Text, der sicher nicht sehr logisch, aber außergewöhnlich originell ist. Dieses dadaistische Spiel zeigt, was in juristischen Texten alles stecken kann.

Traumhilfen:

Sie lesen am Abend vor dem Einschlafen einen Text über einen juristischen Fall, den Sie noch lösen müssen. Sie achten am Morgen auf Ihre Träume. Sie schreiben sie auf und untersuchen die entstandenen Traumtexte, ob sie eine Lösung für Ihren Fall vom Vorabend anzubieten haben.

Schreibrituale:

Sie untersuchen, unter welchen Umständen Sie die besten juristischen Texte bisher schreiben konnten. Sie notieren Ort, Zeit, Raum, Lebenssituation und Schreibbedingungen Ihrer gelungenen Schreibarbeit und versuchen immer wieder, diese Schreibbedingungen zu schaffen, wenn Sie einen wichtigen Text schreiben müssen.

Absahnen:

Wenn der Biologe THORE VON ÜXKUELL am Morgen einen schweren wissenschaftlichen Text schreiben wollte, las er am Abend in einem Buch seines Lieblingsautoren, dem Schweizer Romancier Gottfried Keller. Üxkuell hatte den Eindruck, mit dieser Vorübung leichter in das Schreiben von Wissenschaft hineinzukommen. Versuchen Sie diese Übung doch auch einmal. Lesen Sie abends Ihren Lieblingsautor, bevor Sie morgens eine Anklageschrift verfassen müssen.

Juristen-ABC:

Alle Assoziationen, die Sie zu Ihrem Beruf haben, packen Sie in ein ABCdarium. Das ist ein Gedicht, bei dem jede Zeile mit einem anderen Buchstaben des Alphabets anfängt und dessen Zeilen von A bis Z geordnet sind. Ihr ABCdarium braucht sich nicht zu reimen, es kann freie Rhythmen als Textform benutzen.

Plätze:

Wählen Sie ein Gericht, das Ihnen besonders gut gefällt. Beschreiben Sie dann die Geschichte des Platzes, auf dem dieses Gericht steht vom Anfang der Welt bis heute.

Imaginäre Wissenschaftsgeschichte:

Erfinden Sie einen Rechtswissenschaftler, sein Forschungsgebiet und sein Forschungsinstitut. Beschreiben Sie dann in einer kleinen Forschungsgeschichte (mit Einleitung, Hauptteil und Schluß) die Entstehung seiner größten wissenschaftlichen juristischen Leistung.

Private Tagebücher:

Schreiben Sie mal für eine Woche, jeweils am Ende eines Tages, alles auf, was Sie an einem typischen Arbeitstag beschäftigt hat. Stellen Sie am Ende der Woche fest, ob sich so etwas wie ein „roter Faden" durch Ihren Berufsalltag zieht.

Der größte Jurist:

Wählen Sie den größten Juristen aller Zeiten und schreiben Sie 5 Zeilen über ihn.

Justitia:

Zeichnen Sie eine Justitia und schreiben Sie ein „Elfchen" über sie. Ein „Elfchen" ist ein Gedicht in 5 Zeilen.
Die erste Zeile umfaßt 1 Wort,
die zweite Zeile umfaßt 2 Worte,
die dritte Zeile umfaßt 3 Worte,
die vierte Zeile umfaßt 4 Worte,
die fünfte Zeile umfaßt 1 Wort als Ausruf.
In einer Schreibgruppe verfaßte ein Rechtsanwalt folgendes Justitia-Elfchen:

Justitia
Blinde Schöne
So vielen vertraut
Mir langsam etwas unheimlich
Vorsicht!

Innerer Monolog:

Wählen Sie Ihren Lieblingsklienten und schreiben Sie 10 Minuten lang einen inneren Monolog, den dieser Klient führen könnte, wenn Sie ihn vor Gericht verteidigen.

Kriminalfälle:

Sammeln Sie für eine Woche alle Kriminalfälle, die in der Zeitung veröffentlicht wurden. Wählen Sie sich dann den besten Fall heraus, und schreiben Sie einen Mini-Krimi. Der Krimi beginnt immer mit dem Verbrechen, das durch den auftretenden Kommissar aufgeklärt wird, so daß der Mini-Krimi am Ende zum Anfang zurückkehrt. (Weitere Anleitungen zur Abfassung von Kriminalgeschichten bietet unser Kurs 10.4. in diesem Buch.)

Satzergänzung:

Bitte ergänzen Sie folgende Sätze, und erforschen Sie, auf welche Ideen Sie dabei kommen:

Die Justiz...
Das deutsche Recht...
Die Richter im 3. Reich...
Die Knäste...
Der Bundesgerichtshof...
Das Jurastudium...
Der Repetitor...
Die Mafia...
Der Richter Falcone...

10.2. Berufsautobiographie

Eine gute Möglichkeit, einen flüssigen Schreibstil zu entwickeln, ist die Arbeit an der eigenen Berufsautobiographie. In ihr begegnet jeder Jurist den Basisproblemen und Grundgefühlen der Menschheit: „Liebe, Sinneslust, Eifersucht, Gier, Angst, Haß, Fanatismus - diese grundlegenden menschlichen Emotionen haben sich seit mehreren tausend Jahren überhaupt nicht geändert." (M. H. COHEN, a.a.O., S. 21) Aus diesen Quellen schöpft immer noch das interessante und überzeugende Schreiben.

Ihr Lebensweg:

Erforschen Sie Ihren Lebensweg mit folgenden Visualisierungstechniken:
● Legen Sie sich eine chronologische Liste aller Lebensereignisse an.
● Oder zeichnen Sie die wichtigen Stationen Ihres Lebensweges in eine Kette von Kreisen, die sich von der Geburt bis zur Gegenwart erstreckt
- Oder benutzen Sie eine Lebensleiter mit folgenden Stufen:

    1. Geburt
    2. Vorschulkind
    3. Grundschule
    4. Schüler/in
    5. Oberschüler/in
    6. Studium
    7. erste Berufsjahre
    8. Meine besten Jahre
    9. Gegenwart

Sie können aber auch Ihre Lebensstationen in die Hauptäste eines Mind-Maps eintragen, das um das Kernwort „Mein Lebensweg" im Uhrzeigersinn alle wichtigen Ereignisse in Form von Assoziationspfeilen umfaßt und nach der Festlegung der Hauptäste um Einfälle aller Art pro Lebensast erweitert wird. Wählen Sie aus jedem Hauptast des Mind-Maps ein interessantes Kernwort, das Sie dann mit einem Cluster weiter erforschen können. Ein Cluster entsteht, indem Sie das Kernwort in der Mitte eines weißen Blattes aufzeichnen, alle Einfälle, wie sie kommen in Assoziationsketten um das Kernwort versammeln und bei einer Schreibidee anfangen, die Worte des Clusters in einen linearen Text zu verwandeln. Hier das Grundmuster eines Clusters:

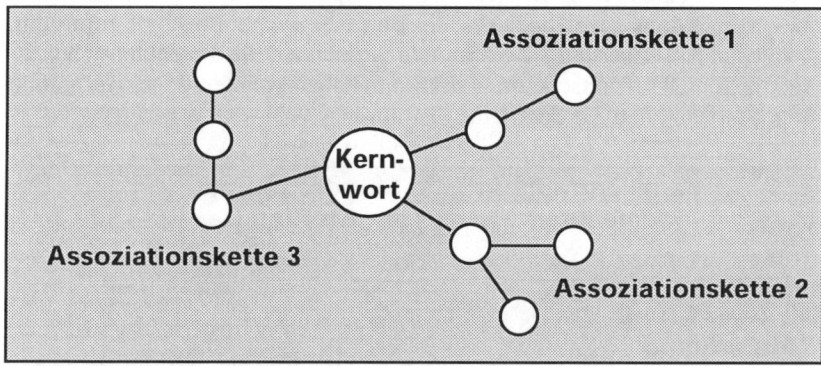

Welche Methode Sie auch wählen, versuchen Sie mit ihrer Hilfe eine 6-8seitige Lebensgeschichte zu verfassen.

Überarbeiten Sie Ihre Lebensgeschichte, indem Sie dann folgende Checkliste benutzen:

1.	Ist meine Geschichte lebendig und anschaulich?
2.	Kommen meine Gefühle zum Ausdruck?
3.	Machen die Details die Geschichte klarer?
4.	Gibt es Dialoge, die die Geschichte vorantreiben?
5.	Ist jede Lebensphase durch ein Schlüsselerlebnis geprägt?
6.	Ist der zeitgeschichtliche Rahmen meines Lebens sichtbar?

(B. SELLING: Writing from Within. Claremont 1990, S. 63)

Falls Sie beim Schreiben Ihrer Lebensgeschichte auf Schreibstörungen stoßen, wenden Sie bitte folgende Techniken an, um mit diesen Schreibstörungen fertig zu werden.

- Weisen Sie den inneren Kritiker zurecht.
- Überspringen Sie schwierige Teile und kommen Sie später darauf zurück.
- Lesen Sie Ihren Lieblingsautor, bevor Sie neu starten.
- Schreiben Sie solange Ihren Namen auf ein weißes Blatt Papier, bis die Schreiblust wiederkommt.
- Hören Sie mitten im Satz auf, sodaß Sie später gleich wieder im neuen Text sind.

(F. P. THOMAS: How to Write the Story of Your Life. Cincinatti 1990, S. 65)

Berufsentscheidung:

In der Mitte eines leeren Blattes wird von Ihnen ein kleiner Kreis als Kern eines Mind-Maps gezeichnet, der die Berufsbezeichnung Jurist aufnimmt. Um diesen Kreis werden 8 weitere Äste gezeichnet, die die Faktoren benennen, die Ihre Berufsentscheidung bestimmt haben könnten. Jeder Ast enthält einen Startsatz, den Sie dann bitte ausführen.

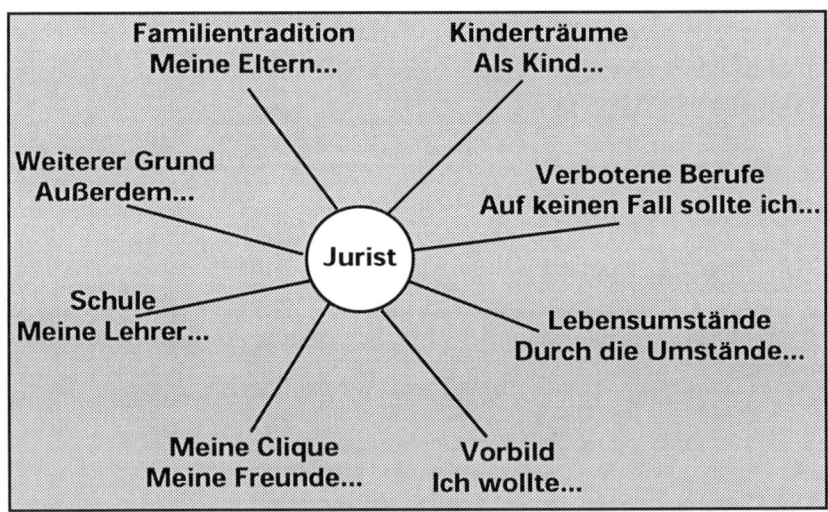

Versuchen Sie nun, 8 Sätze nach dem Vorschlag des Mind-Maps zu Ihrer Entscheidung, Jurist zu werden, zu schreiben.

Berufspanorama:

Auf einem weißen Blatt Papier wird der Berufsweg als Weg durch eine Landschaft gezeichnet. Wichtige Stationen werden durch farbige Symbole ausgedrückt. Die Gestaltung der Landschaft, besonders die Witterungsver-

hältnisse, Tag- und Nachtszenarien können die Entwicklung der Gefühls-
verhältnisse auf Ihrem Berufswege verdeutlichen. Nach dem Zeichnen des
Berufspanoramas (das durchaus laienhaft gemacht werden kann) lohnt sich
der Versuch, die Berufsentwicklung schriftlich niederzulegen.

Arbeitszeit:

Legen Sie sich einen Wochenplan mit 7 Tagen an und versehen Sie ihn links
mit einem Zeitraster mit 24 Stunden. Tragen Sie dann Ihre Tätigkeiten
innerhalb einer normalen Arbeitswoche ein. Stellen Sie Überlastungen und
Unterlastungen fest, und formulieren Sie ein Motto für Ihre weitere Zeitplanung.

Arbeitsbeziehungen:

Entwerfen Sie ein Cluster mit dem Kernwort „Meine Arbeitswelt" und
zeichnen Sie alle Personen ein, die diese Arbeitswelt bestimmen. Zeichnen
Sie dann auch noch alle Ideen ein, die Ihnen zu der jeweiligen Person
kommen. Warten Sie dann auf den Zeitpunkt, an dem Ihnen eine Schreibidee
zufällt: Schreiben Sie dann einen Text: „Meine Arbeitswelt"

Konflikte am Arbeitsplatz:

Zeichnen Sie Ihre Arbeitssituation so, daß alle Personen, die diese Situation
bestimmen, in Tieren gezeichnet werden. Plazieren Sie sich selbst als Tier in
dieser Tierfamilie. Beschreiben Sie dann die Konflikte zwischen diesen
Tieren aus der Sicht des Tieres, das Sie selbst darstellen sollen.

Berufsziel:

Schließen Sie die Augen, und stellen Sie sich als inneres Bild vor, was das Ziel
Ihres Berufes ist: „Dabei sollten Sie versuchen, innerhalb der Bereiche und
Grenzen Ihrer praktischen, erprobten und erwiesenen Fähigkeiten zu bleiben
und nicht in überzogene Begriffe, wie „Ehre", „Ruhm" o. ä. abzugleiten."
Denken Sie einfach nur an „Bildliche Vorstellung von Abläufen und Vorgängen, die Sie sich zutrauen und noch nie oder schon lange nicht mehr
durchgeführt haben." (M. MÜLLER-BERG: Mein Weg zu mir. Ein Leitfaden für
die erfolgreiche Suche nach dem Selbst. Bergisch-Gladbach 1994, S. 108)
Malen Sie dann das Bild, das sich eingestellt hat, und verwandeln Sie das
gemalte Bild anschließend in einen kleinen Text.

Berufskrise:

Malen Sie Ihre wichtigste Berufskrise als Krisenpanorama. Versuchen Sie
dann, Ursprung, Verlauf und Lösung dieser Berufskrise zu formulieren.

Berufsgeheimnis:

Schreiben Sie über ein Berufsgeheimnis, schreiben Sie etwas, was Sie noch niemals zuvor preisgegeben haben.

Berufliches Vorbild:

Mit welcher Figur aus der Literatur der Geschichte oder der Mythologie identifizieren Sie sich im Beruf am meisten? Geben Sie ein kleines Portrait dieser Figur.

Brief an einen Berufsanfänger:

Schreiben Sie einen Brief an einen jungen Rechtsreferendar, indem Sie ihm die wichtigsten Informationen über den Rechtsanwaltsberuf mitteilen.

Die größten Berufserfolge und Niederlagen:

Legen Sie eine Liste Ihrer größten Berufserfolge und beruflichen Niederlagen an. Stellen Sie fest, welche Faktoren Erfolge oder Niederlage bewirkt haben.

Arbeiten Sie mit Dokumenten:

Ziehen Sie folgende Dokumente heran, wenn Sie an Ihrer Berufsautobiographie arbeiten:

● Persönliche Briefe
● Ein beruflicher Stammbaum mit allen Kollegen
● Photografien Ihrer Arbeitsplätze
● Stadtpläne, die Ihre Arbeitsplätze benennen
● Auszeichnungen, Zeugnisse, öffentliche Darstellungen Ihrer Arbeit
● Die Titel der wichtigsten Bücher, die Sie für Ihre Arbeit benutzt haben.

Nehmen Sie diese Dokumente jeweils zum Anlaß für kleine Texte.

Berufsgeschichte und Zeitgeschichte:

Verbinden Sie Ihre Berufsgeschichte mit der Zeitgeschichte. Legen Sie zu diesem Zweck 3 Spalten an:

1. Spalte: Die Jahre
2. Spalte: Die zentralen gesellschaftlichen Ereignisse
3. Spalte: Die persönlichen beruflichen Ereignisse

Versuchen Sie, Zusammenhänge zwischen Ihrer Berufsgeschichte und der allgemeinen Zeitgeschichte herauszufinden und in Thesen zu formulieren.

Führen Sie ein Berufsjournal:

Legen Sie sich ein Heft zu, in das Sie so oft Sie können, Erfahrungen mit Ihrem Beruf eintragen. Sie können hier folgendes notieren:

- Fragen
- Träume
- Gedichte
- Lesefrüchte
- Redewendungen
- Briefentwürfe
- Gutachtenentwürfe
- Anfänge von Reden vor Gericht
- Schlüsse von Reden vor Gericht
- Leitsätze
- Wünsche
- Befürchtungen usw.

Autobiographie von großen Juristen:

Lesen Sie die Autobiographien der großen Juristen und schreiben Sie jeweils einen Kommentar zur Darstellung Ihres Berufslebens.

Interviews:

Führen Sie Interviews mit wichtigen Personen Ihres beruflichen Lebens, um die persönlichen Erinnerungen und die wichtigsten beruflichen Entwicklungen schärfer zu fassen. Formulieren Sie dann diese Interviews in kleine Geschichten um.

Meditation:

Schließen Sie die Augen, und lassen Sie Ihre Berufsjahre wie im Film an sich vorüberziehen. Machen Sie sich Stichpunkte. Schreiben Sie dann über Ihren Berufsfilm. (Vgl. P. Gudjons u. a.: Auf meinen Spuren. Reinbek 1989)

10.3. Juristische Poesie und Prosa

Als Jurist ist man oft an abstrakten Konstruktionen der Realität orientiert. Meistens vollzieht sich die Entstehung eines juristischen Textes in 9 Schritten:

- Entwicklung einer Theorie
- Forschen nach Belegen
- Niederschrift einer Gliederung
- Überprüfung der Theorie
- Verbesserung der Gliederung
- Verfassen eines Textes
- Überprüfung des Textes
- Umschreiben des Textes
- Überprüfung aller formalen Bedingungen des Textes

(T. GOLDSTEIN, J. K. LIEBERMANN, a.a.O., S. 42f, vgl. auch F. KERSCHNER: Wissenschaftliche Arbeitstechnik und -methodik für Juristen. Wien 1993, S. 53)

In diesem Schreibprozeß verschwindet oft die Realität hinter Begriffen, Formalitäten und Konstruktionen: „Wenn Sie jedoch mit dem kreativen Schreiben experimentieren, diktieren Sie nicht länger abstrakte Rechtsideen, sondern Sie schreiben über reale Menschen, mit realen emotionalen Gefühlen, widersprüchlichem Verhalten und widerstreitender Moral. Befreit von der analytischen Fessel, sind Sie nun frei, um Schmerz, Angst, Verzweiflung, Sieg, Liebe, Dummheit, Verstocktheit und Wahnsinn ausdrücken zu können. Durch kreatives Schreiben lernen Sie, Ihre Berufsrealität kennen, wie sie wirklich ist." (M. H. COHEN, a.a.O., S. 35)

Wenn Sie z.B. Kriminalprosa schreiben, werden Sie sich folgende Schreibtechniken aneignen:

- Strukturierung der Geschichte
- Starke Gefühle gestalten
- Dramatische Konflikte vorstellen
- Lebendige Szenen schildern
- Interessante Charaktere lebendig werden lassen
- Gute Dialoge erfinden
- Eine spannende Prosa schreiben

Ob Sie als Jurist Briefe, Anklageschriften, Verträge oder Verteidigungsreden schreiben, diese Schreibtechniken werden Ihnen auch für gute berufliche

Texte wichtige Dienste leisten. Kreatives Schreiben hat viele Ähnlichkeiten mit dem Arbeitsprozeß des Juristen. „Kreatives Schreiben verfügt über alle die gleichen formalen Qualitäten wie das juristische Denken." (M. H. COHEN, a.a.O., S. 77) Beim kreativen Schreiben werden Sie einen der wichtigen Wesenszüge der Rechtspraxis kennenlernen. Sie werden Dinge entdecken, von denen Sie vorher nichts ahnten. Ihre Ideen werden Sie überraschen. „Sie haben nur zu schreiben und zu gehen, wohin Sie das Schreiben führt. Das ist ein Teil des Spaßes an der Kreativität." (M. H. COHEN, a.a.O., S. 40)

Bevor Sie aber einen Krimi schreiben, sollten Sie die Macht der Poesie kennenlernen. „Wenn Sie Poesie schreiben, werden Sie zu Ihren Gefühlen geführt, von denen Sie vorher nicht wußten, daß Sie sie schon hatten." (M. H. COHEN, a.a.O., S. 105) Der Übergang von der Poesie zur Prosa ist leichter als Sie denken. Sie gewinnen auch auf diesem Weg wichtige berufliche Schreibqualifikationen: „Der kreative Schreiber, wie der Jurist, hat ein besonderes Augenmerk auf die Sprache. Aber während der Jurist sich bald im Abstrakten verliert, bleibt der kreative Schreiber an der realen Welt orientiert, um die wirklichen Lebensverhältnisse zu erfassen... Dieser konkrete Blick, den einige Juristen schon haben, kann durch das kreative Schreiben von Gedichten und Prosa noch vertieft werden." (M. H. COHEN, a.a.O., S. 125)

Poesie:

In einer Anleitung zum kreativen Schreiben für Rechtsanwälte wurden 6 Vorschläge für das Verfassen von Gedichten gemacht:
● Schreiben Sie erst ein ganz schlechtes Gedicht.
● Schreiben Sie ein Gedicht über ein ganz kleines Ereignis.
● Schreiben Sie ein Gedicht, das sein Leitmotiv einem klassischen Gedicht entnommen hat.
● Sammeln Sie 5 zufällige Worte und verbinden Sie sie zu einem Gedicht.
● Schreiben Sie eine Parodie auf ein klassisches Gedicht.
● Schreiben Sie ein Gedicht in Prosa.

(Vgl. M. H. COHEN, a.a.O., S. 111-113)

Wir wollen jetzt solche Vorschläge ausbauen und greifen Ideen auf, die B. DRAKE: Writing Poetry. New York 1983 entwickelt hat.

Listen-Gedichte:

Aus zufällig zusammengestellten Worten läßt sich oft ein lyrischer Funke schlagen. Das Prinzip für diese Produktionsweise liegt im Anlegen von Listen. Legen Sie also Zukunftslisten (Dinge, die in der Zukunft sein könnten), Vergangenheitslisten (biographische Fragmente), Ding-Listen

(Dinge, die Ihnen einfallen), Traumlisten, Negativ-Listen (alles, was abzulehnen ist), Wortlisten, 5-Sinnes-Listen (Geräusche, Gefühle, Geschmäcker, Betastungen, Visionen) an.

Wählen Sie aus jeder Liste 5-6 Worte aus. Lassen Sie die Satzanfänge Ihres Gedichtes z.B. immer mit den gleichen Worten beginnen, wie z.B.:

● Ich möchte...
● Ich erinnere mich...
● Ich fühle...
● Ich war...

Ein Richter schrieb nach dieser Methode in einer Schreibgruppe folgendes Gedicht:

„Ich möchte Vertrauter der Justitia werden.
Ich möchte in die Knäste gehen und die Unschuldigen losbinden.
Ich möchte vor den Schranken eines Gerichts stehen und Recht bekommen.
Ich möchte spüren, wie die Welt moralisch wird.
Ich möchte fühlen, wie die Spannungen verschwinden.
Ich möchte einmal im Leben auch Recht behalten.

Auf der Basis Ihres Listen-Materials und gleicher Satzanfänge können Sie derartige serielle Lyrik schreiben.

Gedicht für einen Adressaten:

Schreiben Sie ein Gedicht an sich selbst, an Ihr besseres Ich, an Ihr Spiegelbild. Schreiben Sie ein Gedicht an ein anonymes Du oder Wir oder Er und lassen Sie Einsamkeit, Angst und Schuld zur Sprache kommen. Schreiben Sie auch ein Gedicht an ein Tier.

Gedichte mit Anleihen:

Nehmen Sie einen Zeitungsartikel, unterstreichen Sie alle poetischen Sätze und montieren Sie sie zu einem Gedicht. Wählen Sie ein Feld der Kultur: Sport, Flugzeuge, Astrologie, Philosophie usw. Lassen Sie sich zum Thema etwas einfallen. Sammeln Sie Worte zum Thema und verwandeln Sie sie in ein Gedicht. Setzen Sie hier auch die Cluster-Methode ein (Kernwort, Assoziationsketten, Schreibidee, Text!).

Gedichte durch Überarbeitung:

● Schreiben Sie einen Freewriting-Text, den Sie so schnell produzieren, wie Sie können. Lassen Sie ihn dann 10 Minuten liegen und entwickeln Sie aus seinem Wortmaterial zwei völlig unterschiedliche Gedichte.

● Nehmen Sie vier Gedichte Ihres Lieblingslyrikers, lösen Sie die besten Metaphern heraus und schreiben Sie mit ihnen ein neues Gedicht.

Automatisch geschriebene Gedichte:

● Schalten Sie Musik an, und schreiben Sie, was Ihnen zu dieser Musik einfällt, ohne jede Zensur.

● Setzen Sie sich in einen dunklen Raum, und schreiben Sie, ohne daß die Augen die Bewegungen Ihres Schreibgerätes kontrollieren können.

● Nehmen Sie sich ein Bild von Salvadore Dalí und machen Sie ein Gedicht daraus.

● Schreiben Sie ein Gedicht, das mit dem Satz beginnt „In einem Traum..."

Archetypische Gedichte:

Archetypische Bilder , von C. G. Jung, dem Schweizer Tiefenpsychologen erforscht, umfassen die ersten Denkmuster, den Ursprung der Erkenntnis der Dinge. Archetypen sprechen vom alten Weisen, vom Drachen, vom Monster, vom Paradies, vom Helden, von der Urmutter. Die Kraft der Archetypen verbindet uns mit Kräften, die an den Anfang der Zeit zurückgehen. Beginnen Sie ein archetypisches Gedicht mit einem der folgenden Satzanfänge:

Ich fliege...
Es gibt ein verlorenes Land...
Ich bin früher einmal hier gewesen...
Die Räder drehen und drehen...
Ich höre das Geräusch des strömenden Wassers...
Es war einmal vor langer, langer Zeit...

Erforschen Sie die Personen Ihrer individuellen Mythologie. Nehmen Sie dazu Tarot-Karten in die Hand, wählen Sie eine der großen Arkanen, die Ihnen entspricht, und schreiben Sie über die gewählte Arkane ein Gedicht. Schreiben Sie erst 5 Worte, und machen Sie aus diesen 5 Worten 5 Zeilen. Haben Sie Standard-Träume, dann schreiben Sie ein 10-Zeilen-Gedicht über einen Standard-Traum.

Denken Sie an eine ganzheitliche Erfahrung in Ihrem Leben, an ein Peak-Erlebnis, in dem Sie sich mit der ganzen Welt eins fühlten. Schreiben Sie ein Schneeball-Gedicht über dieses Erlebnis. Ein Schneeball-Gedicht entwickelt sich folgendermaßen:

1. Zeile 1 Wort,
2. Zeile 2 Worte,
3. Zeile 3 Worte usw.

Sie können dieses Gedicht bis zu 10 Zeilen mit 10 Worten und länger ausdehnen. Von einem Richter stammt aus einer Schreibgruppe folgender Schneeball:

Berge	*(1. Zeile)*
Weiße Wolken	*(2. Zeile)*
Tief im Tal	*(3. Zeile)*
Das Läuten der Herden	*(4. Zeile)*
Ich bin ganz allein hier	*(5. Zeile)*
Und obwohl einsam mit allem verbunden	*(6. Zeile)*
Die Stille legt sich auf meine Seele	*(7. Zeile)*
Mein Atem stockt, mein altes Herz schlägt zögernd	*(8. Zeile)*
Es kommt ein Licht von weit her, vom Gipfel	*(9. Zeile)*
Und ich weiß, so war es immer, vor aller Zeit.	*(10. Zeile)*

Manieristische Gedichte:

Manieristische Gedichte sind Spielgedichte, die Geheimnisse vorstellen. Zu ihnen gehört das Ein-Zeilen-Gedicht. Es wird zu zweit geschrieben. Einer schreibt eine Überschrift, der andere eine Zeile, die das Gedicht ausmacht. Das 6-Zeilen-Gedicht hat folgenden Aufbau:

Zeile 1: Schreiben Sie die erste Zeile, die eine Farbe enthält.
Zeile 2: Die 2. Zeile trifft eine Feststellung über eine Stadt.
Zeile 3: Die 3. Zeile beschreibt das Wetter.
Zeile 4: Die 4. Zeile beginnt mit: „Ich möchte..."
Zeile 5: Die 5. Zeile sagt etwas über ein Genie.
Zeile 6: Die 6. Zeile beginnt mit: „Nächstes Jahr zur gleichen Zeit..."

Das 6-Zeilen-Gedicht eines Notars als Beispiel:

„Dunkles, weites Blau mit weißen Rändern
Über Berlin fliegen die Engel von Wim Wenders.
Langsam zieht eine Gewitterfront heran.
Ich möchte den Fall Meyer gegen Meyer noch einmal aufrollen
Hätte ich nur die Gedankenschärfe Albert Einsteins.
Nächstes Jahr zur gleichen Zeit wird es wieder ein Gewitter geben. "

Die manieristische Gedichtform mit dem Namen „endlose Gedankenzeile" ist ein endloser Satz, der mit einer Aussage über Leben, Liebe, Tod, Haß beginnt und sich in Schlangen und Sprüngen, Kreisen und Rechtecken über eine Seite verbreitet.

Prosa:

Bei der Prosa kommt es nicht so sehr auf das Thema, auf interessante Worte und Symbole an wie bei der Lyrik, sondern auf charakteristische Personen. „Jede Art kreativer Prosa hängt von glaubwürdigen Charakteren ab... Jeder glaubwürdige Charakter ist widersprüchlich und komplex. Er ist wie Du und Ich. Wir sind unter unserer Haut alle Brüder. Wenn Sie ein Mensch richtig kennt, wenn Sie sich richtig kennen, kennen Sie auch etwas von allen anderen." (L. EGRI: The Art of Creative Writing: Secaucus 1965, S. 11f) So ähnlich sich Menschen sind, so sind sie doch verschieden. Die Prosa lebt davon, daß verschiedene Menschen aufeinanderstoßen. Es gibt viele Möglichkeiten, die Unterschiede unter den menschlichen Charakteren zu beschreiben. Nach L. Egri tummeln sich in interessanter Prosa folgende Typen:

Der Mann oder die Frau von der Straße
Der Perfektionist
Der Mensch, der immer verliebt ist
Der rebellische Sohn, die aggressive Tochter
Der schüchterne Mensch
Der Exhibitionist
Der Eroberer, die Abenteurerin
Der glückliche Mann, die freudige Frau
Der unentbehrliche Mensch
Das Mädchen, das morgen ihre Chance bekommt

(L. EGRI, a.a.O., S. 77-110)

Der Prozeß des Prosa-Schreibens bedeutet, Beziehungen zwischen Menschen zu stiften und sie sich entwickeln zu lassen. „Im Gericht erscheinen die Menschen als Fakten. Im kreativen Schreiben erscheinen sie in der wahren Imagination. Die Wahrheit der Prosa ist, was Charaktere überzeugend glauben, fühlen und handeln." (M. H. COHEN, a.a.O., S. 37f) Wir wollen nun eine Geschichte mit starken Charakteren in 7 Schritten schreiben, wie sie M. S. WILLIS: Blazing Pencils. New York 1990 vorgeschlagen hat:

1. Schritt: Schließen Sie Ihre Augen, und stellen Sie sich vor, daß Sie sich auf einem Platz befinden. Erforschen Sie den Platz mit allen 5 Sinnen. Schreiben Sie Ihre Eindrücke von diesem Platz nieder.

2. Schritt: Schließen Sie Ihre Augen, und kehren Sie auf Ihren Platz zurück. Bleiben Sie auf dem Platz, beobachten Sie, was passiert. Es dauert etwas, dann taucht eine Person auf. Sehen Sie sich diese Person genau an, und beschreiben Sie sie: Bekleidung, Haarschnitt, Sprachstil, Herkunft, Geschlecht, Alter,

Lebensgeschichte, Beruf. Fertigen Sie nun ein Portrait der Person an.

3. Schritt: Schließen Sie wieder Ihre Augen, beobachten Sie Ihren Platz und Ihre Person. Warten Sie. Eine andere Person erscheint. Sie spricht die erste Person an. Eine Handlung beginnt. Ein Konflikt tritt in Erscheinung. Schreiben Sie eine kleine Konfliktgeschichte, die sich zwischen Ihrer ersten und Ihrer zweiten Person ereignet.

4. Schritt: Schließen Sie die Augen und lassen Sie die Konfliktpartner wieder erscheinen. Stellen Sie fest, welche Charaktertypen Sie vor sich haben: Trifft ein Perfektionist auf das Mädchen, das morgen ihre Chance haben wird? Begegnet der schüchterne Mensch dem Eroberer? Hat der unentbehrliche Mensch seine schicksalhafte Begegnung mit der Abenteurerin? Sehen Sie genau hin, und schreiben Sie dann einen Dialog der Charaktere.

5. Schritt: Schließen Sie die Augen und lassen Sie die Konfliktpartner wieder erscheinen. Gehen Sie nun in Gedanken in den Kopf beider Konfliktpersonen, und beschreiben Sie, was Sie in der Begegnung mit der anderen Person erleben. Stellen Sie das innere Erleben beider Personen als inneren Monolog beider Personen dar.

6. Schritt: Schließen Sie die Augen, und lassen Sie das Panorama der Geschichte vor sich erscheinen, das die beiden Personen miteinander haben. Entwerfen Sie die Stationen Ihrer Geschichte mit einem Höhepunkt und einem Schluß. Stellen Sie sich dann einen Wecker. Geben Sie sich 10 Minuten, um jede Station schnell zu schreiben. Verteilen Sie Ihre Schreibzeit (möglicherweise) auf mehrere Tage.

Oder schreiben Sie einfach die Geschichte beider Personen herunter, und erleben Sie, was sich zwischen ihnen ereignet.

7. Schritt: Überarbeiten Sie die Geschichte, tippen Sie die Geschichte sauber ab. Lesen Sie dann Ihre fertige Geschichte einem Ihrer Freunde vor.

10.4. Kriminalgeschichten

„Kreatives Schreiben und kreative Juristerei können Hand in Hand gehen... Beide Juristen und kreative Schreiber bearbeiten die gleichen sozialen Probleme. Kreative Schreiber wie Juristen leben von der Arbeit an ihrer Vision von Mensch und Gesellschaft... Der Prozeß der Rechtsfindung und des kreativen Schreibens ergänzen einander. Beide arbeiten mit wichtigen Methoden der Erforschung und Unterstützung der menschlichen Evolution." (M. H. COHEN, a.a.O., S. 142)

So liegt es nahe, daß die Bedeutung des kreativen Schreibens für den juristischen Beruf nun an einer Textsorte erprobt wird, die den Anwälten sehr nahe steht: Der Krimi. Der Krimi ähnelt der Grundidee der Hegelschen Rechtsphilosophie: Wenn die Nacht anbricht, fliegt die Eule der Minerva, wenn der Mord passiert ist, tritt der Detektiv, und in seinem Gefolge auch bald der Jurist, auf. Das Zusammenhängen und Zusammengehen von kreativem Schreiben und Juristenberuf kann beim Schreiben eines Krimis noch einmal deutlich werden. Unser Weg zum Kurzkrimi hat 8 Stufen:

1. Der Mord
2. Der Kommissar/die Kommissarin
3. Suche nach Verdächtigen
4. Falsche Fährten
5. Reduzierung von Verdächtigen
6. Finden eines Motivs
7. Entlarvung des Täters
8. Die Rekonstruktion des Falles

1. Der Mord:

Im Krimi muß es am Anfang ganz einfach eine Leiche geben. (E. MASCH: Die Kriminalerzählung. München 1983, S. 98) Ein kleineres Verbrechen als Mord erzeugt für seine Entdeckung nicht die genügende Spannung. Die Mordmethoden müssen rational sein. „Die Mordmethode ist meist schlicht und unkompliziert, selten von Bedeutung. Die Waffentechnik spielt mitunter eine Rolle, doch mechanische Vorrichtungen sind geradezu verpönt." (E. FINCKH: Theorie des Kriminalromans. Stuttgart 1981, S. 45)

Der Mord in einem Krimi sollte sich niemals als Unfall oder als Selbstmord erweisen. Das Verbrechen entspringt meist dem Milieu, das „unter ganz bestimmten Bedingungen zu diesem ganz bestimmten Mord führen mußte." (E. FINCKH, a.a.O., S. 45)

Übung:

- Beschreiben Sie ein gewähltes Milieu immer mit allen 5 Sinnen.
- Beschreiben Sie mal, wie Ihr Büro riecht, klingt, sich anfühlt, aussieht, schmeckt.
- Beschreiben Sie die Fahrt in der U-Bahn am Morgen mit allen 5 Sinnen.

Schaffen Sie sich nun die nötigen Anregungen für einen Mord.

Übung:

- Schneiden Sie aus der Tageszeitung Berichte über Verbrechen aus, oder bedienen Sie sich zugänglicher oder eigener Akten. Montieren Sie aus den gefundenen Berichten erstmal ein Super-Verbrechen.
- Geben Sie einen kurzen Bericht über das schwerste Verbrechen, mit dem Sie als Anwalt oder Richter in Berührung gekommen sind.
- Stellen Sie sich vor, Sie haben selbst ein schweres Verbrechen begangen. Schreiben Sie nun die ersten 5 Sätze Ihrer Selbstverteidigungsrede vor Gericht.

2. Der Kommissar/Detektiv:

Der Krimi muß über einen Detektiv/Kommissar (männlich oder weiblich) verfügen. Der Detektiv ist derjenige, der den Fall aufdeckt. Seine Aufgabe ist es, Indizien zu sammeln, welche zu der Person führen, die am Beginn des ersten Kapitels des Krimis den Mord begangen hat. Es darf nur einen Detektiv geben. Mehrere gleichwertige Detektive zerstreuen das Interesse des Lesers und verwirren die Logik der Handlung. Es gibt eine lange Ahnenreihe von Detektiven, die von Auguste Dupin, von Edgar A. Poe, über Sherlok Holmes und Philip Marlowe bis zu den farbigen Detektiven James und Johnson von Chester Himes reichen.

Übung:

Es gibt vier Typen von Detektiven:
- Der Übermensch,
- Der Harte,
- Der Unscheinbare,
- Der Antidetektiv.
(Vgl. P. NUSSER: Der Kriminalroman. Stuttgart 1980, s. 43f)

Wählen Sie einen Typ aus, fertigen Sie ein Portrait von ihm an. Benutzen Sie dafür folgendes Detektiv-Mind-Map:

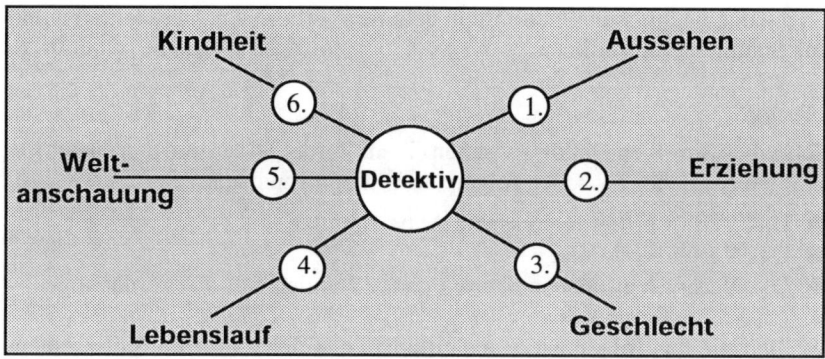

Sie können aber auch von den Merkmalen des Antidetektivs ausgehen und einen klassischen Detektiv entwerfen. Dafür gibt es folgenden Arbeitsbogen:

Merkmale des Antidetektivs:	Merkmale des klassischen Detektivs:
Säuft entsetzlich	
Hat ungewöhnliche Einfälle	
Ist außergewöhnlich brutal	
Hat als Sozius einen Hund	
Rettet sich aus schwierigen Situationen mit unwahrscheinlichen Tricks	
Ist nicht besonders intelligent und löst Fälle eher durch Zufall	
Hat einen Auftrag zu erfüllen, weiß aber nicht welchen	

3. Suche nach Verdächtigen:

Der Täter muß durch logische Schlußfolgerungen ermittelt werden, nicht durch Zufall oder durch ein motiviertes Geständnis. Das Verbrechen muß mit ganz alltäglichen Mitteln aufgeklärt werden. Der Leser muß die Chance haben, der Logik der Suche nach dem Verdächtigen gut zu folgen. Die Verdächtigen bleiben meist Schemen, unabgerundet und ohne Tiefe.

Zu den wichtigsten Suchmitteln gehören Verhöre von Verdächtigen und das Sammeln von Indizien.

Übung:

Schreiben Sie einen Dialog zwischen einem Verdächtigen und dem Detektiv. Wählen Sie dabei zwischen folgenden Dialogformen aus:

● Das Verhör bringt interessante Anhaltspunkte
● Das Verhör versandet
● Das Verhör legt falsche Fährten und präsentiert falsche Verdächtige

Wählen Sie aus folgenden Standardindizien welche aus, die Sie in einem kleinen Text vorstellen:

● Gefälschte Fingerabdrücke
● Gefälschtes Alibi
● Injektionsspritze oder Betäubungstropfen
● Mord in einem geschlossenen Raum, den der Mörder nicht betreten haben kann.
● Verschlüsselter Brief, der zum Schluß entziffert wird.
● Ein Hund, der den Verdächtigen anbellt und belastet.
● Ein Schlüssel, den ein Verdächtiger von der Wohnung besitzt, in der der Mord passierte.

Besonders spannend ist es, wenn der Mord in einem geschlossenen Raum passiert ist, der von außen nicht zugänglich war. Es gibt 5 Möglichkeiten, das Geheimnis des Mordes in einem geschlossenen Raum zu lösen:

● Der Raum war unzulänglich verschlossen.
● Der Ermordete beging Selbstmord.
● Der Mord wurde durch ein Mittel begangen, das vor dem Mord in den Raum gebracht wurde.
● Der Mord wurde begangen, bevor der Raum verschlossen wurde.
● Der Mord wurde von außen begangen, ohne daß das leicht zu erkennen war.

(P. NUSSER, a.a.O., S. 51)

Übung:

Versuchen Sie mal, eine kleine Skizze über einen Mord in einem geschlossenen Raum.

4. Falsche Fährten:

Die Tat wird so dargestellt, daß keiner der in Frage kommenden Personen die Tat ausgeführt haben kann. Dann tauchen Fakten auf, die eine Lösung möglich erscheinen lassen. Diese Fakten aber widersprechen sich. Doch der Detektiv versucht, die falschen Fährten auszuloten und hinter die Kulissen der Tat zu sehen.

Übung:

Entwerfen Sie die Skizze eines Mordes, wie er auf den ersten Blick erscheint, und skizzieren Sie dann die wirkliche Geschichte.

5. Reduzierung von Verdächtigen:

Alle Figuren, die im Krimi auftauchen, sind entweder Gehilfen des Detektivs oder Verdächtige. Keine Person wird um ihrer selbst willen geschildert. „Das Opfer hat normalerweise den geringsten Stellenwert." (P. NUSSER, a.a.O., S. 40)

Übung:

Clustern Sie kurz die ganze Statisterie Ihres Krimis: Haupt- und Nebenpersonen. Überlegen Sie, wie die Personen langsam entlastet werden könnten.

6. Findung eines Motivs:

Alle Verbrechen im Krimi sollten aus persönlichen Motiven begangen werden. Die Motive sollen die Alltagserfahrungen des Lesers widerspiegeln. Deshalb sind die häufigsten Mordmotive im klassischen Krimi: Geld, Eifersucht, gekränkte Ehre. Durch den Einfluß der Psychoanalyse werden im modernen Krimi auch ödipale Eifersuchtsmotive vertieft: „An Ödipus darf nun endlich erinnert werden, an den unwissenden Mörder seines Vaters, unwissenden Mann seiner Mutter... Vielartig verkleidet wirkt der Ödipusstoff weiter, dieser Urstoff des Detektorischen schlechthin, immer kriminalistisch, wohlverstanden und mit dem verdeckten Vorher." (E. BLOCH: Literarische Aufsätze. Frankfurt 1965, S. 263)

Übung:

Schildern Sie eine Dreiecksbeziehung. Entwickeln Sie aus dieser Beziehung die Motivlage für einen Mord.

7. Entlarvung des Täters

Der Täter muß eine Person sein, die im Krimi eine mehr oder weniger bedeutende Rolle gespielt hat. Diese Person muß abwechselnd schuldig und unschuldig erscheinen. Der Täter muß eine Person sein, die dem Leser vertraut ist, und für die er sich sehr interessiert hat. (S. S. van DINE: 20 Regeln für das Schreiben von Detektivgeschichten. In: J. W. GOETTE (Hrsg.): Der Kriminalroman. Frankfurt 1967, S. 46)

Da der Täter über jeden Verdacht erhaben sein muß, kommt ein Gärtner nicht gut in Frage, auch kein Berufsverbrecher oder ein Verbrechersyndikat. Ein wirklich spannendes Verbrechen sollte von einem Bischof, einer bekannten Feministin oder dem netten Nachbarn von nebenan begangen werden. Die Mittel der Entlarvung des Täters sind immer rational: Es werden Lücken in der Beweiskette gefunden. Es werden Fragen gestellt, deren Beantwortung die gefundenen Fakten in ein neues Licht stellen.

Übung:

Schreiben Sie einen Dialog, in dem Ihr Täter durch den Detektiv überführt wird.

8. Die Rekonstruktion des Falles:

Charakteristisch für den klassischen Krimi ist, daß „am Ende die Nacherzählung der Mordtat vom Anfang selbst nur oberflächlich und stichwortartig, mitunter sogar unvollständig geschieht." (H. HEISSENBÜTTEL: Spielregeln des Kriminalromans. In: J. W. GOETTE (Hrsg.), a.a.O., S. 37)

Übung:

Schlüpfen Sie nun in die Rolle Ihres Detektivs ,und schildern Sie abschließend eine Geschichte, die zu einem Mord führt.

Das waren die Vorübungen. Versuchen Sie jetzt Ihre Abschlußübung. Schreiben Sie nun einen kompletten Kurzkrimi. Gehen Sie in drei Schritten vor, indem Sie auf Ihre Vorarbeiten in den Übungen zurückgreifen. Entwerfen Sie zuerst ein Assoziations-Mind-Map, das alle Einfälle zum Mini-Krimi ungeordnet um Ihr Kernwort „Krimi" versammelt. Das sieht in der Grafik so aus:

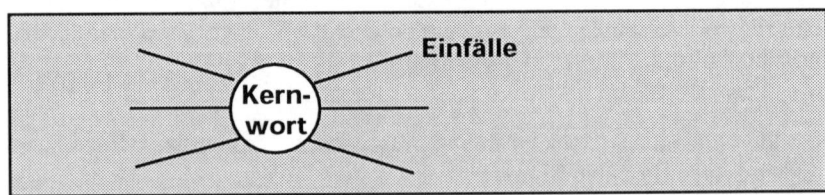

Nehmen Sie sich dann das systematische Krimi-Mind-Map vor und füllen Sie es mit Ihren Einfällen aus.

Systematisches Krimi-Mind-Map

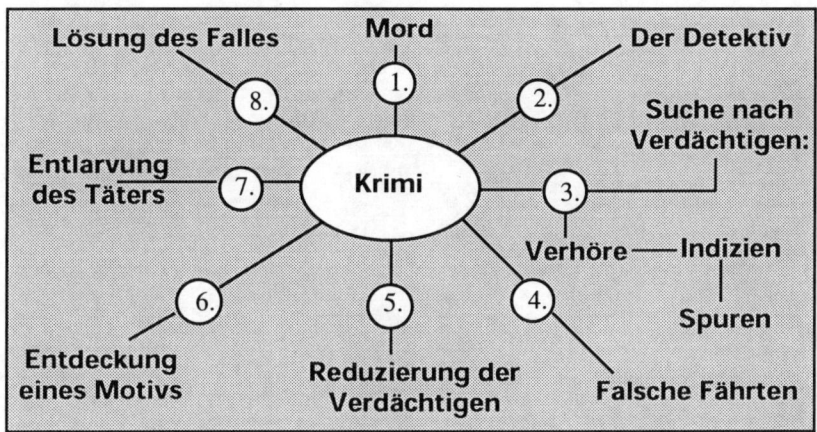

Ist Ihr Mind-Map komplett, können Sie die Kriminalgeschichte schreiben, indem Sie schnell die Einfälle vom ersten bis zum achten Ast hintereinander ausformulieren und sich durchaus von den Entwicklungen in Ihrer Phantasie tragen lassen.

11. Kreatives Schreiben in sozialen Praxisfeldern

Viele Berufe haben mit der Erforschung im sozialen Feld zu tun. Da gibt es Ethnologen, Soziologen, Anthropologen, Entwicklungshelfer, ländliche und städtische Entwicklungsplaner. Sie alle können ihre Arbeit nur leisten durch genaue Beobachtung und Beschreibung der Probleme ihres sozialen Feldes. So kam man in den USA schon 1914 auf die Idee, z.B. für landwirtschaftliche Entwicklungsplaner Seminare im beruflichen Schreiben anzubieten. H. R. O'BRIEN, vom „Oklahoma Agricultural and Mechanical College" stellte 1914 fest: „Viele Leute, die unsere Ausbildungsstätte verlassen, haben keine Ahnung, wie man landwirtschaftliche Probleme und Prozesse beschreibt. Sie haben nur gelernt, wissenschaftliche Texte zu schreiben und müssen erst durch harte Berufserfahrungen begreifen, wie man draußen in der Realität sich mit Texten durchsetzt." (K. H. ADAMS, a.a.O., S. 129)

1920 war es dann soweit, daß angehenden Landwirten und ländlichen Beratern Schreibkurse im ländlichen Journalismus vermittelt wurden. J. O. SIMMONS vom „College of Agriculture" in Syrakus schrieb 1920: „Ich möchte, daß unsere Studenten die Grundlagen des journalistischen Schreibens lernen, mit dem Schwerpunkt Landwirtschaft. Viele unserer Absolventen arbeiten in Zukunft in leitenden Stellen großer Güter. Für diese Positionen müssen sie in der Lage sein, mit der Presse zu kooperieren, um die Anliegen der Landwirte in die Öffentlichkeit zu bringen." (K. H. ADAMS, a.a.O., S. 131) 1926 erschien das erste Lehrbuch „Agricultural Journalism" von N. A.

Crawford und C. E. Rogers. „Dieses Buch führte in das Lesen und Schreiben agrarjournalistischer Texte ein. Die Studenten lernten in diesem Buch folgende Textsorten zu schreiben: Nachrichten, Artikel, Vorworte, Einleitungen, Marktanalysen, Texte für Frauen." (K. H. ADAMS, a.a.O., S. 132)

Diese amerikanischen Ansätze des Schreibens in und für das soziale Feld sind heute in vielen Wissenschaften verbreitet. Wir können die Wissenschaften, die heute qualitatives Schreiben praktizieren, in folgender Grafik vorstellen:

(Vgl. H. F. WOLCOTT: Writing Up Qualitative Research. Newbury Park 1990, S. 65)

Im Folgenden wollen wir zwei Konzepte beruflichen Schreibens im sozialen Feld vorstellen: Schreiben in der Entwicklungshilfe und in der Ethnologie.

11.1. Schreiben im Feld der Entwicklungshilfe

Ein wichtiger Aspekt der Entwicklungshilfe ist die Untersuchung von Krisengebieten, in denen Entwicklungsprojekte bei der Lösung von sozialen, ökonomischen, ökologischen, medizinischen und anderen Problemen mithelfen sollen. Zum Zweck der Klärung der Struktur der Krisensituation kann eine Untersuchung der Krisenregion durch Entwicklungshelfer folgende Interventionen durchführen, die es ermöglichen, die Probleme der Region für weitere Aktionen in wichtigen Texten zu erfassen. (Vgl. U. J. NAGEL: Developing a Participatory Extension Approach. Berlin 1992, S. 135-158) Dieser so entstehende Bericht kann dann als Report in weiteren Projekten der Entwicklungshilfe Folgeaktivitäten anstoßen. Ehe dieser Bericht als Resultat einer Kampagne in Projekten der 3. Welt geschrieben wird, ist es angezeigt, diese Methoden mit Entwicklungshelfern in deutschen ländlichen Gebieten als Prestudy durchzuführen und damit durch Praxislernen sich anzueignen.

Eine Karte zeichnen und texten:

Eine Karte der Region, in der das Entwicklungshilfeprojekt arbeitet, sollte alle physischen und sozialen Probleme erfassen. In dieser Karte werden die Orte der Region verzeichnet, Flüsse, Wälder und Berge. Die Bodennutzung wird benannt, Formen von Weiden gekennzeichnet und entsprechende Konflikte markiert. Indem diese Karte mit den Bewohnern der Region zusammen gezeichnet und getextet wird, werden diese Bewohner schon früh in die Untersuchungen einbezogen. Auf der Grundlage einer solchen Karte können weitere Erkenntnisse der Region geordnet und gesammelt werden. Wenn 5-10 Bewohner an der Karte mitarbeiten, ergibt sich aufgrund der Interpretation der entstehenden Karte eine gute Grundlage, einen ersten Überblickstext über die Region zu verfassen. Ein solcher Text kann nach dem Zeichnen der Karte mit der Mind-Map-Methode verfaßt werden. Zum Kernwort des Mind-Maps wird dann das Hauptproblem der Region, und die wesentlichen Aspekte dieses Problems werden als Äste um das Mind-Map im Uhrzeigersinn gezeichnet.

Rundgang durch das Dorf:

Dieser Rundgang mit einheimischen Schlüsselpersonen sollte dazu dienen, alle Probleme des Partners zu erfassen. Zu diesem Zweck ist die intensive Nutzung aller fünf Sinne nötig. Man sollte im Dorf sehen, hören, riechen, schmecken und fühlen. Man sollte mit männlichen und weiblichen Perspektiven das Dorf betrachten und seinen Blick für Arbeitsformen, religiöse, politische und familiäre Strukturen schärfen. Wenn man während des Rundganges alle Schlüsselwörter der Region in ihrer dörflichen Ausformung notiert, kann man später mit Hilfe der Cluster-Methode Schlüsseltexte verfassen, die die Ergebnisse des Dorfrundganges gut festhalten.

Dorfgeschichte:

Dorfgeschichten geben oft guten Einblick in die Entwicklung der Ökonomie und Ökologie des ländlichen Lebens. Sie entstehen im Gespräch mit Kontaktpersonen, die über die Entstehung und Entwicklung des Dorfes befragt werden. Dabei sind männliche und weibliche Dorfgeschichten durchaus unterschiedlich. Besonders die alten Dorfbewohner sind oft das lebendige Gedächtnis des Dorfes. Sie werden über Zu- und Abwanderung im Dorf, Ausbau und Verkleinerung, Gründung und Zukunft des Dorfes berichten können. Die Geschichte des Dorfes sollte dann in Zeitabschnitten gegliedert werden, die auch die Zukunftsperspektiven der Dorfgemeinschaft umfassen. Jede Geschichte innerhalb der Dorfgeschichte kann nach dem ASL-Kurzgeschichten-Cluster aufbereitet werden. Dabei heißt A = Anfangssituation, S = Suche nach einer Lösung, L = Lösung. Um eine Kurzgeschichte zu schreiben, werden also ein A-, ein S- und ein L-Cluster angelegt, und dann wird die Geschichte in einem Zug heruntergeschrieben.

Problemidentifikation:

Auf einer Dorfversammlung sollten mit Hilfe der Metaplan-Methode die Probleme der Dorfbewohner identifiziert werden. Jeder Teilnehmer schreibt sein Hauptproblem auf eine Karte, die dann von allen Bewohnern in gemeinsamen Problemgruppen sortiert werden. Es werden dann die Lösungsprobleme und die Widerstände gegen jedwede Veränderung der Situation besprochen. Anschließend sollten die Entwicklungshelfer in drei Spalten die Problemgruppen, die Widerstände und die Problemlösungen auflisten, und einen dreiteiligen Vorschlagstext mit folgenden Abschnitten formulieren:

1. Probleme
2. Widerstände gegen Problemlösungen
3. Vorschläge zur Lösung der Probleme

Gruppenprofil:

Diese Methode soll zu einem Überblick über alle ökonomischen Aktualitäten eines Dorfes führen und möglich machen, die verschiedenen Tätigkeiten der dörflichen Gruppen zu ordnen. Zu diesem Zweck schreiben alle teilnehmenden Individuen des Dorfes ihre ökonomischen Tätigkeiten auf ein großes Blatt Papier. Diese Tätigkeiten werden, soweit sie voneinander abhängen, durch Pfeile verbunden. Männliche und weibliche Tätigkeiten werden durch Symbole gekennzeichnet. Auf dieser Grundlage ist es dann leicht, einen Text über das ökonomische System des Dorfes (Landbesitzer, Knechte, Pflugbesitzer, Weidelandbesitzer, Hirten usw.) zu schreiben, und dabei besonders die Gestalt der geschlechtsspezifischen Arbeitsteilung im Dorf herauszuarbeiten.

Rang-Ordnungsliste:

Das Hauptziel dieser Methode ist die Identifizierung der Entwicklungsinteressen und die Bildung ihrer Rangordnung. Diese Rangordnung entsteht in drei Schritten. Zuerst werden auf ausgeteilten Karten Schwerpunkte der Verbesserung der Dorfsituation benannt und möglichst in Symbolen und kurzen Texten ausgedrückt. Beim zweiten Schritt erhält jede Karte eine Bewertung durch die Vergabe von jeweils einem Punkt durch die Teilnehmer. (Dieses Verfahren ist durch die Metaplan-Methode weitverbreitet.) Damit wird die Rangordnung der Karten festgestellt. Über die bestplazierten Karten werden dann ausführliche Diskussionen mit den Teilnehmern geführt. Damit enthält ein Entwicklungsprojekt wichtige Daten zur Ist- und Soll-Analyse seines Projektfeldes. Auf der Basis dieser Daten kann dann ein Vorschlagstext in drei Abschnitten entstehen:

1. Die dringlichsten Verbesserungswünsche
2. Vorstellungen zur Durchsetzung der Verbesserung
3. Schritte der Umsetzung der Verbesserung

Jahreskalender:

Ein Jahreskalender umfaßt den Verlauf von 4-5 wichtigen Entwicklungen im Dorf von Monat zu Monat. Er hilft zu klären, wann Pflanzen gesät, wo sich Zeiten mit hoher Arbeitsintensität und Monate mit den besten Spielräumen für Innovationen befinden. Am besten entsteht neben einem weiblichen auch ein männlicher Jahreskalender. Auf der Basis eines solchen Kalenders, an dem möglichst viele Dorfbewohner mitarbeiten, kann dann eine Jahreslaufgeschichte des Dorfes geschrieben werden. Diese Geschichte kann eine weitere Grundlage für die Förderung der konkreten Aktivitäten der Entwicklungshilfe werden.

Dorf-Problem-Umfrage:

Diese Methode geht den gleichen Weg wie die Methode „Problemidentifikation". Allerdings kommt es jetzt darauf an, daß die örtlichen Behörden an der Umfrage teilnehmen, die wichtigsten Dorfgruppen ihre Problembündel gestalten und ausdrücken können. Die Dorfumfrage zerfällt in drei Schritte. Das Dorf versammelt sich. Es werden Untergruppen gebildet, die ihre Probleme visualisieren, auf Karten schreiben und in eine Rangordnung bringen. Das folgende Dorftreffen erlebt dann die Darstellung der

Resultate der Umfrage. In dieser dritten Phase werden folgende Ergebnisse angestrebt:

a) Die Gruppenprobleme werden verglichen.
b) Die Gründe für die Gruppenprobleme werden diskutiert.
c) Möglichkeiten der Selbst- und Fremdhilfe für jedes Gruppenproblem werden geklärt.

Dabei kommt es darauf an, daß keine Hoffnungen erweckt werden, die später enttäuscht werden müssen. Auf dieser Basis wird ein Text geschrieben, der die sozio-ökonomischen, geschlechtsspezifischen und regionsspezifischen Probleme und Problemlösungen darstellen kann.

Offene Interviews:

Wenn wichtige Schlüsselprobleme im Dorf vertieft werden sollen, bieten sich offene Interviews an. Den Einstieg in solche Interviews geben Redestimuli, die sich aus den Schlüsselworten ergeben, die die Methode der „Problemidentifikation" erbracht hat. Die Adressaten solcher Interviews können Schlüsselinformanten, Vertreter der kommunalen Behörde oder der Regierung sein. Der Text der Interviews wird später auf die Kernsätze und Kerngeschichten reduziert, sodaß eine größere Tiefenschärfe der Problemerkenntnis möglich wird.

Analyse der Alltagsprobleme und Problemlösungen:

Diese Methode wird als Gruppendiskussion durchgeführt. Mit Hilfe der Brainstorming-Technik werden die täglichen Probleme benannt und wieder auf Karten aufgeschrieben. Diese Karten werden Problembereichen zugeordnet und durch Bewertung in eine Rangordnung gebracht. Dann wird diskutiert, wie diese Probleme mit eigenen Kräften gelöst werden können.

Einzelgeschichten:

Es werden am besten im Wohnhaus einzelner Dorfbewohner Gespräche über ihre landwirtschaftliche Praxis, die Unterschiede zwischen diesen Praxen im Dorf und gegenüber anderen Dörfern geführt. Die Ergebnisse werden in eine chronologische Ordnung für ein Jahr oder mehrere Jahre gebracht und visualisiert. Jeder befragte Farmer zeichnet dann auf einem vorstrukturierten Bogen die Entwicklung seiner wichtigsten Arbeiten ein. Indem die Bewohnerdaten in die dreigliedrige Geschichtenstruktur: A = Anfangskrise, S = Suche nach einer Lösung, L = Lösung eingeordnet werden, entsteht die Grundstruktur für das Abfassen von Einzelfallgeschichten. Auf der Basis dieser Einzelfallgeschichten kann dann eine Einzelfallhilfe entwickelt werden.

Gruppengeschichten:

Die Dorfbewohnergruppen, die aktiv an der Dorfentwicklung teilnehmen, bekommen ein Journal. In dieses Journal tragen sie abwechselnd alle Probleme ihrer Arbeit, ihre Meinung über die Entwicklungshelfer, die Wirkungen der Entwicklungshilfe auf ihr Leben ein. Die Dorfbewohner führen so ein Tagebuch ihres Arbeitslebens, das sie am Ende jeder Woche oder jedes Monats mit den Entwicklungshelfern diskutieren. Im Gruppenjournal haben: Beobachtungen, Gedanken, Hoffnungen, Ängste, Beschwerden Platz. In ihm sammeln sich Briefe, Arbeitsgeschichten und kleine Gedichte. Aus diesem Material kann der Entwicklungshelfer, mit Hilfe des ASL-Clusters, die wichtigsten Geschichten entwickeln, die sein Arbeitsfeld erhellen können. Dieses Journal darf auf keinen Fall als Kontrollinstrument benutzt oder mißbraucht werden. Damit sich möglichst viele Farmer an der Journalführung beteiligen können, sollten sie mit den wichtigsten Methoden des kollektiven kreativen Schreibens vertraut gemacht werden: mit kollektivem Freewriting, Clustering, Mind-Mapping, Jeder ein Satz Reih-um usw.

Journal des Entwicklungshelfers:

Wenn der Entwicklungshelfer die Methoden des kreativen Schreibens beherrscht, kann er ein interessantes Journal seiner Feldarbeit schreiben. Er kann über die Besuche bei den Farmern, über die eingesetzten Untersuchungsmethoden und ihre Ergebnisse berichten. Er kann die Treffen mit den Dorfbewohnern schildern und die Eindrücke aus dem Dorf selbst. Er wird dabei das Schreiben mit allen fünf Sinnen, die Betonung des Details, den Einsatz der Metapher, die Reihung, die Anekdote ebenso benutzen wie das Freewriting, das automatische Schreiben, das ASL-Cluster, um an der Aufarbeitung der eigenen inneren Probleme bei der Konfrontation mit einer fremden Kultur arbeiten zu können. Das private Journal des Entwicklungshelfers bleibt sein privates Eigentum und darf nicht zur Kontrolle seiner Arbeit zweckentfremdet werden.

Evaluation des Entwicklungsprojekts:

Männliche und weibliche Dorfmitglieder schreiben auf kleine Karten ihre Meinung zu den guten und schlechten Seiten des Projekts nieder. Die Meinungen werden eingesammelt und auf einer Pinnwand in einer positiven und negativen Abteilung den Dorfbewohnern vorgestellt. Über alle Aussagen wird diskutiert. Diese Daten bilden dann die Grundlage für einen selbstevaluativen Text der Arbeit des Entwicklungshilfeprojekts.

Bericht schreiben:

Die bisher gewonnenen Daten werden schließlich in einem abschließenden Projektbericht zusammengestellt. Der Bericht in der Entwicklungshilfe gliedert sich nach der ZESMAS-Formel. Diese Formel heißt im einzelnen:

Z	Zusammenfassung
E	Einleitung
S	Setting der Intervention
M	Methoden der Intervention
A	Arbeitssektoren der Intervention
S	Schluß: Resultate und Vorschläge des Projektes

Die ZESMAS-Formel verfügt noch über Unterformeln:
Die **Zusammenfassung** gibt die Inhalte der ZESMAS-Struktur in Kurzform wieder.
Die **Einleitung** nennt **A**ufbau, **Z**iel, **M**ittel und **G**renzen des Berichts (AZMG-Einleitungsformel)
Der **Hauptteil** hat die SMA-Gliederung: **S**etting, **M**ethoden, **A**rbeitssektoren.
Der **Schluß** bietet **R**esultate und **V**orschläge (RV-Formel)

Die gesamte Formel des Projektabschlußberichtes lautet:

Z	Zesmas-Kurzformel
E	AZMG-Formel
S	
M	SMA-Formel
A	
S	RV-Formel

Indem alle Formelemente des Projektberichts zu Ästen in folgendem Mind-Map gemacht werden, lassen sich die Daten für einen Bericht schnell ordnen und der Bericht selber schnell schreiben.

Bericht-Mind-Map

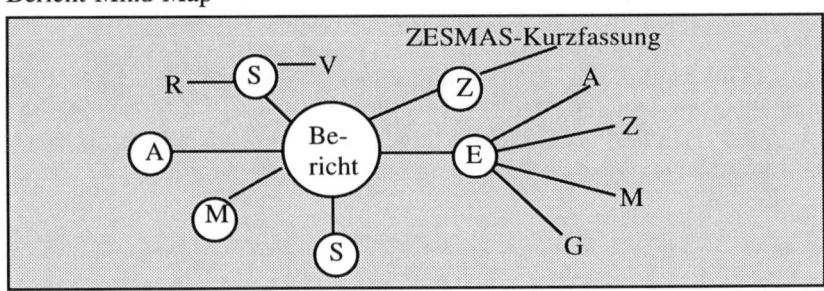

Das Schreiben in Feldern der Entwicklungshilfe kann also sehr schön zeigen, wie bei der Entstehung eines Projektberichtes sich die Techniken des kreativen Schreibens und der Rhetorik verbinden lassen.

11.2. Geschichten in der Ethnologie

Die Ethnologie hat die Vermittlung des Lebens fremder Kulturen an die Bewohner der Metropolen zum Ziel. Sie hat die Subkulturen in den großen Städten wie die Naturvölker in der 3. Welt erforscht. Im Zentrum der Ethnologie steht, soweit sie nicht bloße Theorie ist, das Leben in fremden Kulturen und das Schreiben über diese Kulturen. MARGRET MEAD schildert ihr karges Schreibsetting bei ihrer ersten Untersuchung über die Pubertät junger Mädchen in Samoa mit folgenden Worten: Man hatte mir gesagt: „Ich müsse bereit sein, scheinbar Zeit zu vertun, indem ich nur herumsäße und zuhörte... Mir war klar, daß ich die Sprache der Einheimischen lernen mußte... Um Feldforschung gut zu machen, muß man sich von jeder Vorannahme befreien... Ich hatte sechs große, dicke Notizbücher, etwas Schreib- und Kohlepapier und eine Taschenlampe dabei." (M. MEAD: Brombeerblüten im Winter. Reinbek 1990, S. 110-118) Über das Führen der Notizbücher und ihre Umsetzung in ihren späteren Bestsellern wird also nicht viel gesagt. Da ist ein späterer Ethnologe JOHN VAN MAANEN schon konkreter:

„Feldforschung ist, im Kern, ein langer Prozeß, der dazu führt, daß sich der Feldforscher in die Grundmuster der fremden Kultur einlebt. Dieser Prozeß beginnt, bevor jemand das Feld betritt und endet, lange nachdem er es wieder verlassen hat. Der Prozeß des Verstehens fremder Kulturen schlägt sich nieder im Prozeß des Schreibens der Feldnotizen. Aber die intellektuellen Prozesse, die aus diesen Notizen ein Verständnis der fremden Kultur möglich machen, werden meist in diesen Notizbüchern nicht gefunden." (J. v. MAANEN: Tales of the Field. Chicago 1988, S. 117) Er verrät aber, wie die späteren Texte der Ethnologie entstehen. Die Ethnologen meditieren, prüfen und kritisieren das gewonnene Feldmaterial, das in den Feldnotizbüchern steht: Die Aktionen, die im Feld beobachtet wurden, kleine Sequenzen von Gesprächen, typische Verhaltensweisen, gesammelte Fakten, Geschichten, die wir gehört haben, Geschehnisse, in die wir verwickelt wurden, Zitate und Exzerpte aus gelesener Literatur, statistische Zahlen, die wir gefunden haben, die Begriffssysteme, die uns begegneten. Wir versammeln diese vielen unverbundenen Teile in eine Form der Darstellung und überarbeiten sie. Langsam entsteht eine Analyse, und wir können ein erstes Forschungspapier erscheinen lassen... Wir wissen immer, daß unsere Analyse niemals beendet werden kann, aber wenn wir sie veröffentlichen, ist sie erstmal für uns vorbei." (J. v. MAANEN, a.a.O., S. 119f) Die Arbeit mit Feldnotizen hat ihre

großen Schwierigkeiten, besonders, wenn ihre Entstehung schon länger
zurückliegt. Denn: „Der Schreiber selbst weiß und fühlt nicht mehr das, was
er fühlte und wußte, als er die Feldnotizen schrieb. (J. v. MAANEN, a.a.O., S.
120). Allerdings ist es ein kreatives Wunder, daß die „Feldnotizen immer die
Geheimpapiere der Sozialforschung geblieben sind." (J. v. MAANEN, a.a.O.,
S. 124)

Die große Zeit der ethnologischen Feldarbeit begann in den 20er Jahren
des 20. Jahrhunderts mit BRONISLAW MALINOWSKI und FRANZ BOAS. Sie
verboten ihren Studenten, fremde Kulturen aus Büchern zu studieren und
wiesen sie in das Schreiben in Feldern der 3. Welt ein. Die Chicagoer Schule
der Soziologie, der ROBERT PARK, W. I. THOMAS, ERNEST BORGESS angehörten,
orientierte ihre Studenten dagegen auf das Schreiben über die städtische
Subkultur, die gleich hinter den Mauern der Universität lebte. Park formulier-
te die Schreibtechnik „Schreiben Sie nieder, was Sie hören und sehen, wissen
Sie, wie ein Reporter der Zeitung." (Park Zit. n. J. v. MAANEN, a.a.O., S. 18)

Eine Methode des ethnologischen Schreibens der Chicagoer Schule
waren die offenen Interviews in den Subkulturen selbst: in „Spielhöllen,
Bordellen, Straßenecken, Missionszentren, Bars, Gewerkschaftsbüros." (J.
v. MAANEN, a.a.O., S. 20) Neben den Subkulturen wurden die Berufsgruppen
der Mittelschicht erfaßt und beschrieben: „Pflegeberufe, Lehrer, Direktoren
von Beerdigungsinstituten, Polizisten, Sekretären." (J. v. MAANEN, a.a.O., S.
20)

Übung:

Entwickeln Sie eine ethnologische Schreibreise durch die Großstadt und
schreiben Sie an folgenden Orten:

- Frisörläden,
- Kliniken,
- Unfallstationen,
- Feuerwehren,
- Selbsthilfegruppen,
- Sportteams,
- Videospielhöllen,
- Altenheime,
- Bars,
- Cafés,
- Radio-Stationen,
- Bibliotheken,
- Studentenclubs,
- Jugendzentren,
- Rockergruppen.

Denken Sie daran, daß ethnografisches Schreiben auch Freewriting-Technik, die Technik der Beschränkung der Arbeit auf 5 Schlüsselwörter oder die umfassende Benutzung von Metaphern einsetzt.

Heute gibt es eine Vielzahl guter ethnologischer Autoren wie CLIFFORD GEERTZ, CLAUDE LEVI-STRAUSS, ERVING GOFFMAN, RODNEY NEEDHAM oder MARGRET MEAD, EDWARD SAPIR, RUTH BENEDICT, GREGORY BATESON. Um hinter das Geheimnis ihres ethnologischen Schreibens zu kommen, ist es sinnvoll, die Formen zu betrachten, in denen sie ihre Erlebnisse in fremden Kulturen geordnet haben. Die Grundform ethnologischen Schreibens ist nämlich die Erzählung. Das ethnologische Schreiben hat 5 Sorten von Erzählungen hervorgebracht, die wir nun vorstellen und üben wollen.

Die realistische Geschichte:

Hier geht es darum, die Adressaten der fremden Kultur selbst zu Wort kommen zu lassen. Der Feldforscher bleibt unpersönlich. Die realistische Geschichte gliedert sich nach den Problemen des Feldes: Familienleben, Arbeitsleben, soziale Beziehungen, Machtverhältnisse, Statusbeziehungen, Interaktionsrituale. Die Begebenheiten im Feld werden aus der Sicht der Betroffenen dargestellt: „Der Erzähler spricht für die Gruppe, die er als passiver Beobachter erlebt hat." (J. v. MAANEN, a.a.O., S. 53) Die Möglichkeit, einen realistischen ethnologischen Text zu produzieren, ergibt sich daraus, daß der Feldforscher im Feld an allen Aktionen beteiligt ist, diese beobachtet und die Interviews mit Schlüsselfiguren der Szene getreu wiedergibt.

Aufgabe:

Machen Sie eine Fahrt in der U-Bahn, im Bus, in der Straßenbahn, und schreiben Sie dann eine realistische Geschichte ihrer Fahrt

Die Bekenntnis-Geschichte:

Hier steht der Feldforscher im Zentrum des Textes. Er enthüllt seine Erfahrung beim Leben in fremden Kulturen. Er schildert, was er von den „Eingeborenen" gelernt hat und stellt seine Siege und Niederlagen im Feld in das Zentrum seines Berichts. Er gliedert meist seine Geschichte in drei Teile: „Ich kam in die Szene, ich war in der Szene, ich verließ die Szene." (J. v. MAANEN, a.a.O., S. 79)

Aufgabe:

Verbringen Sie einen Nachmittag in einer Kneipe, und schildern Sie dann Ihre Erlebnisse mit den Gästen ganz aus Ihrer eigenen Sicht.

Die impressionistische Geschichte:

Mit dieser Geschichtenform sollen die objektiven und subjektiven Ebenen des Erlebens fremder Kulturen zugleich dargestellt werden. Die Idee dieser Geschichte ist, „ein Publikum in die fremde Kultur hineinzuziehen und ihm so weit wie möglich zu erlauben, zu sehen, zu hören und zu fühlen, wie der Feldforscher es erlebt hat." (J. v. MAANEN, a.a.O., S. 103) Eine solche Geschichte kennt keinen Kommentar und keine Theorie. Sie lebt von einmaligen Personen, die das untersuchte Feld bestimmen und durch ihre Lebensschicksale strukturieren. Diese Art der Geschichte ist eher Literatur als Wissenschaft. Dieser Geschichtentyp ist in der ethnologischen Literatur weit verbreitet. Allerdings ist diese Art der Geschichte nicht leicht zu schreiben und viele solcher Geschichten werden in der Ethnologie eher mündlich überliefert als geschrieben und gedruckt. Die impressionistische Geschichte fällt nicht in die Realität und benutzt literarische Gestaltungstechniken, um fremde Schicksale erfahrbar zu machen. „Impressionistische Geschichten stilisieren die episodische, komplexe und ambivalente Realität, die zu kalt und geordnet in realistischen oder bekennerhaften Geschichten dargestellt wird." (J. v. MAANEN, a.a.O., S. 119)

Aufgabe:

Sammeln Sie die Geschichten, die das Leben in Ihrem Kiez geschrieben hat. Suchen Sie sich die besten aus, und formulieren Sie sie als impressionistische Geschichten Ihres Wohnkiezes.

Die kritische Geschichte:

Diese Geschichten werden aus der Sicht eines Feldforschers geschrieben, der sich mit den unteren sozialen Schichten identifiziert und gegen die Macht der herrschenden Schichten protestiert. Solche Geschichten beziehen oft ökonomische, sozialgeschichtliche und psychologische Erkenntnisse in das geschilderte Geschehen ein. Sie sind emotionell geladen und transportieren die Gefühle von Rebellion und Aufruhr.

Aufgabe:

Übernehmen Sie für zwei Stunden die Rolle eines Bettlers. Betteln Sie. Beschreiben Sie dann Ihre Bettelerlebnisse.

Die literarische Geschichte:

Diese Geschichte übernimmt nur noch das Interesse an fremden Kulturen aus der Ethnologie. Diese Geschichte wird mit reinen literarischen Mitteln gestaltet. Als Themen werden modische exotische Ereignisse der Subkultur gewählt: Das Leben der Yuppies, die Guru-Verehrung im europäischen Hinduismus, das Leben auf Schönheitsfarmen, die rechte Szene usw.

Aufgabe:

Führen Sie ein Bewerbungsgespräch mit einer Sekte, und schreiben Sie dann eine kleine Geschichte über Ihren angefragten Guru.

Gerade weil die wichtigen impressionistischen Geschichten in der Ethnologie oft ungeschrieben und unveröffentlicht bleiben, sollten sich Ethnologen in Schreibgruppen zusammenschließen, um ihr professionelles Geschichtenschreiben mit kollektiven Schreibmethoden besser zu bewältigen. (Vgl. H. F. WOLCOTT, a.a O.)

Steineke '94

„Ratschläge für schreibende
Fachhochschullehrer:
● Lesen Sie ständig verschiedene Fachzeitschriften, um
Ihr Gefühl für Stil und Ausdruck in wissenschaftlicher
Kommunikation weiterzuentwickeln.
● Rufen Sie den Herausgeber
einer Fachzeitschrift an, und
lassen Sie sich die Bedingungen für die Veröffentlichung
von Texten in der Fachzeitschrift erklären.
● Wenden Sie niemals Druck
an, um die Veröffentlichung
eines Ihrer Texte durchzu-
setzen.
● Greifen Sie in Ihren Texten
Kollegen, deren Meinung Sie
nicht teilen, nicht unfair
unterhalb der Gürtellinie an.
Das dankt Ihnen keiner.
(R. E. MATKIN, T. F. RIGGAR,
Schreibforscher)

12. Kreatives Schreiben für Fachhochschullehrer

Die Fachhochschuldidaktik steckt noch in den Kinderschuhen. 18,5 % aller Fachhochschulen führen überhaupt keine fachhochschuldidaktischen Diskussionen. 31 % aller Fachhochschulen kennen keine innovativen Verbesserungen des Unterrichts. 47 % aller Fachhochschulen haben keinen Hochschullehrer, der sich wenigsten nebenamtlich um die Fachhochschuldidaktik kümmert. Es gibt keine wissenschaftlichen Grundlagen der Fachhochschuldidaktik. Angesichts dieser Situation wird im Folgenden das Modell

„der fachhochschuldidaktischen Schreibwerkstatt für Hochschullehrer" als Startscenario für die notwendige fachhochschuldidaktische Diskussion vorgeschlagen.

Eine solche Schreibwerkstatt hat gegenüber einem oft ausufernden Gesprächskreis folgende Vorteile:

● jede Idee wird schriftlich festgehalten,
● jede Idee kann im späteren Verlauf der Arbeit erneut zitiert und diskutiert werden,
● jede Idee kann der Fachhochschulöffentlichkeit schriftlich präsentiert werden,
● jede Idee muß im Ausformulieren präzisiert und kontrolliert werden,
● jeder Teilnehmer kann sich mit seinen geäußerten Ideen profilieren,
● jeder Teilnehmer lernt die neue fachhochschuldidaktische Methode „des wissenschaftlichen Lernens durch wissenschaftliches Schreiben" kennen,
● jeder Teilnehmer kann dann die fachhochschuldidaktische Schreibdidaktik auch in seinem Unterricht einsetzen.

Zur Gestaltung der Schreibwerkstatt werden im Folgenden 20 Arbeitsbögen vorgestellt, die die Arbeit in den 20 Arbeitssitzungen der Schreibwerkstatt strukturieren können. Das Programm der Schreibwerkstatt gewinnt durch diese Arbeitsbögen folgenden systematischen Aufbau:

12.1.   Untersuchung des gegenwärtigen Zustands der Fachhochschule
12.1.1. Identifikation von didaktischen Problemen
12.1.2. notwendige Sofortmaßnahmen
12.1.3. fachhochschuldidaktische Zukunftswerkstatt

12.2.   Evaluation der Lehrqualität
12.2.1. Evaluation der Lehre
12.2.2. Fragebogen
12.2.3. Lehrbericht

12.3.   Allgemeine Fachhochschuldidaktik
12.3.1. Lehrverhaltenstraining für Hochschullehrer
12.3.2. Die Vorlesung an Fachhochschulen
12.3.3. Die Planung von Fachhochschulseminaren
12.3.4. Studienprojekte
12.3.5. Prüfungsdidaktik
12.3.6. Aufbau eines hochschuldidaktischen Zentrums
12.3.7. Curriculum-Konstruktion

12.4.   Allgemeine Fachhochschulmethodik
12.4.1.Visualisierung in Lehrveranstaltung
12.4.2.Verbesserung des Praxisbezuges in der Lehre
12.4.3.Wissenschaftliches Schreiben an Fachhochschulen
12.4.4.Forschungsstrategien an Fachhochschulen

12.5.   Spezielle Fachhochschuldidaktik
12.5.1.Einführung in die Ingenieurdidaktik
12.5.2.Labordidaktik
12.5.3.Einführung in die Didaktik der Sozialarbeit

Jede Sitzung der Schreibwerkstatt wird folgendermaßen organisiert:

1. Das Thema wird eingeleitet.

2. Der Arbeitsbogen wird verteilt.

3. Jeder Teilnehmer füllt den Arbeitsbogen auf der freien rechten Seite mit Einfällen, Ideen, Vorschlägen in Stichworten aus. Aus diesen gesammelten Einfällen formuliert er jeweils einen kurzen Text.

4. In der Reihenfolge der Aspekte des jeweils vorliegenden Arbeitsbogens liest jeder Teilnehmer seinen jeweiligen Kurztext vor. In der folgenden Diskussion werden die wichtigsten Sätze aus den vorliegenden Texten markiert und in einem abschließenden Sitzungsprotokoll zu einem glatten Text verarbeitet. Jedes Sitzungsprotokoll wird allen Fachhochschulangehörigen zugänglich gemacht.

5. Nach 20 Sitzungen gibt es ein Abschlußprotokoll, das auch Hinweise auf gelungene Umsetzungen der Arbeit der Schreibwerkstatt enthält.

Die Arbeit der Schreibwerkstatt kann durch folgende Veröffentlichungen unterstützt werden:

L.v. WERDER: Lehrbuch des wissenschaftlichen Schreibens, Berlin, 1993
L.v. WERDER: Wissenschaftliche Texte kreativ lesen, Berlin, 1994
L.v. WERDER: Umrisse einer Berliner Fachhochschuldidaktik, Berlin, 1994

12.1. Untersuchung des gegenwärtigen Zustands der Fachhochschule

12.1.1. Identifikation von didaktischen Problemen an Fachhochschulen

Aspekte der Fachhoch- schuldidaktik	Probleme an der eigenen Fachhochschule
Evaluation der Lehre: Fragebogen, Lehrbericht Ranking	
Allgemeine Methodik: Motivation von Hochschul- lehrern und Studenten	
Lehrmethoden: Vortrag, Seminar; Forschungs-Lehrprojekt Interkollegialität der Lehre	
Allgemeine Didaktik: Kernlerninhalte Struktur der Lerninhalte Curriculumentwicklung Interdisziplinarität der Lehre	
Praxisbezug der Lehre: Projektstudien, Praktika Beziehung zum Berufsfeld	
Tutoren und Mentoren: Comuptereinsatz neue Medien in der Lehre: Video, Overheadfolien Prüfungssystem, Prüfungs- ordnung, Zensurenvergabe, Bewertung	
Einführung von neube- rufenen Hochschul- lehrern und Lehrbeauftragten	
Hochschuldidaktische Weiterbildung von Fach- hochschullehrern	

12.1.2. Notwendige Sofortmaßnahmen fachhochschuldidaktischer Innovationen

Aspekte	Einfälle/Ideen für die eigene Hochschule
Schaffung von Motivation für die Teilnahme von Hochschullehrern an fachhochschuldidaktischen Veranstaltungen	
Klärung des Verhältnisses von Freiwillig- und Verbindlichkeit der Teilnahme an fachhochschuldidakti- schen Veranstaltungen	
Vorstellung des badenwürtem- bergischen Modells für die Entwicklung von Fachhoch- schuldidaktik	
Durchführung eines Workshops zur Entwicklung eines regelmäßigen Evaluationsprogramms	
Einrichtung einer didaktischen Fach- beratung in jedem Fachbereich durch Fachkollegen	
Initiierung von Seminaren zum Training von Lehrverhalten	
Einführungskurse für neuberufene Hochschullehrer und Lehrbeauftragte	
Seminare für die Herstellung von Skripten, Readern, Literaturlisten durch die Fachvertreter	
Seminare zum Einsatz von neuen Medien und Computern in den Seminaren durch die Fachvertreter	
Entwicklung von Hypothese zur Didaktik der Fachhochschulfächer durch die jeweiligen Fachvertreter	
Produktion eines fachhochschuldidak- tischen Infos: einmal im Semester mit Berichten aus der Lehre	

12.1.3. Fachhochschuldidaktische Zukunftswerkstatt

Arbeitsphasen	Inhalte	Ideen
Vorbereitungsphase	Themenankündigung, Einführung in die Arbeitsweise	
Kritikphase	Liste der Kritik an der Fachhochschule Methode der Bewertung	
Phantasiephase	Freewriting, Clustern, Imagination, malen und schreiben um Lösungen für die entdeckten Fachhochschulprobleme zu entwickeln	
Verwirklichungsphase	Kritische Prüfung der Lösung Umsetzungschancen untersuchen Arbeits- und Aktionspläne für die Lösung des augenblicklich wichtigsten Prolems der Fachhochschule entwerfen	
Nachbereitungsphase	Protokoll der Werkstatt Ergebnisse in der Fachhochschule veröffentlichen Folgewerkstatt entwickeln	

12.2. Evaluation der Lehrqualität

12.2.1. Evaluation der Lehre

Aspekte	Ideen
Gründe für die Evaluierung	
Konsequenzen der Evaluation	
Widerstände gegen Evaluation	
Internationale Erfahrung in der Unterrichtsevaluation	
Vorstellung von Gesamtmodellen der Evaluation	
Maßstäbe für gute Lehre und empirische Indikatoren	
Erstellung von Evaluationsinstrumenten für: Vorlesungen, Übungen, Seminaren, Labore Praxisfelder	
Einsatz der erstellten Instrumente	

12.2.2. Entwicklung eines Fragebogens zur Evaluation

Aspekte	Einfälle für die eigene Fachhochschule
Kollegengespräche über praktiziertes Unterrichtsfeeback	
Vorlage und Vergleich von Fragebögen, die an der eigenen oder anderen Fachhochschulen schon eingesetzt worden sind	
Festlegung der Minimalkriterien für den eigenen Evaluationsfragebogen	
Festlegung des Evaluationspro- zesses im Semester	
Austeilung und Auswertung der Fragebögen mit Unterstützung durch das Comupterzentrum	
Diskussion der Evaluations- ergebnisse: - in der Evaluations-AG - im Kollegenkreis - in der Hochschule	
Festlegung der Möglichkeiten der Behebung didaktischer Defizite:	

- Supervisionsgruppen
 - Auflage zur
   Teilnahme an
   Weiterbildung
   für Hochschul-
   lehrer	

12.2.3. Entwicklung eines Lehrberichts

Aspekte	Einfälle für die eigene Fachhochschule
Sammlung und Auswertung von Lehrberichten anderer Fachhochhochschulen	
Festlegung der Teilnehmer an der Lehrberichtsuntersuchung	
Didaktikgespräche mit dem Rektor, Kanzler, Dekan, den Hochschullehrern, der Studienberatung, der Praxis, den Studenten, dem ASTA, den Bibliothekaren, den Verwaltungskräften, Erstellung einer Rohfassung des Lehrberichts, der in der Fachhochschule mit allen Funktionsgruppen diskutiert wird	
Erarbeitung eines korrigierten Lehrberichts, der in der Fachhochschule öffentlich diskutiert wird	
Beratung und Umsetzung von Konsequenzen, die der Lehrbericht nahelegt	

12.3. Allgemeine Fachhochschuldidaktik

12.3.1. Lehrverhaltenstraining für Hochschullehrer

Aspekte	Selbsteinschätzung
Lerntheorien als Basis des Verhaltens von Hochschulleh-rern in der Lehre	
Dramaturgie der Vorlesung	
Oberfläche und Tiefenstruktur der wissenschaftlichen Rede	
Typische Fehler im Lehr-verhalten	
Typen von Unterrichtsstil: - demokratisch - autoritär - liberal - anarchistisch	
Techniken der Motivation der Studenten	
Methoden der Stabilisierung des studentischen Ge-dächtnisses, Methoden des Transfers aus der Wissenschaft in den Berufsalltag	

12.3.2. Die Vorlesung an Fachhochschulen

Aspekte	Einfälle für die eigene Praxis
Grundprinzipien der Rhetorik	
Die Dreigliederung der Vorlesung	
Topoi-Lehre	
10 rhetorische Argumentationsmuster	
Übung: Videomitschnitt und Kritik von Kurzvorträgen	
Schwierige Inhalte, darge-stellt nach den 10 Argumenta-tionsmustern, Techniken der Gesprächs- und Diskussions-führung	
Medieneinsatz	
Einsatz des kreativen Schreibens	

12.3.3. Planung von Fachhochschulseminaren

Aspekte	Einfälle für die eigene Praxis
Thema des Seminars	
Festlegung der Lernziele	
Inhaltsanalyse und didaktische Reduktion Auswahl und Einsatz von Methoden, Medien und Übungen	
Interessen der Teilnehmer	
Entwicklung eines Seminarplanes: - Grundstruktur - Folge der Sitzung 1. bis 14. - Arbeitsaufgaben pro Sitzung	
Evaluation: Mitte des Seminars Ende des Seminars	
Literaturliste	
Basistexte Basisreader	
Methoden des wissenschaftlichen Lesens und Schreibens der Studenten	

12.3.4. Entwicklung von Studienprojekten an Fachhochschulen

Aspekte	Einfälle für die eigene Praxis
Etablierung einer Projekt-initiativgruppe	
Festlegung des Projektschwer-punktes und der Praxisfelder des Projektes	
Entwicklung eines Projektplanes für folgende Projektphasen: - Vorlaufphase - Praxisphase - Auswertungsphase	
Durchführung der Vorlaufphase: - theoretische Grundlagen - Handlungswissen - Handlungstraining	
Durchführung der Praxisphase: - Supervision der Praxis - Erstellung eines Praxisberichtes - Durchführung von Praxisaufgaben	
Durchführung der Auswertungsphase: - Auswertung der Praxisberichte - theoretische Vertiefung der durch die Praxis aufgeworfenen Fragen	
Abschlußevaluation des durchgeführten Projektes	

12.3.5. Prüfungsdidaktik

Aspekte	eigene Einfälle
Funktion der Notengebung	
Kriterien für die Benotung	
Prüfungsprobleme von Studenten	
Prüfungsvorbereitung der Hochschullehrer	
Prüfungsängste der Hochschullehrer	
Erstellung von Prüfungs- aufgaben	
Durchführung von Prüfungen - mündlich - schriftlich	
Erstellung von Prüfungsstatistiken an Fachhochschulen	
Begleitung der Studenten bei der Verarbeitung von Prüfungsergebnissen	
Intervention bei Prüfungskrisen	

12.3.6. Aufbau eines hochschuldidaktischen Zentrums

Aspekte	Einfälle für die eigene Fachhochschule
Identifikation eines Hochschullehrers, der die Leitung des HDZ übernehmen kann	
Beschaffung von Entlastungsstunden, Unterrichts- und Forschungsmittel für das HDZ	
Ausstattung des HDZ für die notwendige Evaluationspraxis	
Entwicklung von hochschuldidaktischen Weiterbildungsangeboten: Foren, Fach- und Arbeitsgemeinschaften	
Beginn von hochschuldidaktischer Forschung	
Publikation eines HDZ-Infos	
Betreuung der Abfassung von Lehrbüchern und Lehrmaterial für die Studiengänge der Fachhochschule	
Mitwirkung des HDZ an der Curriculumkonstruktion und der Einführung neuer Studiengänge	
Einrichtung eines Promotionscolloquiums für Praktiker, die die Lehrqualifikation für Fachhochschulen anstreben	
Landes- und Bundeskontakte zu anderen hochschuldidaktischen Zentren	

12.3.7. Curriculumkonstruktion

Aspekte	Einfälle für die eigene Fachhochschule
Untersuchung der Nachfrage der Praxis nach neuen Berufs- qualifikationen	
Identifikation der Mitglieder einer Curriculum-Arbeitsgemein- schaft an der Hochschule	
Festlegung der Ziele des neuen Studienganges	
Vergleichende Untersuchung verwandter oder gleicher Studien- gänge an anderen deutschen Fach- hochschulen	
Entwicklung der Inhalte und Lehrmethoden des Studienganges	
Klärung der Vernetzung des neuen Studienganges mit den bestehenden Studienangeboten	
Einwerbung von Landes- und Bundesmitteln zur Durchführung des neuen Studienganges	
Einrichtung des neuen Studienganges	

12.4. Allgemeine Fachhochschulmethodik

12.4.1. Visualisierung in Lehrveranstaltungen

Aspekte	Einfälle für die eigene Praxis
Thema der Veranstaltung	
Wahrnehmungspsychologische Aspekte der Visualisierung	
Lernpsychologische Aspekte der Visualisierung	
Typen visueller Wahrnehmung	
Kriterien funktionaler Visualisierung	
Typen und Techniken bildlicher Darstellung Overhead-Einsatz	
Folienherstellung	
Videoeinsatz	
Tonbandeinsatz	
Beispiel von bildlichen Darstellungen in einem ausgewählten Seminar	

12.4.2. Verbesserung des Praxisbezuges des Fachhochschulunterrichts

Aspekte	Einfälle für die eigene Praxis
Rollenspiel wichtiger Praxisprobleme	
Video und Filme über Praxisprobleme zeigen und auswerten	
Praxisberichte lesen und diskutieren	
Sozialwissenschaftliche Berufsfelduntersuchungen in den Unterricht einbeziehen	
Recherchen, Hospitationen und Exkursionen in Praxisfelder	
Studienprojekte mit Praxisfeldern vernetzen	
Autobiografien von bekannten Praktikern lesen	
Fallbeispiele aus der Praxis vorstellen	
Fachmuseen in den Unterricht einbeziehen	
„Erzählcafé" mit beruflichen Zeitzeugen	
Zukunftswerkstatt mit Studenten zur angestrebten Berufspraxis: Ist-, Soll- und Umsetzungsphase	
Phantasiereisen in die Berufspraxis und Auswertung	
Tages- und Nachtträume über Berufspraxis in den Unterricht einbringen	
Teamteaching mit Berufspraktikern	
Kreatives Schreiben über das Berufsfeld: Cluster, Mind-Map, automatisches Schreiben	
Artikel der Fachpresse über Berufsfelder einbeziehen	
Unterricht in Räumen der Praxis abhalten	
Berufliches Lesen und Schreiben mit Fachtexten durchführen	

12.4.3. Wissenschaftliches Schreiben an Fachhochschulen

Aspekte	Einfälle für die eigene Praxis
Theorien des wissenschaftlichen Schreibens nach Piaget und Wygotski	
Wissenschaftliches Briefschreiben	
Rhetorische Suchkategorien zur Person und zur Sache	
10 Techniken mit Cluster und Mind-Map wissenschaftliche Aufsätze zu produzieren	
Freewriting und wissenschaftliche Forschung	
8 Möglichkeiten der Entwicklung von Gliederungen	
Strukturen von Abschnitten in wissenschaftlichen Texten	
8 Techniken des wissenschaftlichen Lesens	
Methoden der Bibliotheksarbeit	
Modelling: wissenschaftliches Lesen und Schreiben verbinden	
Bilder und Grafik im Kontext wissenschaftlichen Schreibens	
Mindestanforderungen an wissenschaftliche Texte: Zitieren, Paraphrasieren, Literaturliste	
4 Methoden des Korrekturlesens	

12.4.4. Forschungsstrategien an Fachhochschulen

Aspekte	Einfälle für die eigene Praxis
Journal führen und auswerten	
Anträge auf Lehrentlastung stellen Forschungsfragen im Unterricht einbringen und bearbeiten lassen	
Erste Forschungsergebnisse im Projektstudium in der Praxis erproben lassen	
Forschungsergebnisse mit Kollegen diskutieren und revidieren	
Forschungsergebnisse auf Fachtagungen vorstellen	
Freisemester für die Abfassung von wissenschaftlichen Artikeln nutzen	
Etablierung eines Sonderforschungsgebietes an der Fachhochschule betreiben	

12.5. Spezielle Fachhochschuldidaktik

12.5.1. Einführung in die Ingenieurdidaktik

Aspekte	Einfälle für die eigene Fachhochschule
Ansätze zur technischen Fachdidaktik	
Projektstudien in der Ingenieurdidaktik	
Exemplarisches Lernprinzip in der Ingenieurdidaktik	
Methodik des Lesens ingenieurwissenschaftlicher Texte	
Methodik des technischen Schreibens	
Die Stellung des Labors in der Ingenieurdidaktik	
Fächerintegration in der Ingenieurdidaktik	
Zum Verbund Technik und Wirtschaft	
Zum Einsatz des Computers beim Lernen in der Ingenieurdidaktik	
Die Ethik des Ingenieurs	
Forschungs- und Praxismethoden ingenieurwissenschaftlichen Handelns	

12.5.2. Labordidaktik

Aspekte	Einfälle für die eigene Fachhochschule
Pädagogische Grundlagen des Lernens durch Praxis	
Das integrierte Labor	
Die Lehrform Labor	
Typologie der Laborversuche Ablaufstufen für Standard- übungsversuche, Verbindung des Unterrichts mit der Laborarbeit	
Das Experiment als Forschungs- und Lehrmethode	
Labor-Lernen in verschie- denen Fächern	
Führung und Auswertung eines Laborjournals, Computerunterstütztes Lernen in Laboren	

12.5.3. Einführung in die Didaktik der Sozialarbeit

Aspekte	Einfälle für die eigene Fachhochschule
Theorien der Sozialarbeit/Sozial-pädagogik: systemisch, ganzheitlich, tiefenpsychologisch	
Arbeitsfelder Sozialarbeit/Sozialpädagogik	
Die Arbeitsziele der Sozialarbeit/Sozialpädagogik	
Arbeitsmethoden der Sozialarbeit/Sozialpädagogik: Beratung, Psychotherapie, Einzelfallhilfe, Gruppenarbeit, Gemeinwesenarbeit	
Leitwissenschaften der Sozialarbeit/Sozialpädagogik	
Praxislernen im Studium der Sozialarbeit/Sozialpädagogik: Projektstudium, Fallanalysen, Selbsterfahrung, Supervision	
Ethik der Sozialarbeit/Sozialpädagogik	
Fächerintegration in der Sozialarbeit/Sozialpädagogik: Recht und Verwaltung Psychologie, Soziologie, Pädagogik	
Ende des Sozialstaates und seine Folgen für die Sozialarbeit/Sozialpädagogik	
Träger der Sozialarbeit/Sozialpädagogik	
Berufskrisen in der Sozialarbeit/Sozialpädagogik	

Steinicke '94

Nachwort: Wie kann man/frau mit diesem Buch arbeiten?

Das vorliegende Buch ist eher ein Schreib- als ein Lesebuch. Wir geben deshalb einige Hinweise, wie mit diesem Buch Schreiben gelernt werden kann:

1. Große Schreibreise:

Sie lesen und schreiben sich durch alle Kapitel hindurch und lernen dabei die Schreibtechniken von Managern, Journalisten, Juristen, Ärzten, Technikern, sozialen Praktikern und Fachhochschullehrern kennen. Das kann einige Zeit dauern, eröffnet Ihnen aber die Fähigkeit des kreativen Schreibens in verschiedenen Berufen.

2. Jahresschreibwerkstatt:

Sie können in einer Schreibgruppe, nach einem Jahresprogramm, sich durch alle Sorten des beruflichen Schreibens hindurchschreiben. Januar-Februar: Manager-Schreiben, März-April: Journalistisches Schreiben, Mai-Juni: Juristisches Schreiben, September-Oktober: Ärztliches Schreiben, November-Dezember: Schreiben für soziale Praktiker oder so ähnlich.

3. Lücken füllen:

Das vorliegende Buch hat viele Lücken. Suchen Sie sich einen bisher nicht vorgestellten Beruf heraus. Erforschen Sie dessen Textsorten und beginnen Sie, mit kreativen Techniken diese spezifischen beruflichen Textsorten zu schreiben.

4. Schreibexperimente:

Fahnden Sie nach weiteren kreativen Möglichkeiten der beruflichen Textproduktion. Probieren Sie mit den Techniken der Kreativitätstherapie, des Neurolingnistischen Programmierens (NLP), der Hypnotherapie usw. welche Hilfen Sie Ihnen bei der Produktion beruflicher Texte geben können.

5. Berufliche Schreibtechniken ausprobieren:

Wählen Sie ein berufliches Schreibthema, und probieren Sie bei seiner Gestaltung mehrere berufliche Schreibtechniken aus: Schreiben Sie über das Thema juristisch, journalistisch oder im Managerstil.

6. Berufsschreibautobiographie:

Erarbeiten Sie mal Ihre Berufsschreibautobiographie. (Vgl. Kap. 10.2.)

7. Berufsjournal:

Führen Sie ein Berufsjournal. (Vgl. Kap. 8.1.)

8. Textsorten ausprobieren:

Schreiben Sie einen Bericht, einen Brief, einen Vorschlag. (Vgl. Kap. 3)

9. Schreibtechniken üben:

Verschaffen Sie sich eine professionelle Fertigkeit in der Anwendung von Freewriting, Mind-Mapping, Clustering, indem Sie jede Woche diese Techniken beim beruflichen Schreiben für 10 Minuten benutzen. (Vgl. Kap. 9.1., 7.2., 8.2.)

10. Kulinarischer Zugriff:

Probieren Sie die 500 Schreibübungen in einer Reihenfolge aus, die sich ganz von Ihrer Intuition leiten läßt.

11. Purer Zufall:

Machen Sie mit diesem Buch „Buch-Stechen". Schließen Sie die Augen, tippen Sie auf eine Seite und auf dieser Seite auf eine Zeile, und üben Sie die Ihrem „Stich" am nächsten liegende Übung.

12. Zwei Leitern:

Das Inhaltsverzeichnis und das Register am Ende des Buches lassen sich als Leitern zu den Übungen des Buches benutzen. Beginnen Sie, diese Leitern zu lesen, und steigen Sie schreibend dort ein, wo Sie sich zum Schreiben angelockt fühlen.

13. Schreibwerkstatt-Dialog:

Zwei berufliche Schreibwerkstätten vereinbaren Texte zu gleichen beruflichen Textsorten, lesen sich ihre Texte vor und treten dann in eine solidarische Textkritik ein.

14. Vergleichen Sie traditionelle Anleitungen zum beruflichen Schreiben mit diesem kreativen Buch:

Nehmen Sie etwa N. FRANCK: Schreiben wie ein Profi. Köln 1990 oder W. ZIELKE: Überzeugend schreiben - mehr erreichen. Stuttgart 1988 und vergleichen Sie die Schreibübungen in diesen Büchern mit den Übungen in unserem Buch. Was fällt Ihnen auf?

15. Buchrezension:

Schreiben und veröffentlichen Sie eine Rezension dieses Buches.

16. Kollegenhilfe:

Benutzen Sie die Moderationstechniken aus Kap. 4 und führen Sie Ihre Berufskollegen mal in die Grundtechniken des kreativen Schreibens in Ihrem Beruf auf der Basis der Metaplan-Technik ein.

17. Vertiefung des kreativen Schreibens:

Vertiefen Sie Ihre Schreibqualifikation, indem Sie das kreative Schreiben von Poesie und von Wissenschaft auf der Basis folgender Bücher üben: L. v. WERDER: Lehrbuch des kreativen Schreibens. Berlin 1993², L. v. WERDER: Lehrbuch des wissenschaftlichen Schreibens. Berlin 1993.

18. Neue deutsche Schreibbewegung:

Das kreative Schreiben wird in der neuen deutschen Schreibbewegung gepflegt, die auch an Hochschulen und Universitäten zu finden ist. Nehmen Sie Kontakt zu den Schreibwerkstätten der neuen deutschen Schreibbewegung auf. Laden Sie diese Schreibwerkstätten in Ihre Berufswelt ein und schreiben Sie gemeinsam, damit wissenschaftliches und berufliches Schreiben sich gegenseitig beeinflußt und voneinander lernen kann.

19. Tagesplan:

Zeichnen Sie einen Tagesplan Ihrer Berufstätigkeit und markieren Sie, in welchen Zeiten Sie was und wie schreiben müssen, und zu welchen Zeitpunkten Sie auch kreativ schreiben üben können.

20. Schreibberatungszentrum:

Wenn Sie in einem großen Betrieb oder einer Firma tätig sind, in dem viel geschrieben wird, dann regen Sie die Gründung eines innerbetrieblichen Schreibberatungszentrums an. Entwerfen Sie einen Entwicklungs- und Arbeitsplan für ein derartiges Zentrum. (Vgl. Kap. 2.3.)

21. Innerer Zensor:

Jeder berufliche Schreiber hat Schreibstörungen. Sie beruhen zumeist auf der Kritik Ihres inneren Zensors an Ihrem Schreiben. Führen Sie mal ein Gespräch mit diesem Zensor und handeln Sie bessere Schreibbedingungen mit ihm aus. (Vgl. Kap. 2.2.2.)

22. Poetische Hilfe:

Schreiben Sie bei beruflichen Schreibkrisen mal ein kleines Gedicht, ein Elfchen, ein Haiku oder ein Rubai. (Vgl. Kap. 9.2.)

Literaturverzeichnis

Adams, K.H.: A History of Professional Writing Instructions in American Colleges. Dallas 1993

Aebli, H.: Zwölf Grundformen des Lehrens. Stuttgart 1983

Anderson, P.V.: What Survey Research Tells Us About Writing at Work. In: Odell, L.; Goswami, D. (Hrsg.): Writing in Nonacademic Settings. New York 1985, S. 3-83

Anderson, R.: Writing that Works. A Practical Guide for Business and Creative People. New York 1989

Aristoteles: Rhetorik. München 1993

Barnes, G.A.: Write for Success. A Guide for Business and the Professions. Philadelphia 1986

Bein, C.; Assel, J.v.: Schreibstörungen. Berlin 1993

Beyer, M.: Brainland. Paderborn 1993

Birkenbihl, V.F.: Stroh im Kopf. München 1993

Blakeslee, T.: Das rechte Gehirn. Freiburg 1989

Bloch, E.: Literarische Aufsätze. Frankfurt 1965

Brands, D.: Becoming a Writer. New York 1936

Bredemeier, K.: Die Kunst der Visualisierung. Düsseldorf 1994

Brenner, G.: Kreatives Schreiben. Frankfurt 1990

Brill, L.: Business Writing - Quick and Easy. New York 1989

Buzan, T.: Kopftraining. München 1984

Buzan, T.: Make the Most of Your Mind: New York 1983

Buzan, T.: Use Both Sides of Your Brain. New York 1976

Cannon, J.M.: Technical Writing. New York 1991

Clark, C.H.: Brainstorming. München 1993

Cohen, M.H.: Creative Writing for Lawyers. New York 1991

Condert, A.: Der Stein der Weisen. Herrsching 1992

Corbett, E.P.J.: What Classical Rhetoric Has to Offer to the Teacher and the Student of Business and Professional Writing. In: Kogen, M. (Hrsg.): Writing in the Business Professions. Urbana 1989, S. 65-72

Cormack, D.F.S.: Writing for Nursing and Allied Professions. Oxford 1984

DiGaetani, J.L.: Use of the Case Method in Teaching Business Communications. In: Kogen, M. (Hrsg.): Writing in the Business Professions. Urbana 1989, S. 187-202

Doblhofer, E.: Die Entzifferung alter Schriften und Sprachen. Stuttgart 1993

Domin, H.: Wozu Lyrik heute? München 1968

Ebel, H.F.; Bliefert, C.: Schreiben und Publizieren in den Naturwissenschaften. Weinheim 1991

Edelstein, S.: The Writer's Book of Checklists. Cincinatti 1991

Egri, L.: The Art of Creative Writing. Secaucus 1965

Elbow, P., Belanoff, B.: A Community of Writers. New York 1989

Elbow, P.: Writing Without Teachers. New York 1973

Elbow. P.: Writing with Power. New York 1981

Eliade, M.: Geschichte der religiösen Ideen. Freiburg 1981-1986 Bd. 1-4

Farrow, E.P.: Bericht einer Selbstanalyse. Stuttgart 1984

Feinberg, S.: Components of Technical Writing. New York 1989

Fenza, D.W.; Jarock, B.: The AWP Official Guide for Writing Programs. Nor-Folk 1990

Ferguson, M.: Geist und Evolution. Die Revolution der Gehirnforschung. München 1986

Finckh, E.: Theorie des Kriminalromans. Stuttgart 1981

Fink, J.W.; Fink, C.P.: Writing for the Allied Health Professions. Englewood Cliffs 1990

Fischer Fishkin, S.: From Fact to Fiction: Journalism and Imaginative Writing in America. New York 1985

Flaherty, S.M.: Technical and Business Writing. A Reader-friendly Approach. Englewood Cliffs 1990

Fluck, H.-R.: Fachsprachen. Tübingen 1991

Forman, J.; Kelly, K.A.: The Random House Guide to Business Writing. New York 1990

Franck, N.: Schreiben wie ein Profi. Köln 1990

Fritzsche, J.: Schreibwerkstatt. Stuttgart 1989

Fulwiler, T. (Hrsg.): The Journal Book. Portsmouth. 1987

Gelb, M.J.: Überzeugend reden, erfolgreich auftreten. Bremen 1992

George, D.; Young, A.: Voices of Participation. Three Casestudies of Engeneering Students learning an Art Appreciation Course. In: Belanoff, B.; Elbow, P. (Hrsg.): Nothing begins with N. Carbondale 1991 S. 133ff

Goette, J.W. (Hrsg.): Der Kriminalroman. Frankfurt 1967

Goldstein, T.; Liebermann, J.K.: The Lawyers Guide to Writing Well. Berkeley. 1989

Gopen, G.D.: The State of Legal Writing. In: Kogen, M. (Hrsg.): Writing in the Business Professions. Urbana 1989, S. 146-173

Göttert, K.H.: Einführung in die Rhetorik. München 1991

Gudjons, P. u.a.: Auf meinen Spuren. Reinbek 1989

Harris, T.A.: Ich bin o.k. - du bist o.k. Reinbek 1975

Hoffmann, H.: Kreativitätstechniken für Manager. München 1987

Hosford, B.: Winning in Your Profession by Writing Books. Springfield 1990

Huth, E.J.: How to Write and Publish Papers in the Medical Sciences. Baltimore 1990

Jaynes, J.: Die Entstehung des Bewußtseins. Reinbek 1992

Kelloy, R.T.: The Psychology of Writing. New York 1994

Kerschner, F.: Wissenschaftliche Arbeitstechnik und -methodik für Juristen. Wien 1993

Kirckhoff, M.: Mind-Mapping. Berlin 1988

Klauser, H.E.: Writing on Both Sides of The Brain. San Francisco 1987

Klebert, K.; Straub, W.G.: Kurzmoderation. Hamburg 1987

Klimo, J.: Channeling. Freiburg 1988

Kogen, M. (Hrsg.): Writing in the Business Professions. Urbana 1989

Kramer, K.G.; Scholler, K.: Journalistik, Kommunikations- und Medienwissenschaft. München 1993

Krüger-Lorenzen, K.: Deutsche Redensarten - und was dahinter steckt. Wiesbaden 1966

Kruse, W.; Henn, F.: Der kaufmännische Briefverkehr. Darmstadt 1993

Kurz, G.; Pelster, T.: Metaphern. Düsseldorf 1976

Lambrich, H.; Lambrich, M.: Der kaufmännische Schriftverkehr. Darmstadt 1993

Langer, J.; Schulz v. Thun, F.; Tausch R.: Sich verständlich ausdrücken. München 1993

LeCron, L.M.: Selbsthypnose. Genf 1985

Lemmermann, H.: Grundlagen und Techniken der Redekunst. Bindlach 1992

Lies, B.B.: The Poet's Pen. Englewood. 1993

Lindemanns, E. (Hrsg.): Bibliography of Composition and Rhetoric. Carbondale 1991, 1992, 1993

Linneweh, H.: Kreatives Denken. Rheinzabern 1984

Lunsford, A.; Ede, L.: Singular Texts / Plural Authors. Carbondale 1990

Maanen, J.v.: Tales of the Field. Chicago 1988

Macrorie, K.: The Freewriting Relationship. In: Belanoff, B.; Elbow P. (Hrsg.): Nothing begins with N. New Investigations of Freewriting. Carbondale 1991

Macrorie, K.: Writing to be Read. Portmouth 1984

Manekeller, W.: Moderne Korrespondenz. Düsseldorf 1991
Marsella, J.; Hilgers T.L.: Exploring the Potential of Freewriting. In: Belanoff, P.; Elbow, P. (Hrsg.): Nothing begins with N. Carbondale 1991 S. 109ff
Masch, E.: Die Kriminalerzählung. München 1983
Matalene, C.B. (Hrsg.): Worlds of Writing. New York 1989
Matkin, R.E.; Riggar, T.F.: Persist and Publish. Niwot 1991
Mead, M.: Brombeerblüten im Winter. Reinbek 1990
Meckling, J.: Metaphern. Frankfurt 1987
Mehrmann, E.: Moderierte Gruppenarbeit mit Metaplantechnik. Düsseldorf 1994
Mehrmann, E.: Schnell zum Ziel: Kreativitäts- und Problemlösungstechniken. Düsseldorf 1994
Meyner, E.A.: Schriftverkehr heute. Düsseldorf 1992
Michaelson, H.B.: How to Write and Publish Engeneering Papers and Reports. Phoenix 1990
Mischon, C. u.a.: Schreibforschung und Schreibdidaktik in Europa. Berlin: HDZ 1994
Müller-Berg, M.: Mein Weg zu mir. Bergisch-Gladbach 1994
Murray, D.M.: Write to Learn. Fort Worth 1990
Nagel, K.J.: Developing an Participatory Extension Approach. Berlin 1992
Neumann, R.: Zielwirksam schreiben. Remmingen-Malmsheim 1994
Nusser, P.: Der Kriminalroman, Stuttgart 1980
Odell, L.; Goswami, D. (Hrsg.): Writing in Nonacademic Settings. New York 1987
Ostrander, S.; Schroeder, L.: Supermemory. München 1992
Peter, J. u.a.: Zur Situation des beruflichen Schreibens in der deutschen Großindustrie. In: HDZ-Info Nr. 4, 1995 S. 2-14
Plugh, S.L. u.a.: Bridging. Urbana 1992
Polet, J.: Der kreative Faktor. Bensheim 1993
Quintillian: Ausbildung des Redners. Darmstadt 1988 Bd. 1 u. 2
Rau, H.A. (Hrsg.): Kreatives Schreiben an Hochschulen. Tübingen 1988
Redish, J.: Writing in Organisations. In: Kogen, M. (Hrsg.): Writing in the Business Professions. Urbana 1989, S. 97-124
Rico, G.L.: Garantiert schreiben lernen. Reinbek 1984
Riney, L.A.: Technical Writing for Industry. Englewood Cliffs. 1989
Roberts, J.: Der Weg zu Seth. München 1988
Roberts. J.: Der Weg zu Seth. München 1988
Römer, A.: Geschäftliche Briefe. Niederhausen 1988
Rose, M. (Hrsg.): When a Writer Can't Write. New York 1985
Scheitlin, V.: Kreativität. Zürich 1993
Schlicksupp, H.: Ideenfindung. Würzburg 1992
Schmidbauer, W.: Helfen als Beruf. Reinbek 1986
Schulte-Steinecke, B.: Meditation als Schreibhilfe. Berlin 1993
Seifert, J.W.: Visualisieren, Präsentieren, Moderieren. Bremen 1994
Selling, B.: Writing from Within. Claremont 1990
Sikora, J.: Handbuch der Kreativ-Methoden. Heidelberg 1976
Simard, R.; Stone, S.: The Whole Writer's Catalog. San Francisco 1992
Springer, S.P.; Deutsch, G.: Left Brain, Right Brain. San Francisco 1981 (Deutsch Heidelberg 1987)
Svantesson, J.: Mind-Mapping und Gedächtnistraining. Bremen 1993
Thomas, F.P.: How to Write the Story of your Life. Cincinatti 1990
Tichy, H.J.: Effective Writing for Engeneers, Managers, Scientists. New York 1988
Ueding, G.: Rhetorik des Schreibens. Königstein 1985
Vopel, K.W.: Briefeschreiben als Lernstrategie. Hamburg 1987

Vopel, K.W.: Schreibwerkstatt. Hamburg 1991 Bd. 1 u. 2

Waldmann, G.; Bothe, K.: Erzählen. Stuttgart 1992

Weinrich, H.: Semantik der kühnen Metapher. In: Deutsche Vierteljahrsschrift 3 (1963) S. 333f

Weiss-Lambrou, R.: The Health Professional's Guide to Writing for Publication. Springield 1989

Werder, L.v. u.a.: Kreative Literaturgeschichte. Berlin 1992

Werder, L.v.: Lehrbuch des kreativen Schreibens. Berlin 1993[2]

Werder, L.v.: Lehrbuch des wissenschaftlichen Schreibens. Berlin 1993

Werder, L.v.: Umrisse einer Berliner Fachhochschuldidaktik. Berlin 1994

Werder, L.v.: Wissenschaftliche Texte kreativ lesen. Berlin 1994

Werder, L.v.: Zur Situation des wissenschaftlichen Schreibens an deutschen Universitäten. In: HDZ-Info, Nr. 1, 1994 S. 2-12

Willis, M.S.: Blazing Pencils. New York 1990

Winkler, A.C.; McCuen, J.R.: From Reading Writing. Fort Worth 1988

Winkler, A.C.; McCuen, J.R.: Rhetoric made Plain. San Diego. 1988

Wolcott, H.F.: Writing Up Qualitative Resarch. Newbury Park 1990

Wolters, A.; Bambeck, J.J.: Brainpower. Berlin 1992

Wycoff J.: Gedankenstriche. Freiburg 1993

Zdenek, M.: Die Entdeckung des rechten Gehirns. Berlin 1993

Zebroski, J.T.: Thinking Through Theory. Portsmouth 1994

Zielke, W.: Überzeugend schreiben - mehr erreichen. Stuttgart 1988

Sach-Register